# LOS POCOS ELEGIDOS

# LOS POCOS ELEGIDOS

## La influencia decisiva de la educación en la historia del pueblo judío, 70-1492

Maristella Botticini
y Zvi Eckstein

Traducción de Víctor V. Úbeda

Antoni Bosch editor

Antoni Bosch editor, S.A.
Palafolls 28, 08017 Barcelona, España
Tel. (+34) 93 206 0730
info@antonibosch.com
www.antonibosch.com

Título original de la obra:
*The Chosen Few: How Education Shaped Jewish History, 70–1492*



ISBN: 978-84-941267-1-0
Depósito legal: DL B 20769-2014

Diseño de la cubierta: Compañía
Fotocomposición: Enric Rújula
Corrección: Andreu Navarro
Impresión: Novoprint

Impreso en España
*Printed in Spain*

Dedicado a

*Mis padres, Silvana y Giuseppe*
*Mi familia, Dassie, Galia, Guy y Gil*

# Índice

# Lista de ilustraciones

Gráficos



Mapas

# Lista de tablas

# Prefacio

Imagine el lector dos economistas que viajan al pasado y llegan a la ciudad de Séforis, en Galilea, en el año 200. Al entrar en la sinagoga ven a un niño judío de nueve años, hijo de un campesino, que lee un pasaje de la Torá ante los miembros de la comunidad local. Los economistas, que poseen algunos datos acerca de la estructura ocupacional y demográfica de la comunidad judía actual, se preguntan si podría existir una relación entre lo que han visto en su viaje al pasado y la posterior historia económica y demográfica de los judíos.

Este proyecto de investigación ha sido un viaje de estudio y aprendizaje de doce años de duración, que comenzó cuando, durante una charla de sobremesa en la cafetería de la Universidad de Boston, nos pusimos en la piel de dos economistas que viajasen al pasado. Nunca podríamos haber imaginado que lo que parecía un tema interesante para un artículo sería el punto de partida de un trabajo de más de diez años, que nos llevaría a cribar un inmenso acervo textual, entrevistarnos con estudiosos y expertos en judaísmo e historia judía, visitar sinagogas antiguas en Galilea, pensar y discutir la manera de interpretar los hechos e interrogantes fundamentales de la historia del pueblo judío bajo el prisma de la teoría económica y, por último, escribir un libro. El libro se basa en dos pilares: por un lado, la extraordinaria bibliografía producida por generaciones de historiadores y estudiosos del judaísmo y, por otro, las teorías que adoptan los economistas cuando estudian un amplio abanico de temas, entre ellos la elección de las actividades laborales, la decisión de invertir en educación, el impacto que puede tener una norma social en las elecciones que llevan a cabo los individuos y la organización de las comunidades, y también en la elección de una religión.

Durante este viaje de aprendizaje hemos contraído muchas deudas de gratitud con colegas, estudiosos e instituciones. A nadie debemos tanto como a Joel Mokyr, de la Universidad Northwestern, que desde un primer momento nos animó con su entusiasmo desbordante y nos ofreció ideas valiosas y agudas observaciones. Joel dio muestras de su enorme generosidad al leer varias veces el manuscrito y contribuir de manera fundamental a la configuración del libro. También desempeñó un papel decisivo al organizar una conferencia en la Universidad de Tel Aviv, en diciembre de 2010, durante la cual un grupo de estudiosos de diversos campos leyó nuestro manuscrito y formuló valiosos comentarios.

En diversas etapas de este proyecto, nuestra investigación y el manuscrito se han beneficiado sobremanera de la ayuda generosa y las provechosas sugerencias de Mark Cohen, Moshe Gil, Claudia Goldin, Rachel McCleary, Aharon Oppenheimer, Peter Temin y Michael Toch. En particular, el libro de Michael Toch sobre la historia de los judíos en la Europa medieval, que pronto verá la luz, es una lectura complementaria de gran importancia para los argumentos que hemos esgrimido en los capítulos 2, 7 y 8.

Estamos sumamente agradecidos, por sus lúcidos comentarios, a un gran número de estudiosos, como son Ran Abramitsky, Robert Barro, Albert Baumgarten, Menahem Ben-Sasson, Benni Bental, Eli Berman, Batsheva Bonné-Tamir, Robert Brody, Barry Chiswick, Carmel Chiswick, Sergio DellaPergola, Mauricio Drelichman, Jonathan Eaton, Stanley Engerman, Stefano Fenoaltea, Israel Finkelstein, Simha Goldin, Avner Greif, Nachum Gross, Elhanan Helpman, Philip Hoffman, Edi Karni, Aryeh Kasher, Steven Katz, Ephraim Kleiman, Timur Kuran, Larry Iannaccone, Kevin Lang, Uzi Leibner, Bernard Lewis, Ora Limor, Erzo Luttmer, Michael Manove, Robert Margo, Jacob Metzer, Jacob Neusner, Roberto Perotti, Yossef Rapoport, Zeev Safrai, Kenneth Sokoloff, Yannay Spitzer, Nathan Sussman, Manuel Trajtenberg, Yoram Weiss y Jeffrey Williamson. Damos también las gracias a muchos colegas que nos hicieron sugerencias de mucha utilidad cuando presentamos nuestra investigación en seminarios y conferencias.

Hemos hecho grandes esfuerzos para cribar el enorme acervo textual relacionado con el tema de nuestro libro a fin de incorporar las obras más relevantes. Pese a la extensa bibliografía reseñada, ha sido imposible citar todos los libros y artículos escritos acerca de los quince siglos de historia judía que abarca nuestro libro. Entre los cientos de libros y artículos académicos que hemos leído, los trabajos de dos estudiosos –Salo Baron, por su vasta cultura, y Shelomo Dov Goitein, por su obra maestra sobre los documentos de la guenizá de El Cairo– nos han servido de guía para orientarnos en este proyecto. A la hora de examinar el ingente corpus de textos históricos hemos contado con la excelente ayuda de Dalit Engelhardt, Dan Goldenberg, Polina Kroik, Eliezer Moav, Claudia Rei y Maria Cecilia Vieira da Silva.

Debemos una gratitud enorme a diversas instituciones y organizaciones que han apoyado financieramente nuestra investigación a lo largo de estos años. En particular, damos las gracias a la National Science Foundation (ayuda a la investigación n. 0318364), a la Israel Science Foundation (ayuda a la investigación n. 815-04), a la Universidad de Boston (subvención inicial), al Collegio Carlo Alberto de Turín (subvención inicial), a la Universidad Bocconi (financiación de la edición del manuscrito) y, para Botticini, una beca John M. Olin Junior Faculty y una beca de investigación Alfred P. Sloan. Los datos presentados, las afirmaciones y las opiniones expresadas en este libro son responsabilidad exclusiva de los autores.

También agradecemos profundamente el apoyo logístico y la hospitalidad de los departamentos de economía de la Universidad Bocconi, la Universidad de Boston, la Universidad de Minnesota y la Universidad de Turín, y asimismo del Banco de Israel, del Collegio Carlo Alberto y la Minneapolis Federal Reserve. Estamos sumamente agradecidos al Centro de Desarrollo Pinhas Sapir de la Universidad de Tel Aviv por sufragar y albergar la conferencia organizada por Joel Mokyr en diciembre de 2010.

Nos faltan palabras para agradecer a Peter Dougherty y Seth Ditchik, de la Princeton University Press, su espléndida y valiosa aportación como editores y la paciencia con que han esperado nuestro manuscrito durante todos estos años. Damos las gracias a Janie Y. Chan, Kathleen Cioffi y Dimitri Karetnikov por su extraordinaria ayuda durante la fase de producción. También estamos agradecidos a tres revisores anónimos por sus comentarios perspicaces y críticas constructivas.

Estamos enormemente agradecidos a Barbara Karni por su asistencia y consejos editoriales, que rebasan con creces el cometido inherente a su cargo. Barbara nos ofreció un sinfín de sugerencias profundas y sustanciosas acerca de todo el manuscrito, que nos ayudaron a mejorar tanto la estructura como la prosa. También estamos muy en deuda con Molan Goldstein por su edición meditada y concienzuda del manuscrito. Al comprobar una cantidad enorme de detalles y ofrecer multitud de sugerencias excelentes, Molan contribuyó en gran medida a la exactitud y claridad del manuscrito. Gracias, también, a Richard Comfort por su gran ayuda en la preparación del índice analítico. En cuanto a la edición en castellano, estamos muy agradecidos a Víctor V. Úbeda por su magnífica traducción. Gracias en especial a Octavia Ghelfi por su generosidad al leerla y sus valiosas sugerencias.

Esta larga lista de acreedores concluye con las deudas personales. A lo largo de los doce años invertidos en trabajar con denuedo en la elaboración de esta obra, nuestros respectivos esposos, Massimo y Dassie, nos han escuchado con paciencia discutir y argumentar durante horas y horas en el transcurso de nuestros numerosos encuentros en Israel, Italia y Estados Unidos. Suyas han sido las mayores aportaciones, visibles e invisibles, a este libro. Nunca podremos agradecérselo lo suficiente.

*Milán y Tel Aviv, abril de 2012.*

# Introducción

Este libro es un viaje al pasado en busca de la respuesta a la pregunta de por qué los judíos se convirtieron en el pueblo que hoy son. El viaje comienza en Jerusalén (Judea) y en Séforis y Tiberíades (Galilea) durante los siglos I y II; nos lleva a Babilonia, en Mesopotamia, en los siglos V y VI; a Bagdad, a El Cairo, a Córdoba y a Palermo, los nuevos centros urbanos de Oriente Próximo y el Mediterráneo, en los siglos IX y X; a Tudela, en España, y a Mangalore, en la India, a finales del siglo XII; y vuelve a llevarnos a Bagdad en la década de 1250, antes de finalizar en Sevilla, en el año 1492.

Con esta travesía de mil quinientos años de historia judía pretendemos dar respuesta a una serie de preguntas. ¿Por qué existen tan pocos agricultores judíos? ¿Por qué los judíos constituyen una comunidad urbana de comerciantes, empresarios, banqueros, financieros, juristas, médicos y estudiosos? ¿Cuándo y por qué se convirtió esta estructura ocupacional y residencial en el rasgo distintivo de los judíos? ¿Por qué la población judía se redujo de entre 5 y 5,5 millones de individuos en la época de Jesucristo a entre 1 y 1,2 millones en la época de Mahoma? ¿Por qué el número de judíos alcanzó el nivel más bajo (menos de un millón) en vísperas de la expulsión en masa de la Península Ibérica en 1492-1497? ¿Por qué la diáspora del pueblo judío es una de las más dispersas de la historia universal, motivo por el cual los judíos han vivido durante milenios en condiciones de minoría en las ciudades y centros urbanos de todo el mundo? ¿Cuándo, cómo y por qué se convirtieron los judíos en una minoría elegida?[1]

[1] Algunas de estas preguntas han llamado la atención de científicos sociales

La mayoría de la gente cree saber la respuesta a estas preguntas. Si se le pide a un judío israelí que explique estos fenómenos, lo más probable es que responda: "No somos labriegos porque nuestros antepasados, en la Edad Media, tenían prohibido poseer tierra. Hemos vivido en la diáspora durante casi dos mil años, tras la destrucción del segundo templo de Jerusalén[2]. Nos oprimieron y expulsaron de nuestro país y de muchos otros. Nos vimos reducidos numéricamente a lo largo de los siglos porque nuestros antepasados sufrieron repetidas masacres".

Un europeo señalaría que, en la Europa medieval, los cristianos tenían prohibido prestar dinero a interés y los judíos, formar parte de los gremios de artesanos y comerciantes. Con el tiempo estas restricciones provocaron que los judíos se convirtiesen en una comunidad de prestamistas, banqueros y financieros. El europeo, al igual que el israelí, sostendría que fueron las persecuciones, las expulsiones y las masacres las que causaron la dispersión y la disminución de la población judía.

Un economista argüiría, en cambio, que las repetidas persecuciones que sufrieron los judíos, al igual que las de otras minorías religiosas y étnicas, redujeron el incentivo a invertir en capital fijo (por ejemplo, en tierras). En consecuencia, los judíos, dado que concedían un gran valor a la posibilidad de desplazarse de un lugar a otro, prefirieron invertir en capital humano, algo fácil de transportar y que no corre el riesgo de expropiación. La transición de los judíos a ocupaciones urbanas y especializadas fue el resultado de esta secuencia de hechos, determinada por su condición de minoría religiosa oprimida.

Las respuestas de estos tres grupos de personas son notablemente parecidas y concuerdan con la mayoría de explicaciones académicas. Ahora bien, ¿son correctas?

Los datos históricos, analizados desde el punto de vista económico, indican que ninguna de estas opiniones tan arraigadas es válida. Sostenemos que la explicación verdadera es otra. Como mostraremos

---

tan señeros como Karl Marx ([1844] 2007), Werner Sombart ([1911] 1913), Max Weber ([1917] 1952), Thorstein Veblen (1919) y Simon Kuznets (1960, 1972).

[2] En los capítulos 1 y 3 se explica el significado de términos como *primer templo, segundo templo, Torá escrita, Torá oral,* y otros conceptos fundamentales del judaísmo.

en los capítulos siguientes, estas características peculiares del pueblo judío fueron el resultado de la profunda transformación que experimentó la religión hebrea a raíz de la destrucción del segundo templo en 70 d.C.[3] A causa de este cambio, que alteró el liderazgo religioso de la comunidad judía, el judaísmo dejó de ser un culto basado en los sacrificios rituales ofrecidos en el templo para convertirse en una religión cuya norma principal exigía a todo varón judío leer y estudiar la Torá en hebreo y enviar a sus hijos a la escuela o a la sinagoga, desde los seis o siete años de edad, para que aprendiesen a hacer lo propio.

Durante la era talmúdica (del siglo III al VI) la aplicación de esa nueva norma religiosa, sumada al desarrollo de instituciones capaces de imponer el cumplimiento de los contratos, determinó tres rasgos distintivos de la historia judía:

- el crecimiento y la difusión de la alfabetización entre la población judía, que era mayoritariamente rural, y un proceso lento pero significativo de conversión a otras religiones, lo cual provocó una reducción notable de la población judía durante la primera mitad del primer milenio;
- la adquisición de una ventaja comparativa en las actividades urbanas especializadas (por ejemplo, la artesanía, el comercio y el préstamo de dinero) que los judíos instruidos decidieron emprender cuando la urbanización y el desarrollo de una economía mercantil les brindaron la oportunidad de cosechar beneficios crematísticos de su inversión en alfabetización y educación;
- la diáspora voluntaria de los judíos que emigraban en busca de oportunidades en el campo de la artesanía, el comercio al por menor o a gran distancia, el préstamo pecuniario, las actividades bancarias y financieras y la medicina.

El libro está organizado del modo siguiente[4]: empezaremos nuestro viaje en el capítulo 1 explicando cuántos eran los judíos, dónde vivían y cómo se ganaban la vida en el período comprendido entre

---

[3] A lo largo del libro usamos "a.C." para todas las fechas anteriores al año 1, y "d.C." únicamente para las fechas pertenecientes al siglo I d.C. Así, cuando escribimos, por ejemplo, el "siglo X", nos referimos al "siglo X d.C.".

[4] Con el fin de evitar repeticiones, este capítulo introductorio no contiene notas a pie de página con referencias bibliográficas detalladas; las ofreceremos en los capítulos siguientes.

la destrucción del segundo templo y su expulsión en masa de la Península Ibérica. Examinaremos tres subperíodos, cada uno de ellos caracterizado por un "accidente histórico" (es decir, por un acontecimiento exógeno):

- la destrucción del segundo templo de Jerusalén por parte del ejército romano durante la Gran Revuelta Judía de 66-70 d.C.;
- la fundación del Imperio musulmán bajo el califato de los Omeyas y de los Abasíes durante los siglos VII y VIII, con la consiguiente urbanización y el crecimiento de una economía basada en el comercio sobre un vasto territorio;
- las invasiones mongolas que devastaron Mesopotamia y Persia y contribuyeron al hundimiento de un imperio urbano y comercial como el abasí en el siglo XII.

La interacción de estos acontecimientos exógenos con las dinámicas internas de la religión judía determinó las singularidades demográficas y económicas de los judíos antes de 1500.

En los seis siglos comprendidos entre la época de Jesucristo y la de Mahoma, el número de judíos cayó vertiginosamente: de entre 5 y 5,5 millones al inicio del siglo I se pasó a entre 1 y 1,2 millones al inicio del siglo VII. Las masacres relacionadas con las guerras y la disminución demográfica general solo explican la mitad de ese descenso. En el siglo I la comunidad judía más numerosa (cerca de 2,5 millones de individuos) residía en la Tierra de Israel (la región designada con el nombre hebreo de *Eretz Israel* en las fuentes bíblicas)[5]. Seis siglos

[5] Geográficamente hablando, el término *Tierra de Israel* designa el territorio delimitado por el mar Mediterráneo, el río Jordán, el desierto arábigo y el mar Rojo. A lo largo de las páginas siguientes, cuando hablemos de la Tierra de Israel no nos referiremos al moderno Estado de Israel, creado en 1948, sino a la zona geográfica que, según la Biblia, les fue prometida en herencia a las tribus israelitas. Varios pasajes bíblicos aluden a Eretz Israel en referencia a diversos confines geográficos. A fines del período del segundo templo (siglo I a.C.-siglo I d.C.) la denominación quedó fijada y su uso se generalizó entre la población judía. El término *Palestina* referido a la misma región era en su origen un adjetivo derivado de *Filistea.* El historiador griego Heródoto fue el primero en utilizarlo para referirse a la "Siria filistea". En 135, tras aplastar la revuelta de Bar Kojba, el emperador romano Adriano aplicó el término *Siria Palestina* a todo ese territorio, con el fin de erradicar el nombre de Judea, que designaba la región meridional de la Tierra de Israel. De la época bizantina en adelante *Palestina* se convirtió

después el centro de la vida judía se había desplazado a Mesopotamia (y, en menor medida, a Persia), donde vivía aproximadamente el 75 por ciento de los judíos. Durante esos seis siglos la gran mayoría de la población mundial se dedicaba a actividades agropecuarias. Al igual que el resto de seres humanos, los judíos se ganaban la vida principalmente con la agricultura, como campesinos que trabajaban tierras de su propiedad, o como aparceros, terrajeros o jornaleros que trabajaban tierras ajenas.

En los dos siglos posteriores a la muerte de Mahoma, acaecida en 632, los califatos omeya y, después, abasí conquistaron muchos territorios y fundaron un vasto imperio que se extendía desde la Península Ibérica a la India y cuyos dominios tenían en común el idioma (el árabe), la religión (el islam), las leyes y las instituciones. El auge de este imperio llevó aparejados el aumento de la productividad agrícola, el desarrollo de nuevas industrias como resultado del progreso tecnológico alcanzado en varios ámbitos, la enorme expansión del comercio local y a larga distancia, y el desarrollo de nuevas ciudades y centros urbanos en Mesopotamia y Persia y, posteriormente, en el norte de África, Siria, la Península Ibérica y Sicilia. Estos cambios originaron un marcado aumento de la demanda de oficios especializados en los centros urbanos recién establecidos y abrieron nuevas rutas comerciales desde la Península Ibérica hasta la India.

¿Cómo afectaron esos acontecimientos a la comunidad judía? Entre 750 y 900 casi todos los judíos de Mesopotamia y Persia –cerca del 75 por ciento de la población judía mundial– dejaron las actividades agropecuarias, se trasladaron a las ciudades y centros urbanos del recién creado Imperio abasí y emprendieron un sinfín de actividades especializadas. Una vez abandonada la agricultura como ocupación principal, muchos de esos judíos empezaron a emigrar a Yemen, Siria, Egipto y el Magreb. Las oleadas migratorias de judíos en busca de oportunidades económicas alcanzaron también la Europa cristiana. Penetrando por la Italia meridional, que a la sazón formaba parte del Imperio bizantino, los judíos que abandonaban los dominios de Bizancio se introdujeron en Europa, donde fundaron los primeros núcleos de buena parte de la comunidad judía europea. Asimismo,

---

en el término utilizado para denominar Eretz Israel en idiomas distintos del hebreo. Véase Brawer (2007) para una discusión detallada del significado bíblico y los orígenes historicos del término *Eretz Israel*.

los judíos procedentes de Egipto y el Magreb se establecieron en la Península Ibérica y, después, en Sicilia y algunas zonas del sur de Italia.

Hacia la mitad del siglo XII, cuando el viajero judío Benjamín de Tudela emprendió su largo viaje desde la Península Ibérica hasta Oriente Próximo y describió las comunidades judías que visitó o de las que tuvo noticia, los judíos estaban presentes en casi todas partes, desde Tudela hasta la ciudad india de Mangalore. Por aquel entonces ya habían completado la transición hacia las ocupaciones urbanas especializadas. La especialización de los judíos en estas actividades sigue siendo aún hoy su rasgo definitorio.

En 1219 comenzaron las devastadoras invasiones mongolas del norte de Persia y Mesopotamia. La conquista de Persia y Mesopotamia prosiguió durante las tres décadas siguientes, lo cual provocó el hundimiento de los centros urbanos y del comercio y causó numerosas víctimas entre la población. El golpe de gracia al Imperio abasí se produjo en 1258, cuando el ejército mongol destruyó Bagdad. A raíz de la conquista mongola las economías mesopotámica y persa retrocedieron al estadio de la agricultura de subsistencia y el pastoreo nómada.

En los dos siglos posteriores al impacto de las invasiones mongolas el número de judíos cayó al nivel más bajo desde el siglo I. En 1450 más de la mitad del millón de judíos que había en el mundo habitaba en la Europa cristiana. Durante la Edad Media, los judíos que residían en la Península Ibérica, Sicilia y el sur de Italia siguieron ejerciendo una gran variedad de actividades y profesiones urbanas. En cambio, los judíos que vivían en Inglaterra, Francia, Alemania y la Italia septentrional y central se especializaron en el préstamo de dinero a interés. Mientras los judíos de Oriente Próximo afrontaban las consecuencias de las invasiones mongolas, los judíos de Europa padecían cada vez más prohibiciones y persecuciones, que culminaron con la expulsión en masa de Inglaterra (1290), Francia (1306, 1321-1322, 1394), España (1492), Sicilia (1492-1493), Portugal (1496-1497) y otras, menos masivas, de ciertas regiones italianas y localidades del Sacro Imperio Romano.

En el capítulo 2 examinaremos los argumentos que se esgrimen para explicar por qué los judíos se convirtieron en un pueblo de artesanos, mercaderes, banqueros y médicos, y por qué llevaron a cabo una diáspora urbana por todo el mundo. Estos argumentos se dividen en dos grandes categorías: los que subrayan los factores exógenos (discriminación, restricciones, persecuciones, masacres) y los que hacen hincapié en las decisiones endógenas (segregación voluntaria con el fin de conservar los ritos religiosos, emigración voluntaria a las ciudades al objeto de salvaguardar la identidad grupal). Basándonos en los hechos expuestos en el capítulo 1, demostraremos que esas teorías no son compatibles con las pruebas históricas: ninguno de esos argumentos puede explicar por qué los judíos decidieron voluntariamente abandonar la agricultura o dispersarse en una diáspora.

Después expondremos nuestra tesis, según la cual en un mundo poblado por analfabetos, como era el mundo del primer milenio, la capacidad de leer y escribir contratos, cartas comerciales y libros de contabilidad mediante un alfabeto común otorgó a los judíos una ventaja sobre otros pueblos. Asimismo, los judíos elaboraron un código uniforme de leyes (el Talmud) y un conjunto de instituciones (los tribunales rabínicos, o *responsa*) que favorecían el cumplimiento de los contratos, la construcción de redes de contactos profesionales y el arbitraje entre localidades distantes. Los niveles elevados de alfabetización y la existencia de instituciones capaces de hacer cumplir los contratos se convirtieron en las herramientas fundamentales del pueblo judío.

¿Por qué a lo largo del siglo I los judíos se hicieron más alfabetizados e instruidos que el resto de la población? En el capítulo 3 describiremos el cambio de normativa religiosa, bien documentado, que convirtió a los judíos en el Pueblo del Libro. Durante el primer milenio a.C., los dos pilares del judaísmo eran el templo de Jerusalén y la Torá escrita. Los sacrificios rituales y las ceremonias religiosas oficiadas en el templo eran características comunes a todas las religiones. El judaísmo, sin embargo, era la única fe monoteísta basada en un texto escrito.

Durante el primer siglo a.C., algunos sabios y líderes religiosos judíos promovieron la creación de escuelas secundarias gratuitas. Un siglo después dictaron una ordenanza religiosa que obligaba a todos los padres judíos a enviar a los hijos varones a partir de los seis o siete años de edad a la escuela primaria para que aprendiesen a leer y estudiar la Torá en hebreo. Durante el primer milenio, ningún pueblo, salvo el judío, poseía una norma que obligase a los padres a proveer de educación a sus hijos.

Con la destrucción del segundo templo, la religión mosaica perdió definitivamente uno de sus dos pilares (el templo) y emprendió una trayectoria sin parangón: eruditos y rabinos, los nuevos líderes religiosos surgidos tras la primera guerra judeo romana, sustituyeron las ceremonias del templo y los sacrificios rituales por el estudio de la Torá en la sinagoga, que se convirtió en la nueva institución focal del judaísmo. La función fundamental de la sinagoga era impartir una instrucción religiosa a los niños y a los adultos. A partir de entonces sería un judío devoto el que leyese y estudiase la Torá y enviase a sus hijos a la escuela para aprender a hacer lo propio. Durante el siglo siguiente, en las academias de Galilea, los rabinos y los eruditos interpretarían la Torá escrita, debatirían sobre las normas religiosas y las cuestiones sociales y económicas relativas a la vida cotidiana, y organizarían el corpus de leyes transmitidas oralmente que se habían acumulado a lo largo de los siglos. Hacia el año 200, Rabí Yehudá Hanasí completó esa obra redactando los seis volúmenes de la Misná, que, con su evolución posterior, el Talmud, se convertirían en el canon jurídico de los judíos de todo el mundo. En las comunidades judías, guiadas por los eruditos de las academias, los analfabetos pasaron ser los parias.

La observancia de la norma religiosa centrada en la lectura y el estudio de la Torá generó costes y beneficios potenciales para los judíos que vivían en la época de Rabí Yehudá Hanasí y su círculo de eruditos. ¿Cómo influyó en el comportamiento de los judíos la aplicación de la nueva norma religiosa durante la primera mitad del primer milenio? Para responder a esta pregunta, en el capítulo 4 presentaremos una teoría económica que describe las elecciones relativas a la filiación religiosa y a la inversión en la alfabetización e instrucción de los hijos en un mundo poblado por campesinos judíos y gentiles, como era la Tierra de Israel a comienzos del primer milenio. Para explicar el fundamento de nuestra teoría nos ponemos en la piel de los agricultores judíos de la época con el fin de entender las elecciones económicas y religiosas a la luz de la nueva norma religiosa impuesta por el judaísmo rabínico.

De nuestra teoría se deducen dos corolarios principales. En primer lugar, dado que los individuos difieren en cuanto a preferencias religiosas, habilidad, coste de la educación y ganancias, algunos agricultores judíos invertían en la educación religiosa de sus hijos, mientras que otros se abstenían. En segundo lugar, los agricultores judíos que encontraban demasiado costoso obedecer las normas del judaísmo, entre ellas la onerosa obligación de mandar a los hijos varones a la escuela, se convirtieron a otras religiones. Si la economía sigue siendo predominantemente agraria, las personas alfabetizadas no encuentran ocupaciones urbanas especializadas en las cuales la inversión en educación les reporte beneficios económicos. En consecuencia, la población judía sigue reduciéndose y haciéndose más instruida. A la larga, el proceso de conversión a otras confesiones hace imposible la supervivencia del judaísmo en una economía agrícola de subsistencia.

En el capítulo 5 demostraremos que estas consecuencias de nuestra teoría concuerdan con lo que le ocurrió al pueblo judío durante los cinco siglos posteriores a la destrucción del segundo templo. Es durante la época talmúdica cuando los judíos se convierten en la "minoría elegida": una exigua población de individuos instruidos.

Un conjunto extraordinario de pruebas históricas derivadas tanto del Talmud como de descubrimientos arqueológicos indica que, durante el período talmúdico, los judíos que vivían en la Tierra de Israel y en Mesopotamia –los dos centros principales de la vida judía– empezaron a cumplir la obligación religiosa de educar a los hijos. Cada vez eran más los agricultores judíos que enviaban a sus hijos a las escuelas primarias situadas en el interior o en las inmediaciones de las sinagogas. Expresiones como "salario del maestro", "deberes de los maestros", "alumnos", "duración de la jornada escolar", "escuelas", "libros" y "tasas para financiar la educación" llenaban páginas y páginas de debates y disposiciones en el Talmud. Ninguna otra civilización antigua acumuló un acervo comparable de discusiones relativas a la organización comunitaria de un sistema de educación primaria. Los padres que no respetaban la norma religiosa de alfabetizar y educar a los hijos se convirtieron en los parias de las comunidades judías.

Por lo que respecta a las conversiones, diversas fuentes textuales y arqueológicas dan fe de que muchos campesinos judíos de la Tierra de Israel, Mesopotamia, Egipto, Siria, Asia Menor, los Balcanes y Europa occidental se convirtieron al cristianismo durante la era talmúdica. Al abrazar la fe de Cristo, los judíos conversos seguían fieles a la idea de un único Dios y al pilar de la Torá escrita, pero ya no estaban obligados a obedecer los preceptos religiosos y principios del judaísmo, entre ellos la gravosa norma de proporcionar educación a los hijos. Esa oleada de conversiones voluntarias durante el período talmúdico, unida a las masacres relacionadas con la guerra y al descenso demográfico general, comportó que en el año 600 apenas quedasen judíos en la Tierra de Israel, Egipto, Siria, Asia Menor, los Balcanes y Europa occidental. La única comunidad judía que sobrevivió, con una mínima variación cuantitativa, fue la de Mesopotamia, que se convirtió en el nuevo centro religioso y económico del judaísmo.

Si criar hijos se hizo más costoso a causa de la norma religiosa que obligaba a escolarizarlos, cabría argüir que algunas familias decidieron tener menos descendencia con el fin de ser capaces de observar la prescripción religiosa. Sin embargo, hasta donde se nos alcanza, no existe ninguna prueba histórica de una reducción de la tasa de fecundidad de las familias judías a raíz de la transformación del judaísmo en una religión que prescribía la alfabetización obligatoria.

En las economías agrarias en las que vivían los judíos, enviar a los hijos a la escuela para que aprendiesen a leer y estudiasen la Torá era un sacrificio sin ninguna contrapartida económica, pero en la era talmúdica un porcentaje de los campesinos judíos no se convirtió, sino que obedeció la norma religiosa e invirtió en la instrucción de los hijos. ¿Qué sucedió, andando el tiempo, con estos agricultores judíos alfabetizados? En el capítulo 6 mostraremos que abandonaron la agricultura y se convirtieron en una pequeña comunidad urbana de artesanos especializados, tenderos, mercaderes, cambistas, prestamistas, eruditos y médicos. La creación de los califatos musulmanes en los siglos VII y VIII y los consiguientes procesos de urbanización a gran escala y expansión de la actividad manufacturera y mercantil en Oriente Próximo dieron un fuerte impulso a la transición masiva de los judíos desde la agricultura a la artesanía y el comercio.

Gracias a la alfabetización y al establecimiento, en los cinco siglos posteriores a la destrucción del segundo templo, de un conjunto de instituciones capaces de hacer cumplir los contratos, los judíos cobraron una ventaja comparativa en ocupaciones como la artesanía, el comercio y el préstamo pecuniario: ocupaciones que se beneficiaban de la alfabetización, los mecanismos destinados a hacer cumplir los contratos y las redes de contactos profesionales. Una vez insertos en esas actividades, los judíos rara vez se convertían a otras religiones, lo cual concuerda con el dato de que la población judía aumentó ligeramente entre los siglos VII y VIII.

En el capítulo 7 mostraremos que los judíos, una vez alfabetizados, urbanizados y dedicados a ocupaciones especializadas, empezaron a emigrar, entre los siglos VII y XII, por el interior de los vastos territorios dominados por los musulmanes, que se extendían desde la Península Ibérica hasta la India, y entre los siglos IX y XIII se dirigieron del Imperio bizantino hacia Europa occidental, pasando por Italia. En la Europa altomedieval se dieron dos fenómenos análogos a los que habían tenido lugar cuatro o cinco siglos antes en los califatos omeya y abasí: el renacimiento del comercio, derivado de la revolución comercial, y el auge de una economía urbana y mercantil. La diáspora judía durante la Alta Edad Media fue principalmente el resultado de la emigración de judíos instruidos –artesanos, tenderos, mercaderes, eruditos, profesores, médicos y prestamistas– en busca de oportunidades que les permitiesen cosechar los frutos de la inversión en alfabetización y educación.

En los siglos XII y XIII, el préstamo de dinero ya era la ocupación por excelencia de los judíos en Inglaterra, Francia y Alemania, y una de sus actividades principales en la Península Ibérica, Italia y otros lugares de Europa occidental. ¿Por qué? Según una explicación popular, durante la Edad Media la exclusión de los gremios de artesanos y comerciantes y la prohibición de la usura impuesta a los cristianos segregaron a los judíos europeos al ámbito del préstamo a interés. En el capítulo 8 demostraremos que este argumento no se sostiene. Basándonos en informaciones históricas y en la teoría económica que habremos presentado en los capítulos previos, propondremos una explicación alternativa que condice con los rasgos prominentes que distinguen la historia de los judíos: en la Europa medieval, los judíos se dedicaron voluntariamente al préstamo de dinero a interés, y después se especializaron en esta práctica porque disponían de los recursos indispensables para operar con éxito en el mercado crediticio, a saber: el capital, las redes de contactos profesionales, la alfabetización, las nociones elementales de cálculo aritmético y las instituciones capaces de imponer el cumplimiento de los contratos.

Dada la ventaja de que gozaban los judíos en comparación con las poblaciones autóctonas en cuanto al ejercicio de profesiones sumamente lucrativas, ¿por qué la población judía mundial siguió reduciéndose hasta alcanzar su punto más bajo a finales del siglo XV? Imaginemos que un acontecimiento negativo (por ejemplo, una guerra o una epidemia) destruye una economía urbana y comercial y provoca que la sociedad retroceda al estadio agrícola y pastoral, en el que la alfabetización apenas posee valor alguno, y preguntémonos qué les ocurriría en semejantes circunstancias a los judíos y al judaísmo a largo plazo. Nuestra teoría predice que en una sociedad basada en la agricultura de subsistencia algunos judíos encontrarían serias dificultades para obedecer las normas religiosas, dado el elevado coste de la inversión en la alfabetización e instrucción de los hijos, y por tanto se convertirían a otra confesión. En última instancia el judaísmo podría desaparecer.

En el capítulo 9 mostraremos que la invasión mongola de Persia y Mesopotamia, que comenzó en 1219 y culminó con la destrucción de Bagdad en 1258, contribuyó al hundimiento de la economía urbana y mercantil del Imperio abasí e hizo que las economías mesopotámicas y persa regresaran durante un largo período al estadio agrario y pastoril. En consecuencia, una parte de los judíos persas y mesopotámicos, seguidos de los egipcios y sirios, abandonó el judaísmo –cuyas normas religiosas, sobre todo la que obligaba a los padres a escolarizar a sus hijos varones, habían vuelto a convertirse en una carga onerosa sin contrapartida económica– y se convirtieron al islam. Este proceso de conversión de algunos judíos en Oriente Próximo y el norte de África, sumado a los episodios de persecuciones, matanzas y epidemias (por ejemplo, la peste negra de 1348) en esas regiones y en Europa occidental, explican que la población judía mundial descendiese a su nivel más bajo a fines del siglo XV.

En el capítulo 10 concluiremos nuestro viaje al pasado destacando algunos interrogantes que jalonan la historia judía, desde la expulsión en masa de los judíos de la Península Ibérica en 1492-1497 hasta hoy. Estos interrogantes los resolveremos en un próximo viaje, que emprenderemos en nuestro próximo libro.

En los últimos años los economistas y los historiadores de la economía han subrayado y analizado las numerosas interacciones que existen entre valores culturales, normas sociales y ámbito económico[6]. Las cuestiones que tratan de explicarse van desde el éxito de los

[6] Véanse, por ejemplo, Greif (1989, 1993, 1994, 2006); Mokyr (1990, 2002, 2005, 2008, 2009); Temin (1997); Alesina y La Ferrara (2000, 2002); Kuran (2004, 2010a, 2010b); Fernández, Fogli y Olivetti (2004); Fernández y Fogli (2006, 2009); Guiso, Sapienza y Zingales (2006); Botticini y Eckstein (2005, 2007, 2008, 2011); Doepke y Zilibotti (2008); Tabellini (2008, 2010); Mokyr y Voth (2010).

comerciantes magrebíes en el Mediterráneo a comienzos del medievo y el surgimiento del espíritu capitalista en los comienzos de la modernidad europea a los extraordinarios avances tecnológicos que desencadenaron la revolución industrial en la Inglaterra del siglo XVIII, el auge y caída económica del Imperio musulmán, el aumento de la participación femenina en la mano de obra estadounidense durante el siglo XX, la influencia de la fragmentación étnica en el comportamiento de la economía y la interacción recíproca entre la confianza y los resultados económicos en diversos períodos y países. La aportación de nuestro libro a toda esa bibliografía consiste en ilustrar cómo los valores culturales y las normas sociales que el judaísmo promovió hace dos milenios han forjado la historia económica y demográfica de los judíos hasta nuestros días.

Cada vez más estudiosos se dedican a analizar el impacto de las instituciones a largo plazo, mostrando cómo algunos comportamientos económicos contemporáneos acusan la influencia de instituciones surgidas hace siglos[7]. Las instituciones económicas y políticas, los sistemas y códigos legales, unidos a los mecanismos garantes del cumplimiento de los contratos, han incidido de manera determinante en cuestiones como los modelos de comportamiento económico de los grupos predominantes en el comercio medieval, el auge económico de los estados atlánticos en Europa occidental a partir de 1500, el declive económico del Oriente Próximo musulmán después de siglos de esplendor económico e intelectual, los catalizadores de la creatividad científica y tecnológica que propiciaron la revolución industrial, las interesantes características del *kibbutz* israelí y los éxitos o fracasos económicos cosechados por diversas regiones del mundo a lo largo de la historia. Nuestra contribución a esa labor analítica consiste en demostrar que la transición de los judíos desde la agricultura a los oficios artesanales, el comercio, las finanzas y otras actividades sumamente especializadas también se debió a que los judíos disponían de instituciones –surgidas de las características singulares de la religión judía– que imponían el cumplimiento de los contratos.

---

[7] Véanse, por ejemplo, Greif (1989, 1993, 1994, 2006); Mokyr (1990, 2002, 2005, 2008, 2009); North (1990); Acemoglu, Johnson, y Robinson (2001, 2002, 2005); Acemoglu y Johnson (2005); Abramitsky (2008, 2011a, 2011b); Tabellini (2008, 2010); Kuran (2010a, 2010b, 2010c); Mokyr y Voth (2010).

El estudio de la religión y de la influencia que sus valores y normas pueden ejercer sobre el comportamiento humano siempre ha fascinado a los científicos sociales. En las dos últimas décadas los economistas han mostrado cada vez más curiosidad por la relación existente entre la religión y los resultados económicos[8]. Las cuestiones analizadas van desde el nexo que vincula al protestantismo con la acumulación de capital en la Europa moderna a los fundamentos religiosos del extremismo y el terrorismo, pasando por el duradero legado económico del judaísmo, las semejanzas que existen entre el comportamiento típico de las religiones y el de los clubes, y la relación de influencia mutua entre los valores religiosos y los resultados económicos que se observa en una muestra de países de todo el mundo. Hemos contribuido a este conjunto cada vez más nutrido de estudios estableciendo un vínculo entre las características fundamentales del judaísmo y las peculiaridades demográficas y económicas que han forjado la historia de los judíos en los dos últimos milenios.

[8] Véanse, por ejemplo, B. Chiswick (1988, 2010); Iannaccone (1992, 1998); Iannaccone, Stark y Finke (1998); C. Chiswick (1999, 2006); Berman (2000, 2009); Carlton y Weiss (2001); Guiso, Sapienza y Zingales (2003); McCleary y Barro (2003, 2006); Barro y McCleary (2005, 2006); Botticini y Eckstein (2005, 2007, 2008, 2011); Rapoport y Weiss (2007); Becker y Woessmann (2009); Cantoni (2010); Acemoglu, Hassan y Robinson (2011). Véase McCleary (2011) para una antología reciente de estudios sobre los aspectos económicos de la religión.

Capítulo 1

# 70 d.C.-1492: ¿Cuántos eran los judíos, y dónde y cómo vivían?

> No habitamos en un país costero ni nos atraen el comercio ni las relaciones con el resto del mundo. Nuestras ciudades se alzan tierra adentro, lejos del mar, y nos dedicamos a cultivar los fértiles campos.
>
> *Flavio Josefo, hacia 96 d.C.*

> La ruta de los mercaderes judíos rayanitas, que hablan árabe y persa y rumi (griego), e ifranyi (latín) y andalusí y eslavo. Viajan de oriente a occidente y de occidente a oriente, por tierra y mar [...] Transportan desde China [...] a veces se dirigen a Constantinopla con su mercancía [...]; a veces viajan con su carga al reino de Firanya (reino de los francos) y la venden allí. Y si lo desean, transportan sus mercancías desde el reino de Firanya [...] a Bagdad, y de allí [...] al Sind, el Hind y la China.
>
> *Ibn Jordadbeh, hacia 850*

Hagamos girar un globo terráqueo, esperemos a que se detenga y coloquemos un dedo en un punto al azar. Es probable que allí, en la antigüedad o en épocas recientes, haya vivido una comunidad judía. Los judíos han vivido en tantos lugares, en entornos tan diferentes desde el punto de vista político, económico y religioso, que harían falta unos cuantos volúmenes para resumir su historia: contarla en un solo capítulo es tarea imposible. No obstante, es indispensable familiarizarse con los hechos capitales de la historia judía, desde la destrucción del segundo templo de Jerusalén hasta la expulsión en masa de la Península Ibérica, para entender por qué los judíos adquirieron ciertas características comunes. En este capítulo, pues, esbozaremos y analizaremos las tendencias demográficas y ocupacionales de la población judía a lo largo de su historia.

Los judíos vivieron durante siglos en Judea, Samaria y Galilea, las tres regiones principales de la Tierra de Israel. El centro del culto religioso judío era el templo de Jerusalén, erigido en el siglo X o IX a.C. En 586 a.C. el ejército babilonio, dirigido por Nabucodonosor II, lo demolió durante la campaña militar emprendida por este monarca para expandir su imperio y deportó a un cierto número de judíos de Judea a Mesopotamia, sobre todo a su capital, Babilonia (mapa 1.1). Estos acontecimientos señalaron el final del período del primer templo[1].

El exilio babilónico dio pie a una serie de cambios radicales, entre ellos el papel capital que empezó a desempeñar la Torá en la vida judía y el auge de los escribas y los eruditos en el liderazgo de los judíos. La Torá escrita consistía en el Pentateuco, los cinco libros de Moisés (Génesis, Éxodo, Levítico, Números y Deuteronomio)[2]. En 538 a.C., el emperador persa Ciro, que había conquistado Mesopotamia, promulgó un edicto que permitió a los judíos regresar a Judea y reconstruir el templo de Jerusalén. Cerca de 40.000 judíos regresaron a la Tierra de Israel en sucesivas oleadas migratorias, pero muchos permanecieron en Mesopotamia, región que en los siglos siguientes albergaría una de las comunidades judías más grandes y destacadas de la diáspora (esto es, fuera de la Tierra de Israel).

Casi veinte años se tardaron en reconstruir el templo, cuya consagración, en 515 a.C., dio inicio al llamado período del segundo templo[3]. En los cuatro siglos siguientes la Tierra de Israel cayó suce-

---

[1] Véase Tadmor (1976) para un resumen de la historia judía durante el período del primer templo.

[2] Aunque la tradición atribuye la Torá a Moisés, lo más probable es que la redactasen varios autores anónimos durante los siglos siguientes y se canonizase en el siglo VII o VI a.C. Las tres subdivisiones de Torá, Profetas y Escritos componen el Tanaj (la Biblia hebrea). Véase el capítulo 3 para un análisis más detallado del desarrollo histórico de la Biblia.

[3] Véase M. Stern (1976) para un resumen del período del segundo templo, incluido el reino asmoneo.

sivamente bajo el dominio del soberano helenístico Alejandro Magno, de la dinastía ptolemaica que gobernaba Egipto y de la dinastía helenística de los Seléucidas. En esta época, sobre todo en su fase más tardía, generaciones de profetas, eruditos y sacerdotes estudiaron, aclararon y complementaron la Torá escrita. El conjunto de sus discusiones, dictámenes y disposiciones se denomina la Torá oral, que junto con la Torá escrita vertebraría en los siglos siguientes todo el derecho judío o Halajá. La Halajá determinaba lo que un judío podía y no podía hacer, y también lo que debería y no debería hacer, en todos y cada uno de los aspectos de la vida cotidiana: desde el cumplimiento de los deberes religiosos y rituales hasta las relaciones conyugales; desde el comportamiento dentro de la comunidad hasta el derecho civil y penal.

Los griegos concedieron a los judíos una suerte de autonomía comunitaria y de libertad religiosa, que quedó interrumpida por la persecución que tuvo lugar hacia 167 a.C., lo que a su vez desencadenó una revuelta por parte de los judíos. A partir de 140 a.C. Judea gozó de casi un siglo de libertad bajo el gobierno de la dinastía asmonea (mapa 1.2)[4]. En 63 a.C. comenzó la influencia de los romanos en la región, que después se convertiría en dominio. Roma, sin embargo, concedió la autonomía religiosa a los judíos y les reconoció algunos derechos en materia judicial y legislativa. Estos derechos se ejercitaban mediante el Sanedrín de Jerusalén, institución que actuaba de parlamento, tribunal de justicia y yeshivá, o centro de estudios religiosos.

El período del segundo templo terminó de forma traumática en 70 d.C. Es aquí donde comienza nuestro estudio. Nos concentraremos en tres períodos, cada uno de ellos señalado por un "accidente histórico": la destrucción del segundo templo por parte del ejército romano durante la Primera Guerra Judeorromana (también conocida como la Gran Revuelta Judía); el auge del islam en el siglo VII, con la consiguiente fundación de uno de los imperios más extensos, urba-

[4] Los asmoneos eran una familia judía encabezada por el sacerdote Matatías. Sus hijos, Jonatán, Simón y Judas, apodados los macabeos, dirigieron la revuelta contra los soberanos seléucidas y liberaron Judea, sentando las bases para la fundación de un Estado judío independiente.

**Mapa 1.1.** El imperio babilónico de Nabucodonosor II (604-562 a.C.). *Fuente:* adaptado de Beek (1962).

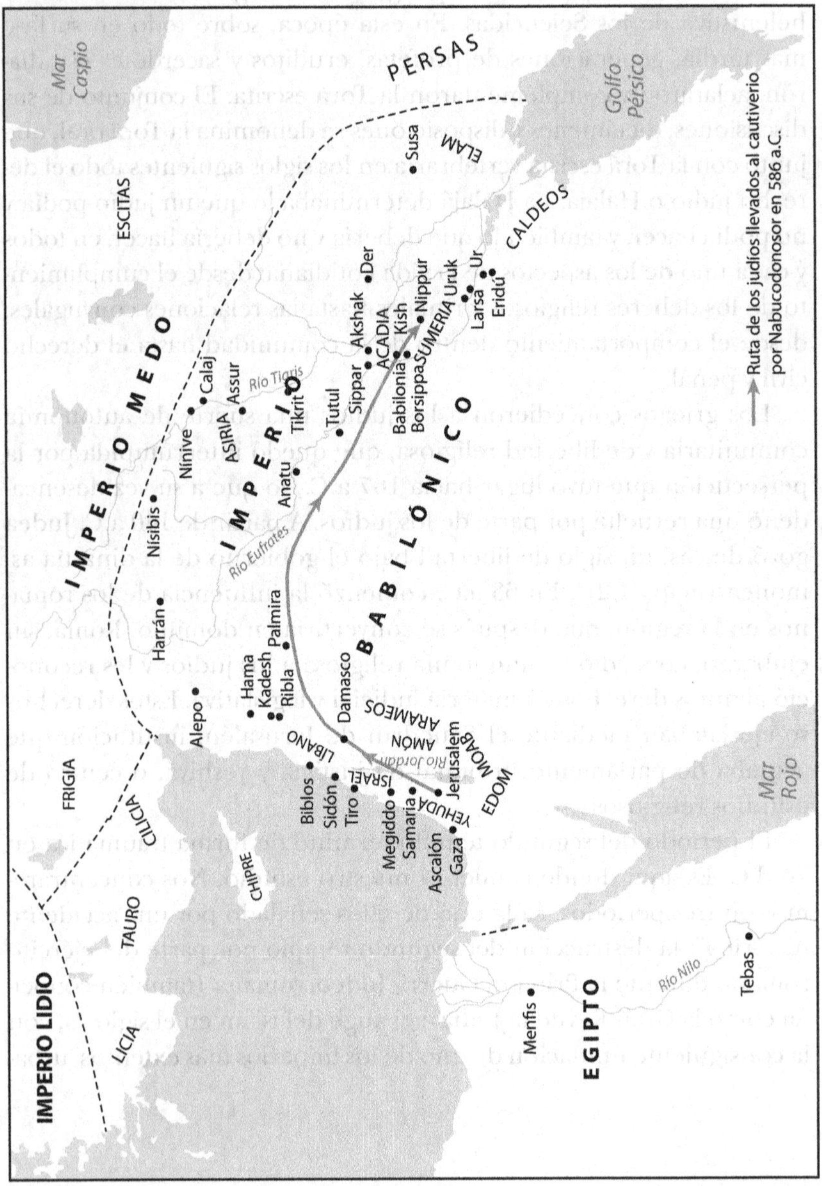

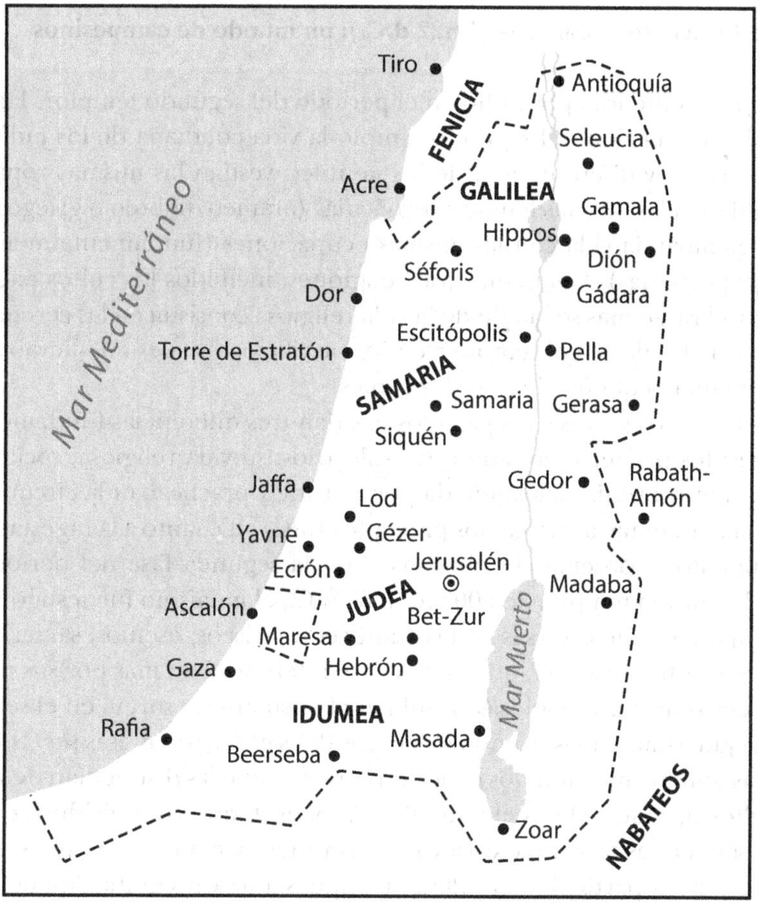


**Mapa 1.2.** La Tierra de Israel en el siglo I a.C. *Fuente*: Adaptado de Aharoni *et al.* (2002). *Nota*: La línea de puntos indica las fronteras del reino asmoneo en la época de Alejandro Janeo (103-76 a.C.), que reinó en la Tierra de Israel en el siglo I a.C.

nos y comerciales de la historia; y la conquista mongola de Mesopotamia y Persia en la primera mitad del siglo XIII, que contribuyó al hundimiento de la economía urbana y comercial del califato abasí. Estos acontecimientos exógenos interactuaron con la dinámica interna de la religión judía para dar origen a las características demográficas y económicas que distinguieron la historia de los judíos hasta 1500.

## De Jesucristo a Mahoma (1-622 d.C.): un mundo de campesinos

¿Qué se entendía por judío en el período del segundo templo?[5] Hasta la destrucción del segundo templo la vida cotidiana de los judíos no era muy diferente a la de los gentiles: vestían las mismas ropas, hablaban las mismas lenguas vernáculas (arameo, hebreo o griego) y se ganaban la vida con las mismas ocupaciones (fundamentalmente agropecuarias). Como en otras religiones, incluidos los cultos paganos, el rasgo más señalado de la vida religiosa consistía en las ceremonias realizadas en el templo y en los sacrificios rituales que llevaba a cabo una pequeña elite de sacerdotes.

Entre los judíos y los paganos existían tres diferencias fundamentales: los primeros creían en un solo Dios; su vida religiosa, social y económica venía determinada por la Torá; y practicaban la circuncisión masculina, acataban los preceptos *kosher* en cuanto a la ingesta de alimentos y observaban el sabbat[6]. En la segunda fase del período del segundo templo, de 300 a.C. a 65 d.C., el judaísmo fue testigo de la aparición de diversas sectas (saduceos, fariseos, esenios, samaritanos, celotes, sicarios), que cada vez se diferenciaban más por sus respectivas normas religiosas. También el cristianismo surgió en el seno del judaísmo en las primeras décadas del siglo I. Todas esas sectas judías tenían en común los citados tres rasgos que las distinguían de los cultos paganos. Hasta el año 70 d.C., pues, todos los individuos que poseían estas tres características se consideraban judíos. Después, sobre todo a partir del año 200, la respuesta a la pregunta "quién es judío" sería radicalmente distinta (véanse capítulos 3 y 5).

*El hundimiento demográfico de los judíos*

Los cálculos de la población judía en la antigüedad son, en el mejor de los casos, aproximados. Salo Baron, uno de los estudiosos de la historia judía más eminentes, cifra en ocho millones el número de

---

[5] Para una perspectiva general de esta cuestión compleja, véanse Schiffman (1985); S. Cohen (1999); Grintz y Posner (2007); Hertzberg y Skolnik (2007). La definición de la identidad judía en el pasado y en el presente es compleja y ha cambiado en el transcurso de los siglos. La definición más persistente de identidad judía es la de la Halajá, aunque no fue la primera ni es la única. Según la Halajá, es judío quien nace de una madre judía o se convierte al judaísmo.

[6] Cahill (1998) sintetiza el desarrollo histórico del judaísmo en la antigüedad.

judíos en vísperas de la Primera Guerra Judeorromana. Sergio DellaPergola, uno de los principales especialistas en demografía judía, calcula que la población judía sumaba 4,5 millones en el siglo I a.C. y entre 4 y 5 millones en el siglo I d.C. (tabla 1.1). Otros estudiosos de fuste, como Magen Broshi, Gildas Hamel y Seth Schwartz, han propuesto cifras aún más bajas, pues sostienen que, a comienzos del siglo I, la población judía no superaba los 2 millones o 2,5 millones de individuos. Nosotros concordamos con los cálculos de DellaPergola y proponemos que en 65 d.C. había entre 5 millones y 5,5 millones y medio de judíos, es decir, cerca del 9 o 10 por ciento de la población del Imperio persa de Oriente y de todo el Imperio romano[7].

¿Cómo estaban distribuidos geográficamente esos judíos en vísperas de la Primera Guerra Judeorromana? La mayor parte vivía en la Tierra de Israel, que albergaba cerca de 2,5 millones de judíos, de los cuales 300.000 eran samaritanos. En la región coexistían dos comunidades: la de las ciudades helenísticas de la costa, donde sobre todo se hablaba griego; y las comunidades de lengua principalmente aramea que residían en Galilea (al norte), el valle del Jordán y el sur de Judea. En el período asmoneo (140-63 a.C.), una situación política relativamente pacífica y unas condiciones económicas favorables, unidas a la oleada de conversiones de paganos al judaísmo que tuvo lugar en los doscientos años previos a la destrucción del segundo templo, contribuyeron con toda probabilidad al aumento de la población judía en la Tierra de Israel, que en 65 d.C. era más numerosa que nunca hasta entonces.

Los otros grandes centros de población judía eran el norte de África, gobernado por los romanos, y Mesopotamia, bajo dominio parto. En las primeras décadas del siglo I d.C., cerca de un millón de judíos helenistas vivían en el norte de África (sobre todo en Egipto). En el mismo período, cerca de un millón de judíos arameohablantes vivían en el Imperio parto, que abarcaba Mesopotamia y Persia.

[7] Baron (1971b); Broshi (1979, 1982, 2001); Hamel (1990); DellaPergola (1992, 2001); S. Schwartz (2001, pp. 10-11; 2006, pp. 23, 36). En el apéndice explicamos por qué difieren las cifras aproximadas de la población judía en el siglo I d.C., y ofrecemos las referencias y fuentes de información de las cifras demográficas presentadas en esta sección.

**TABLA 1.1.** Población judía y población total, 65 d.C.-650, por región (en millones, salvo que se indique lo contrario).

| | Población judía | | | | | | Población total | | | | | |
|---|---|---|---|---|---|---|---|---|---|---|---|---|
| **Región** | **ca. 65 d.C.** | **ca. 100** | **ca. 150** | **ca. 300** | **ca. 550** | **ca. 650** | **ca. 65 d.C.** | **ca. 100** | **ca.150** | **ca.300** | **ca. 550** | **ca. 650** |
| Tierra de Israel | 2,5 | 1,8 | 1,2 | 0,5 | 0,2 | 0,1 | 3 | 2,3 | 1,8 | 1,1 | 1,5 | 1-1,5 |
| Mesopotamia y Persia | 1 | 1 | 1-1,2 | 1-1,2 | 0.8-1 | 0,7-0,9 | 7 | 7,3 | 7,5 | 8,8 | 10,5 | 11,8 |
| Norte de África (principalmente Egipto) | 1 | 0,8-1 | 0,5 | — | — | 0,004 | 8,2 | 8,4 | 8,8 | 8,2 | 6,2 | 7,8 |
| Siria y Líbano | 0,2-0,4 | — | — | — | — | 0,005 | 2,3 | 2,3 | 2,3 | 2 | 1,5 | 2 |
| Asia Menor y los Balcanes | 0,2-0,4 | — | — | — | — | 0,040 | 10,3 | 11 | 11,5 | 11 | 8,5 | 8,9 |
| Europa occidental | 0,1-0,2 | — | — | — | — | 0,001 | 21,1 | 22,6 | 23 | 22 | 17 | 17 |
| Europa del Este | ... | ... | ... | ... | ... | ... | 3,1 | 3,3 | 3,3 | 3,3 | 2,7 | 3 |
| Todas las regiones | 5-5,5 | — | — | — | 1-1,2 | 55 | 57,2 | 58,2 | 56,4 | 47,9 | 51,5-52 | |
| Porcentaje de judíos en la población total | 9-10 | — | — | — | — | 1,9-2,3 | | | | | | |

*Fuente:* Cálculos aproximados de los autores, explicados en el apéndice.

*Notas:* Asia Menor es el término histórico con que se designa el territorio correspondiente a la actual Turquía. Los Balcanes comprenden Albania, Bulgaria, Grecia y la antigua Yugoslavia. Europa del Este comprende Hungría, Rumania, Polonia y la antigua Checoslovaquia. Europa occidental comprende Italia, la Península Ibérica, Francia, Bélgica, los Países Bajos, Alemania, Austria y Gran Bretaña, países todos ellos bajo dominio del Imperio romano durante la mayor parte de los cuatro primeros siglos.

... Insignificante.

— No disponible.

[a] Las cifras comprenden la península arábiga.

Los judíos también estaban presentes en todo el inmenso Imperio romano. Hacia 65 d.C., la región correspondiente a Siria y Líbano albergaba probablemente entre 200.000 y 400.000 judíos; más o menos el mismo número de judíos vivían en Asia Menor (la región correspondiente a la moderna Turquía) y los Balcanes (Albania, Bulgaria, Grecia y la antigua Yugoslavia). De 100.000 a 200.000 vivían probablemente en Europa occidental (sobre todo en el centro y sur de Italia, en Francia y en la Península Ibérica). Las ciudades de Roma, Corinto, Éfeso, Antioquía y Damasco albergaban grandes comunidades judías.

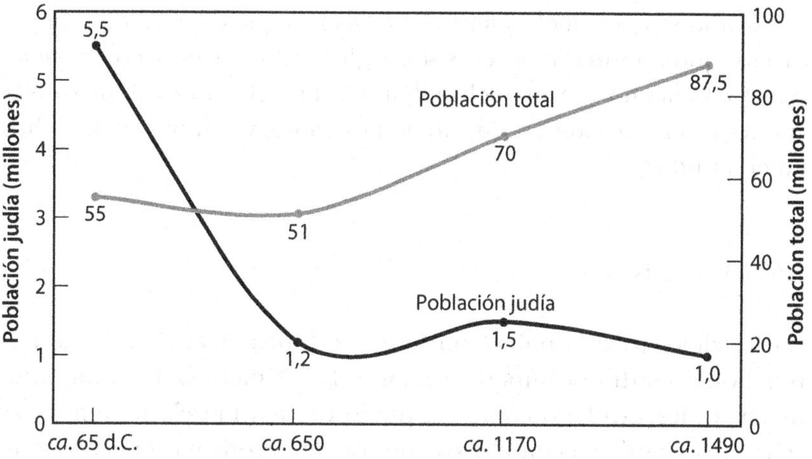


**Gráfico 1.1.** Población judía y población total, *ca.* 65 d.C., 650, 1170 y 1490 (en millones). 1490 *Fuente*: Cálculos aproximados de los autores, explicados en el apéndice. *Nota:* Las cifras de la población judía y la población total se refieren a las siguientes zonas geográficas: Tierra de Israel, Siria, Líbano, Mesopotamia, Persia, península arábiga, norte de África, Asia Menor (término histórico con que se designa la región correspondiente a la actual Turquía), los Balcanes (Albania, Bulgaria, Grecia y la antigua Yugoslavia), Europa del Este (Hungría, Rumanía, Polonia y la antigua Checoslovaquia) y Europa occidental (Italia, Península Ibérica, Francia, Bélgica, Países Bajos, Austria, Alemania y Gran Bretaña).

Los estudiosos no coinciden en cuanto al número de judíos que existían en vísperas de la Primera Guerra Judeorromana, pero todos están de acuerdo en que la población judía estaba empezando a sufrir un marcado descenso[8]. En época de Mahoma, a comienzos del siglo VII, el número de judíos en todo el mundo oscilaba entre 1 y 1,2 millones, o sea, que los judíos constituían entre el 1,9 y el 2,3 por ciento del total de la población de las regiones en que habitaban (gráfico 1.1).

Las comunidades judías residentes en la Tierra de Israel, el norte de África, Siria, Líbano, Asia Menor, los Balcanes y Europa occidental quedaron reducidas a unos pocos millares de personas. La única comunidad que se mantuvo relativamente estable fue la de Mesopotamia (y, en menor medida, la de Persia), que en época de Mahoma se convirtió en el centro del judaísmo y hogar de cerca del 75 por ciento de los judíos de todo el mundo.

¿Cómo se explica el asombroso descenso que experimentó la población judía mundial en esos seis siglos? ¿Por las masacres relacionadas con la guerra y el declive demográfico general? ¿O fue otra la causa de la reducción en casi un 80 por ciento del número de judíos en el mundo?

## La Tierra de Israel

En los siglos I y II la población judía de Judea efectuó dos grandes rebeliones contra el Imperio romano. La Primera Guerra Judeoromana se desencadenó como resultado de una mezcla de tensiones religiosas y motivos económicos que concurrieron en la época en que Judea se convirtió en una provincia romana, al comienzo mismo del siglo I. Los abusos en la recaudación de tributos y el establecimiento del censo romano en Judea, la sustracción de una gran suma de dinero del erario del templo por parte del procurador romano Gesio Floro y la intromisión en las cuestiones religiosas (como el nombramiento de los sumos sacerdotes o la exigencia de erigir estatuas del emperador romano Calígula en los templos situados en territorio del imperio) contribuyeron a aumentar la popularidad de la secta de los zelotes, que incitaron a los demás judíos a rebelarse para conquistar la independencia política y religiosa[9].

---

[8] Baron (1971b); Broshi (1979, 1982, 2001); Avi-Yonah (1984); Hamel (1990); Herr y Oppenheimer (1990); DellaPergola (1992, 2001); Stemberger (2000); S. Schwartz (2001, 2006); Schiffman (2003); Goodblatt (2006c).

[9] Los datos ofrecidos en esta sección están sacados de diversos estudios histó-

La revuelta estalló en 66 d.C., en la ciudad de Cesarea, al parecer porque la guarnición romana no intervino para impedir que unos griegos sacrificasen aves delante de la sinagoga de la localidad. En las fases iniciales de la guerra los rebeldes derrotaron a los romanos.

La suerte de los sublevados cambió cuando el emperador Nerón confió al general Vespasiano el mando de las fuerzas romanas en la Tierra de Israel. En 67 d.C. el futuro emperador, al frente de casi 60.000 legionarios, aplastó la rebelión en Galilea conquistando bastiones judíos como Gamala y Yotapata, donde Flavio Josefo, el caudillo del ejército judío, cayó prisionero[10]. Vespasiano se dirigió a continuación a Jerusalén, donde los líderes de la revuelta se habían refugiado y empezaban a prepararse para el asedio. Entre tanto, la muerte de Nerón, ocurrida en 68 d.C., indujo a Vespasiano a regresar a Roma, donde la situación política estaba precipitando una guerra civil. Tras las muertes de Otón y Galba y la posterior derrota de Vitelio, Vespasiano fue proclamado emperador el 21 de diciembre de 69 d.C., que pasó a la historia como "el año de los cuatro emperadores".

Para sofocar la revuelta judía, Vespasiano envió a Jerusalén a su hijo Tito, que dirigió el asedio y el asalto final. En lugar de esperar a que los jerosolimitanos muriesen de hambre, Tito decidió asestar el golpe de gracia a la ciudad. Las luchas intestinas entre los zelotes y sicarios, de un lado, que querían seguir luchando, y los demás judíos, entre los cuales había muchos fariseos, que querían rendirse

ricos dedicados a las guerras judeorromanas, como los de Applebaum (1976a); Avi-Yonah (1976); M. Stern (1976); S. Safrai (1976b); Zeitlin (1978); Griffin (1984); Goodman (1987, 2008); S. Schwartz (1990, 2001); Fuchs y Sevener (1995); Morgan (2006).

[10] Josefo ben Matitiahu (Flavio Josefo) nació en Jerusalén en 37 d.C., en el seno de una familia aristocrática de sacerdotes. Involucrado a su pesar en la revuelta contra Roma, fue nombrado jefe del ejército de Galilea, donde cayó prisionero. Encadenado y conducido ante Vespasiano, predijo que el general no tardaría en convertirse en emperador. Cuando, en 69 d.C., Vespasiano fue proclamado emperador, Flavio Josefo recuperó la libertad y se unió a los romanos, e hizo de intermediario con los judíos rebeldes. Incapaz de convencerlos de que se rindiesen, fue testigo del asedio de Jerusalén y de la destrucción del Templo. Josefo adoptó el nombre de familia de Vespasiano (Flavio) y se estableció en Roma, donde dedicó el resto de su vida a la literatura. Las pruebas arqueológicas han confirmado muchos detalles de los acontecimientos descritos en sus obras, circunstancia que ha convertido a Flavio Josefo en una de las fuentes más fidedignas acerca del judaísmo del siglo I y de los albores del cristianismo.

a los romanos, contribuyeron a determinar el destino de Jerusalén. La guerra terminó cuando las legiones romanas de Tito entraron en Jerusalén y la destruyeron, saquearon e incendiaron el Templo y masacraron a buena parte de la población judía[11]. Aunque no se tome al pie de la letra la crónica del historiador romano Tácito, según el cual la Primera Guerra Judeorromana se cobró la vida de al menos 600.000 judíos, el número de víctimas fue desde luego muy elevado[12]. Si bien es cierto que algunos judíos fueron llevados a Roma como esclavos (tal como demuestran las imágenes representadas en el arco de Tito), no hay ninguna prueba de deportaciones en masa ni de emigraciones forzosas de judíos a Roma después de la Gran Revuelta[13].

La Primera Guerra Judeorromana alteró profundamente el equilibrio de poderes entre varios grupos religiosos judíos. Los saduceos, la elite acaudalada que dominaba el culto del Templo, perdió su fuente de riqueza y poder. Los zelotes y los sicarios, los principales instigadores y alentadores de la revuelta, fueron exterminados durante los asedios de Jerusalén y, tres años después, de la fortaleza de Masada. En cambio, la secta de los fariseos, a la que pertenecían destacados eruditos y sabios de la academia de Jerusalén, no participó en la guerra. Supervivientes de la masacre, los fariseos se convirtieron en los nuevos líderes políticos y religiosos de la comunidad judía. Rabí Iojanán ben Zakai, una de las figuras señeras de esa fase histórica, obtuvo de los romanos el permiso de reconstituir el Sanedrín en la ciudad costera de Yavne, que se convirtió en el principal centro de la cultura judía y seguiría siéndolo hasta 135. El nuevo liderazgo judío, compuesto de maestros, eruditos y rabinos, sustituyó el culto y los sacrificios rituales en el templo por el estudio y aprendizaje de las Escrituras[14].

El fin de la Primera Guerra Judeorromana tuvo como resultado la consolidación del dominio romano sobre Judea y otras zonas del

---

[11] La fiesta judía de Tisha Bav conmemora la destrucción del segundo templo.

[12] Algunos estudios recientes (por ejemplo, S. Schwartz [2006, pp. 23, 36]) ponen en tela de juicio que el número de víctimas judías durante la Gran Revuelta y, posteriormente, la rebelión de Bar Kojba, fuese tan elevado.

[13] Baron (1971b); DellaPergola (2001).

[14] S. Safrai (1976b, pp. 317-322).

litoral Mediterráneo y el Oriente Próximo. El emperador Trajano redobló la presión sobre los judíos, lo cual precipitó la revuelta de la diáspora de 115, sofocada dos años después[15]. La Segunda Guerra Judeorromana que tuvo lugar en la Tierra de Israel, también conocida como la rebelión de Bar Kojba por el nombre de su caudillo, Simón Bar Kojba estalló en 132, cuando el emperador romano Adriano partió hacia Grecia después de haber pasado tres años en la Tierra de Israel[16]. Sostiene el historiador romano Dion Casio, la principal fuente de información al respecto, que la rebelión estuvo provocada por varios edictos represivos, uno de los cuales prohibía la circuncisión. Según Dion, la chispa que encendió la revuelta fue la decisión de Adriano de construir una ciudad nueva sobre las ruinas de Jerusalén, denominada Aelia Capitolina (por el nombre propio del emperador, Aelius), en la que se erigiría un templo dedicado a Júpiter Capitolino. Los fariseos, que se habían opuesto a la Gran Revuelta, se pusieron en cambio al frente de la Segunda Guerra Judeorromana, junto con el jefe del Sanedrín, Rabí Akiva, que proclamó a Bar Kojba el Mesías de los judíos.

La primera fase de la rebelión fue favorable a los judíos, pues conquistaron varias ciudades -que a continuación fortificaron- e infligieron pérdidas severas a los romanos, llegando a diezmar una legión entera (la *Legio XXII Deiotariana*). El emperador Adriano respondió a esta debacle enviando varias legiones al mando de uno de sus generales más competentes, Julio Severo, que llegó procedente de Britania. Severo rodeó la fortaleza judía y, al cabo de tres años y medio de guerra, derrotó a los rebeldes. Cuenta Dion Casio que los romanos demolieron cincuenta fortalezas, destruyeron cientos de aldeas y mataron a cerca de 580.000 personas. Aunque esta cifra de víctimas sea con toda probabilidad una exageración desmesurada, la masacre fue de enormes proporciones. El Talmud (Tanit 4:5) señala que los romanos asesinaron a tantos judíos "que la sangre llegaba hasta los ollares de los caballos". Rabí Akiva y otros jefes religiosos fueron ejecutados.

Judea dejó de existir como estado independiente y se convirtió en la provincia romana de Siria Palestina. El centro de gravedad de la

---

[15] Goodman (2004).

[16] S. Safrai (1976b, pp. 332-338); Oppenheimer (2005).

vida y la cultura judías se desplazó hacia el norte, a Galilea. La academia de Yavne se trasladó a Usha, y después a Shefaram, Besara, Séforis, Cesarea y Tiberíades. Fue en estas academias donde los tanaítas y, posteriormente, los amoraítas codificaron los dos textos fundamentales del derecho judío: la Misná (hacia el año 200) y el Talmud de la Tierra de Israel (350–400), también conocido como el Talmud de Jerusalén o Tamud Yerushalmí[17]. Tanto los tanaítas como los amoraítas consideraban la revuelta contra Roma un gravísimo error de los líderes judíos, de ahí que la lista de festividades religiosas aprobadas en la Misná no incluya ninguna conmemoración de la rebelión de Bar Kojba.

El aplastamiento de la revuelta no tuvo consecuencias perniciosas para los samaritanos, que se alinearon con los romanos y exacerbaron la animosidad entre aquellos y los demás judíos. Las diversas sectas judeocristianas, que empezaron a surgir durante los siglos I y II, no participaron ni en la Gran Revuelta (abandonaron Jerusalén durante el asedio) ni en la rebelión de Bar Kojba. La trascendencia de estos acontecimientos para las dinámicas internas del judaísmo y de la demografía judía se harán evidentes más adelante.

Las crónicas de Flavio Josefo, Tácito y Dion Casio y las excavaciones arqueológicas dan fe del nivel que alcanzó la destrucción de aldeas y ciudades y la consiguiente reducción de la comunidad judía en la Tierra de Israel. Según los cálculos de los historiadores antiguos, más de un millón de judíos perecieron en las guerras judeorromanas[18]. Así pues, cerca del 40 por ciento de la reducción que sufrió la población judía en la Tierra de Israel durante los siglos I y II (tabla 1.2) puede achacarse a las pérdidas de vidas humanas originadas por las dos guerras. Una consecuencia de ambas contiendas fue la deportación a Roma de algunos judíos en calidad de esclavos, aunque no fueron cantidades elevadas. El deterioro de la economía de la Tierra de Israel, que comenzó durante el siglo III, también obligó a algunos

[17] S. Safrai (1976b, pp. 335–342). Rabí Yehudá Hanasí (*ca.* 135–219), el erudito más eminente de la última generación de los tanaítas, compiló la Misná. Los amoraítas comentaron y aclararon muchas disposiciones y preceptos de la Misná; sus comentarios se conocen como la Guemará. La Misná y la Guemará componen el Talmud. En el capítulo 3 se expone el desarrollo histórico de la Misná y del Talmud.

[18] Baron (1971b); Herr y Oppenheimer (1990, p. 109).

judíos a emigrar a Mesopotamia[19]. Los rabinos y los líderes religiosos trataron en vano de impedir estas migraciones.

Este razonamiento no cambiaría si, como han propuesto Broshi, Hamel y Schwartz, se partiese de los cálculos más bajos de la población judía alrededor de 65 d.C. y se supusiese que las guerras judeo-romanas de los siglos I y II causaron muchas menos víctimas de las referidas por Flavio Josefo, Tácito y Dion Casio[20]. Queda, pues, por explicar casi la mitad de la caída demográfica que se produjo en la Tierra de Israel entre comienzos del siglo I y comienzos del siglo VII, ya que ni las guerras ni las migraciones son causa suficiente de la reducción del 96 por ciento de la población judía que tuvo lugar mientras el número de gentiles se duplicaba o triplicaba para pasar del aproximadamente medio millón de habitantes, entre griegos, paganos y algunos cristianos, del siglo I a una cifra de entre 900.000 y 1,4 millones, sobre todo cristianos, a comienzos del siglo VII.

## Egipto y norte de África

En la época en que surgió el islam, a mediados del siglo VII, la comunidad judía de Egipto, que en tiempos de Jesucristo había sido una de las más grandes y prósperas, con un millón de habitantes, consistía apenas en unos pocos miles de individuos. ¿Cómo se explica un desplome tan asombroso?

En 115, el emperador Trajano lanzó una gran campaña contra el Imperio parto a fin de consolidar la frontera oriental del Imperio romano. Durante esta campaña los judíos mesopotámicos se rebelaron contra Roma poniéndose al lado de los gobernantes persas. La revuelta fue aplastada sin piedad por Lucio Quieto, que en recompensa fue nombrado gobernador de Judea y Galilea.

---

[19] No se ha explicado con claridad el declive económico de la Tierra de Israel en el siglo III, del que existen testimonios fehacientes. Se han propuesto como posibles causas el debilitamiento del Imperio romano, los impuestos abusivos, las sequías y los ciclos económicos. Para debates sobre esta cuestión, véanse Avi-Yonah (1984); Z. Safrai (1994); Bar (2001, 2002, 2003b); Leibner (2006, 2009); Gil (2008, pp. 164-165).

[20] Broshi (1979, 1982, 2001); Hamel (1990); S. Schwartz (2001, 2006).

La insurrección se propagó rápidamente a la Tierra de Israel y, en mucha mayor medida, a las regiones habitadas por la diáspora. La masacre de ciudadanos griegos y romanos a manos de bandas judías armadas en Chipre, Alejandría y Cirene, una ciudad situada en la actual Libia, y la destrucción de templos paganos desencadenaron la venganza brutal de Trajano. En 117, tras casi un año de combates, un general de Trajano, Quinto Marcio Turba, sofocó la rebelión. La devastación fue enorme en muchos lugares. La comunidad judía de Chipre quedó exterminada y se prohibió a los judíos radicarse en la isla. Los judíos de Libia y Cirenaica también sufrieron graves perjuicios. En muchas zonas rurales egipcias las comunidades judías fueron masacradas. La gran sinagoga y la biblioteca de Alejandría quedaron destruidas. Los judíos alejandrinos, entre 150.000 y 200.000 individuos, fueron aniquilados en buena parte. Algunos judíos egipcios huyeron a Mesopotamia (sobre todo a Babilonia), como habían hecho los judíos de la Tierra de Israel tras las dos guerras judeorromanas[21].

En los seis siglos comprendidos entre 65 d.C. y 650 los judíos prácticamente desaparecieron de Egipto. La guerra judeorromana de 115-117 puede explicar más o menos una cuarta parte de esa caída demográfica (tabla 1.2), a la que también contribuyeron las emigraciones de los judíos egipcios a Mesopotamia. Ahora bien, ¿cuál fue la causa del 60 o 70 por ciento restante, que no cabe achacar a las masacres ni a las emigraciones? La desaparición casi total de la comunidad judía del norte de África resulta particularmente sorprendente si se tiene en cuenta que entre el siglo I y los inicios del VII el número de gentiles en la región creció cerca del 8,3 por ciento.

## Siria, Líbano, Asia Menor, los Balcanes y Europa occidental

Las tablas 1.1 y 1.2 revelan el pasmoso declive demográfico de las nutridas comunidades judías que residían en otras zonas del Imperio romano (Siria, Líbano, Asia Menor, los Balcanes y Europa occidental). En el siglo I d.C. vivían en el Imperio romano millares de judíos.

---

[21] Veánse Baron (1937, vol. 1; 1917b); Tchericover (1945); Applebaum (1976b); S. Safrai (1976b, pp. 330-331, 370-373); Alon (1980-1984); Smallwood (1981; pp. 389-427); Kasher (1985, pp. 26-29); y Goodman (2004) para investigaciones históricas sobre los judíos egipcios durante el período romano.

En los siglos siguientes los judíos prácticamente desaparecieron de Europa occidental, o eso invita a pensar la escasez de información acerca de comunidades judías en Europa durante los siglos VII y VIII[22]. Las enormes comunidades judías que en el siglo I d.C. habitaban el Líbano, Siria, Asia Menor y los Balcanes también se redujeron en número. ¿Cómo se explica este hundimiento demográfico?

Las persecuciones y las conversiones forzadas de judíos –por ejemplo, en la España visigoda durante el siglo VI y comienzos del VII contribuyeron a la reducción de la comunidad judía autóctona, aunque no es posible dilucidar en qué medida. Pero estos episodios, por horribles que fueran, no acabaron con todos los judíos europeos. Suponiendo que en el primer milenio judíos y gentiles tuviesen la misma esperanza de vida, el declive demográfico general que se registró en Asia Menor y los Balcanes (14,3 por ciento) y en Europa occidental (19,1 por ciento) durante los primeros seis siglos seguramente afectó a los judíos que vivían en esas regiones (tabla 1.2). Los judíos, como el resto de la población, sufrieron las consecuencias de la llamada "peste de Justiniano", una pandemia que probablemente llegó de Egipto a través de Asia central y se declaró en Constantinopla en 541, bajo el reinado del emperador Justiniano, para propagarse después por Siria, Líbano, la Tierra de Israel, el norte de África, Asia Menor, los Balcanes y Europa occidental, hasta Dinamarca, Britania e Irlanda. El desplome de entre el 22 y el 23 por ciento de la población de Asia Menor, los Balcanes y Europa occidental que se produjo entre los años 300 y 550 (tabla 1.1) es compatible con la hipótesis de que la pandemia de Justiniano se cobró numerosas vidas.

Durante ese período los judíos se dispersaron por el territorio del Imperio bizantino, pero no existe ninguna constancia de migraciones en masa, ni voluntarias ni forzosas, de judíos procedentes de Siria, Líbano, Asia Menor, los Balcanes o Europa occidental hacia Mesopotamia entre los siglos I y VII[23]. Debe de haber otra explicación para el sorprendente descenso demográfico que experimentó la población judía de esas regiones.

22 Schwarzfuchs (1966a, p. 125); Toch (2005, p. 548; 2012).

23 Toch (2005, p. 549; 2012).

**TABLA 1.2.** Efecto de las guerras en la población judía, 65 d.C.-650, por región

| Región | Población judía *ca.* 65 d.C. | Población judía *ca.* 650 | Variación provocada por las guerras (%) | Variación total (%)[b] | Población gentil ca.65 d.C. | Población gentil ca.650 | Variación total (%)[b] |
|---|---|---|---|---|---|---|---|
| Tierra de Israel | 2,5 | 0,1 | −40 | −96 | 0,5 | 0,9-1,4 | +130,0 |
| Mesopotamia y Persia[a] | 1 | 0,7–0,9 | −10 | −20 | 6,0 | 11,0 | +83,4 |
| Norte de África (principalmente Egipto) | 1 | 0,004 | −25 | −99 | 7,2 | 7,8 | +8,3 |
| Siria y Líbano | 0,2-0,4 | 0,005 | −10 | −98 | 2,0 | 2,0 | ... |
| Asia Menor y los Balcanes | 0,2-0,4 | 0,040 | −10 | −87 | 9,8 | 8,4 | -14,3 |
| Europa occidental | 0,1-0,2 | 0,001 | −10 | −99 | 20,9 | 16,9 | -19,1 |
| Europa del Este | ... | ... | — | — | 3,1 | 3,0 | -3,2 |
| Todas las regiones | 5-5,5 | 1-1,2 | — | −79 | 55 | 51,5-52 | -6,9 |

*Fuente:* Cálculos aproximados de los autores, explicados en el apéndice.

*Notas:* Asia Menor es el término histórico con que se designa el territorio correspondiente a la actual Turquía. Los Balcanes comprenden Albania, Bulgaria, Grecia y la antigua Yugoslavia. Europa del Este abarca Hungría, Rumanía, Polonia y la antigua Checoslovaquia. Europa occidental se refiere a Italia, la Península Ibérica, Francia Bélgica, Países Bajos, Alemania, Austria y Gran Bretaña, países todos ellos bajo dominio del Imperio romano durante la mayor parte de los cuatro primeros siglos.

… Insignificante.

– No disponible.

[a] Las cifras comprenden la península arábiga.

[b] Cuando las cifras de población son horquillas de valores (por ejemplo, 5-5,5 millones), los cambios porcentuales indicados en esta columna se han calculado tomando el valor medio (por ejemplo, 5,25 millones).

## Mesopotamia y Persia

El Imperio romano, que abarcaba un vasto territorio que se extendía desde Britania hasta Persia, fue uno de los dos grandes imperios del siglo I. El otro fue el de los partos, que iba de Armenia a Afganistán. En vísperas de la Primera Guerra Judeorromana, que se libró en el siglo I, Mesopotamia y, en menor medida, Persia, dominadas ambas por los partos, albergaban una de las mayores comunidades judías, integrada por cerca de un millón de individuos que vivían en aldeas y también en ciudades como Babilonia, Edesa, Nehardea, Nísibis, Pumbedita, Seleucia del Tigris y Sura[24].

La comunidad de judíos mesopotámicos se mantuvo bastante estable y siguió prosperando después de 224, cuando la dinastía persa de los sasánidas puso fin al dominio de los partos, arrebatándoles el poder y ampliando enormemente su imperio[25]. Durante los cuatro siglos de dominio sasánida (224-651), los judíos de Mesopotamia y Persia experimentaron un descenso demográfico menor que el de las comunidades judías de la Tierra de Israel y de Egipto (tablas 1.1 y 1.2), de tal modo que a comienzos del siglo VII cerca del 75 por ciento de todos los judíos vivía en Mesopotamia y en Persia.

Durante ese período el centro de la cultura judía, localizado anteriormente en Judea y Galilea, se desplazó a las academias de Mesopotamia (las más famosas de las cuales eran las de Sura, Pumbedita y Nehardea), donde los amoraítas llevaron a cabo la extensa recopilación de comentarios conocida como el Talmud babilónico (o Talmud bavlí), que terminaría eclipsando al Talmud de Jerusalén y sería reconocido por la mayoría de comunidades judías como fuente suprema de autoridad jurídica y religiosa.

Pese a la ausencia de masacres, el notable aumento demográfico general (tabla 1.1) y las emigraciones de judíos desde la Tierra de Israel y Egipto hacia Mesopotamia, a comienzos del siglo VII la población judía en Mesopotamia y Persia era cerca de un 20 por ciento me-

---

[24] Neusner (1965-1970, vols. 1 y 2); Baron (1971b); Applebaum (1976b); DellaPergola (2001).

[25] El Imperio sasánida comprendía la actual Siria, Irak, Irán, Afganistán, el Cáucaso (Armenia, Georgia, Azerbaiyán y Daguestán), la parte sudoccidental de Asia central, parte de Turquía, ciertas áreas litorales de la península arábiga, el litoral del golfo Pérsico y zonas del sudoeste de Pakistán.

nor que la del siglo I. Dadas esas circunstancias, ¿por qué disminuyó el número de judíos?

*Un mundo de campesinos*

En el siglo I los judíos de casi cualquier lugar del mundo se ganaban la vida en el agro (tabla 1.3). Los judíos de la Tierra de Israel, en su inmensa mayoría, eran agricultores[26]. Tanto los escritos de Flavio Josefo como el Nuevo Testamento describen con claridad el carácter predominantemente rural de la Tierra de Israel.

Estas descripciones condicen con la imagen que se obtiene al leer la Misná, el canon del derecho judío que redactó Rabí Yehudá Hanasí a comienzos del siglo III[27]. Cada uno de los seis *seder*, o volúmenes en que se divide la Misná, contiene tratados más pequeños, hasta un total de sesenta y tres libros, que tratan de la agricultura, las festividades, el derecho familiar, la purificación ritual y los sacrificios. Los volúmenes que no están dedicados específicamente a la agricultura también contienen debates y disposiciones relativas a la actividad agrícola y pastoril. La casuística recogida en el volumen de los daños y perjuicios (*Nezikim*), por ejemplo, atañe en parte a la actividad agrícola. Numerosos debates y regulaciones referentes a las festividades, recogidas en el volumen *Moed* ("estación designada") versan de fiestas, ayunos y días festivos que tienen lugar en determinados momentos de la estación agrícola. De las treinta y nueve categorías de actividades prohibidas en sábado, once se refieren a labores agrícolas concretas, tales como arar, cosechar, agavillar, trillar, aventar, moler y cribar.

El espacio dedicado a asuntos agrícolas en *Zeraim* ("semillas"), el primer volumen de la Misná, es probablemente la prueba más inequívoca del origen agrario de la sociedad judía. Ni los rabinos y los sabios durante el período del segundo templo, ni después los tanaítas durante los siglos I y II, se dedicaron a las discusiones filosóficas, sino que se pronunciaban acerca de cuestiones prácticas, como, por ejemplo, el mandamiento de reservar a los pobres una esquina del campo propio, las prohibiciones relativas a la mezcla de productos agrícolas, vestimentas y cría de animales, las leyes que prohibían cultivar duran-

---

[26] Véase el apéndice para las referencias y fuentes que describen la estructura ocupacional de los judíos en la tierra de Israel, Egipto y Mesopotamia que tratamos en esta sección.

[27] Neusner (1998).

te el llamado año sabático, las categorías de labores agrícolas prohibidas y la prohibición de comer el fruto de los árboles plantados menos de tres años antes[28].

Parecida atención a las actividades agropecuarias se observa en las discusiones y resoluciones de los sucesores de los tanaítas, los amoraítas, nombre con que se conocía a los eruditos de las academias de Galilea entre comienzos del siglo III y fines del siglo V. En consecuencia, el Talmud de Jerusalén abunda en discusiones, resoluciones y normas sobre cuestiones agropecuarias.

La ingente cantidad de excavaciones arqueológicas corrobora la imagen de un Eretz Israel rural en la primera mitad del primer milenio. El registro arqueológico muestra que la mayor parte de la población judía vivía en aldeas y se dedicaba a la agricultura; por el contrario, casi todas las ciudades, sobre todo las costeras, estaban habitadas por griegos, que desarrollaban actividades artesanales y comerciales[29].

Los otros dos grandes centros de vida judía –el norte de África (sobre todo Egipto) y Mesopotamia–, donde los judíos, si bien numerosos, constituían una minoría de la población local, ¿presentaban una distribución ocupacional parecida? Egipto era una próspera provincia romana que debía su riqueza más que nada a la agricultura. A lo largo del Nilo, por las rutas de las caravanas transaharianas y por las rutas marítimas desde el mar Rojo se desarrollaba un floreciente comercio con África central, la península arábiga y la India. Los ingresos que Roma obtenía de Egipto eran mucho mayores que los procedentes de Judea. Alejandría, con su magnífica biblioteca y su comunidad de escritores, filósofos y científicos, famosa en todo el mundo antiguo, era el centro económico y cultural de Egipto.

---

[28] Las leyes de diezmo son otra prueba de que la Misná se ocupaba de asuntos prácticos. La obligación de pagar un diezmo derivaba de una serie de pasajes bíblicos. En la Misná se transforma el deber bíblico en una serie precisa de leyes y se definen con exactitud los diversos tipos de diezmo: *a) terumá*: una entrega a los *cohanim* (sacerdotes) de 1/60-1/40 de la propia cosecha; *b) ma'aser rishon*: una entrega a los levitas de 1/10 de la cosecha que queda tras la entrega de la terumá; el levita, a su vez, da al *cohen* 1/10 de esa cantidad; *c) ma'aser sheni*: durante los años primero, segundo, cuarto y quinto del ciclo septenal, 1/10 de la producción restante se aparta para llevarse a Jerusalén y que el propietario la consuma allí; *d) ma'aser oni*: durante los años tercero y sexto del ciclo septenal, el *ma'aser sheni* se sustituye por un diezmo para los pobres. Oppenheimer (2007).

[29] Sperber (1978); Z. Safrai (1989, p. 9; 1994); J. Schwartz (2006, pp. 431-456).

Las comunidades judías de la rica provincia romana del norte de África eran particularmente prósperas en el siglo I, como indican las descripciones del filósofo judío Filón de Alejandría y los abundantes testimonios extraídos de los papiros[30]. Al igual que los judíos de la Tierra de Israel, casi todos los judíos egipcios del siglo I vivían del campo (tabla 1.3). En Alejandría, sin embargo, los judíos también se dedicaban a diversos oficios artesanales, a actividades comerciales y al préstamo pecuniario, como el resto de la población local. En los siglos posteriores a la guerra judeorromana de 115 la comunidad judía se redujo a unos pocos miles de individuos. Apenas se sabe nada de la estructura ocupacional de los judíos del norte de África entre fines del siglo II y comienzos del siglo VII.

Durante la primera mitad del primer milenio la mayoría de los judíos residentes en Mesopotamia y en Persia también se ganaba la vida trabajando la tierra, como el resto de la población. La región tenía la suerte de contar con un suelo sumamente fértil y los gobernantes partos y después sasánidas realizaron enormes inversiones en los sistemas de irrigación, lo cual permitió cultivar extensas zonas.

Los judíos de Mesopotamia habían trabajado la tierra desde la época del cautiverio, en el siglo VI a.C. Algunos pasajes de los escritos de los profetas Jeremías, Esdras y Nehemías indican que los judíos exiliados no tenían prohibido poseer tierras y se dedicaban a la agricultura. Flavio Josefo sostiene que cuando se permitió a los exiliados regresar a Judea, muchos decidieron quedarse en Mesopotamia, pues no querían abandonar sus tierras. Parece ser que en los siglos siguientes la agricultura siguió siendo la ocupación predominante de la comunidad judía, tal como atestigua una carta que el rey Antíoco III, de la dinastía helenística de los Seléucidas, escribió entre 210 y 205 a.C. a uno de sus funcionarios, Zeuxis, en la que el monarca

[30] Vinculado a la dinastía herodiana de la Tierra de Israel, Filón de Alejandría (20 a.C.-50 d.C.) pertenecía a la familia más noble de judíos alejandrinos (su hermano Alejandro era el gobernador romano de Judea y Egipto y fue uno de los comandantes del ejército romano durante el asedio de Jerusalén). Dos libros de Filón (escritos en griego) relatan acontecimientos de los que fue testigo directo: *Contra Flaco* describe los pogromos de judíos perpetrados en Alejandría en 38 d.C.; *Embajada a Cayo* describe la misión que llevó a Filón a Roma en 40 d.C. para protestar contra la instalación de estatuas del emperador Calígula en las sinagogas alejandrinas y en el templo de Jerusalén.

señala que los judíos de Mesopotamia llevaban mucho tiempo dedicándose a las labores del campo[31].

**TABLA 1.3.** Porcentaje de mano de obra judía dedicada a la agricultura y a actividades especializadas, 1 d.C.-650, por región.

| | 1 d.C.-400 | | 450-650 | |
|---|---|---|---|---|
| **Región** | **Actividades agropecuarias[a]** | **Oficios artesanales, comercio, préstamo pecuniario[a]** | **Actividades agropecuarias[a]** | **Oficios artesanales, comercio, préstamo pecuniario[a]** |
| Tierra de Israel | 85-90 | 10-15 | 80-85 | 15-20 |
| Mesopotamia y Persia[b] | 85-90 | 10-15 | 70-80 | 20-30 |
| Norte de África (principalmente Egipto) | 70-80 | 20-30 | — | — |
| Siria y Líbano | 85-90 | 10-15 | — | — |
| Asia Menor y los Balcanes | 40-50 | 50-60 | 30-40 | 60-70 |
| Europa occidental | 70-80 | 20-30 | — | — |
| Europa del Este | — | — | — | — |

*Fuente:* Cálculo de los autores, explicados en el apéndice.

*Notas:* Asia Menor es el término histórico con que se designa el territorio correspondiente a la actual Turquía. Los Balcanes comprenden Albania, Bulgaria, Grecia y la antigua Yugoslavia. Europa del Este comprende Hungría, Rumanía, Polonia y la antigua Checoslovaquia. Europa occidental comprende Italia, la Península Ibérica, Francia, Bélgica, Países Bajos, Alemania, Austria y Gran Bretaña, territorios todos ellos que estuvieron bajo dominio romano durante la mayor parte de los cuatro primeros siglos.

- No disponible

[a] La siguiente taxonomía de ocupaciones se usa para agrupar centenares de ellas en unas pocas categorías susceptibles de consignarse en una tabla. Se engloban en "actividades agropecuarias" todas las ocupaciones relativas al cultivo de la tierra, la cría de animales, la ganadería y la pesca, y también las labores de trabajadores no especializados sin relación con la agricultura. "Artesanía" comprende a un gran número de artesanos y trabajadores especializados, tales como sastres, tintoreros, herreros, armeros, cristaleros, grabadores, orífices, fabricantes de instrumentos científicos, carpinteros y cerrajeros. "Comercio" se refiere a los tenderos, mercaderes locales y comerciantes a larga distancia, que por lo general compraban y vendían productos fabricados por artesanos. "Préstamo" engloba a los acuñadores de moneda, cambistas, prestamistas, banqueros y recaudadores de impuestos, y también a otros profesionales con una formación de alto nivel, como escribas, notarios, maestros, estudiosos y médicos.

[b] Las cifras comprenden la península arábiga.

En la miríada de debates rabínicos del Talmud babilónico se nombran muchas aldeas y localidades rurales y se menciona el hecho de que los judíos se ganaban la vida con la agricultura como te-

[31]Las dos referencias están sacadas de Flavio Josefo, *Antigüedades judías* (libro 11, capítulo 1, sección 3, y libro 12, capítulo 3, sección 4), editado y traducido en Flavio Josefo (1998).

rratenientes, aparceros (*arisim*), arrendatarios (*hokerim*) o jornaleros (*kablanim*). Los mismos sabios de las academias mesopotámicas, los amoraítas, eran terratenientes. Algunos trabajaban sus propias tierras; otros contrataban mano de obra. Su interés por la agricultura queda de manifiesto en las discusiones y resoluciones del Talmud acerca de cuestiones agrícolas, como los cultivos idóneos para maximizar el rendimiento de la tierra, el permiso para comprar tierra a los gentiles y la competencia por la tierra que provocaba la presión demográfica.

Además de poseer tierra y dedicarse a labores agrícolas, muchos amoraítas comerciaban con vino y aceite de sésamo y parece ser que algunos prestaban dinero. Algunos amoraítas señalaron ya entonces la ventaja del comercio con respecto a la agricultura, pero no hay pruebas directas de una presencia considerable de judíos mesopotámicos en los oficios artesanales ni en el comercio durante los primeros tres siglos[32].

Esta estructura ocupacional empezó a cambiar a finales del período talmúdico, sobre todo en Mesopotamia (tabla 1.3). Durante los siglos V y VI algunos judíos abandonaron la agricultura y se trasladaron a las ciudades, donde se dedicaron al comercio minorista y a los oficios artesanales del curtido de pieles, el tejido del lino y la seda, el tinte y la fabricación de vidrio. Los amoraítas de las academias fueron los primeros en introducirse en las actividades más especializadas, en calidad de mercaderes y comerciantes[33].

## Resumen

Tres hechos fundamentales jalonan la historia de los judíos desde la época de Jesucristo a la de Mahoma. Primero, el número de judíos experimentó un descenso de cerca de 4 millones: de entre 5 y 5,5 millones a comienzos del siglo I a tan solo 1 o 1,2 millones a comienzos del siglo VII. Las matanzas relacionadas con la guerra y la reducción general de la población explican cerca de la mitad de esa disminución. En el capítulo 5 explicaremos cómo y por qué desapareció la otra mitad.

[32] Baron (1937, vol. 2; 1952, vols. 1 y 2); Beer (1974); Baron, Kahan y Gross (1975).

[33] Newman (1932); Baron (1937, vol. 2); Neusner (1965-1970, vol. 5, p. 134); Beer (1974); Baron, Kahan y Gross (1975); S. Safrai (1976b); L. Jacobs (1990).

Segundo, el centro de gravedad de la vida judía se desplazó de la Tierra de Israel a Mesopotamia y, en menor medida, a Persia, donde en la época en que surgió el islam vivía casi el 75 por ciento de los judíos. En el capítulo 5 veremos si este cambio fue consecuencia de decisiones voluntarias en respuesta a incentivos económicos o resultado de las persecuciones.

Tercero, en los seis siglos que median entre Jesucristo y Mahoma casi todos los judíos eran agricultores. En Alejandría, Babilonia, Jerusalén y Roma los judíos también se dedicaban a actividades artesanales y mercantiles, pero en todas partes los judíos y los gentiles se ganaban la vida fundamentalmente con la agricultura, ya fuese como terratenientes, aparceros, arrendatarios o jornaleros. Hoy los judíos, en su inmensa mayoría, se dedican al comercio, a la banca, a las finanzas, a la industria de alta tecnología, a la medicina, al derecho y a una gran variedad de profesiones altamente especializadas y muy bien remuneradas. Veamos a continuación cuándo y cómo cambió la estructura ocupacional de la comunidad judía.

## De Mahoma a Hulagu Jan (622-1258): de campesinos a mercaderes

La destrucción del segundo templo fue el primer "accidente histórico" que tuvo lugar en los siglos de historia judía que examinamos en este libro. El segundo fue el surgimiento y auge del islam y la creación de uno de los imperios más grandes, más urbanos y más comerciales de la historia. Este acontecimiento exógeno interactuó con las dinámicas internas del judaísmo para dar lugar a un cambio duradero y sin precedentes en la estructura ocupacional y residencial de la población judía mundial.

### *El auge de los califatos musulmanes*

¿Cómo eran Europa, el norte de África y Oriente Próximo cuando Mahoma irrumpió en el escenario de la historia a comienzos del siglo VII? En los cinco siglos que siguieron a la caída de Roma, acaecida en 476, y a las sucesivas invasiones de pueblos germánicos procedentes del centro y norte del continente, Europa occidental, fragmentada en muchos reinos rivales, retrocedió en gran medida al estadio de economía agrícola de subsistencia.

En cambio, la mitad oriental del Imperio romano continuó su andadura como Imperio bizantino, que seguiría siendo un bastión de la cristiandad durante varios siglos. En el apogeo de su expansión, bajo el reinado de Justiniano (527-565), el imperio abarcaba un territorio que comprendía el sur de España, gran parte de Italia, los Balcanes, Asia Menor, el norte de África, Líbano, Siria y la Tierra de Israel. La capital, Constantinopla, era una ciudad de casi un millón de habitantes. Heredero de la civilización de la era helenística, el Imperio bizantino se basaba en una economía urbana y mercantil. Constantinopla dominaba las rutas comerciales que conectaban Europa y Asia, proporcionaba una moneda de oro estable a la región mediterránea y era el foco de una efervescente actividad cultural[34].

El principal enemigo del Imperio bizantino era el Imperio sasánida, que dominó Mesopotamia, Persia, el Cáucaso y varias regiones de Asia central entre 224 y 651. Constantinopla perdió parte de su territorio ante el empuje de los persas, pero bajo el reinado del emperador Heraclio (610-641) logró infligir una derrota letal al Imperio sasánida. Debilitado y vulnerable, este otrora poderoso imperio no estaba en condiciones de impedir la invasión de Oriente Próximo por parte de las tribus árabes, unidas bajo una religión recién creada, el islam.

A la muerte de Mahoma, ocurrida en 632, los califas musulmanes de la dinastía Omeya conquistaron Siria, Mesopotamia, la Tierra de Israel, Egipto, Libia, Chipre, Persia, Túnez, Capadocia y Cilicia (en la actual Turquía), Argelia y Marruecos. Una vez conquistado el sur de España, en 711-712, los musulmanes cruzaron los Pirineos y tomaron Narbona, Autun y Burdeos y pusieron sitio a Tours en 732, año en que cayeron derrotados ante el ejército franco acaudillado por Carlos Martel en la batalla de Poitiers, cerca de Tours, apenas una centuria después de la muerte de Mahoma. El resultado de esta batalla fue decisivo para la historia, pues puso fin a la conquista árabe de la Europa transpirenaica.

En 750 la dinastía de los Abásidas se hizo con el poder. A lo largo de los doscientos años siguientes los nuevos califas extendieron las conquistas del imperio a Sicilia y parte del sur de Italia, a toda Persia, Afganistán y gran parte de la India. En la cúspide de esta expansión,

---

[34] Louth (2005).

el califato abasí abarcaba un vasto territorio que se extendía desde la Península Ibérica hasta la India, dentro de cuyas fronteras resultaba relativamente fácil desplazarse y emigrar. La dominación musulmana, que impuso un idioma común (el árabe) y un conjunto uniforme de instituciones y leyes basadas en los principios dictados por el Corán, dio un fuerte impulso a la manufactura y el comercio.

El auge de los califatos musulmanes estuvo acompañado de grandes avances tecnológicos en los ámbitos agrícola y manufacturero, y del florecimiento del comercio local y a larga distancia sobre un amplio territorio. El crecimiento económico conllevó un nivel de urbanización espectacular (véase el capítulo 6)[35]. En Mesopotamia se fundaron nuevas ciudades. La dinastía Omeya, que tenía su propia capital en Damasco, hizo de Basora y Kufa dos grandes centros en 638; los califas abasíes fundaron Bagdad en 762 y Samarra en 836. La población de estas cuatro ciudades alcanzó niveles sorprendentes para la época, pues iban desde los 400.000 habitantes de Kufa al millón aproximado de Bagdad (tabla 1.4). Persia también fue testigo de un crecimiento urbano considerable y muchas de sus ciudades, como Isfahan, contaban con más de 100.000 habitantes[36]. El proceso urbanizador en el territorio del califato abasí durante los siglos VIII y IX resulta más impresionante si cabe cuando se compara con el de Europa. Hacia 1050 ninguna de las ocho grandes ciudades europeas –Córdoba, Palermo, Sevilla, Salerno, Venecia, Ratisbona, Toledo y Roma– tenía más de ciento 150.000 habitantes[37].

Desde el punto de vista económico, la urbanización de Oriente Próximo y el crecimiento de nuevas industrias e intercambios comerciales sobre un territorio muy extenso tuvieron como consecuencia principal un gran aumento de la demanda de mano de obra especializada en los centros urbanos recién fundados. ¿Cómo afectaron estos hechos a los judíos que vivían bajo dominio musulmán?

[35] Lewis (1976, 1984); Mokyr (1990, capítulo 6); Stillman (1995).

[36] Lapidus (1981, p. 203); Watson (1981, p. 56, nota 45).

[37] DeLong y Shleifer (1993, tabla 1). La mitad de esas grandes ciudades europeas estaba bajo dominio musulmán.

**TABLA 1.4.** Proceso de urbanización en Oriente Próximo, norte de África y Europa, 850-1050 (millares)

| Ciudad | Población total |
|---|---|
| *Ciudades más grandes de Mesopotamia, Persia, Egipto y Túnez,* ca. *850* | |
| Bagdad | 600-1.000 |
| Samarra | 500+ |
| Basora | 200-600 |
| Kufa | 400 |
| El Cairo | 300 |
| Nishapur | 100-500 |
| Isfahán | 100 |
| Kairuán | 100 |
| *Ciudades más grandes de Europa,* ca. *1050* | |
| Córdoba | 150 |
| Palermo | 115 |
| Sevilla | 90 |
| Salerno | 50 |
| Venecia | 45 |
| Ratisbona | 40 |
| Toledo | 37 |
| Roma | 35 |

*Fuente:* para las ciudades de Mesopotamia y Persia, Ashtor (1976, p. 254), Lapidus (1981, p. 203) y Watson (1981, p. 56, n. 45). Para El Cairo y Kairuán, Ashtor (1976, p. 89). Para las ciudades europeas, DeLong y Shleifer (1993, tabla 1).

## *La transición ocupacional de los judíos* (750-900)

La transición desde la agricultura a los oficios artesanales y al comercio, iniciada a fines de la era talmúdica (del siglo V al VI) sobre todo en Mesopotamia, culminó con la fundación del califato abasí.

A partir de la mitad del siglo VIII los judíos residentes en Mesopotamia y Persia abandonaron las aldeas y se mudaron a las ciudades y centros urbanos recién fundados. Este movimiento fue de tal calado que a fines del siglo IX la población judía de Oriente Próximo ya era casi exclusivamente urbana[38]. La emigración a las ciudades coincidió

[38] Baron (1952, vol. 4, capítulo 22); H. Ben-Sasson (1976, pp. 393-400); M. Ben-Sasson (1992); Gil (2004, pp. 491-492, 597-600).

con el hecho de que la agricultura ya no era la principal ocupación y fuente de ingresos de los judíos de Oriente Próximo (tabla 1.5). Los judíos que vivían en las ciudades se dedicaban a una gran variedad de oficios artesanales y también al comercio, el préstamo pecuniario, la recaudación de impuestos, el ejercicio de labores burocráticas en la administración estatal y la medicina.

**TABLA 1.5.** Porcentaje de mano de obra judía dedicada a la agricultura y a actividades especializadas, 400-1250, por región

| | **400-650** | | **650-1250** | |
|---|---|---|---|---|
| **Región** | **Actividades agropecuarias[a]** | **Oficios artesanales, comercio, préstamo pecuniario[a]** | **Actividades agropecuarias[a]** | **Oficios artesanales, comercio, préstamo pecuniario[a]** |
| Tierra de Israel | 80-85 | 15-20 | 20-30 | 70-80 |
| Mesopotamia y Persia[b] | 70-80 | 20-30 | 10-20 | 80-90 |
| Norte de África (principalmente Egipto) | — | — | 10-20 | 80-90 |
| Siria y Líbano | — | — | 10-20 | 80-90 |
| Asia Menor y los Balcanes | 30-40 | 60-70 | 10-20 | 80-90 |
| Europa occidental | — | — | 1-5 | 95-99 |
| Europa del Este | — | — | 1-5 | 95-99 |

*Fuente:* Cálculos aproximados de los autores, explicados en el apéndice.

*Nota:* "Asia Menor" es el término histórico con que se designa el territorio correspondiente a la actual Turquía. Los Balcanes comprenden Albania, Bulgaria, Grecia y la antigua Yugoslavia. Europa occidental engloba Italia, la Península Ibérica, Francia, Bélgica, Países Bajos, Alemania, Austria y Gran Bretaña. Véase la tabla 1.3 para la clasificación de las ocupaciones.

- No disponible.

[a] Las cifras incluyen la península arábiga.

La transición residencial y ocupacional de los judíos tardó cerca de ciento cincuenta años en completarse; en el año 900 casi todos los judíos asentados en Mesopotamia, Persia, Siria, Líbano y norte de África ya habían abandonado la agricultura y se habían convertido en tratantes en vino, grano y ganado, constructores, tejedores, libreros, representantes e intermediarios, fabricantes de clepsidras, agentes inmobiliarios, posaderos, curtidores, fabricantes de telas de seda y púrpura, cristaleros, artesanos, armadores, vendedores de perlas, tenderos, orífices, acuñadores de moneda, cambistas, financieros, banqueros de la corte, boticarios, médicos y mercaderes locales y a larga distancia[39].

Las principales fuentes primarias que describen la transición ocupacional de los judíos en Oriente Próximo y norte de África bajo la dominación musulmana son los documentos de la guenizá cairota, los *responsa* gaónicos y los diarios y crónicas de escritores, geógrafos y viajeros. La guenizá de El Cairo era un depósito de millares de contratos (compraventas, actas matrimoniales, préstamos, constituciones de sociedades empresariales), testamentos, cartas, libros de contabilidad y actas judiciales[40]. Muy pocos de estos documentos atañen a terratenientes, arrendatarios, aparceros o jornaleros judíos. Antes al contrario, las descripciones contenidas en esas páginas indican que los judíos afincados en los países mediterráneos (sobre todo en Egipto, el Magreb, Sicilia y la Península Ibérica) se dedicaban a unas cuatrocientas cincuenta actividades distintas, entre ellas el comercio minorista y a larga distancia, la artesanía, la medicina, la docencia, el cambio de moneda y el préstamo de dinero. Idéntica estructura ocu-

39 Baron (1952, vol. 4, capítulo 22); Ashtor (1959b, pp. 147-154); H. Ben-Sasson (1976, pp. 388-400); Gil (2004, pp. 603-662).

40 Para una historia detallada de la guenizá cairota véanse Reif (2000) y M. R. Cohen (2006). *Geniza* en hebreo significa 'sepultar' y, por extensión, el 'lugar de la sepultura'. La guenizá de El Cairo es la más famosa de todas las *genizot*. Contiene cerca de 300.000 páginas manuscritas, descubiertas en el siglo XIX en la sinagoga Ben Esdras del viejo El Cairo (por entonces Fustat). La sinagoga era punto de encuentro de judíos que habían emigrado de Mesopotamia a El Cairo y que seguían la tradición religiosa y cultural del Talmud de Jerusalén. Casi todas las páginas encontradas en la guenizá proceden de obras literarias, como poesía hebrea medieval, textos halájicos, textos midráshicos, obras filosóficas, tratados de magia y devocionarios. Los demás documentos de la guenizá datan en su mayoría del período comprendido entre los siglos XI y XIII, y consisten en correspondencia –cartas comerciales, cartas relativas a la comunidad y misivas personales–, actas judiciales, matrimoniales y de divorcio, testamentos, balances contables, listas de beneficiarios de caridad y donaciones caritativas, y documentos oficiales, como las peticiones que se elevaban a las autoridades musulmanas. Aunque muchos de esos documentos están escritos en hebreo y arameo, la mayoría está escrita en árabe judío, esto es: árabe escrito en caracteres hebreos y caracterizado por elementos gramaticales y sintácticos que lo diferenciaban del lenguaje del Corán y de otros escritos clásicos del medievo árabe. Los documentos administrativos dirigidos a las autoridades musulmanas están escritos en árabe. La guenizá contiene fragmentos de libros islámicos escritos en árabe y páginas del Corán transcritas en hebreo. En el capítulo 6 se describen con más detalle esos documentos.

pacional se deduce de los documentos de la guenizá cairota relativos a la gran comunidad judía de Mesopotamia y Persia[41].

Dado que los agricultores y las familias campesinas rara vez dejaban documentos escritos –bien por ser analfabetos o porque la naturaleza de sus actividades no hacía necesario redactar contratos, cartas o escrituras–, es posible que las familias urbanas estén sobrerrepresentadas en los documentos de la guenizá cairota, lo cual arroja una imagen distorsionada de la estructura ocupacional de los judíos. La otra gran fuente primaria, los *responsa* gaónicos, no adolece de esta distorsión potencial[42]. Los *responsa* gaónicos son los millares de opiniones y resoluciones que los *gueonim* (los presidentes de las academias judías de Mesopotamia entre el siglo vi y finales del xi) formulaban en respuesta a las cartas que recibían de los judíos residentes en las localidades rurales y urbanas de los extensos territorios dominados por los musulmanes.

De esos documentos se desprenden dos informaciones de importancia capital. Primero, en 787, los *gueonim* de las dos academias más importantes derogaron una ley talmúdica al decretar que los acreedores de deudas de huérfanos y de la dote de las esposas podían resarcirse con bienes raíces (hasta entonces, los acreedores solo podían reclamar propiedades inmuebles). Esta resolución se comunicó a todas las comunidades judías de la diáspora. Pocas décadas después, a comienzos del siglo ix, Rabí Moisés Gaón explicó los motivos que llevaron a los *gueonim* a adoptar esa decisión: "En la situación actual, la gran mayoría de los judíos aquí residentes no posee tierras"[43].

En segundo lugar, los *responsa* también atienden numerosas cuestiones planteadas por campesinos, de lo que se deduce que un cierto porcentaje de los judíos residentes en los vastos dominios musulmanes aún se dedicaba a labores agrícolas. Los documentos relacionados con la agricultura, no obstante, representan una modesta proporción del total de los *responsa*, lo cual indica que los oficios artesanales, el comercio, el préstamo de dinero y la medicina eran ocupaciones mucho más comunes entre los judíos del Oriente Próximo musulmán.

Las preguntas de índole ocupacional que se planteaban durante los períodos de la Misná y el Talmud solían referirse a la agricultura.

[41] Goitein (1967-1988, vol. 1); Gil (2004, pp. 597-662).

[42] Gil (2004, pp. 603).

[43] Mann (1917-1921, p. 311); Brody (1998, capítulo 4); Gil (2004, pp. 676-721).

En cambio, las planteadas en los *responsa* de los *gueonim* versaban sobre la artesanía y el comercio. Además, en la primera mitad del milenio las preguntas las formulaban sobre todo los campesinos, mientras que en la segunda mitad del milenio la mayoría de consultas procedía de obreros especializados, artesanos, tenderos y mercaderes residentes en áreas urbanas. La estructura ocupacional de los judíos en el vasto califato abasí ya no era la que describieron Flavio Josefo y Filón de Alejandría a comienzos del milenio.

*Las migraciones en el Imperio musulmán (800-1200)*

Los califas omeyas y abasíes crearon un extenso reino que tenía en común las instituciones, las leyes y el idioma, lo que hacía relativamente fácil emigrar dentro de sus fronteras. A comienzos del siglo IX los judíos que buscaban oportunidades económicas empezaron a moverse libremente desde Mesopotamia y Persia hacia Yemen, Siria, Líbano y la Tierra de Israel. Estos emigrantes judíos desempeñaron un papel importante en el comercio de toda la cuenca mediterránea. Egipto y el Magreb también se convirtieron en destinos atractivos para muchos mercaderes judíos de Mesopotamia, que eran asimismo doctos eruditos[44].

Tras la conquista omeya de la España meridional, en 711-712, un número considerable de judíos se estableció en la Península Ibérica[45]. Córdoba, la capital del reino omeya fundado en 756, era la ciudad más grande de Europa, con casi 100.000 habitantes. Dos siglos después albergaba una población de casi medio millón de individuos, millares de comercios y muchas bibliotecas (solo la del califa contenía 400.000 volúmenes), y formaba parte de una red comercial que conectaba Constantinopla, Alejandría, Bagdad y Damasco con la India y China[46].

---

[44] Goitein (1967-1988); M. Ben-Sasson (1992; 1996, pp. 54-60); Gil (2004, pp. 676-721).

[45] Toch (2005). No hay datos disponibles sobre el número exacto de judíos que se asentaron en la Península Ibérica durante y después de la conquista musulmana.

[46] En 1031, el califato de Córdoba se dividió en varios reinos; durante dos siglos estuvo gobernado por soberanos almorávides (bereberes). En 1236 la conquista de los cristianos puso fin al dominio musulmán.

Los judíos afincados en la Península Ibérica se dedicaban a una amplia variedad de oficios artesanales y actividades especializadas, ocupaban posiciones destacadas en el comercio local y se hicieron prácticamente con el monopolio del comercio a larga distancia. Algunos de ellos emigraron hacia las pujantes ciudades y centros urbanos de Egipto y el Magreb creando así una vinculación comercial entre la Europa meridional y el norte de África. La diáspora judía que se estableció en los extensos territorios dominados por los musulmanes también dio vida a una red de intercambios intelectuales y culturales, como demuestra la correspondencia entre los *gueonim* de las academias mesopotámicas y los rabinos y estudiosos de las ciudades que albergaban comunidades judías considerables, como Kairuán en Túnez y Barcelona, Granada, Lucena y Tarragona en España[47].

A partir del siglo IX Sicilia y las zonas del sur de Italia conquistadas por los árabes también se convirtieron en destinos predilectos de los judíos procedentes de Egipto, el Magreb y la Península Ibérica. Los judíos que se establecieron en Sicilia e Italia meridional dieron origen a una de las comunidades más ricas e intelectualmente destacadas de ese período[48].

*Los judíos bizantinos entre Oriente y Occidente (600-1200)*

Desde el reino de Heraclio I (610-641) hasta el final de la cuarta cruzada (1204) la historia de los judíos en los dominios del Imperio bizantino[49] se entrelaza con la historia de la población judía en los extensos territorios dominados por los musulmanes y con la de la comunidad judía de la Europa cristiana medieval. Por un lado, los judíos bizantinos mantuvieron constantes relaciones económicas y culturales con sus correligionarios del mundo musulmán, sobre todo con los del norte de África y la cuenca mediterránea; por otro, gra-

[47] Goitein (1967-1988); H. Ben-Sasson (1976, pp. 393-400); M. Ben-Sasson (1992-1996).

[48] Goitein (1967-1988); M. Ben-Sasson (1991, 1992, 1996); Simonsohn (1997-2010, 2011); Abulafia (2000); Gil (2004, pp. 535-593).

[49] Hasta 650 el Imperio bizantino abarcaba la Tierra de Israel, Siria, Líbano, Egipto, Asia Menor, los Balcanes y, durante el reinado de Justiniano I (527-565), Italia, una pequeña parte del sur de España y algunas zonas del norte de África. Tras 650, el Imperio bizantino comprendía fundamentalmente Asia menor, Grecia y, hasta comienzos del siglo IX, la Italia meridional y parte de la central.

cias a las emigraciones a Italia meridional, que comenzaron en el siglo IX, los judíos establecieron un vínculo permanente con el continente europeo[50].

A comienzos del siglo VII los judíos que vivían en territorios sometidos al poder de Bizancio ya no eran la nutrida comunidad que había residido en Asia Menor, los Balcanes y el sur de Italia durante el primer siglo de la era cristiana (véase la tabla 1.1). Eran una pequeña minoría religiosa que en parte conservaba el mismo estatus jurídico que había tenido durante el Imperio romano.

En los seis siglos posteriores al reinado de Heraclio, los judíos bizantinos vivían principalmente en ciudades y asentamientos urbanos. Pocos de ellos se integraron en los sectores vertebrales de la economía bizantina, esto es, la agricultura, el ejército y la administración imperial; la inmensa mayoría se dedicaba a diversos oficios artesanales y al comercio local y a larga distancia. En algunos sectores, como la fabricación y el comercio de productos textiles, su presencia era desproporcionada con respecto al resto de la población. La posición dominante de los judíos en el comercio local y a larga distancia se reforzaría más si cabe merced al auge de Pisa, Génova y Venecia como centros comerciales y potencias navales durante los siglos XII y XIII, y a la consiguiente expansión del comercio por toda la cuenca mediterránea. Un detalle interesante es que, en aquella época, los judíos bizantinos no estaban especializados en el préstamo pecuniario, ni ocupaban una posición dominante en ese terreno.

Entre el siglo VIII y finales del X varias oleadas migratorias de judíos que se desplazaban por el interior del Imperio bizantino o trascendían sus fronteras, llegaron a las costas septentrional y meridional del Mediterráneo. Esta tendencia se invirtió en los tres siglos siguientes, cuando Constantinopla y otros centros urbanos situados bajo la férula de la metrópolis se convirtieron en destinos atractivos para los

[50] A diferencia de los judíos que habitaban en los califatos musulmanes omeya, abasí y fatimí, o en las regiones de la Europa cristiana medieval, sobre los cuales existe una enorme bibliografía, los judíos bizantinos han recibido una atención relativamente menor. Esta tendencia se ha invertido en fechas recientes merced a una cantidad cada vez mayor de estudios acerca de la historia cultural, demográfica, económica y social de los judíos residentes en el Imperio bizantino; véanse, por ejemplo, Holo (2009); Jacoby (2011); Bonfil, Irshai, Stroumsa y Talgam (2011), y las numerosas obras citadas por estos autores. La descripción de los judíos bizantinos esbozada en esta sección se basa en esos trabajos recientes.

artesanos, mercaderes y eruditos judíos procedentes de Egipto y el Magreb (véase capítulo 7).

*Las migraciones hacia la Europa cristiana y en su interior (850-1250)*

Las oleadas migratorias de judíos en busca de oportunidades económicas también llegaron a Europa[51]. Por un lado, como documenta Michael Toch, los judíos que desplazándose en el interior y más allá de las fronteras del Imperio bizantino penetraron en Europa por el sur de Italia, a la sazón territorio imperial, posiblemente echaron los cimientos de buena parte de la comunidad judía europea. Por otro lado, en los siglos VIII y XI núcleos de judíos procedentes del Magreb y de Egipto se asentaron en la Península Ibérica y, posteriormente, Sicilia. Desde fines del siglo IX y sobre todo en los siglos X y XI aparecieron en el sur de Francia, y luego en el centro y norte del país, varias comunidades judías de diverso tamaño.

El crecimiento de las comunidades judías en el norte de Francia corrió paralelo a un fenómeno análogo que tuvo lugar en Alemania, donde grupos de judíos probablemente llegados de Francia e Italia empezaron a radicarse y crear comunidades a partir del siglo X. A finales del siglo XI algunos mercaderes judíos procedentes de Francia empezaron a emigrar a Inglaterra, sentando así las bases de las comunidades judías del medievo británico. Asimismo, las migraciones de judíos desde el Imperio bizantino y Alemania hacia Europa del Este plantaron la semilla de las comunidades judías asquenazíes que se desarrollarían durante los siglos siguientes.

Si en los califatos musulmanes, que constituían una única entidad territorial y administrativa, los judíos podían moverse con libertad, en la Europa cristiana sus desplazamientos estaban regulados por los soberanos de reinos rivales. Al igual que otros artesanos, mercaderes y prestamistas extranjeros, los judíos que pretendían afincarse y emprender un negocio en una ciudad necesitaban un permiso especial, cuyos detalles se especificaban en acuerdos bilaterales que suscribían con los soberanos locales (capítulo 7).

De los judíos que durante la Edad Media se establecieron en la Europa occidental y, después, en la central, casi ninguno –ni siquiera

[51] Toch (2005, 2012) describe en detalle las fases y las características de las comunidades judías presentes en varios países de la Europa altomedieval.

los que poseían tierras– se dedicó a las labores agrícolas[52], sino que ocupaban posiciones preeminentes en sectores técnicos altamente especializados, como la tintorería, la tejeduría de la seda y el curtido de pieles. Muchos eran artesanos –herreros, escultores, armeros, lapidarios, fabricantes de instrumentos científicos, sastres, orífices, vidrieros, afiladores, encuadernadores–, pero otros tantos eran mercaderes al por menor o a larga distancia, prestamistas, recaudadores de impuestos, banqueros de la corte, tesoreros reales, acuñadores de moneda, vinateros, importadores de especias, eruditos, escribas, astrónomos, médicos y libreros. A partir de los siglos XI y XII los judíos residentes en Francia, Inglaterra, Alemania e Italia septentrional y central se especializaron cada vez más en el préstamo pecuniario, hasta el punto de que se les empezó a asociar por sistema con esta profesión altamente especializada y lucrativa (capítulo 8)[53].

El hecho de que en la Alta Edad Media los judíos europeos se especializasen en la artesanía, el comercio y el préstamo de dinero no significa que solo ellos se dedicasen a esas actividades. También había artesanos, mercaderes, comerciantes y prestamistas entre el resto de la población. Lo que distinguía a los judíos era que casi todos ellos se ocupaban en estas profesiones, en una época en que la mayoría de la población europea consistía en campesinos, aparceros y jornaleros, todos ellos analfabetos.

*La demografía judía*

En época de Mahoma, cerca del 75 por ciento de los judíos vivía en Oriente Próximo, sobre todo en Mesopotamia y Persia (tabla 1.6). Las comunidades judías de la Tierra de Israel, Siria, Líbano, Asia Menor, los Balcanes y el norte de África, que en su día figuraban entre las más numerosas, oscilaban entre menos de 4.000 individuos y no más de 100.000 cada una. Comparados con los miles de judíos que vivían en la mitad occidental del Imperio romano durante el siglo I, los judíos europeos casi habían desaparecido por completo, como demuestra la escasez de información sobre comunidades judías europeas durante los siglos VII y VIII[54]. Hacia la mitad del siglo VII apenas había en el mundo entre 1 y 1,2 millones de judíos.

52 Toch (2005, 2011, 2012).

53 Baron (1952, vol. 4, pp. 205-207); Toch (2005, 2012); Sapir Abulafia (2011).

54 Roth (1966ª, p. 13); Toch (2005, 2012).

**TABLA 1.6.** Población judía y población total, *ca.* 650 y *ca.* 1170, por región (millones, salvo que se indique lo contrario)

| | Población judía | | Población total | |
|---|---|---|---|---|
| **Región** | ***ca.* 650** | ***ca.* 1170** | ***ca.* 650** | ***ca.* 1170** |
| Tierra de Israel | 0,1 | 0,006 | 1-1,5 | 0,5 |
| Mesopotamia y Persia[a] | 0,7-0,9 | 0,8-1 | 11,8 | 10,8 |
| Norte de África (principalmente Egipto) | 0,004 | 0,07 | 7,8 | 8,5 |
| Siria y Líbano | 0,005 | 0.055 | 2 | 1,5 |
| Asia Menor y los Balcanes | 0,04 | 0,04 | 8,9 | 11 |
| Europa occidental | 0,001 | 0,103 | 17 | 32,4 |
| Europa del Este | ... | 0,007 | 3 | 5,3 |
| Todas las regiones | 1-1,2 | 1,2-1,5[b] | 51,5-52 | 70 |
| Porcentaje de judíos en la población total | 1,9-2,3 | 1,7-2,1 | | |

*Fuente:* Cálculos de los autores, explicados en el apéndice.

*Nota:* Asia Menor es el término histórico con que se designa el territorio correspondiente a la actual Turquía. Los Balcanes comprenden Albania, Bulgaria, Grecia y la antigua Yugoslavia. Europa del Este engloba Hungría, Rumanía, Polonia y la antigua Checoslovaquia. Europa occidental abarca Italia, la Península Ibérica, Francia, Bélgica, Países Bajos, Alemania, Austria y Gran Bretaña.

... Insignificante

[a] Las cifras comprenden la península arábiga

[b] La cifra comprende unos 157.000 judíos residentes en Asia central, la India y Extremo Oriente.

Cinco siglos después, Benjamín de Tudela, uno de los viajeros más famosos de todos los tiempos, emprendió un largo viaje (*ca.* 1165-*ca.* 1173) que, partiendo de la Península Ibérica, lo llevó a Francia, Italia, Grecia, Asia Menor, Líbano, la Tierra de Israel, Siria, Mesopotamia, Egipto y, pasando por Sicilia, de regreso a Europa. En el relato de su viaje Benjamín describe el tamaño y la estructura ocupacional de las comunidades que visitó o de las que oyó hablar a lo largo de su periplo (mapa 1.3 y, en el apéndice, tabla A.2)[55]. Su "censo", junto con otras fuentes de la época, documenta que hacia 1170 la distribu-

[55] Véase el apéndice para un análisis de cómo nosotros y otros estudiosos hemos interpretado los datos extraídos del itinerario de Benjamín de Tudela. En el apéndice también explicamos por qué hace falta revisar y corregir a fondo las cifras que ofrece el viajero tudelano de la población judía en Yemen y otras regiones de la península arábiga.

ción geográfica de los judíos era parecida a la de cinco siglos antes. La que había sido la comunidad judía más numerosa hacia el año 650 –la de Mesopotamia y Persia: de 700.000 a 900.000 individuos– seguía siendo la más grande hacia 1170 (tabla 1.6 y, en el apéndice, tabla A.1). En esa misma época, una comunidad judía rica y numerosa (probablemente de entre 100.000 y 120.000 individuos) residía también en Yemen y otras regiones de la península arábiga; Adén, Saná y otras ciudades eran centros comerciales que atraían a mercaderes, tanto judíos como gentiles, que operaban desde el Mediterráneo al océano Índico.

Hacia 1170, sin embargo, la población judía de la Tierra de Israel se había reducido a tan solo 6.000 individuos. Unos 70.000 judíos vivían en Egipto y el Magreb, unos 55.000 en Siria y Líbano, cerca de 40.000 en Asia Menor y los Balcanes y aproximadamente 103.000 en Europa occidental. En total, con respecto a los comienzos del siglo VII, a fines del siglo XII la población judía mundial había crecido en términos absolutos llegando a sumar entre 1,2 y 1,5 millones de personas (entre el 1,7 y el 2,1 por ciento de la población total)[56]. En la época del viaje de Benjamín de Tudela la inmensa mayoría de judíos se ganaba la vida con los oficios artesanales, el comercio local y a larga distancia, el préstamo de dinero, la recaudación de impuestos, la medicina y la docencia.

Mientras la población judía mundial experimentaba esos cambios, la población total creció cerca del 37 por ciento, pasando de 51 millones de habitantes a casi 70. La mayor parte de este aumento se produjo en Europa occidental durante el cambio de milenio, en paralelo a la creciente urbanización y al resurgir del comercio. El crecimiento de la población judía se debió tanto a la tendencia general del resto de la población como a su elevado nivel de vida. Este crecimiento se vio frenado en parte por las masacres causadas por las oleadas de intolerancia que sacudieron la España visigoda, la Francia merovingia y la Italia longobarda en el siglo VII y, más adelante, por el sangriento episodio de las Cruzadas, que en las décadas posteriores a 1096 redujeron considerablemente algunas de las comunidades judías de Alemania.

[56] Ashtor (1967, 1968, 1973-1984, 1976); Baron (1971b); DellaPergola (1992, 2001).

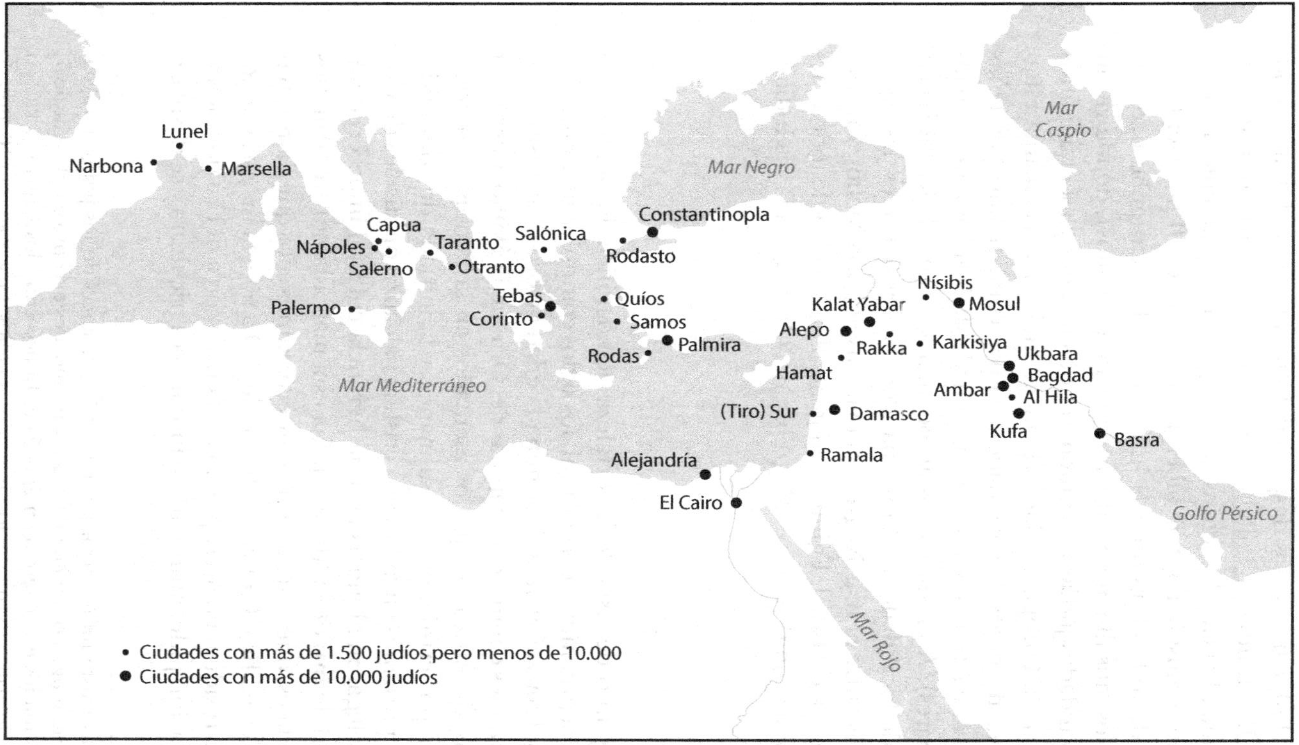


**Mapa 1.3.** La diáspora judía según el libro de viajes de Benjamín de Tudela, *ca.* 1165-1173. *Fuente:* Adaptado por los autores a partir de Roth (2007). *Nota:* Las cifras de la población judía residente en las localidades indicadas están basadas en los cálculos de los autores, explicados en el apéndice, pp. 383-394. En el relato de su viaje desde la Península Ibérica hasta Mesopotamia, Benjamín de Tudela señaló más de 300 localidades, entre ciudades, asentamientos urbanos y aldeas, en las que residía una comunidad judía. Muchas de estas localidades las visitó en persona; otras solo las conoció de oídas. El mapa muestra únicamente las localidades que Benjamín visitó y que, según su testimonio, contaban con una comunidad judía de dimensiones grandes (10.000 o más individuos) o medianas (entre 1.500 y 10.000 individuos).

Hacia 1170, cinco siglos después del surgimiento del islam, la población judía mundial se hallaba dispersa en tres centros distintos: *a*) Mesopotamia, Persia y la península arábiga (principalmente Yemen) bajo dominio musulmán, que albergaban cerca del 70 por ciento de los judíos de todo el mundo; *b*) la Península Ibérica (gobernada en parte por los musulmanes y en parte por los cristianos), donde vivían ricas comunidades judías en centenares de ciudades y asentamientos urbanos, y *c*) la Europa cristiana (Francia, Inglaterra, Alemania e Italia), donde, en cientos de localidades, existían comunidades pequeñas pero influyentes (que iban desde un puñado de familias a unos cuantos centenares). Asimismo, existían pequeñas comunidades judías en un sinfín de localidades de Bohemia, Polonia, los Balcanes, las regiones situadas entre el mar Negro y el mar Caspio, Asia Menor, Líbano, Siria, la Tierra de Israel, Egipto y, en general, a lo largo de todo el territorio comprendido entre el Magreb y Asia central, China y la India[57].

## Resumen

Desde el punto de vista de la fortaleza demográfica, los logros económicos y la preeminencia cultural, los siglos comprendidos entre los años 800 y 1200 señalan la denominada edad de oro de la historia judía. Las grandes comunidades judías del Oriente Próximo musulmán y del norte de África, los judíos asentados en la Península Ibérica, gobernada por cristianos y musulmanes, y la miríada de comunidades judías presentes en la Europa cristiana alcanzaron niveles de vida elevados y legaron al judaísmo una herencia cultural imperecedera.

La edad de oro de la historia judía está marcada por tres cambios fundamentales, que suscitan varios interrogantes a los que damos respuesta en este libro. En primer lugar, de 750 a 900, la mayoría de los judíos que residían en Mesopotamia y Persia (cerca del 75 por ciento de la población judía mundial) abandonó la agricultura y se desplazó

[57] Apenas existe información acerca de la presencia de los judíos en Asia, de ahí que no tengamos en cuenta estas comunidades excepto en el capítulo 7, donde describimos el comercio en el océano Índico entre los siglos XI y XIII, en el que participaron activamente los mercaderes judíos. En el capítulo 10, nota 5, esbozamos sucintamente la historia de los judíos en el reino de Jazaria, situado entre el mar Negro y el mar Caspio.

a las ciudades y centros urbanos del recién fundado califato abasí. ¿Qué explica esta transición espectacular de los judíos, en virtud de la cual una comunidad de agricultores se transformó en una población de artesanos especializados, comerciantes minoristas, mercaderes a larga distancia, prestamistas de dinero, estudiosos y médicos? Y, hecho más desconcertante si cabe, ¿por qué fueron únicamente los judíos los que llevaron a cabo esa transición?

En segundo lugar, una vez abandonada la agricultura, muchos judíos de Mesopotamia y Persia se desplazaron por los territorios de los califatos musulmanes para asentarse, en particular, en Yemen, Siria, Líbano, Egipto y el Magreb. Los judíos del norte de África se establecieron en la Península Ibérica y, posteriormente, en Sicilia, mientras que los judíos del Imperio bizantino se afincaron en el sur de Italia. Estas oleadas de migraciones judías crearon una diáspora mundial de pequeñas comunidades urbanas. Si indicásemos con puntos rojos en un mapamundi los lugares que en 1170 acogían una comunidad judía, todo el territorio que va desde Inglaterra y la Península Ibérica hasta la India y China aparecería cubierto de rojo. La edad de oro de la historia judía coincide con el apogeo de la diáspora.

¿Por qué los judíos emigraron a todas partes? ¿Por qué no permanecieron en Mesopotamia, donde durante siglos constituyeron una comunidad agrícola grande y homogénea? ¿Por qué en la época del viaje de Benjamín de Tudela los judíos conformaban una diáspora mundial de urbanitas que ejercían los oficios más lucrativos que cabía encontrar en Oriente Próximo y Europa?

En tercer lugar, el número total de judíos creció, aunque ligeramente, entre 650 y 1170, período en el que cerca del 70 por ciento de la población judía seguía viviendo en Mesopotamia y Persia. A causa de las emigraciones de los judíos del norte de África hacia la Península Ibérica y Sicilia, y del Imperio bizantino hacia Europa, a través de Italia, sumadas al crecimiento demográfico natural, el número de judíos asentados en la Europa occidental aumentó sustancialmente entre el siglo ix y finales del xii. El liderazgo intelectual y religioso judío también se desplazó de Oriente Próximo a Occidente. ¿Por qué la población judía creció en ese período, después del drástico descenso que experimentó en los seis siglos que van de Jesucristo a Mahoma? ¿Por qué el centro de gravedad de la vida y la religión judías se desplazó de Mesopotamia a Occidente?

## De Hulagu Jan a Tomás de Torquemada (1258-1492): el fin de la edad de oro

La conquista de Oriente Próximo a manos de los mongoles es el tercero de los "accidentes históricos" de la historia judía que examinaremos en el presente libro. Fue uno de los acontecimientos más traumáticos y tuvo consecuencias fundamentales para la demografía y la economía de un vasto territorio. Este suceso exógeno interactuó con las dinámicas internas del judaísmo para desencadenar cambios fundamentales en las comunidades judías de Mesopotamia, Persia, el norte de África, Siria y Líbano. Sorprende que casi todos los especialistas en historia judía, con la excepción de Eliyahu Ashtor y Salo Baron, lo hayan pasado por alto.

Mientras los judíos del Oriente Próximo afrontaban las consecuencias de las invasiones mongolas, los judíos residentes en Europa sufrían cada vez más restricciones, prohibiciones, confiscaciones de la propiedad, persecuciones, conversiones forzosas y matanzas. Estos padecimientos culminaron con las expulsiones en masa de los judíos de Inglaterra (1290), Francia (1306, 1321-1322, 1394), España (1492), Sicilia (1492-1493) y Portugal (1496-1497).

### *El impacto de la invasión mongola de Oriente Próximo*

En el siglo XII y comienzos del XIII el califato abasí pasó por una fase de debilidad e inestabilidad política. A esta situación de creciente debilidad interna de la dinastía abasí vino a sumarse, a principios del siglo XIII, la temible amenaza externa de las invasiones mongolas, que contribuyeron a asestar el golpe de gracia al imperio[58].

En 1219, tras conquistar la mayor parte de Asia central, Gengis Jan invadió Persia septentrional y Armenia. A raíz de la conquista mongola los centros urbanos se hundieron, la producción agrícola cayó en picado y la población de los territorios conquistados se redujo drásticamente como consecuencia de las masacres, las epidemias y las hambrunas[59].

En 1227, a la muerte de Gengis Jan, su hijo Ogodei continuó la invasión de Persia, llegando hasta Rusia y Europa del Este. En 1252, Mongke Jan, un nieto de Gengis Jan, colocó a su hermano Hulagu al

[58] Lewis (1984, 2002).

[59] Ashtor (1939, 1976); Gil (2004, pp. 431-433).

mando del ejército mongol y le asignó la tarea de conquistar Oriente Próximo y someter por completo los territorios dominados por los musulmanes. En 1258, cuando el califa Al Mustasim desoyó el ultimátum que lo conminaba a rendirse, los mongoles destruyeron Bagdad, una de las mayores ciudades del mundo y el principal centro de la cultura islámica. La derrota puso fin a casi cinco siglos de dominio abasí en Oriente Próximo. Partiendo de Bagdad, las tropas mongolas no tardaron en conquistar las principales ciudades de Mesopotamia y Siria, tras lo cual pusieron rumbo a Egipto. En el camino, sin embargo, se vieron frenadas por los mamelucos egipcios, que en 1260 las derrotaron en la batalla de Ain Yalut, en la Galilea oriental. Esta victoria marcó un hito por cuanto puso fin a la expansión mongola en el norte de África y el Levante.

La conquista mongola fue un acontecimiento decisivo en la historia demográfica de Oriente Próximo (tabla 1.7). Mientras que la población de Europa occidental creció aproximadamente el 47 por ciento entre 1170 y 1490, la población de Mesopotamia, Persia y la península arábiga se redujo en cerca del 35 por ciento. Las incursiones mongolas, las hambrunas y las epidemias (por ejemplo, la peste negra de 1348) contribuyeron a ese desplome asombroso de la población total. Hacia 1170 vivían en Mesopotamia, Persia y la península arábiga (fundamentalmente en Yemen) de 800.000 a un millón de judíos; tres siglos después apenas quedaban entre 250.000 y 300.000 (dos tercios menos)[60].

Las consecuencias económicas de la conquista mongola también fueron devastadoras. La economía urbana y mercantil que había prosperado bajo los califatos omeya y abasí se fue a pique. La agricultura y, sobre todo, el pastoreo nómada se convirtieron en las principales fuentes de ingresos para la mayoría de las familias. Los saqueos de los invasores, la destrucción del sistema de regadío y los impuestos asfixiantes redujeron a muchos agricultores al nivel de subsistencia. Ochenta años después de las invasiones mongolas los ingresos tributarios de Bagdad apenas ascendían al 10 por ciento de lo que se recaudaba antes de la irrupción de los mongoles. En el conjunto de Mesopotamia los ingresos tributarios cayeron un 80 por ciento[61].

---

[60] Baron (1952, vol. 17, pp. 150-151); Ashtor (1976, pp. 251-257).

[61] Petrushevsky (1968, pp. 497-504); Bausani (1971, pp. 101-123); Lambton (1988).

**TABLA 1.7.** Población judía y población total, 1170-1490, por regiones (millones, salvo que se indique lo contrario).

| | Población judía | | | | Población total | | | |
|---|---|---|---|---|---|---|---|---|
| **Región** | ***ca.*1170** | ***ca.*1300** | ***ca.*1400** | ***ca.*1.490** | ***ca.*1170** | ***ca.*1300** | ***ca.*1400** | ***ca.*1490** |
| Tierra de Israel | 0,006 | … | … | … | 0,5 | 0,5 | 0,5 | 0,5 |
| Mesopotamia y Persia[a] | 0,8-1 | — | — | 0,25-0,35 | 10,8 | — | — | 7 |
| Egipto | 0,040 | — | — | 0,005 | 4 | 5 | 3,5 | 4 |
| Norte de África (excepto Egipto) | 0,030 | … | … | … | 4,5 | 5,2 | 4 | 4 |
| Siria y Líbano | 0,055 | — | — | 0,007 | 1,5 | 1,8 | 1,3 | 1,5 |
| Asia Menor y los Balcanes y Europa del Este | 0,047 | 0,065 | — | 0,090 | 16,3 | 23,3 | 18,3 | 22,8 |
| Europa occidental | 0,103 | 0,385 | 0,3 | 0,510 | 32,4 | 49,6 | 34,9 | 47,7 |
| Todas las regiones | 1,2-1,5[b] | — | — | 0,8-1 | 70 | — | — | 87,5 |
| Porcentaje de judíos en la población total | 1,7-2,1 | — | — | 0,9-1,1 | | | | |

*Fuente:* Cálculos de los autores, explicados en el apéndice.

*Notas:* Asia Menor es el término histórico con que se designa el territorio correspondiente a la actual Turquía. Los Balcanes comprenden Albania, Bulgaria, Grecia y la antigua Yugoslavia. Europa del Este engloba Hungría, Rumanía, Polonia y la antigua Checoslovaquia. Europa occidental abarca Italia, la Península Ibérica, Francia, Bélgica, Países Bajos, Alemania, Austria y Gran Bretaña.

… Insignificante.

– No disponible.

[a] Las cifras comprenden la península arábiga.

[b] La cifra incluye cerca de 157.000 judíos residentes en Asia central, la India y Extremo Oriente.

Los judíos de Mesopotamia y Persia se salvaron en gran medida de las carnicerías que diezmaron la población musulmana durante la conquista mongola. Ninguna fuente primaria, ni judía ni gentil (incluidas las crónicas de viajeros, cartas, *responsa* y la profusión de documentos almacenados en la guenizá de El Cairo), hace referencia a matanzas de judíos a manos de los mongoles[62]. Las epidemias y hambrunas hicieron estragos en la población judía, como en el resto de la población; pero no hay ningún motivo para pensar que los judíos las padecieron en mayor grado que los musulmanes o las demás minorías.

Durante la conquista mongola y después de ella algunos judíos huyeron a Egipto y a Siria, dos regiones gobernadas por los mamelucos. Sin embargo, como muestra la tabla 1.7, el número de judíos también se redujo en ambos territorios, aunque no hay constancia de expulsiones ni conversiones forzosas en masa[63].

Algunos de los judíos que abandonaron el norte de África emigraron a Europa. Sin embargo, mientras que las migraciones en masa de judíos ibéricos tras las expulsiones de 1492-1497 están ampliamente documentadas, en ninguna fuente judía o no judía se mencionan migraciones en masa de judíos de Oriente Próximo a raíz de la conquista mongola. Como se ha dicho más arriba, los judíos procedentes de los califatos musulmanes no eran libres de emigrar a los países de la Europa cristiana, donde reyes, príncipes, obispos y gobiernos municipales regulaban el asentamiento y las actividades económicas de los inmigrantes judíos por medio de fueros y privilegios especiales. Las comunidades judías, a su vez, también regulaban rigurosamente la llegada de correligionarios, que eran vistos como competidores potenciales.

Tampoco hay constancia de emigraciones en masa de judíos desde Mesopotamia, Persia, Armenia ni Jazaria hacia Europa del Este durante o después de la conquista mongola. A partir de 1220 los judíos del norte de Persia y de Jazaria permanecieron bajo dominio mongol y corrieron una suerte parecida a la de la población judía del resto de Persia y de Mesopotamia. No cabe, pues, asociar la reducción de la comunidad judía de Oriente Próximo tras la invasión mongola al aumento de los judíos que se registraría siglos después en Europa del Este (véanse capítulos 9 y 10).

62 Ashtor (1939); Gil (2004, pp. 431-433).

63 En Egipto y Siria sobrevivieron algunas pequeñas muy empobrecidas (Baron 1952, vol. 17, pp. 160-166, 219; Ashtor 1959a, pp. 65-68; 1967; 1968).

Según las crónicas de viajeros judíos que se desplazaron de Italia a Jerusalén en la década de 1480, los judíos de Egipto, Siria y la Tierra de Israel eran en su mayoría artesanos especializados, mercaderes, comerciantes, médicos, prestamistas y eruditos. Las comunidades judías aún gravitaban en torno a las sinagogas, bajo la batuta religiosa e intelectual de rabinos y eruditos. Pero la impresión general que se extrae de esos diarios de viaje y esas cartas bajomedievales invita a pensar en comunidades más pequeñas y más pobres, impresión que concuerda con los datos demográficos expuestos en la tabla 1.7. Si esas comunidades eran pequeñas y otras localidades no absorbieron a los judíos que vivían en Mesopotamia y Persia antes de la conquista mongola, ¿adónde fueron cientos de miles de judíos?

*Los judíos en la Europa bajomedieval*

De 1250 a 1492 los judíos residentes en la Península Ibérica, Sicilia, el sur de Italia y los Balcanes siguieron dedicándose a un amplio abanico de actividades urbanas, como la artesanía, el comercio al por menor y a larga distancia, el préstamo pecuniario, la recaudación de impuestos, la medicina y la docencia. Hacia 1100 el préstamo a interés era la ocupación por excelencia de los judíos de Inglaterra y siguió siéndolo hasta su expulsión, decretada en 1290 (capítulo 8). En esa época el préstamo de dinero también era una ocupación muy importante para los judíos de Francia, que seguirían especializándose y destacando en esta actividad durante todo el siglo siguiente y hasta su expulsión, dictada en 1394. En los siglos XIV y XV casi todos los judíos de Alemania y del norte y centro de Italia se dedicaban al préstamo[64].

A partir más o menos de 1250 la historia de los judíos europeos ha estado jalonada por episodios de persecuciones y conversiones forzadas al cristianismo y por la amenaza constante de prohibiciones temporales y expulsiones permanentes. La primera expulsión en masa de judíos de Europa se decretó en Inglaterra en 1290, episodio que presenta algunas características llamativas que corroboran nuestra interpretación, expuesta más adelante, de los hechos e incógnitas fundamentales de la historia judía. En 1275, el rey inglés Eduardo I dictó un decreto que prohibía a los judíos prestar dinero

[64] Baron (1952, vol. 4, capítulos 20 y 22); Stein (2007).

a interés, aunque les permitía dedicarse al comercio y a los oficios artesanales e incluso arrendar tierras. Quince años después, en vista de que los judíos al parecer no querían (o no sabían) ocuparse en labores agrícolas, artesanales o comerciales, el monarca promulgó un edicto que los desterraba de Inglaterra. Cerca de 15.000 judíos prefirieron abandonar el país y emigrar a Flandes, Francia, Italia, Alemania, la Península Ibérica y, en pocos casos, al Magreb y a Egipto, antes que renunciar a prestar dinero y convertirse en agricultores o artesanos[65].

En Francia, a partir de 1182, bajo el reinado de Felipe II, los judíos fueron objeto de varios decretos de destierro, muchos de los cuales se revocaron posteriormente. El mismo monarca readmitió a los judíos en 1198; Luis X los hizo regresar en 1315, apenas nueve años después de la expulsión decretada por su predecesor, Felipe IV. La última expulsión de los judíos franceses tuvo lugar en 1394, bajo el reinado de Carlos VI, tras la cual tardarían más de dos siglos en volver a ser readmitidos en Francia[66].

La cronología de las expulsiones en Alemania es más complicada, toda vez que los judíos desterrados de una ciudad o principado solían recibir la invitación a asentarse en otra ciudad o principado autónomos, que les otorgaban fueros o privilegios. Al igual que en otras partes de Europa, las expulsiones más considerables tuvieron lugar a raíz de la peste negra de 1348, y en 1394. Pero los numerosos edictos de destierro promulgados por las ciudades alemanas en los siglos xv y xvi indican que los judíos no tardaban en regresar a Alemania, a diferencia de lo que ocurrió en el caso de Inglaterra[67].

En los siglos xiv y xv se produjo una gran oleada de migraciones de judíos procedentes de Alemania hacia Bohemia, Moravia y Polonia, oleada que contribuyó al crecimiento de las comunidades judías en Europa del Este, que hacia 1880 llegarían a rozar los cinco millones de individuos[68].

[65] Elman (1637); Roth (1964); Singer (1964); Ovrut (1977); Mundill (1991, 2010). Hasta la segunda mitad del siglo xvii no se permitiría oficialmente a los judíos regresar a Inglaterra.

[66] Benbassa (1999).

[67] H. Ben-Sasson (1976, pp. 561-566); Toch (2005, 2008, 2012); Chazan (2006).

[68] H. Ben-Sasson (1976, p. 571); DellaPergola (1992; 2001, tabla 2).

La peor expulsión de judíos residentes en Europa tuvo lugar a finales del siglo XV en la Península Ibérica. Una gran comunidad judía había residido en muchas localidades de la Península desde la época de la conquista árabe, iniciada en 711. Los judíos ibéricos prosperaron hasta el punto de que a comienzos de la Edad Media la Península se convirtió en uno de los tres grandes centros de la vida económica e intelectual judía. En los 750 años posteriores a la conquista árabe se produjeron estallidos de violencia antijudía en varias ciudades, como la masacre que tuvo lugar en Granada en 1066, durante la cual puede que muriesen asesinados hasta 4.000 judíos en un solo día; pero, aun con estos episodios, la comunidad judía de la Península Ibérica siguió siendo numerosa, rica y culturalmente prominente[69].

En España, la hostilidad hacia los judíos empezó a agravarse en los siglos XIV y XV y empeoró drásticamente cuando el rey Fernando de Aragón se casó con Isabel de Castilla en 1469 y reunió los dos territorios creando el reino de España. El 31 de marzo de 1492, los dos monarcas, con el apoyo de Tomás de Torquemada, el inquisidor general del reino, promulgaron el llamado Decreto de la Alhambra, que obligaba a los judíos a elegir entre convertirse al cristianismo o abandonar el reino de España y sus territorios en el plazo de tres meses. Una parte de los judíos permaneció en España como conversos o criptojudíos, pero la mayoría emigró al Magreb, Italia y los dominios del Imperio otomano (actuales Turquía y los Balcanes), donde formaron comunidades prósperas. Muchos judíos españoles emigraron a Portugal. Cuando, en 1496, el rey Manuel I de Portugal dictó un edicto de expulsión, algunos judíos portugueses se convirtieron y permanecieron en el país, pero muchos emigraron a Italia, Países Bajos, el Oriente Próximo musulmán y el Imperio otomano. La diáspora de la Península Ibérica aumentaría en las décadas siguientes, ya que muchos judíos que habían optado por permanecer en suelo ibérico como criptojudíos regresaron al judaísmo y abandonaron la península para emigrar a Ámsterdam, Inglaterra, el Imperio otomano, Italia, Egipto, el Magreb y el Nuevo Mundo[70].

En 1500 la población judía mundial se había reducido a no más de un millón de individuos, dispersos principalmente por Europa

[69] Baer (1961); Ashtor (1973-1984); Beinart (2007b).

[70] Baer (1961); Baron (1971b); H. Ben-Sasson (1976, p. 570); Gampel (1989, 1998); Beinart (1992-1993; 1998); T. Glick (1998).

occidental, Europa del Este, los Balcanes, el norte de África y Oriente Próximo. Los judíos representaban cerca del uno por ciento de la población total de esas regiones: el porcentaje más bajo en mil quinientos años[71].

De ese millón de judíos, la mitad se adhería a la tradición religiosa sefardí, basada en la interpretación de la Halajá que se hacía en las academias españolas. Los sefardíes vivían principalmente en Grecia y en los Balcanes dominados por el Imperio otomano, Egipto, el Magreb, Oriente Próximo y algunas partes de Italia, y también en Flandes y la Península Ibérica en calidad de criptojudíos. Residían en las ciudades y estaban especializados en las mismas actividades especializadas (artesanía, comercio, préstamo pecuniario y medicina) que ejercían los judíos residentes en Mesopotamia y Persia bajo el califato abasí. La otra mitad de ese millón la componían los judíos asquenazíes, que seguían la tradición religiosa y cultural basada en la interpretación de la Halajá propia de las academias francesas y alemanas. Los asquenazíes vivían sobre todo en Alemania, Austria, el norte y centro de Italia y Europa del Este, donde se especializaban en el préstamo a interés y las finanzas[72].

## Resumen

La conquista de Oriente Próximo a manos de los mongoles entre las décadas de 1220 y 1250 provocó tal hundimiento demográfico y económico que la economía de esa región retrocedió al estadio de la agri-

[71] Baron (1971b); DellaPergola (1992, 2001).

[72] El término *sefardí* deriva de *Sepharad*, una localidad bíblica que no se ha identificado con exactitud. En siglos posteriores, los judíos identificaron Sepharad con la Península Ibérica. Un sefardí es un judío que sigue las tradiciones religiosas y culturales adoptadas por los judíos que vivían en la Península Ibérica antes de ser expulsados a finales del siglo xv. Los judíos asquenazíes son los descendientes de las comunidades judías medievales establecidas a lo largo del Rin, en Alemania. *Ashkenaz* es el término hebreo que en la Edad Media designaba Alemania; los judíos asquenazíes, pues, eran literalmente "judíos alemanes". Con el tiempo el término terminó por designar a los judíos de Europa occidental y Centroeuropa. En los capítulos 7, 8 y 9 presentamos la historia demográfica, económica y cultural de las comunidades judías sefardíes y asquenazíes durante la Edad Media.

cultura de subsistencia. A raíz de la conquista mongola, la población judía de Mesopotamia, Persia, Siria y Egipto se redujo drásticamente, aunque los judíos que permanecieron en esas regiones siguieron residiendo sobre todo en las ciudades.

Entre finales del siglo XIII y el siglo XV la mayoría de judíos del mundo vivía en Europa. Los que habitaban en la Península Ibérica, Sicilia, el sur de Italia y los Balcanes continuaron ejerciendo una amplia variedad de oficios artesanales y actividades urbanas especializadas, entre ellas el comercio al por menor y a larga distancia. En cambio, los judíos que vivían en Inglaterra, Francia, Alemania y el sur y centro de Italia se especializaron cada vez más en el préstamo de dinero.

En la Europa bajomedieval los judíos hubieron de afrontar prohibiciones cada vez más severas y sufrieron persecuciones, conversiones forzadas y expulsiones, que culminaron con la expulsión en masa de la Península Ibérica en 1492-1497. Con estos acontecimientos desastrosos llegó a su fin la edad de oro de la historia judía.

## La historia judía entre 70 d.C. y 1492: interrogantes sin resolver

Esta galopada por tantos siglos de historia judía suscita muchas preguntas interesantes. En este libro les damos respuesta mediante una reinterpretación novedosa de la historia de los judíos.

La primera serie de preguntas atañe a la insólita estructura ocupacional de los judíos. ¿Por qué casi todos los que durante los siglos VIII y IX vivían en la Mesopotamia y la Persia dominadas por los musulmanes (esto es, cerca del 75 por ciento de todos los judíos del mundo) abandonaron la agricultura y se convirtieron en artesanos, tenderos, comerciantes, mercaderes a larga distancia, médicos, cambistas, prestamistas y banqueros de la corte? ¿Por qué desde entonces hasta ahora los judíos, casi en todas partes, han seguido ejerciendo estas actividades? ¿Por qué en la Edad Media casi todos los judíos de Inglaterra, Francia, Alemania y el sur y centro de Italia se especializaron en el préstamo pecuniario?

La segunda serie de preguntas tiene que ver con el motivo por el cual, a partir de la mitad del siglo IX, los judíos emigraron dentro de los extensos dominios de los califatos musulmanes, el Imperio bizantino y los países mediterráneos, y hacia la Europa cristiana y en su interior. ¿Por qué los judíos crearon una diáspora mundial de pequeñas comunidades urbanas desde Inglaterra hasta la India? ¿Acaso esos fenómenos migratorios guardan alguna relación con la especialización de los judíos en ocupaciones altamente cualificadas?

El tercer grupo de interrogantes tiene que ver con la historia demográfica de la población judía. ¿Cómo se explica el asombroso descenso demográfico que se produjo entre comienzos del siglo I y principios del VII? ¿Qué les sucedió a los judíos, cuya desaparición no puede achacarse a las guerras, las masacres, las hambrunas ni a la caída demográfica general? ¿Por qué el número de judíos aumentó, aunque ligeramente, entre 650 y 1250? ¿Qué les ocurrió a los judíos de Mesopotamia, Persia, Egipto y Siria tras las invasiones mongolas de Oriente Próximo que tuvieron lugar en la primera mitad del siglo XIII? ¿Su aparente desaparición está relacionada de algún modo con la estructura ocupacional que presentaba la sociedad judía en aquellos siglos? En los capítulos siguientes afrontaremos estos interrogantes uno por uno.

Capítulo 2

# ¿Eran los judíos una minoría oprimida?

> Los judíos se vieron obligados por las desdichadas circunstancias de su historia a residir sobre todo en las ciudades. Y tuvieron que buscar a la desesperada, en cada rama de la economía urbana, una forma de ganarse la vida.
>
> *Cecil Roth, 1938*

> ¿Por qué apenas hay judíos agricultores? [...] Reuben Kessel aventuró una explicación interesante: dado que se han visto tan perseguidos y obligados a huir de un país a otro, los judíos no han invertido en bienes raíces, sino en capital humano móvil [...] Pero cualquiera podría rebatirles con una pregunta más simple: ¿por qué siguieron siendo judíos, en lugar de convertirse al cristianismo o al islam?
>
> *George J. Stigler y Gary S. Becker, 1977*

¿Es posible explicar la estructura ocupacional de los judíos apelando a las restricciones legales o las medidas discriminatorias que limitaron su actividad económica durante la mayor parte de su historia? ¿Fueron sus costumbres religiosas las que los llevaron a especializarse en determinadas profesiones? ¿O fue tal vez la precaria situación de minoría perseguida lo que los llevó a invertir en capital humano y no en capital fijo, con el consiguiente abandono de la agricultura y la inserción en sectores urbanos cualificados, como los oficios artesanales, el comercio, la medicina y el préstamo pecuniario?

## Las restricciones impuestas a las actividades económicas de los judíos

Durante la Edad Media y comienzos de la Edad Moderna, los monarcas, las autoridades religiosas y los gobiernos locales sometieron a los judíos a una gran variedad de regulaciones de índole económica. Basándose en este hecho, diversos estudiosos de los siglos XIX y XX sostuvieron que los judíos se especializaron en el comercio y el préstamo de dinero a consecuencia de esas restricciones y prohibiciones[1]. Si bien la historiografía reciente, como ha demostrado categóricamente Toch, ya no lo considera irrefutable[2], ese argumento ha arraigado hasta tal punto en los textos que aún se enseña en los colegios y sigue siendo popular fuera de los círculos académicos.

La teoría de las restricciones tiene varios *padres*, entre los que destaca Cecil Roth. Según el ilustre historiador, la prohibición de poseer tierra impuesta por las autoridades religiosas o seculares obligó a los judíos europeos a abandonar la agricultura y convertirse en una población urbana especializada en la artesanía y el comercio. Después, la exclusión de los gremios artesanos y mercantiles llevó a los judíos europeos a dedicarse a la única ocupación que escapaba al control gremial: el préstamo pecuniario[3]. Otros estudiosos han propuesto argumentos parecidos[4].

Dejemos momentáneamente a un lado estos argumentos para considerar cómo contemplan los economistas la elección de una ocupa-

---

[1] Los estudiosos Israel Abrahams y Cecil Roth vivieron en la época en que los judíos eran objeto de una persecución salvaje en Europa y estaba surgiendo el movimiento sionista que a la postre daría vida al Estado de Israel. Su visión encomiástica de la historia judía debe contemplarse, pues, a la luz de ese contexto cultural y político.

[2] Baron (1928; 1937, vol. 2, p. 31; 1952, vol. 4, p. 194) fue el primero en rebatir lo que él llamaba la visión "lacrimosa" de la historia judía, formulada por estudiosos influidos por el movimiento sionista. En fechas más recientes, Toch (2005, 2008, 2012) ha refutado el argumento basado en las restricciones.

[3] Roth (1938, pp. 228-230; 1964, pp. 2-3).

[4] Véanse, por ejemplo, Abrahams (1896); Mann (1917-1921); Parkes (1934-1938); S. Katz (1937); Baer (1961); Bein (1990, cap. 3). Stow (1992, cap. 10; 2007) se opone al punto de vista según el cual los judíos se dedicaron al comercio y al préstamo de dinero porque se les prohibía poseer tierras, pero sostiene que los judíos, al no poder contratar mano de obra cristiana, estaban en desventaja a la hora de dedicarse con provecho a la agricultura. Véase Engel (2006) para un repaso a la historiografía judía.

ción. En los modelos de los economistas, la elección de la ocupación es una decisión individual basada en dos variables fundamentales: educación-formación e ingresos. Los oficios artesanales, el comercio, el cambio de divisas, el préstamo de dinero a interés, la banca, las finanzas y la medicina requieren un nivel de alfabetización, instrucción y capacitación mayor que las actividades agrícolas, como el cultivo de la tierra, pero suelen reportar ingresos más elevados. Las personas dotadas de la instrucción y capacidad necesarias para dedicarse, pongamos, a la banca o al comercio de diamantes, en general preferirían dedicarse a estas actividades antes que a las labores agrícolas. Del mismo modo, los individuos sin la formación o la capacidad necesarias para ser banqueros o tratantes en diamantes se convertirían en agricultores o en obreros urbanos no especializados, aunque ninguna disposición legal les prohibiese dedicarse a actividades altamente especializadas.

Supongamos que las restricciones que, según Cecil Roth y otros estudiosos, impedían poseer tierras a los judíos europeos de la Edad Media y comienzos de la Edad Moderna nunca hubiesen existido o se hubiesen abolido en algún momento. En ese caso, según la teoría económica de la elección ocupacional, los judíos alfabetizados y con el nivel de instrucción y capacitación necesario para convertirse en artesanos, mercaderes, prestamistas o médicos ¿habrían escogido cultivar la tierra? Naturalmente que no. Así pues, para dilucidar si las restricciones y prohibiciones desempeñaron un papel fundamental en la transición de los judíos a ocupaciones urbanas especializadas, debemos responder a las preguntas siguientes:

- En los imperios romano, bizantino y persa, ¿las actividades económicas de los judíos estaban sujetas a restricciones?
- ¿Existían esas restricciones en los califatos musulmanes?
- Los judíos que emigraron a Europa y dentro del territorio europeo durante la Alta Edad Media, ¿se vieron sometidos a restricciones?
- En épocas posteriores, por ejemplo, en los Estados Unidos del siglo XX, ¿existieron limitaciones de ese tipo?

En marcado contraste con la opinión ortodoxa y con la labor de generaciones de estudiosos, demostraremos que en ninguna de esas localidades y en ninguno de esos períodos se impusieron restricciones significativas a las actividades económicas de los judíos.

*Los imperios romano, bizantino y persa*

Casi todos los judíos de los imperios romano y persa y la mayoría de los que vivían en la extensión oriental del Imperio romano, el Imperio bizantino, eran agricultores (véase tabla 1.3). El abandono de la actividad agrícola, iniciado por las nutridas comunidades judías de Mesopotamia y Persia en los siglos V y VI, se completó en los siglos VIII y IX. La transición no se vio impulsada por ninguna disposición legal, pues ni los gobernantes partos ni los sasánidas impusieron restricciones a las actividades económicas de la población judía. Los judíos podían poseer tierra, emplear esclavos y dedicarse a actividades agrícolas o cualquier otra ocupación, salvo la administración pública (tabla 2.1).

Bajo la dominación romana, ninguna restricción jurídica impedía a los judíos cultivar la tierra como aparceros, arrendatarios o jornaleros ni ejercer cualquier otra actividad. Antes de las dos guerras judeorromanas (66-73 d.C. y 132-135), a los judíos que residían en el Imperio romano se les permitía poseer tierra. Después de esas dos contiendas los romanos expropiaron algunas propiedades en Judea. En algunos casos las expropiaciones fueron temporales; en otros, las tierras confiscadas se entregaban a ciudadanos romanos o a veteranos del ejército, pero los judíos expropiados seguían trabajándolas como labriegos. Muchas tierras, sin embargo, nunca se expropiaron[5].

Tampoco en el Imperio bizantino se dictaron leyes que prohibiesen a la comunidad judía cultivar la tierra ni dedicarse a cualquier otra actividad (tabla 2.2). Los judíos podían poseer, comprar y vender tierras, siempre que no perteneciesen a la Iglesia; podían poseer y emplear esclavos en sus tierras, siempre que no fuesen cristianos; y podían trabajar como artesanos, tenderos, mercaderes, médicos o prestamistas[6]. El único sector del que los judíos estaban excluidos por ley en los tres imperios era la burocracia estatal, ámbito reservado exclusivamente a los ciudadanos o a los fieles de la religión oficial.

---

[5] S. Safrai (1976b, pp. 314-356); Avi-Yonah (1984).

[6] S. Safrai (1976b, pp. 343-363); Avi-Yonah (1984); Bonfil, Irshai, Stroumsa y Talgam (2011); Jacoby (2008, 2011).

**TABLA 2.1.** Actividades económicas permitidas y prohibidas a los judíos en los imperios romano y persa, 1 d.C.-650.

| Actividad | Imperio romano | Imperio persa |
|---|---|---|
| Poseer tierras[a] | ✓ | ✓ |
| Ejercer labores agrícolas[a] | ✓ | ✓ |
| Poseer esclavos | ✓[d] | ✓ |
| Dedicarse a la artesanía, la venta al por menor, el comercio, la medicina, la enseñanza | ✓ | ✓ |
| Prestar dinero[b] | ✓ | ✓ |
| Trabajar en la administración estatal[c] | X | X |

*Fuente:* Para el Imperio romano, Juster (1914), Baron (1937, vol. 1; 1952, vols. 1 y 2; 1971a), Tcherikover (1945, 1961), A. Jones (1964), M. Stern (1974, 1976), Applebaum (1976a, 1976b), S. Safrai (1976b), Avi-Yonah (1984), Kasher (1985), Hamel (1990), L. Jacobs (1990), Z. Safrai (1994) y Goodman (1998). Para el Imperio persa, Newman (1932), Baron (1937, vol. 1; 1952, vols. 1 y 2; 1971a), Neusner (1965-1970, vol. 1, pp. 94-99; vol. 2, p. 14; vol. 3, pp. 24-25; vol. 5, p. 134; 1990c; 1990e), Beer (1974), M. Stern (1974), Applebaum (1976b) y L. Jacobs (1990).

*Notas:* El Imperio romano abarcaba Italia, la Península Ibérica, Francia, Bélgica, Países Bajos, Gran Bretaña, los Balcanes y partes de Alemania, Asia Menor, la Tierra de Israel, Siria, Líbano, Egipto y algunas partes del norte de África. El Imperio persa (durante la dinastía parta y, después, la sasánida) comprendía toda la actual Siria, Irak, Irán, Afganistán, el Cáucaso, el sudoeste de Asia central, partes de Turquía, algunas zonas costeras de la península arábiga, el golfo Pérsico y algunas regiones del sudoeste de Pakistán.

[a] "Poseer tierra" se distingue de "ejercer labores agrícolas" porque se puede poseer tierra y hacer que la cultiven otros. Y viceversa: quienes no poseen tierra pueden trabajarla como arrendatarios, aparceros o jornaleros contratados por un terrateniente. Por consiguiente, la categoría "ejercer labores agrícolas" designa la actividad de un agricultor con más precisión que la simple frase "poseer tierra".

[b] El préstamo de dinero engloba también la actividad bancaria, la acuñación de moneda, la recaudación de impuestos y las actividades desarrolladas por cuenta del tesoro real.

[c] La administración del Estado consiste en funcionarios que participan directamente en la burocracia estatal y en la administración pública, como jueces, burócratas estatales y locales y oficiales militares.

[d] El emperador Constancio II (337-361) promulgó el decreto que prohibía a los judíos poseer esclavos y comerciar con ellos.

### *Los califatos musulmanes (622-1258)*

La transición de los judíos de la agricultura a los oficios artesanales y al comercio se completó en Mesopotamia y Persia (donde vivía la mayor parte de los judíos) entre 750 y 900 aproximadamente, para después propagarse por los extensos territorios dominados por los musulmanes (véase el capítulo 1). ¿Acaso los califas omeyas, abasíes y fatimíes dictaron leyes que provocaron el abandono de la agricultura por parte de los judíos? La respuesta es un no rotundo: en los vastos territorios bajo dominio musulmán no existía ninguna ley que restringiese a los judíos el ejercicio de actividad económica alguna (tabla 2.3). Se les permitía poseer tierra, cultivarla, poseer esclavos y emplearlos en labores agrícolas, y dedicarse a cualquier actividad que deseasen[7].

**TABLA 2.2.** Actividades económicas permitidas y prohibidas a los judíos en el Imperio bizantino, 350-1250

| Actividad | 350-650 | 650-1250 |
|---|---|---|
| Poseer tierras[a] | ✓ | ✓ |
| Ejercer labores agrícolas[a] | ✓ | ✓ |
| Poseer esclavos | ✓ | ✓ |
| Dedicarse a la artesanía, la venta al por menor, el comercio, la medicina, la enseñanza | ✓ | ✓ |
| Prestar dinero[b] | ✓ | ✓ |
| Trabajar en la administración estatal[c] | X | X |

*Fuente:* Baron (1937, vol. 1; 1952, vols. 1 y 2; 1971a), Sharf (1966, 1971), Holo (2009) y Jacoby (2008, 2011).

*Nota:* Hasta 650 el Imperio bizantino comprendía la Tierra de Israel, Siria, Líbano, Egipto, Asia Menor, los Balcanes y, durante el reinado de Justiniano I (527-565), Italia, una pequeña zona de la España meridional y algunas regiones del norte de África. Después de 650 el Imperio bizantino comprendía fundamentalmente Asia Menor, Grecia y, hasta comienzos del siglo IX, el sur de Italia y partes de Italia central. Para las definiciones de las actividades, véanse las notas de la tabla 2.1.

El único sector vetado a los judíos, como a cualquier otra comunidad no musulmana, era la administración pública, que se reservaba en exclusiva a los musulmanes[8]. Paradójicamente, como sucedió en los imperios romano, persa y bizantino, la única prohibición legal que se impuso a los judíos en los califatos musulmanes no atañía a la propiedad de la tierra ni a las actividades agrícolas, sino a una de las ocupaciones altamente cualificadas en las que terminarían descollando.

Cabría objetar que los códigos jurídicos no describen el comportamiento real de las personas, o que las normas sociales no escritas

[7] Baron (1952, vol. 4); Goitein (1967-1988, vol. 1); Ashtor (1973-1984); H. Ben-Sasson (1976, pp. 393-402); Gil (1992; 2004, pp. 273-290); M. R. Cohen (1994); Ashtor *et al.* (2007); Ashtor y Sagiv (2007); Ashtor, Yaari y Cohen (2007).

[8] A pesar de la prohibición de ingresar en la administración pública, los judíos ocuparon posiciones destacadas en la burocracia de los califatos musulmanes (véanse Goitein 1967-1988, vol. 1; Gil 1992; 2004; M. R. Cohen 1994). Uno de los ejemplos más famosos es el de Rabí Samuel ibn Nagrela, el mercader, erudito y poeta que llegó a ser visir en Granada.

pudieron haber dificultado a las familias judías la posesión y el cultivo de tierras en Oriente Próximo. Por suerte disponemos de documentos que ilustran el comportamiento y las actividades cotidianas de los judíos. Muchos documentos depositados en la guenizá de El Cairo (a saber: millares de contratos, cartas, escrituras de constitución de sociedades comerciales, libros contables, actas y testamentos) y *responsa* rabínicos (entre ellos debates y casos judiciales) tratan de la compraventa de tierras y otras transacciones relativas a la posesión de tierra[9]. Esta documentación abundante demuestra que la propiedad de la tierra no era solo una opción jurídica teórica, sino también una realidad para los judíos que residían en los vastos dominios musulmanes. Pero ni el derecho teórico a poseer tierra ni su posesión efectiva impidieron que los judíos de Oriente Próximo llevasen a cabo una transición ocupacional para, en menos de dos siglos, pasar de ser una comunidad de agricultores, como los demás habitantes de la región, a convertirse en una población urbana de artesanos, mercaderes, intermediarios, prestamistas, banqueros de la corte y médicos.

**TABLA 2.3.** Actividades económicas permitidas y prohibidas a los judíos en los califatos musulmanes, por región, 650-1250

| Actividad | Tierra de Israel | Mesopotamia, Persia, península arábiga | Norte de África | Siria, Líbano | Península Ibérica, Sicilia |
|---|---|---|---|---|---|
| Poseer tierras | ✓ | ✓ | ✓ | ✓ | ✓ |
| Ejercer labores agrícolas | ✓ | ✓ | ✓ | ✓ | ✓ |
| Poseer esclavos | ✓ | ✓ | ✓ | ✓ | ✓ |
| Dedicarse a la artesanía, la venta al por menor, el comercio, la medicina, la enseñanza | ✓ | ✓ | ✓ | ✓ | ✓ |
| Prestar dinero | ✓ | ✓ | ✓ | ✓ | ✓ |
| Trabajar en la administración estatal | X | X | X | X | X |

*Fuente*: Mann (1920-1922), Baron (1952, vol. 3; 1971a), Goitein (1967-1988, vol. 1), Ashtor (1973-1984, 1976, 2007), H. Ben-Sasson (1976), Morony (1981), Udovitch (1981), Lewis (1984), Gil (1992, 2004), M. R. Cohen (1994) y M. Ben-Sasson (1992, 1996).
*Nota:* Para las definiciones de las actividades, véanse las notas de la tabla 2.1.

9 Véanse Goitien (1967-1988); Gil (1992; 2004).

*La Europa cristiana medieval (850-1492)*
Los artesanos, tenderos, mercaderes, estudiosos y médicos judíos que emigraron a la Europa cristiana y por su interior durante la Alta Edad Media no se vieron sometidos a ninguna restricción. Muchos fueros promulgados a comienzos del medievo (desde mitad del siglo IX al siglo XIII) indican que los soberanos invitaban a los judíos a afincarse en sus territorios para estimular el desarrollo de la artesanía y el comercio (véase el capítulo 7).

Como bien ha documentado Toch, los primeros fueros medievales, y también las actas judiciales y los *responsa* rabínicos, confirman que a los judíos de Europa se les permitía poseer tierras y que muchos de ellos, sobre todo en Italia, el sur de España, el sur y el centro-oeste de Francia, y Alemania, poseían campos, huertos y viñedos, y transferían e hipotecaban propiedades bienes raíces. De haber querido, habrían podido dedicarse a la agricultura, como la mayoría de la población de la Europa medieval[10].

Las restricciones al derecho de los judíos a poseer tierra empezaron a aparecer en algunos fueros promulgados entre la Baja Edad Media y los comienzos de la Edad Moderna, cuando los judíos ya llevaban siglos especializados en los oficios artesanales, el comercio, el préstamo pecuniario y la medicina. Dado que estas restricciones aparecieron siglos después de que los judíos hubiesen abandonado la agricultura, es evidente que no sirven para explicar por qué los judíos europeos emprendieron esas otras actividades y destacaron en ellas. Al mismo tiempo, hemos de preguntarnos por qué en determinados lugares, durante el citado período, se prohibió a los judíos poseer tierra. Abordaremos esta cuestión en el capítulo 8, donde también analizaremos el argumento según el cual los gremios artesanos y mercantiles de la Europa medieval excluyeron a los judíos de muchos oficios artesanales y comerciales, obligándolos a especializarse aún más en el préstamo de dinero.

**Discriminación impositiva**

Según otra teoría, los soberanos podrían haber influido en la estructura ocupacional de la población judía mediante la introducción de

---

[10] Toch (2005, 2008, 2010, 2011, 2012).

impuestos discriminatorios, lo que habría hecho que algunas ocupaciones resultasen poco provechosas para los judíos. Baron, Ben-Sasson y Gil sostienen que los califas musulmanes arruinaron la agricultura en Mesopotamia y Persia al gravar la superficie cultivada y no la producción. Además, el impuesto inmobiliario que se aplicaba a todos los no musulmanes habría resultado muy oneroso para los agricultores judíos. El resultado, según esta teoría, fue que los judíos abandonaron el campo, se mudaron a las ciudades y zonas urbanas y se especializaron en las actividades cualificadas que había disponibles en sus lugares de destino[11].

Esta explicación se presta a ciertas objeciones. En primer lugar, el enorme proceso urbanizador que se produjo en Oriente Próximo a raíz de la fundación de los califatos musulmanes no habría sido sostenible si una agricultura productiva no hubiese suministrado abundantes productos agrícolas a las ciudades y centros urbanos (véase el capítulo 6). Si la agricultura mesopotámica y persa entró en declive, ¿cómo es que prosperaron las ciudades y centros urbanos? En segundo lugar, si los impuestos sobre la propiedad rústica eran tan gravosos como se afirma, habrían inducido a otras minorías religiosas, y no solo a los judíos, a abandonar la agricultura para especializarse en ocupaciones urbanas.

¿No pudo haber existido otra forma de discriminación impositiva que obligase a los judíos a cambiar de actividad? Los judíos y otras minorías religiosas (*dhimmis*) debían pagar un impuesto de capitación que gravaba a todos los cabezas de familia. Pero este tributo no era una innovación introducida por los califas omeyas y abasíes: sus predecesores, los soberanos sasánidas, ya habían impuesto tasas semejantes a los miembros de las comunidades no persas y no pertenecientes a la casta de los magos, entre las que figuraban los judíos[12]. Además, el impuesto de capitación era mucho más módico que otros tributos: en el siglo XI, por ejemplo, ascendía a 3,4 dirhams al mes, cantidad equivalente al 5 por ciento del salario mensual de un maestro de la época. Y lo que es más importante, la capitación se imponía con

[11] Véase Baron (1952, vol. 4, pp. 151-153); H. Ben-Sasson (1976, pp. 393, 405); Gil (2004, pp. 287-290, 599-600). Estos autores también ponen de relieve cómo el desplazamiento masivo de los judíos a las ciudades se vio favorecido por la creciente urbanización de los califatos omeya y abasí.

[12] Morony (1974, p. 119).

independencia de la ocupación del cabeza de familia: así fuese agricultor, herrero o sedero, un cabeza de familia judío debía pagar esa contribución[13]. Por consiguiente, el impuesto de capitación no pudo ser lo que indujo a los judíos a abandonar la agricultura y convertirse en artesanos, tenderos, mercaderes y prestamistas.

## El capital fijo frente al capital humano móvil

Tan popular como la explicación basada en las restricciones al ejercicio de determinadas actividades es la teoría según la cual las minorías perseguidas prefieren invertir en capital humano antes que en capital fijo. Los especialistas Wernert Sombart, Reuven Brenner, Nicholas Kiefer y Yuri Slezkine han sostenido que los judíos, al igual que los miembros de otras minorías religiosas o étnicas perseguidas, prefirieron invertir en educación antes que en la tierra porque el capital humano va incorporado en la persona y, por tanto, no puede expropiarse[14]. El corolario de este argumento es que los judíos, al dejar de invertir en tierra, abandonaron la agricultura; la inversión en alfabetización y educación, por el contrario, les permitió especializarse en los oficios artesanales, el comercio, la actividad bancaria, las finanzas, el derecho y la medicina.

Esta teoría es irrefutable desde el punto de vista de la coherencia interna, pero se torna problemática cuando se consideran los hechos más destacados de la historia judía, ya que la transición de la agricultura a las profesiones urbanas especializadas tuvo lugar en Mesopotamia y Persia de los siglos VIII y IX, donde las condiciones de vida de la minoría judía eran considerablemente seguras. Los grupos de emigrantes judíos que a partir de mediados del siglo IX llegaron de Mesopotamia y Persia a Yemen, Egipto, Libia y el Magreb ya eran

[13] Goitein (1967-1988, vol. 2, pp. 300-304).

[14] Sombart ([1911] 1913); Brenner y Kiefer (1981); Slezkine (2004, p. 4). En relación con este argumento, Kessel (1958, pp. 46-48) sostiene que los judíos, a causa de las discriminaciones (por ejemplo, las impuestas por los gremios medievales) y persecuciones sufridas durante siglos, desarrollaron actitudes y capacidades útiles para ocupaciones de índole comercial o que exigían una formación elevada, como la profesión médica. Para un análisis de la explicación basada en el capital humano móvil, véase Ayal y Chiswick (1983).

artesanos y mercaderes alfabetizados, prestamistas competentes y médicos y estudiosos sumamente instruidos. Los judíos que emigraron del norte de África a la Península Ibérica y después a Sicilia, y los que lo hicieron al interior del Imperio bizantino, del que formaba parte la Italia meridional, y sus descendientes, que se desplazaron al norte y sentaron las bases de buena parte de las comunidades judías europeas, eran artesanos alfabetizados, mercaderes instruidos y estudiosos eruditos. Los judíos procedentes de Francia que se afincaron en Inglaterra y Alemania a partir de los siglos XI y XII también eran mercaderes y comerciantes alfabetizados e instruidos.

En Europa las persecuciones sistemáticas y las expulsiones en masa tuvieron lugar más adelante, entre el final de la Edad Media y los comienzos de la Edad Moderna, cuando la población judía mundial ya consistía en pequeñas comunidades urbanas de artesanos, mercaderes, prestamistas y médicos, caracterizados por su formación y su movilidad (véanse los capítulos 7 y 8). Además, si los judíos hubiesen querido conservar el derecho de poseer y cultivar la tierra, habrían podido convertirse a otra confesión. No faltaban ejemplos de conversiones a otras religiones por motivos económicos: algunos cristianos y samaritanos residentes en la Tierra de Israel se convirtieron al islam para huir de las persecuciones. Lo propio hicieron también algunos judíos eminentes a fin de acceder a las altas esferas de la burocracia califal[15].

Por último, la historia abunda en ejemplos de minorías oprimidas que no abandonaron la agricultura. En el siglo I, los samaritanos observaban las mismas normas y reglas religiosas de los judíos y, al igual que ellos, trabajaban la tierra. Durante los siglos V y VI los soberanos bizantinos oprimieron, convirtieron a la fuerza y masacraron a muchos samaritanos, además de confiscarles las tierras. Siglos después los samaritanos corrieron una suerte parecida bajo el dominio de los abasíes[16], pero siguieron siendo agricultores, no invirtieron nunca en capital humano móvil, no se convirtieron nunca en una población urbana de artesanos y mercaderes, no emigraron jamás de la Tierra de Israel y nunca constituyeron una diáspora dispersa por todo el mundo, como hicieron los judíos.

---

[15] Goitein (1967-1988, vol. 2).
[16] Gil (1992, pp. 822-823).

Los cristianos primitivos también siguieron siendo agricultores, pese a la opresión y las masacres padecidas a manos de los imperios romano y persa. Estas tribulaciones no los indujeron a invertir en alfabetización e instrucción, ni a transformarse en una población urbana de gran movilidad. En épocas recientes los gitanos también se han visto perseguidos y expulsados de muchos países, pero nunca se han convertido en una población instruida, no digamos ya en un pueblo de comerciantes, banqueros, financieros, abogados o médicos.

Como mostraremos detalladamente en los capítulos 3, 5, 6 y 7, la decisión de los judíos de invertir en alfabetización y educación (entre los siglos I y VI) fue anterior en unos siglos a sus emigraciones por el mundo (del siglo IX en adelante). La relación de causa-efecto discurre, por tanto, de la inversión en alfabetización y capital humano al abandono voluntario de la inversión en tierra y la práctica agrícola, al ejercicio de ocupaciones urbanas y a la transformación en una población móvil y emigrante; y no en el sentido opuesto.

## La segregación voluntaria de una minoría religiosa

Max Weber reconoció la enorme importancia del legado judío para la historia universal. Al mismo tiempo el pensador alemán se preguntó cómo los judíos se convirtieron en un "pueblo de parias", caracterizado por peculiaridades muy marcadas[17]. A su modo de ver, durante el período del segundo templo (515 a.C.-70 d.C.), los profetas y sabios desplazaron el acento de los debates sobre el judaísmo desde la teología hacia una racionalidad moral que prometía un recompensa futura a los judíos que observasen rigurosamente los rituales y las normas de

[17] Véase Shmueli (1968). En 1904-1905 Weber publicó el famoso ensayo *La ética protestante y el espíritu del capitalismo.* En pocas palabras, según la tesis de Weber, en los países occidentales el protestantismo impulsó el desarrollo de una forma particular de racionalidad. Esta racionalidad, unida a la ética del trabajo protestante, contribuyó al auge del capitalismo. En esta obra Weber se refirió a los judíos simplemente como una minoría. El término *pueblo de parias* lo introdujo en los *Ensayos de sociología* ([1915] 1980), donde el pensador manifestó sus discrepancias con Sombart, quien en *Los judíos y el capitalismo moderno* ([1911] 1913) había sostenido que el judaísmo era el verdadero padre del espíritu capitalista. En *Judaísmo antiguo* ([1917] 1952) Weber inició un extenso análisis de la religión judía, que quedó interrumpido por la muerte del pensador, acaecida en 1920.

comportamiento codificadas en la Torá escrita y oral[18]. La segregación voluntaria con fines religiosos tuvo a la larga profundas consecuencias económicas para la población judía. En palabras de Weber[19]:

> La observancia verdaderamente correcta del ritual se tornó muy difícil para los agricultores. [...] La observancia de los verdaderos mandamientos levíticos de pureza, que los devotos más ejemplares empezaron a propagar cada vez más, resultaba poco menos que imposible para los campesinos, a diferencia de la población urbana. [...] Además, los judíos que vivían entre extranjeros apenas podían mantener una existencia ritualmente correcta en las zonas rurales. El centro de gravedad del judaísmo fue desplazándose cada vez más en la dirección que habría de seguir la propia población judía, o sea, hacia la transformación en un pueblo de parias urbano; como de hecho ocurrió.

Según Weber, los judíos escogieron voluntariamente convertirse en una población urbana y segregarse en determinadas ocupaciones con el fin de poder seguir viviendo conforme a las prescripciones rituales y observando los preceptos alimentarios y las reglas sabáticas, lo que habría sido imposible en un entorno rural.

La tesis de Weber se presta a varias objeciones. En primer lugar, después del período de los profetas (siglo VI a.C.) los judíos conservaron durante siglos su estilo de vida, mientras trabajaban de agricultores en la Tierra de Israel, donde constituían la mayoría de la población autóctona. A comienzos del siglo IV, durante la dominación romana, cuando se convirtieron en una minoría religiosa, también siguieron siendo una comunidad fundamentalmente agrícola, que cumplía con rigor las reglas rituales prescritas por su credo. Los judíos siempre habían sido minorías religiosas en Mesopotamia y Egipto, los otros dos grandes focos de asentamiento de comunidades judías en la antigüedad, donde se ganaban el sustento cultivando la tierra, sin por ello dejar de conservar los ritos y costumbres judías.

Más de mil años separan el período del segundo templo y la transición de los judíos de la agricultura a los oficios artesanales, el comercio y el préstamo pecuniario. La transición ocupacional tuvo lugar

---

[18] Weber ([1917] 1952, p. 336).

[19] Weber ([1917] 1952, pp. 363-364).

primero en Mesopotamia y Persia durante la dominación musulmana de los siglos VIII y IX, antes de propagarse a todos los demás lugares en que vivían judíos. Durante ese largo período, generaciones y generaciones de judíos siguieron observando las rigurosas reglas de su religión, mientras se ganaban la vida con la agricultura.

En segundo lugar, otras minorías religiosas también observaban reglas y rituales igual de estrictos, sin transformarse por ello en un pequeño grupo de especialistas de la artesanía, el comercio y el préstamo de dinero. Los samaritanos son el mejor ejemplo, porque observaban las costumbres judías en relación con el consumo de alimentos *kosher*, el sabbat semanal y el año sabático y obedecían la Torá. Los samaritanos siguieron trabajando la tierra durante siglos, al tiempo que cumplían con la mayoría de reglas y normas religiosas de los judíos. La posibilidad de que una minoría religiosa sometida a reglas estrictas sobreviva como una población de agricultores también queda demostrada, en la época actual, por los amish de Estados Unidos.

## La teoría económica de las pequeñas minorías

Según algunos estudiosos, los judíos no son sino uno más de los muchos ejemplos de diásporas comerciales: grupos étnicos o religiosos privados de una base territorial, cuyas redes sociales, económicas y políticas trascienden las fronteras de los Estados nacionales y cuyos miembros viven en zonas urbanas y se especializan en actividades comerciales a escala local o a larga distancia[20]. Desde este punto de vista la diáspora de los judíos no se diferencia de diásporas como las de los parsis (zoroástricos) originarios de Persia, los hugonotes que se dispersaron por Europa occidental a comienzos de la Edad Moderna, los chinos en el Sudeste Asiático entre los siglos XV y XX, los armenios y griegos del Imperio otomano, los alemanes en Europa del Este en la época moderna, los cristianos libaneses en el Egipto del siglo XVIII y en el África occidental contemporánea, las minorías de comerciantes indios en África oriental y los paquistaníes en Gran Bretaña[21].

[20] Para los argumentos más recientes y convincentes, véanse Slezkine (2004) y Muller (2010).

[21] Véanse Armstrong (1976) y las obras allí citadas.

Baron suscribe en parte esta tesis al sostener que los judíos, en cuanto minoría religiosa, se trasladaron a las ciudades para protegerse de los posibles estallidos de violencia por parte de soberanos o poblaciones hostiles, y para conservar su identidad cultural. La vida en asentamientos rurales aislados habría puesto en peligro tanto su integridad física como la cohesión de la comunidad de fieles[22].

El economista Simon Kuznets ofrece muchos datos en abono de esta teoría[23]. A diferencia de otros estudiosos, que se centran en los judíos europeos de la baja Edad Media y comienzos de la Edad Moderna, Kuznets analiza la estructura ocupacional de los judíos de todo el mundo en las décadas de 1920, 1930 y 1940 y muestra la singular distribución ocupacional de la mano de obra judía. En los países que albergaban las comunidades judías más nutridas (los países de Europa del Este, Unión Soviética, Estados Unidos, Argentina y Canadá), un porcentaje asombroso de la mano de obra judía (entre el 91 y el 99 por ciento) se dedicaba a ocupaciones ajenas a la agricultura (tabla 2.4).

Kuznets no podía esgrimir la aplicación basada en las restricciones al uso de la tierra, pues a comienzos del siglo XX la legislación de esos países permitía a los judíos poseer y cultivar tierras y ejercer cualquier actividad que se les antojase. En consecuencia, el economista tuvo que recurrir a otra explicación, la que él denomina "la teoría económica de las pequeñas minorías", que se basa en el hecho obvio de que los judíos fueron una minoría en todas partes, como indica la última columna de la tabla 2.4.

Kuznets, al igual que Weber, sostiene que la estructura ocupacional y residencial del pueblo judío era el resultado de una elección voluntaria. En sustancia, según el argumento de Kuznets, un grupo minoritario como eran los judíos posee, por razones no económicas, características culturales singulares que lo distinguen del resto de la población. En aras de mantener la cohesión y la identidad del grupo, los miembros de la minoría prefieren concentrarse en ciertas industrias y ocupaciones. En consecuencia, los miembros del grupo terminan viviendo en las ciudades, donde existe la posibilidad de

[22] Baron (1937, vol. 1).
[23] Kuznets (1960, 1972).

ejercer esas ocupaciones. Según Kuznets, esta explicación sirve para cualquier minoría étnica o religiosa, no solo para los judíos[24].

La idea de que los judíos no son sino uno más de los muchos ejemplos que existen de diásporas étnicas o religiosas, establecidas como minorías en centros urbanos y especializadas en actividades comerciales, no resiste la prueba de los hechos históricos. Durante el primer milenio los judíos asentados en la Tierra de Israel se dedicaron a la agricultura no solo cuando constituían la mayoría de la población local (hasta el siglo IV), sino también cuando se convirtieron en una minoría religiosa. El hecho de que se convirtiesen en una minoría religiosa no los transformó en una diáspora de comerciantes urbanos.

Los judíos mesopotámicos, persas y egipcios también eran en su mayoría agricultores, pese a constituir minorías religiosas en los imperios persa y romano. En los siglos VIII y IX los judíos siguieron siendo una minoría religiosa en los extensos territorios dominados por los musulmanes, cuando se transformaron en una población urbana de artesanos, mercaderes, médicos y prestamistas (véanse las tablas 1.3 y 1.5), luego lo que impulsó su transición ocupacional no pudo ser su condición de minoría religiosa empeñada en salvaguardar su identidad cultural.

Además, durante el primer milenio, otras minorías étnicas y religiosas conservaron sus características distintivas sin dejar de vivir en aldeas y trabajar la tierra. Los ejemplos más llamativos son los de los drusos y samaritanos de la Tierra de Israel, que conservaron su identidad religiosa al tiempo que seguían dedicándose a la agricultura, sin convertirse jamás en una diáspora urbana o mercantil. La minoría copta de Egipto también siguió siendo un pueblo de agricultores, conservando al mismo tiempo su identidad religiosa, bajo el dominio musulmán.

En épocas más recientes, los judíos presentan algunas características en común con otras diásporas étnicas o religiosas que están especializadas en el comercio y en determinadas ocupaciones urbanas. La distinción fundamental estriba en que la totalidad de judíos, y no solo un pequeño grupo, escogió esas ocupaciones. En cambio, otras diásporas étnicas o religiosas de comerciantes, como la de chinos en el Sudeste Asiático o los intermediarios indios de África Oriental, representan un pequeño porcentaje de las poblaciones a las que pertenecen.

[24] Kuznets (1960, p. 1604).

**TABLA 2.4.** Porcentaje de trabajadores no agrícolas sobre la mano de obra total, *ca.* 1930.

| País | Año | Judíos | Gentiles | Porcentaje de judíos en la población del país |
|---|---|---|---|---|
| Argentina | 1935 | 94 | — | 2,0 |
| Bulgaria | 1926 | 99 | 31 | 0,9 |
| Canadá | 1931 | 99 | 71 | 1,5[a] |
| Checoslovaquia | 1930 | 91 | 73 | 2,4 |
| Alemania | 1933 | 99 | 83 | 0,8 |
| Hungría | 1930 | 97 | 52 | 5,1 |
| Letonia | 1930 | 99 | 47 | 4,8[a] |
| Lituania | 1937 | 96 | — | 7,6[a] |
| Polonia | 1931 | 96 | 47 | 9,8 |
| Rumanía | 1930 | 96 | 37 | 4,2 |
| Unión Soviética | 1926 | 96 | 27 | 2,1 |
| Estados Unidos | 1940 | 98 | 82 | 3,7 |

*Fuente:* Kuznets (1960, p. 1608, tablas 1 y 2)

*Notas:* La población judía de estos países (casi 13 millones de personas) representaba el 87 por ciento de los judíos del mundo (véase Baron 1971b, tabla 3). La categoría de trabajadores no agrícolas engloba las personas dedicadas a la industria y la artesanía, al comercio y las finanzas, al transporte y las comunicaciones, a los servicios públicos, las profesiones y los servicios domésticos y personales.

- No disponible.

[a] Para Canadá, Letonia y Lituania, el porcentaje se refiere a 1941, 1935 y 1923, respectivamente.

## Resumen

¿Por qué hay pocos judíos agricultores? ¿Por qué los judíos emprendieron una diáspora urbana dispersa por todo el mundo? Las teorías propuestas para responder estos interrogantes pueden agruparse en dos categorías principales: teorías centradas en factores exógenos (restricciones, discriminación, opresión, masacres) y teorías que subrayan las elecciones endógenas (segregación voluntaria en virtud de normas religiosas, migraciones voluntarias a las ciudades para salvaguardar la identidad grupal). Ninguna de estas teorías es compatible con los hechos históricos, ni alcanza a explicar por qué los judíos abandonaron la agricultura ni por qué se convirtieron en una diáspora.

Capítulo 3

# El pueblo del libro, 200 a.C.-200 d.C.

Haced del estudio de la Torá vuestra ocupación principal.

*Shamai*, ca. *10 a.C.*

Los judíos no consideran el nacimiento de un hijo una ocasión que festejar ni una excusa para beber en exceso. La ley [...] ordena que se les enseñe a leer y que aprendan las leyes y los actos de sus antepasados para que puedan imitar su conducta, y al instruirse en aquellas, no puedan transgredirlas ni tener excusa alguna para desconocerlas.

*Flavio Josefo*, ca. *96 d.C.*

En la época de los imperios helenístico, romano y persa, los judíos eran indistinguibles del resto de la población: tenían el mismo aspecto, vestían las mismas ropas, hablaban la misma lengua y, en su mayoría, obtenían su sustento de la misma fuente, la agricultura[1]. La diferencia fundamental entre los judíos y los demás era la religión. Para despejar las incógnitas que plantea la historia económica y demográfica de los judíos hace falta, pues, examinar los acontecimientos capitales, los líderes religiosos y las características principales de la religión judía entre la fundación del segundo templo, en 515 a.C., y la compilación de la Misná, hacia 200 d.C.

[1] Breuer (2006, pp. 457-459); J. Schwartz (2006, pp. 433-453).

## Los dos pilares del judaísmo de Esdras a Hilel (500-50 a.C.): el templo y la Torá

En el primer milenio a.C., los dos pilares del judaísmo fueron el templo de Jerusalén y la Torá. El primer pilar hacía de la religión judía algo similar a los cultos paganos difundidos por el Mediterráneo y Oriente Próximo. Tanto en la época del primer templo (de los siglos X-IX a.C. al 586 a.C.) como en la del segundo (515 a.C-70 d.C.), los sacrificios rituales oficiados por una elite reducida de sacerdotes eran la forma predominante de culto a la divinidad[2]. La peregrinación a Jerusalén y los sacrificios ofrecidos en el templo se consideraban deberes religiosos inexcusables para todos los varones judíos[3].

El segundo pilar del judaísmo, la Torá, sentó las bases de todo el corpus legislativo judío (la Halajá). La creencia en la existencia de un solo Dios y el don de la Torá, concesión de Dios a los judíos mediante el pacto con Moisés, diferenciaba sustancialmente al judaísmo de los cultos paganos. La Torá escrita (el Pentateuco de Moisés) desempeñó un papel central en la conformación de todos los aspectos de la vida judía durante y después del exilio babilónico (586-538 a.C.)[4].

[2] Durante más de setenta y cinco años los arqueólogos sostuvieron que el primer templo se construyó en el reinado de Salomón, en el siglo X a.C. De acuerdo con algunas investigaciones recientes, que ponen en cuestión el alcance y el poder de los reinos unidos de Israel y de Judea bajo las monarquías de David y de Salomón, los acontecimientos que según la Biblia ocurrieron en la época de esos dos monarcas, incluida la construcción del primer templo, en realidad tuvieron lugar un siglo después. Véanse Finkelstein y Silberman (2001, 2006) y las obras ahí citadas.

[3] Tadmor (1976); Cahill (1998).

[4] A la canonización de la Torá le siguió la de los ocho libros de los Profetas (*Nevi'im*) (entre 500 y 400 a.C.). Los once libros de las Escrituras (*Ketuvim*) se canonizaron entre 100 y 200. El Tanaj, nombre hebreo de la Biblia, consiste en esas tres subdivisiones. Los estudiosos aún debaten la antigüedad de la Torá: algunos sostienen que se escribió durante el período persa (siglo IV a.C.) o el helenístico (siglos III y II a.C.) y que las personas y hechos mencionados en ella son puramente imaginarios; otros afirman que se canonizó durante el siglo VI a.C. y que constituye una crónica histórica completamente fiable de la historia antigua de los judíos. Para un análisis general de este debate, véase Friedman (1997). En fechas recientes Finkelstein y Silberman (2001, 2006) han sostenido que los libros históricos fundamentales del Antiguo Testamento se escribieron antes de lo que se creía, a finales del siglo VII a.C. (en época del rey Josías), con el fin de que sirviesen de propaganda política en apoyo de las reformas de este monarca.

Junto a la Torá escrita, la Torá oral se desarrolló como el resultado de una miríada de debates, juicios y resoluciones de generaciones de profetas, eruditos y sabios que surgieron como los nuevos líderes religiosos durante el período del segundo templo[5].

Los Evangelios ofrecen un vívido retrato de los dos pilares del judaísmo en el período del segundo templo. En varios pasajes, Jesús entra en el templo y se sirve de parábolas para ilustrar la Torá.

El templo y, en particular, la Torá fueron los impulsores del desarrollo de las instituciones educativas judías. La Torá recalca la importancia del estudio a lo largo de toda la vida y estipula el deber paternal de enseñar a los hijos las leyes del judaísmo[6]. Pero no contiene ninguna regla o ley expresa que imponga a los padres judíos la obligación de enviar a sus hijos a la escuela para aprender a leer y estudiar la Torá.

Un paso decisivo hacia la transformación de la lectura en un rasgo fundamental del judaísmo lo dio el sacerdote y escriba Esdras hacia el siglo v a.C., cuando hizo de la lectura pública de la Torá un nuevo elemento de la vida judía. A partir de entonces la Torá se leería y explicaría públicamente en determinadas ocasiones fijadas de antemano. Antes de Esdras la mayoría de pasajes de la Torá estaba sometida al control exclusivo de la elite sacerdotal[7].

La creación de instituciones judías destinadas al estudio y aprendizaje fue un proceso lento y largo. La primera fase comenzó en el período de los *soferim* o escribas (*ca.* 515-*ca.* 200 a.C.), con la fundación en Jerusalén de academias de enseñanza avanzada, que preparaban a los sacerdotes para el servicio del templo, cuyo acceso se reservaba, por tanto, para una elite muy restringida[8]. En el siglo I a.C., bajo la dirección de dos de los mayores sabios de la época, Hilel y Shamai, se fundaron escuelas de enseñanza avanzada, primero en

[5] M. Stern (1976); Cahill (1998).

[6] En Éxodo, por ejemplo, se enuncia el mandamiento relativo a las leyes de Dios y se exhorta a los judíos a "enseñarlas con diligencia a los hijos". El Deuteronomio (6: 6-7) ordena lo siguiente: "Grábate en el corazón estas palabras que hoy te mando. Incúlcaselas continuamente a tus hijos. Háblales de ellas cuando estés en tu casa y cuando vayas por el camino, cuando te acuestes y cuando te levantes".

[7] Marcus, Hirschberg y Ben-Yacoob (2007).

[8] Swift (1919, pp. 86-98); Ginzberg (1943, pp. 8-11); Demsky *et al.* (2007).

Jerusalén y después en otras ciudades[9]. Las matrículas, los costes de mantenimiento y de transporte y los rigurosos requisitos de acceso a estas academias se revelaron obstáculos considerables y solo una exigua minoría estaba en condiciones de enviar a sus hijos a estudiar en ellas[10].

A instancias del presidente del Sanedrín, Simón ben Shetah (hacia 65 a.C.), se fundaron en toda la Tierra de Israel escuelas secundarias gratuitas para los jóvenes de dieciséis y diecisiete años. Fue así como surgió un sistema académico de dos niveles: en Jerusalén un colegio preparaba a estudiantes de nivel avanzado para entrar en las academias, mientras en el resto del país unas escuelas preparatorias ofrecían educación gratuita y obligatoria a todos los jóvenes varones de dieciséis y diecisiete años. El sistema escolar secundario adolecía, sin embargo, de un problema fundamental: los huérfanos y los niños cuyos padres no disponían del tiempo o de la formación necesaria para impartirles unas nociones elementales de alfabetización no recibían la educación primaria indispensable para satisfacer el criterio de admisión en las escuelas secundarias. En consecuencia, estos centros de enseñanza, pese a ser gratuitos, solo atraían a una exigua minoría de alumnos[11].

---

[9] S. Safrai (2007). Hilel, nacido en Babilonia hacia 90 a.C., descendía de la tribu de Benjamín por parte de padre y de la familia de David por parte de madre. De adulto se trasladó a Jerusalén para estudiar, se convirtió en el jefe espiritual de la comunidad judía y fundó una de las dos principales academias de Jerusalén, conocida como la Casa de Hilel (Bet Hilel). Está considerado una de las figuras más importantes de la historia judía y el fundador de una dinastía de sabios en la que figuran algunos de los líderes religiosos y eruditos más señeros, como Rabí Gamaliel I y Rabí Yehudá Hanasí. Hilel dictó numerosas resoluciones importantes sobre asuntos religiosos, sociales y económicos. En cuanto a Shamai, nacido en la Tierra de Israel hacia 50 a.C., fue el contemporáneo más ilustre de Hilel y su principal adversario en materia de Halajá. Su academia se hizo conocida como la Casa de Shamai (Bet Shamai). A la muerte de Hilel, Shamai pasó a ocupar su puesto de presidente del Sanedrín jerosolimitano. Aunque el nieto de Hilel, Rabí Gamaliel I, se convirtió en el presidente tras la muerte de Shamai, acaecida en 30 d.C., la Casa de Shamai siguió dominando el Sanedrín hasta 70 d.C. aproximadamente. Pero tras la destrucción del segundo templo la dinastía y los discípulos de Hilel dominaron el judaísmo rabínico, eclipsando el legado de Shamai.

[10] Perlow (1931); Drazin (1940); Ebner (1956); Morris (1977).

[11] Greenberg (1960); Demsky *et al.* (2007).

## La palanca del judaísmo: la educación como norma religiosa

Para casi todos los bienes y servicios existe un mercado en el cual la interacción de la oferta y la demanda determina las cantidades que se intercambian y los precios que se pagan. ¿Tiene sentido hablar de un "mercado religioso" en la época de Hilel, Shamai, Flavio Josefo y Jesús, un mercado en el que diversos grupos y sectas se disputaban los adeptos y cada individuo buscaba el grupo religioso que mejor se ajustase a sus preferencias y necesidades personales?

En el período del segundo templo, el judaísmo, como la mayoría de religiones actuales, consistía en una constelación de muchos grupos religiosos. Los saduceos y los fariseos, los dos grupos judíos principales, se disputaban el liderazgo. Los esenios, los sicarios, los zelotes, los samaritanos y las numerosas sectas judeocristianas completaban la pléyade de grupos judíos que vivían en la Tierra de Israel durante el siglo I. Los miembros de estos grupos coexistían con la población pagana, que adoraba divinidades grecorromanas, semitas, egipcias y sirias en sus templos[12].

Los miembros de las diversas sectas judías eran prácticamente indistinguibles en cuanto al idioma, las costumbres alimentarias, el vestido, el trabajo, el matrimonio y demás aspectos de la vida cotidiana. En cambio, las normas religiosas que cada grupo establecía como criterios de admisión se volvieron cada vez más diferentes. Esta diversidad en cuanto a las normas religiosas desempeña un papel fundamental en nuestra teoría, como veremos más adelante.

Las obras de Flavio Josefo y los Evangelios ofrecen un retrato muy gráfico de las sectas judías que existían en la Tierra de Israel durante el siglo I y muestran cómo los adeptos a un grupo religioso determinado, al igual que los miembros de un club, estaban obligados a observar normas y reglas muy definidas. Así describe Flavio Josefo los tres grupos principales del judaísmo[13]:

---

[12] M. Stern (1976); Neusner (1990d); E. Sanders (1992); D. Schwartz (1992); Baumgarten (1997); S. Cohen (1987, 1999). Surgidos como grupos nuevos a comienzos del siglo I d.C., los sicarios y los zelotes tomaron parte activa en las revueltas contra los romanos, que culminaron en la Primera Guerra Judeorromana (66-73 d.C.).

[13] La primera parte de la cita está sacada de *Antigüedades judías* (lib. 13, cap. 5, sec. 9); la segunda parte procede de *Vida de Josefo* (pár. 2). Flavio Josefo también

> Por aquel entonces había entre los judíos tres sectas que tenían opiniones diferentes en cuanto al proceder humano. La primera era la de los fariseos, la segunda la de los saduceos y la tercera la de los esenios [...]
>
> [...] Tendría yo unos dieciséis años cuando decidí probar las diferentes doctrinas que existían a nuestro alrededor [...] pues pensé que solo conociéndolas todas podría escoger la mejor [...] Al volver a la ciudad, ya con diecinueve años, empecé a vivir según las normas de la secta farisea.

Al término de la revuelta de los asmoneos (mediados del siglo II a.C.) surgió la doctrina de los esenios, una secta con un marcado carácter ascético y comunitario. El grupo principal, cuyos miembros trabajaban de agricultores en la costa noroccidental del mar Muerto, se consideraba la última generación antes de la llegada del Mesías. El descubrimiento de los Manuscritos del mar Muerto reveló que probablemente existían muchas sectas pequeñas, entre ellas la de los esenios, que esperaban la llegada del Mesías y estaban relacionadas con el cristianismo embrionario[14]. La lucha religiosa y política por el liderazgo dentro de la comunidad judía enfrentó sobre todo a saduceos y fariseos. Los primeros, surgidos como grupo hacia el siglo III a.C., deben con toda probabilidad su nombre a Sadoc, el sumo sacerdote en la época de los reyes David y Salomón. Consistían en gran medida en la elite acaudalada de la sociedad judía (sacerdotes, mercaderes y aristócratas) y estaban ligados al primer pilar de la religión mosaica: el templo. Dominaban el culto, los ritos y los sacrificios que allí se realizaban, y su poder estaba estrechamente entrelazado con el culto del templo. Según uno de sus principios fundamentales, la única autoridad válida era la de la Torá escrita. En lo cultural, acusaban el influjo de la difusión del helenismo por el Mediterráneo[15].

Los fariseos estaban estrechamente vinculados con el segundo pilar del judaísmo: la Torá. El origen del término *fariseo* es incierto; según una creencia muy difundida, derivaría de la raíz hebrea *parash* ('estar separado'). Los fariseos surgieron como un grupo religioso y político diferenciado tras la revuelta victoriosa que encabezó Judas

---

describió las tres sectas en *La guerra de los judíos* (lib. 2, cap. 8). Todas sus obras están editadas y traducidas al inglés en Flavio Josefo (1998).

[14] Neusner (1990d); Baumgarten (1997).

[15] M. Stern (1976); Neusner (1990d); Baumgarten (1997); S. Cohen (1999); Mansoor (2007b).

Macabeo contra el imperio helenístico de los seléucidas (165-160 a.C.) y la subsiguiente fundación de la dinastía de los asmoneos (140 a.C.), que gobernó Judea durante ochenta años. Al considerarse los descendientes de la tradición que se remontaba al sacerdote y escriba Esdras, y, por tanto, al rey David, los fariseos eran los defensores más acérrimos de la religión y las tradiciones judías y, a diferencia de los saduceos, se opusieron con vigor a la influencia de la lengua y la civilización griegas en la Tierra de Israel[16].

Los fariseos reconocían la autoridad de las dos formas de ley, la escrita y la oral. Según uno de sus principios fundamentales, Dios era omnipresente, luego se le podía adorar tanto dentro del templo como fuera de él y los sacrificios no eran la única forma de invocarlo. Los fariseos consideraban que su misión primordial era estudiar, enseñar y predicar la ley divina. En consecuencia, concibieron la sinagoga como lugar de culto, estudio y oración, y promovieron esa función. Con ello, aspiraban a socavar el monopolio del templo de Jerusalén y a cuestionar el liderazgo político y religioso de los saduceos[17].

Hay que ser prudentes al establecer diferencias nítidas entre los diversos grupos religiosos judíos (en las filas de los fariseos, por ejemplo, había algunos sumos sacerdotes). Pero es lícito señalar que el período del segundo templo fue testigo del crecimiento de *clubes* cada vez más distintos dentro del judaísmo, cada uno de los cuales promovía sus propias reglas religiosas y normas sociales.

Fue en medio de esta competición religiosa y cultural por el liderazgo del judaísmo cuando se dio un paso revolucionario hacia la instauración de un sistema educativo sin precedentes. Alrededor de 63-65 d.C., el sumo sacerdote fariseo Josué ben Gamala dictó una ordenanza religiosa que instaba a todo padre judío a enviar a sus hijos varones de seis o siete años de edad a la escuela elemental[18]. Así

---

[16] M. Stern (1976); Baumgarten (1997); Mansoor (2007a).

[17] M. Stern (1976); E. Sanders (1977); Neusner (1990d); Baumgarten (1997); S. Cohen (1999).

[18] Drazin (1940); Ebner (1956); Greenberg (1960); Morris (1977); Crenshaw (1998); Demsky *et al.* (2007). Para Ebner (1956) la escuela elemental judía se instituyó hacia 70 a.C., un siglo antes de la disposición de Josué ben Gamala. Otros estudiosos atribuyen la institución de la escuela elemental judía al sacerdote Simeón ben Shetah, que vivió en el siglo II a.C. A los efectos de nuestro argumento y nuestra teoría, que expondremos en el capítulo 4, es indiferente si

el Talmud babilónico describía el acontecimiento dos o tres siglos después[19]:

> Debemos, sin embargo, recordar a ese hombre, cuyo nombre es Josué ben Gamala; de no ser por su obra, la Torá se habría olvidado en Israel. Antes de él, quien tenía padre aprendía la Torá de su progenitor, mientras que quien no tenía padre no estudiaba la Torá. Entonces se decretó que se designasen maestros para enseñar a los niños en Jerusalén. Sin embargo, los que tenían padre eran enviados a Jerusalén por su progenitor para estudiar, mientras que quienes no lo tenían no acudían a Jerusalén a estudiar. Entonces se decretó que en todos los distritos del país se designasen maestros para los niños. Pero entraban en la escuela jóvenes de dieciséis y diecisiete años, y si el maestro reprendía a uno de ellos, este se molestaba y abandonaba el estudio. Así estaban las cosas hasta que Josué ben Gamala decretó que en todo distrito y en toda ciudad se designasen maestros para los niños y que estos debían empezar a ir a la escuela a la edad de seis y siete años.

¿Por qué el judaísmo empezó a conceder esta importancia a la instrucción religiosa? ¿Se aplicó con presteza la ordenanza religiosa de Josué ben Gamala?

El historiador Moisés Aberbach sostiene que la expansión del aprendizaje de la Torá y del sistema escolar fue posible gracias a las condiciones económicas favorables del período comprendido entre los siglos III y I a.C.[20]. Según Baron, la importancia cada vez mayor que se concedió a la instrucción religiosa era resultado de la lucha que libraban saduceos y fariseos por el liderazgo de la comunidad judía[21]. Para lograr el objetivo de difundir el estudio de la Torá, tanto escrita como oral, entre todos los judíos, los fariseos sentaron las bases del sistema escolar primario y secundario en la Tierra de Israel. Una tercera posibilidad es que los rabinos fariseos hubiesen

---

la norma religiosa relativa a la instrucción de los niños data del siglo II o I a.C. o del siglo I d.C.

[19] Talmud babilónico, Baba Batra 21a, citado en Greenberg (1960, p. 1261). Hay una cita similar en el Talmud de Jerusalén (Ketubot 8, 12-32c).

[20] Aberbach (1982, p. 19). Este punto de vista concuerda con el hecho de que, en esa época, muchos paganos se convirtieron al judaísmo porque veían que los judíos prosperaban en términos económicos.

[21] Baron (1952, vol. 2, pp. 274-279). Véanse también Feldman (1996b); Baumgarten (1997).

apoyado la reforma educativa y la expansión de las escuelas porque así habrían visto aumentar tanto sus ingresos de maestros como su prestigio dentro de la comunidad judía[22].

Aunque a fines del siglo I d.C. Flavio Josefo declarase solemnemente que "la educación de los niños es la principal preocupación de los judíos"[23], no hay pruebas directas de que la educación primaria fuese universal en la gran comunidad judía de la Tierra de Israel ni en las comunidades de Mesopotamia y Egipto. De hecho, es probable que la inmensa mayoría de la población judía que residía en la Tierra de Israel durante los dos primeros siglos de la era cristiana fuese analfabeta[24].

El hecho de que la nueva norma religiosa dictada por Josué ben Gamala en relación con la instrucción de los hijos se aplicase con lentitud, resulta comprensible si se tiene en cuenta el contexto histórico en que se promulgó. El sumo sacerdote fariseo decretó la norma en una época en que el liderazgo de la comunidad judía se dividía entre saduceos y fariseos. El propio Josué se vio depuesto del cargo de sumo sacerdote al cabo de un año. No hay pruebas de que los sumos sacerdotes saduceos, a la sazón en el poder, aceptasen y apoyasen la disposición de Josué. En los pormenorizados relatos históricos de Flavio Josefo, que se decía amigo de Josué ben Gamala, no hay ninguna mención a la institución de escuelas elementales en la época. Además, la Primera Guerra Judeorromana, que estalló pocos años después de que Josué ben Gamala dictase su resolución, habría dificultado la aplicación inmediata de la reforma educativa ideada por el sumo sacerdote fariseo.

El hecho de si la norma religiosa de Josué ben Gamala se aplicó con presteza o no en el seno de la comunidad judía mundial es irrelevante para la teoría que presentamos en el capítulo siguiente. Lo importante es que esta norma se expidió en forma de *takaná*, un decreto religioso que todo padre judío debía obedecer. La instrucción religiosa (esto es, aprender a leer y estudiar la Torá) se convirtió en

---

[22] Para un interesante análisis económico de las normas religiosas relativas a la educación judía y a la competencia en el ámbito de la enseñanza de la Torá, véase Carlton y Weiss (2001).

[23] La cita está sacada de *Contra Apión* (libro 1, sección 12), editado y traducido en Flavio Josefo (1998).

[24] Bar-Ilan (1992); Hezser (2001, pp. 39-59, 495-497); Demsky *et al.* (2007).

una norma religiosa, vinculante tanto para los hijos como para los padres, que se afianzó durante los siglos siguientes hasta convertirse en "la palanca del judaísmo".

### La destrucción del segundo templo: de los sacrificios rituales a la lectura y el estudio de la Torá

El incendio y la destrucción del segundo templo fue el acontecimiento más traumático de la historia judía hasta el Holocausto. El relato histórico de la Primera Guerra Judeorromana que Flavio Josefo hizo, preciso y detallado, indica que para la dinámica interna del judaísmo tanto la guerra como la destrucción del templo fueron hechos de capital importancia, que alteraron por completo la competición y el equilibrio de la plétora de grupos religiosos[25]. Los zelotes y los sicarios, principales instigadores y protagonistas de la rebelión, fueron exterminados durante los sitios de Jerusalén, en 70 d.C., y de la fortaleza de Masada, tres años después. La guerra no tuvo ninguna consecuencia trascendental para los esenios, que nunca habían desempeñado un papel activo en la esfera económica ni en la política. Los saduceos, cuyo liderazgo dependía del culto del templo, basado en los sacrificios rituales, perdieron su fuente de riqueza y poder y poco después de la revuelta desaparecieron como grupo diferenciado[26].

Los fariseos (entre ellos los tanaítas, los sabios de las academias de Jerusalén), que no habían participado en la revuelta, sobrevivieron a las masacres y se hicieron con el liderazgo religioso y político de la población judía de la Tierra de Israel. Una figura fundamental del grupo fariseo era Rabí Iojanán ben Zakai, uno de los eruditos más eminentes y opositores más tenaces a los saduceos. Durante el asedio a Jerusalén, el ilustre rabino clamó (en vano) por la paz. Los romanos, quizá en reconocimiento a sus esfuerzos, le permitieron abandonar la ciudad y, más adelante, refundar la academia (*yeshivá*)

[25] Flavio Josefo, *La guerra de los judíos,* editado y traducido en Flavio Josefo (1998).

[26] Algunos estudiosos sostienen que los saduceos ya habían perdido su poder antes de 70 d.C. Para los debates sobre este asunto, véanse Neusner (1990d) y Baumgarten (1997).

de Jerusalén en la ciudad costera de Yavne, que entre 70 d.C. y 135 se convirtió en el centro cultural judío más importante[27].

El establecimiento de la yeshivá en Yavne representó, de hecho, la reconstitución del Sanedrín de Jerusalén. Una de las cuestiones principales que centraron los debates y resoluciones de Iojanán ben Zakai y sus colegas tanaítas fue la de cómo podía afrontar el judaísmo la pérdida de las aras del templo. Al parecer, el rabino convenció a los demás eruditos y rabinos de la academia de que sustituyesen los sacrificios de animales por la oración. Así pues, el liderazgo judío recién establecido, que consistía en sabios y rabinos fariseos, sustituyó la peregrinación a Jerusalén y los ritos, sacrificios y ceremonias que solo podían oficiar los sacerdotes del templo por el estudio de la Torá y el aprendizaje[28]. Los acontecimientos del siglo siguiente imprimieron un fuerte impulso a este proceso.

Las enseñanzas que se impartían eran de índole religiosa, destinadas a preparar a los niños para el momento en que, de adultos, tuviesen que leer la Torá en la sinagoga, que se convirtió en el centro de lectura y aprendizaje de la ley mosaica[29]. Las sinagogas existían en la Tierra de Israel desde mucho antes de la destrucción del templo[30]. No obstante, después de 70 d.C. se construyeron muchas más sinagogas en ciudades e incluso en aldeas, sobre todo en Galilea, adonde se trasladó la mayoría de judíos tras las dos guerras judeorromanas[31].

## El legado de judaísmo rabínico: la Misná y la educación primaria universal, 10 d.C.-200

Tras la destrucción del segundo templo la secta de los fariseos se reconstituyó como judaísmo rabínico, corriente que en última ins-

[27] Según el Talmud, Iojanán ben Zakai burló el cerco escondido en un ataúd para negociar con Vespasiano, a quien predijo que llegaría a ser emperador. A cambio, se le concedieron tres deseos, uno de los cuales fue reconstituir el Sanedrín en la ciudad de Yavne al término de la guerra (S. Safrai 1976b, pp. 319-320).

[28] Drazin (1940, p. 25); Maller (1960); S. Safrai (1976b).

[29] S. Safrai (1968, 1976a).

[30] Según los Evangelios, Jesucristo enseñó en sinagogas de Judea y Galilea, lo cual concuerda con los hallazgos arqueológicos que indican que las sinagogas ya existían antes de la destrucción del segundo templo.

[31] Flesher (1998); Levine (2005).

tancia produciría el judaísmo normativo, base de todas las formas contemporáneas de la religión judía[32]. La relación entre los fariseos y el judaísmo rabínico (ejemplificado por el Talmud) es tan estrecha que muchos estudiosos no distinguen entre unos y otro.

El judaísmo rabínico tuvo una influencia profunda y duradera en el pueblo judío y en su religión. En lo doctrinal, la herencia perpetua que los doctores de la Torá y los rabinos de las academias de Galilea legaron a su pueblo fue la Misná, pilar del derecho judío y base de todos los comentarios posteriores y de los textos halájicos. En lo institucional, el legado de los fariseos fue la materialización de la norma religiosa dictada por Josué ben Gamala, pues la educación primaria se hizo casi universal entre los judíos de todo el mundo[33]. La autoridad de los rabinos de la Tierra de Israel fue aceptada por las comunidades judías de Mesopotamia y del resto de la diáspora, sobre las que ejercería un poderoso influjo.

*Yehudá Hanasí y el mundo de la Misná*

El desarrollo de la Torá oral no se interrumpió cuando Rabí Iojanán ben Zakai, tras los acontecimientos de 70 d.C., trasladó la academia de Jerusalén a Yavne. En la yeshivá, que servía de centro de estudios, tribunal de justicia y órgano legislativo, generaciones de tanaítas trataron las cuestiones religiosas, sociales y económicas que les planteaban los fieles, interpretaron la Biblia y la ley sagrada, y dictaron preceptos y resoluciones. Dos figuras destacadas entre los tanaítas fueron Rabí Akiva y su discípulo Rabí Meir, que emprendieron la tarea de organizar sistemáticamente el extenso corpus de derecho judío transmitido de forma oral que había ido acumulándose a lo largo de los siglos.

En el año 135, cuando a raíz de la rebelión de Bar Kojba se clausuró la academia de Yavne, los tanaítas no cesaron en su labor, sino que simplemente se desplazaron al nuevo centro de gravedad del judaísmo, Galilea, cuyas academias no tardaron en convertirse en el polo del estudio de la religión judía. He ahí el ambiente cultural en el que Rabí Yehudá Hanasí compiló la Misná hacia el año 200.

Nacido alrededor de 135, Yehudá era hijo de Rabí Simón ben Ga-

[32] S. Cohen (1987); Neusner (1990d).

[33] Ebner (1956).

maliel II, un descendiente de Hilel y, por tanto, del rey David[34]. El abuelo de Yehudá, el eminente Rabí Gamaliel II (bisnieto de Hilel), era el líder político (*nasi*) de la comunidad judía de la Tierra de Israel, además de director de la yeshivá de Yavne. A Gamaliel II lo sucedió su hijo, Rabí Simón, que trasladó la academia rabínica a la ciudad de Usha, y después a Shefaram, en Galilea, tras el desastroso final de la rebelión de Bar Kojba.

Yehudá sucedió a su padre, Simón, en el prestigioso cometido de líder político de la comunidad judía de la Tierra de Israel y en el destacado cargo religioso de director de la academia rabínica. Bajo su dirección la academia se trasladó primero a Besara y después a Séforis, localidades ambas de Galilea. Gracias a sus extraordinarias cualidades –erudición, prestigio político y riqueza–, Yehudá se hizo acreedor a las denominaciones de *ha nasi* ('el príncipe'), *rabí* ('maestro'), *rabenu* ('nuestro maestro') y *rabenu ha qadosh* ('nuestro santo maestro').

El legado de Yehudá para el judaísmo y los judíos está contenido en la Misná, que se concluyó hacia el año 200. Los seis volúmenes de la Misná constituyen los cimientos religiosos y legales sobre los que posteriormente se han edificado todo el derecho judío y los textos halájicos. De la época de Yehudá Hanasí en adelante los directores de las academias ejercerían una influencia determinante sobre un amplio abanico de cuestiones relativas a la vida cotidiana de toda la comunidad judía.

Para sistematizar y armonizar la tradición del derecho judío oral, acumulado desde hacía siglos, y para que pudiese transmitirse a las generaciones futuras, Yehudá pasó muchos años cribando una cantidad enorme de debates, juicios y dictámenes emitidos por generaciones de profetas y sabios. Después compiló todo ese material clasificándolo en seis categorías de leyes, relativas, respectivamente, a la agricultura (*zeraim*), las festividades (*moed*), el matrimonio (*nashim*), el derecho civil y penal (*nezikin*), los sacrificios y el servicio del templo (*kodashim*) y los ritos purificadores (*tohorot*)[35]. La organización de la Misná por materias seguía el método que adoptaron Rabí Akiva y su discípulo Rabí Meir.

---

[34] Para un estudio de la vida de Yehudá Hanasí y de su contribución al judaísmo, véase Wald (2007a).

[35] Neusner (1998) y G. Cohen (2002).

Yehudá se propuso no solo conservar un patrimonio de tradiciones y saberes, sino también establecer cuáles de las muchas formulaciones de las *halajot* (leyes) tenían valor normativo. Así, identificó las opiniones rabínicas que consideraba autorizadas poniendo cuidado en conservar las opiniones minoritarias por si en el futuro hubiese que revisar alguna ley e hiciesen falta precedentes en que sustentar las modificaciones, y omitió las leyes que habían quedado obsoletas o que carecían de autoridad por cualquier otro motivo. La compilación de la Misná no fue el punto final de la elaboración del derecho judío; antes al contrario, representó un basamento sólido sobre el que generaciones posteriores de doctores en leyes debatirían, aclararían y dictarían nuevas normas[36].

Yehudá Hanasí, al igual que generaciones de estudiosos y académicos anteriores y posteriores a él, también influyó poderosamente en la reforma de la educación, ámbito en el que destacó por su intransigencia hacia los analfabetos y los incultos, como puso de manifiesto tanto en declaraciones como en decretos. Por ejemplo, eximió a los sabios del pago de los impuestos municipales, exacerbando así la hostilidad entre los sabios y los iletrados[37]. En su época, el término *am ha-aretz* (literalmente, 'persona de la tierra'), que previamente había designado a los judíos que se negaban a pagar el diezmo y no observaban las normas relativas a los ritos purificadores y a los sacrificios (*am ha-aretz le-mitzvot*), cobró el nuevo significado de 'persona que no conoce la Torá ni se la enseña a sus hijos' (*am ha-aretz le-Torá*). Para Yehudá Hanasí y los eruditos de su círculo, un *am ha-aretz* era un paria de la comunidad judía, lo que conllevaba una larga lista de castigos sociales: por ejemplo, los *ammei ha-aretz* no podían ser elegidos

---

[36] Wald (2007b). Los tanaítas contemporáneos y discípulos de Rabí Yehudá Hanasí produjeron el otro gran compendio de jurisprudencia halájica, la Tosefta. El término *tosefta* (literalmente, tradición halájica "añadida" o "complementaria"; esto es, no incluida en la Misná) acabó designando un tipo de texto particular, organizado según el modelo de la Misná, que servía de volumen de acompañamiento a esta. Aunque en su día pudieron existir otras recopilaciones de esa índole, la Tosefta es la única que ha llegado a nuestros días. El idioma hebreo, el contenido, la terminología y los tanaítas citados en la Tosefta son los mismos de la Misná. Es, pues, probable que la Tosefta se compilase en los mismos círculos en que se redactó la Misná –la escuela de Rabí Yehudá Hanasí–, unos cuarenta o cincuenta años después, por obra de sus propios discípulos.

[37] Talmud, Baba Batra, 8a.

para el cargo de jueces, y se disuadía a los padres de casar a sus hijas con hijos de *ammei ha-aretz*[38].

Yehudá Hanasí es una de las máximas autoridades intelectuales y religiosas del judaísmo rabínico. Tanto él como generaciones de estudiosos, anteriores y coetáneos –los tanaítas de las academias– contribuyeron a hacer del judaísmo un *club* que imponía a sus miembros una obligación de lo más peculiar: leer y estudiar la Torá y enviar a los hijos varones a la sinagoga o a la escuela para que aprendiesen a hacer lo propio.

*La educación primaria judía en la época tanaíta*

Durante el período tanaíta (*ca.* 10-*ca.* 200) empezaron a fundarse las primeras escuelas elementales para niños en la Tierra de Israel, aunque el proceso con toda probabilidad quedó interrumpido por el cataclismo que supusieron las guerras judeorromanas. Hubo que esperar a los comienzos del siglo III para que el liderazgo y la influencia de Rabí Yehudá Hanasí y de las sucesivas generaciones de sabios y rabinos contribuyesen a la creación de un sistema de educación primaria organizada en la Tierra de Israel y en la diáspora[39].

El contenido de la educación primaria judía en el período tanaíta consistía sobre todo en la lectura, comprensión y estudio de la Torá y en el aprendizaje de los *mitzvot* (esto es, los preceptos que regulan el correcto proceder). Lo primero que se enseñaba a los alumnos de la escuela elemental (en hebreo, *bet hasefer*, 'la casa del libro') era el alfabeto hebreo, y después a leer la Torá tanto en hebreo como en arameo (cuyos alfabetos eran muy parecidos). El griego, la geografía, la aritmética y las ciencias naturales no formaban parte del plan de estudios de la época. El conocimiento como fin en sí mismo solo se aceptaba para el estudio de la Torá.

Por lo que respecta a la escritura, los expertos debaten hasta qué punto se impartía esa enseñanza a los niños en las escuelas elementales de este período. Según algunos, es probable que en determinados períodos se enseñase a escribir en algunas escuelas, pero no en otras.

---

[38] Oppenheimer (1977); Haas (1989).

[39] La información que presentamos en esta sección procede de Drazin (1940); Ebner (1956); Greenberg (1960); Maller (1960); S. Safrai (1976a); Morris (1977); Aberbach (1982); Crenshaw (1998); Millard (2000); Hezser (2001); Demsky *et al.* (2007).

Otros estudiosos sostienen que, si bien en muchas escuelas se impartían las nociones elementales de la escritura (el uso de las letras del alfabeto hebreo), la escritura en cuanto arte, tal como se enseñaba en las escuelas griegas, no tenía sitio en las escuelas elementales judías.

## Judaísmo y educación: un vínculo sin parangón en el mundo de la Misná

Después de 70 d.C. el judaísmo dejó de gravitar en torno a las ceremonias y los sacrificios rituales celebrados en el Templo y, en lugar de ello, prescribió que todos sus fieles leyesen y estudiasen la Torá, proporcionasen instrucción a sus hijos varones e invirtiesen en alfabetización y educación.

Ninguna otra religión obligaba a los padres a educar a los hijos. Las religiones paganas seguían adorando a sus dioses mediante sacrificios y ofrendas en los templos (como los cultos paganos griegos y romanos y el zoroastrismo), iniciaciones mistéricas y mágicas (como los misterios eleusinos, los cultos dionisíacos y órficos o el mitraísmo) o las plegarias y el ayuno (maniqueísmo)[40].

Ni siquiera las religiones monoteístas más cercanas al judaísmo, como el cristianismo y el samaritanismo, hicieron de la instrucción de los hijos una norma religiosa que todos los padres estuviesen obligados a acatar. Tras la destrucción del segundo templo y la transformación de la religión judía en el judaísmo rabínico, las diferencias fundamentales entre los judíos, por un lado, y los samaritanos y cristianos, por otro, radicaban en que los primeros consideraban la lectura y estudio de la Torá y la educación de los hijos como los deberes religiosos capitales de todo judío adulto y se basaban en la Misná para formular leyes y guiar el comportamiento en el plano religioso. Según la Misná, los tres deberes fundamentales del padre judío eran "Torá, trabajo y caridad". En cambio, ni los samaritanos ni los cristianos estaban obligados a leer y estudiar la Torá ni a mandar a los hijos a la escuela elemental, y no reconocían la Misná como canon religioso ni legal. Los samaritanos conservaron el sumo sacerdocio y

[40] Véanse E. Ferguson (2003) y L. Jones (2004) para una descripción de estas religiones que se propagaron por Oriente Próximo y el Mediterráneo durante la primera mitad del primer milenio.

los sacrificios de animales en el templo del monte Garizim (cuando los judíos ya no tenían ningún templo) y no crearon ningún sistema de educación primaria[41].

Yehudá Hanasí convirtió a los judíos analfabetos en marginados de la comunidad judía. Pablo (5-67 d.C.), un judío fariseo, impulsó al cristianismo en la dirección opuesta: tras su famosa conversión al cristianismo decidió que los cristianos no judíos no debían atenerse a la ley mosaica. Bajo la influencia paulina, el cristianismo abolió muchas obligaciones impuestas por el judaísmo, como la circuncisión de los varones y la lectura y el estudio de la Torá. "Fe, esperanza y caridad" se convirtieron en las tres virtudes cardinales del cristiano devoto[42].

Esta *mutación* de las normas religiosas judías es uno de los dos pilares de nuestra teoría. A continuación subrayaremos algunas cuestiones importantes para la comprensión del argumento que expondremos en el capítulo siguiente. La transformación del judaísmo representó un cambio de preferencias religiosas que no estuvo motivado por incentivos económicos. Antes de la destrucción del segundo templo los saduceos y los fariseos ya libraban una disputa para dilucidar si la esencia del judaísmo debía consistir en los sacrificios que los sumos sacerdotes oficiaban en el templo o en la lectura y estudio de la Torá por parte de cualquier judío. La controversia entre los dos grupos terminó cuando el ejército romano puso cerco a Jerusalén e incendió y destruyó el segundo templo en 70 d.C., tras lo cual los fariseos se convirtieron en los líderes religiosos de la comunidad judía.

El objetivo de los fariseos era que todos los varones judíos estuviesen en condiciones de leer la Torá en hebreo a fin de que pudieran aprender y acatar todas las leyes de su religión. La importancia que concedían al hebreo, frente a las lenguas que hablaban las comunidades judías de la Tierra de Israel y de la diáspora (arameo, griego y latín), concuerda con la idea de que la instrucción religiosa perseguía una finalidad religiosa, no secular. Pero aun suponiendo que la decisión farisea de educar a los niños hubiese tenido una motivación de índole económica, el hecho de aprender a leer no habría resultado

[41] Flusser (1988); Neusner (1990a, 1990b, 1991). Otros textos teológicos samaritanos son la versión samaritana de la Torá, el Memar Markah, la liturgia samaritana y los códigos jurídicos y comentarios bíblicos samaritanos.

[42] Nock (1969); E. Sanders (1977); Flusser (1988); Stark (1996); E. Ferguson (2003).

muy provechoso, pues en la primera mitad del milenio ni la Tierra de Israel ni Mesopotamia eran economías urbanas ni comerciales. La población judía se componía en su mayor parte de campesinos analfabetos, para quienes la inversión en la instrucción religiosa de los hijos representaba un sacrificio que no les reportaba ningún beneficio económico.

Tanto da si la diferencia entre fariseos o saduceos era de veras tan marcada o no, o si los judíos se identificaban realmente con una u otra secta. Lo que cuenta para el argumento que presentamos en el capítulo siguiente es que durante el período del segundo templo coexistieron en el judaísmo diversos grupos que para crear sus propios *clubes religiosos* escogieron normas religiosas y códigos de comportamiento social diferentes. El trágico final del asedio de Jerusalén y el incendio del segundo templo por parte del ejército romano permitió que uno de esos grupos religiosos –el que consideraba que la lectura y el estudio de la Torá eran el deber primordial de todo hombre y niño judío– se consolidase como líder religioso del judaísmo. En los dos primeros siglos de la era cristiana las sucesivas generaciones de sabios y rabinos de las academias, personificadas en la eminencia intelectual de Rabí Yehudá Hanasí, sentaron las bases para la materialización de este nuevo *club religioso*, cuya norma fundamental prescribía la alfabetización y la instrucción.

Capítulo 4

# Análisis económico de la alfabetización hebraica en un mundo rural

Dijo Rabí José: "Dedicaos a estudiar la Torá, pues sus saberes no son innatos".

Misná, *Pirkei Avot 2:1*

Cabe pensar en la religión como en un bien de consumo: las personas obtienen satisfacción –lo que los economistas denominan "utilidad"– al seguir las normas y ritos que establece su religión[1]. El cumplimiento de esas normas puede entrañar costes (pasar el tiempo en un templo en lugar de desarrollar otra actividad, contribuir a la manutención de una iglesia, mezquita o sinagoga, limitar la dieta alimentaria personal). Si estos costes son menores que la utilidad que se extrae de la observancia de las normas religiosas, las personas las acatan. Si los costes rebasan la utilidad, las personas pueden escoger otra religión o decidir no pertenecer a religión alguna[2]. Cada reli-

[1] Para algunas visiones generales de la pujante disciplina del análisis económico de la religión, véanse McCleary y Barro (2006) y McCleary (2011).

[2] Si las prohibiciones religiosas impiden cambiar la filiación religiosa o imponen la conversión forzosa, las personas se ven obligadas a obedecer las normas de la religión impuesta aunque les resulten enormemente desventajosas. En los mil quinientos años de historia examinados en estas páginas, salvo unos episodios contados de conversión obligada, los judíos gozaron de libertad religiosa (véanse los capítulos 5, 6 y 7).

gión puede imponer reglas diferentes a sus fieles para crear *clubes*"religiosos únicos y distintos[3].

Tras la destrucción del segundo templo y sobre todo después de la rebelión de Bar Kojba en 135, los judíos pudieron escoger entre seguir fieles al judaísmo rabínico (de ahora en adelante, judaísmo a secas[4]) o convertirse al samaritanismo, el cristianismo o cualquiera de las muchas sectas judeocristianas. Una opción más radical era la de convertirse en pagano, como muchos de los habitantes del mundo grecorromano del Mediterráneo. Un rasgo fundamental que distinguía claramente al judaísmo de cualquier otra religión de la época era la norma religiosa que obligaba a los padres judíos a enviar a los hijos varones, a partir de los seis o siete años de edad, a la escuela o la sinagoga para que aprendiesen a leer y a estudiar la Torá (véase el capítulo 3).

¿Cómo interpretaría un economista las diferentes normas de las principales religiones que existían en la Tierra de Israel en el período que va de Rabí Yehudá Hanasí a Mahoma? Más concretamente, ¿cuáles habrían sido las consecuencias demográficas y económicas del precepto religioso que obligaba a los padres judíos a educar a los hijos? ¿Todos los judíos obedecían esta norma? ¿Qué habría ocurrido si no se hubiese llevado a cabo esa inversión en la alfabetización y educación de los hijos? ¿Era más probable que los judíos se convirtiesen a otras religiones o que los cristianos, samaritanos y paganos se convirtiesen al judaísmo? ¿Qué habría sido del judaísmo y de los judíos a largo plazo?

Para contestar a estos interrogantes, en el presente capítulo expondremos nuestra teoría económica en forma de relato; en el anexo, en cambio, presentaremos el modelo formal. Para explicar el fundamento de nuestra teoría nos pondremos en la piel de los agricultores judíos que vivían en Galilea (el centro de la vida económica

---

[3] Iannaccone (1992) es la primera obra económica que usa el modelo de la pertenencia a un club para estudiar la filiación religiosa.

[4] En todo el presente capítulo entendemos por *judaísmo* el judaísmo rabínico; esto es, el conjunto de reglas y normas prescritas por la secta farisea durante el período del segundo templo, que culminaron con la redacción de la Misná. Como hemos visto en el capítulo 3, después de 70 d.C. la secta de los fariseos se alzó con el liderazgo religioso de la comunidad judía de la Tierra de Israel y el judaísmo pasó a identificarse con los rabinos y los estudiosos de las academias.

e intelectual de la Tierra de Israel) entre 200 y 650, a fin de entender las elecciones económicas y religiosas que tomaban esos individuos en respuesta a la nueva norma religiosa impuesta por el judaísmo.

Se imponen dos advertencias previas. En primer lugar, nos centramos en las elecciones de los agricultores porque, en el período considerado, la inmensa mayoría de la población vivía de las actividades agropecuarias y las ocupaciones relacionadas. En segundo lugar, nuestro objetivo no es explicar por qué los estudiosos y rabinos de las academias impulsaron la alfabetización de la religión judía e impusieron la norma religiosa que obligaba a los padres a educar a los hijos[5]. Como hemos visto en el capítulo 3, la transformación del judaísmo en una religión alfabetizada fue fruto de un acontecimiento exógeno (la destrucción del segundo templo en 70 d.C.), que destruyó uno de los pilares del judaísmo (el templo) e hizo del pilar superviviente (la Torá escrita y oral) el eje de la práctica religiosa. El nuevo liderazgo religioso de los judíos, encarnado en los rabinos y estudiosos fariseos, convirtió la lectura y estudio de la Torá en el requisito primordial para la pertenencia a su *club*. A los efectos de nuestra tesis es indiferente si lo hicieron por motivos exclusivamente religiosos o por incentivos económicos (en cuanto maestros de niños, podían obtener ingresos). Lo que cuenta es que el judaísmo se transformó en una religión alfabetizada. Y la pregunta que tratamos de responder es cómo influyó esta transformación en la vida de los millones de campesinos judíos que vivían en la Tierra de Israel y en otros lugares.

## El papel de la heterogeneidad en las decisiones de los agricultores judíos en torno al año 200

Las personas tienen gustos, aspiraciones, expectativas, creencias y valores diferentes, y poseen diferentes capacidades, caracteres, ingresos y niveles de riqueza. Diferentes son también las perturbaciones que

[5] En jerga económica diríamos que el nuestro no es un modelo de economía política concebido para examinar las elecciones de los líderes religiosos en cuanto a las normas religiosas y sociales que habían de servir de criterios de pertenencia a su religión. Lo que hacemos es dar por sentada la norma religiosa relativa a la educación de los hijos y analizar cómo la aplicación de esa norma incidió en las elecciones de los agricultores judíos de la época.

experimentan a lo largo de la vida (guerras, inundaciones, hambrunas, enfermedades). En el léxico económico las diferencias en materia de gustos, religiosidad, capacidad, dotaciones iniciales de tierra y de capital, tasas de fertilidad y mortalidad, productividad, ingresos, impuestos y suerte se engloban en el término *heterogeneidad.* La presencia de heterogeneidad en las características de la población supone que personas diferentes, insertas en un mismo ámbito, adoptarán decisiones diferentes.

Para entender cómo la heterogeneidad contribuye a explicar la historia de los judíos durante la primera mitad del primer milenio, consideremos una aldea hipotética de Galilea hacia el año 200 d.C. Uno de los habitantes, Simón, es un agricultor adinerado y judío devoto[6]. Simón frecuenta la sinagoga local, donde escucha al rabino, que lee y comenta el pasaje semanal de la Torá. Dado que espera que sus tres hijos varones, despiertos y diligentes, aprendan y estudien la Torá y obedezcan todas las leyes del judaísmo, Simón los envía a la escuela elemental de la sinagoga, en lugar de ponerlos a trabajar en su granja. Nunca se le ha pasado por la cabeza cambiar de religión, pues si se hiciese pagano, samaritano o cristiano, sus hijos no aprenderían ni estudiarían la Torá, lo cual sería motivo de disgusto para él.

Otro vecino de la aldea, Rubén, trabaja de jornalero en la granja de Simón por 26 denarios al mes[7], 24 de los cuales sirven para costear el alojamiento y manutención de su familia. Si su hijo empezase a trabajar, ganaría ocho denarios al mes. Con tan escasos ingresos, Rubén no puede permitirse dar educación a su hijo: un libro cuesta 200 denarios y la escuela es cara. Además, Rubén tendría que renunciar al dinero que su hijo podría llevar a casa si empezase a trabajar. Las personas instruidas de la aldea califican a Rubén de *am ha-aretz-le-Torá* y le dicen que, de acuerdo con la resolución del ilustre Rabí Yehudá

[6] En los debates rabínicos recogidos en el Talmud los doctores de la ley discutían en términos hipotéticos de cuestiones concretas utilizando Simón y Rubén como nombres ficticios de judíos que vivían en la Tierra de Israel o Mesopotamia.

[7] La información sobre precios y salarios procede de datos extraídos de fuentes primarias por Sperber (1965, 1966, 1968, 1970). En el sistema monetario romano el denario era una pequeña moneda de plata, que empezó a acuñarse a comienzos del siglo III a.C. y se convirtió en la moneda de más circulación en el Imperio romano. Fue devaluándose lentamente durante y después del reinado de Nerón (54-68 d.C.) y dejó de acuñarse a mediados del siglo III.

Hanasí, nunca permitirán que sus hijas se casen con el hijo de un analfabeto. Pese a ello, Rubén no abjuraría jamás del judaísmo, pues sus parientes y amigos le retirarían la palabra y no lo ayudarían si se quedase sin trabajo.

Cerca de la granja de Simón se encuentra la hacienda de otro terrateniente rico, Eliseo, que emplea a muchos jornaleros. Eliseo se aburre con las discusiones de los eruditos de la sinagoga y prefiere pasar el tiempo en las hermosas termas que construyeron los romanos en la vecina ciudad de Beit Shean. Espera que sus dos hijos trabajen en su hacienda en lugar de perder el tiempo en la sinagoga. No entiende por qué el rabino insiste en que todos los niños de la aldea deben leer y estudiar la Torá en hebreo, un idioma inútil para la vida cotidiana, pues casi todo el mundo habla griego o arameo. Aunque todos los vecinos de la aldea supiesen leer libros en hebreo o cualquier otra lengua, no por ello se convertirían en mejores agricultores ni ganarían más. Eliseo está planteándose abandonar el judaísmo, o seguir siendo judío pero haciendo caso omiso de la mayoría de las reglas.

En las afueras de la aldea viven los hermanos Eliezer y Trifón, propietarios de un pequeño terreno. Cada uno de ellos tiene un hijo que está deseoso de aprender y asistir a la escuela. Pese a ser analfabeto, Eliezer se esfuerza por ir a la sinagoga siempre que puede, porque le gusta escuchar al rabino cuando explica la Torá. Por regla general, Eliezer gasta la mitad de sus modestos ingresos en comida y un tercio en saldar el impuesto inmobiliario anual[8]. Pese al coste, espera enviar a su hijo de seis años a la escuela. El sacrificio vale la pena con tal de ver a su hijo leer y estudiar la Torá en la sinagoga, delante de toda la comunidad, en el día festivo. Eliezer está orgulloso de ser un judío devoto y nunca abjuraría de su religión.

El hermano de Eliezer, Trifón, no tiene afición a la lectura pública de la Torá ni quiere enviar a su hijo a la escuela. Le molesta que el rabino y los demás habitantes instruidos de la aldea lo llamen *am ha-aretz* y está planteándose unirse a la secta de los ebionitas, que respetan a los pobres y analfabetos y no obligan a los padres a educar a los hijos[9].

---

[8] Z. Safrai (1994) calcula que en la época de la dominación romana las familias de la Tierra de Israel dedicaban el 50 por ciento de sus ingresos anuales a comida y vestido, y el 30 por ciento a pagar impuestos.

[9] Los ebionitas eran una de las sectas judeocristianas que surgieron en la Tierra de Israel durante los siglos I y II (véase capítulo 5).

¿Por qué Simón, el adinerado agricultor judío, decide invertir en la educación de su hijo y en cambio Eliseo, también pudiente, decide no hacerlo? ¿Por qué Eliezer, un campesino pobre, hace todo lo posible por que su hijo vaya a la escuela, mientras que Ruben y Trifón, no menos pobres, escogen no invertir en la educación de sus hijos? ¿Por qué Eliseo y Trifón consideran la posibilidad de convertirse a otra religión pero Simón, Rubén y Eliezer no la prevén? El concepto de heterogeneidad contribuye a explicar las diferentes elecciones que llevaban a cabo los agricultores judíos en la primera mitad del primer milenio.

**La teoría económica: hipótesis**

A la hora de elaborar un modelo que explique cómo llevan a cabo sus elecciones los individuos, los economistas siguen un método similar al tipo de razonamiento hipotético que caracteriza las discusiones y debates rabínicos contenidos en la Misná y el Talmud. Para cualquier eventualidad en una situación determinada de la vida cotidiana, los rabinos y eruditos de las academias de la Tierra de Israel y de Mesopotamia debatían los pros y contras de las diversas opciones y analizaban lo que había ocurrido o lo que habría podido ocurrir si hubiese tenido lugar un acontecimiento determinado. Asimismo, al elaborar modelos para explicar las decisiones de los individuos, los economistas formulan hipótesis relativas a sus preferencias, capacidades e ingresos, y al medio económico en que viven, y se preguntan "qué" es probable que suceda "si" esas hipótesis se confirman.

Los economistas dan por hecho que las personas, al tomar sus decisiones, comparan los beneficios y los costes de las diversas opciones para elegir la que les reporte la mayor utilidad[10]. Un agricultor judío (esto es, identificado con el judaísmo) que viviese en una aldea de

[10] En los debates rabínicos también es posible encontrar razonamientos basados en la comparación de los beneficios y los costes de las diversas opciones entre las que se debe escoger. Por ejemplo, la Misná (Pirkei Avot 2:2) cita la siguiente frase de Rabí Yehudá Hanasí: "¿Cuál es el camino correcto que debe escoger una persona? [...] Considerad lo que se pierde al obedecer un *mitzva* (mandamiento) en comparación con la recompensa que se obtiene, y comparad lo que se gana al cometer un pecado con lo que se pierde".

Galilea en torno al año 200 debía hacer dos elecciones fundamentales. En primer lugar, debía decidir si mandaba a los hijos a trabajar o a la escuela (sinagoga) para que aprendiesen a leer y estudiar la Torá. En segundo lugar, debía escoger entre seguir profesando el judaísmo o convertirse en samaritano, cristiano o pagano. Empezaremos enumerando los beneficios y los costes asociados a la primera opción.

Todo individuo, judío o gentil, extrae una utilidad del consumo de bienes y servicios. Los judíos se diferencian de los demás en un aspecto fundamental y es que también sacan una utilidad del hecho de saber leer y de estudiar la Torá y, al mismo tiempo, de tener hijos instruidos capaces de leer y estudiar la Torá[11]. Como se dijo más arriba, la heterogeneidad de los individuos se manifiesta en múltiples aspectos, entre ellos la religiosidad (esto es, la escrupulosidad en el cumplimiento de las normas que prescribe su religión). El grado de utilidad que un campesino judío puede extraer de su capacidad de leer y estudiar la Torá y de la de sus hijos, depende, por una serie de motivos, de que posea (o no) una marcada religiosidad[12]. Los hijos, al recibir una formación religiosa, aprenden las leyes del judaísmo y es más probable que las acaten, lo cual hace felices a sus padres. Cuando crezcan, los hijos podrán leer el pasaje semanal de la Torá ante los fieles congregados en la sinagoga, para orgullo de los progenitores.

La filiación religiosa puede transmitirse de padres a hijos y lo normal es que así suceda. Asimismo, en una religión determinada, los padres pueden transmitir a los hijos su religiosidad. Así, el hijo de un padre judío hereda una cierta propensión a observar la norma religiosa que obliga a recibir una instrucción religiosa y a aprender a leer y estudiar la Torá; debido a la heterogeneidad, el grado de esta escrupulosidad en el cumplimiento de la norma, o religiosidad, varía de un individuo a otro. El hijo de un padre samaritano, cristiano o pagano no hereda ningún apego por la norma religiosa relativa a la

[11] Partimos del supuesto de que todas las demás normas que impone el judaísmo (por ejemplo, las relativas al consumo de alimentos *kosher* y la observancia del sabbat) reportan la misma utilidad (o desventaja) que las normas similares que imponen otras religiones.

[12] Postular que la utilidad del padre depende tanto de su instrucción como de la de los hijos equivale a traducir al lenguaje económico la característica fundamental que adquirió el judaísmo cuando pasó a identificarse con el judaísmo rabínico, a saber: que era buen judío el que leía y estudiaba la Torá y enviaba a los hijos a la sinagoga para que aprendiesen a hacer lo propio.

educación, toda vez que estas religiones no imponen ese precepto a sus adeptos. Al obedecer la norma religiosa y dar educación a sus hijos, el agricultor judío obtiene un beneficio añadido: evita el castigo social que inflige la comunidad judía a los analfabetos (*ammei ha-aretz*)[13].

Para aprender a leer y estudiar la Torá en hebreo, los niños deben asistir a la escuela elemental (que suele estar dentro de la sinagoga o en las inmediaciones), lo cual es costoso. Dada la organización de las actividades agropecuarias durante el primer milenio, los campesinos judíos no obtienen ningún beneficio enviando a sus hijos a la escuela y obligándolos a leer y a estudiar la Torá en hebreo. Un agricultor necesita hijos fuertes que trabajen a brazo partido en sus tierras[14]. Unos hijos instruidos no hacen más productivo ni más rico a un campesino.

El campesino judío obtiene unos ingresos anuales de su actividad agropecuaria. Si la propiedad y gestión de la granja son suyas, sus beneficios consisten en las ganancias (ingresos menos gastos). Si no posee tierras, puede trabajar en la granja de un terrateniente en calidad de jornalero, aparcero o arrendatario, y los ingresos que obtenga de esa actividad dependerán del acuerdo contractual que haya estipulado[15].

---

[13] El castigo social, o sanción de la comunidad, que se infligía a los *ammei ha-aretz* podía adoptar varias formas, descritas en muchos debates rabínicos de la Misná y el Talmud (véase el capítulo 3).

[14] A diferencia de las economías modernas, donde diversas modalidades agropecuarias se han convertido en objeto de investigación y los agricultores pueden leer libros dedicados a las mejores técnicas de cultivo y de cría de ganado, en la antigüedad no existían libros de esta índole ni se estudiaba la agricultura desde una perspectiva científica. Entre el final de la República y comienzos del Imperio, Catón el Viejo, Columela, Varrón y Plinio el Viejo escribieron manuales de agricultura (Plinio el Viejo escribió, de hecho, una enciclopedia de cientos de tomos) (White 1970; Mokyr 1990, cap. 1). Pero esas obras (escritas en latín, no en hebreo) estaban destinadas, por lo general, al círculo de amigos del autor y a la elite, no a los campesinos. Además, dado el precio prohibitivo que tenían los libros antes de la invención de la imprenta (véase Buringh y Van Zanden 2009), mal podía permitirse el agricultor medio comprar ninguno.

[15] Un jornalero gana una paga que no depende de la cantidad producida. El aparcero divide la producción agrícola con el terrateniente (por lo general, a partes iguales). El arrendatario paga una renta fija al terrateniente y se queda con toda la producción agrícola.

Con sus ingresos, el campesino judío compra alimentos y vestidos para la familia y paga los impuestos. Si decide mandar a los hijos a la escuela, debe hacer frente a los costes correspondientes: tiene que pagar los libros y contribuir tanto al salario del maestro como a la manutención de la sinagoga en la que suelen desarrollarse las actividades escolares. En las comunidades pequeñas estos gastos pueden representar una carga onerosa para el cabeza de familia. Dada la heterogeneidad de las capacidades y temperamentos individuales, el coste de la educación de un hijo puede disminuir en virtud de su aptitud y diligencia. El coste de la educación de un hijo también incluye la ganancia a la que se renuncia; esto es, lo que el hijo habría podido ganar trabajando en el campo en lugar de asistir a la escuela (lo que los economistas denominan "coste de oportunidad"). Aunque la educación sea gratuita (cuando, por ejemplo, el Estado facilita los libros y paga la matrícula), el costo de oportunidad de asistir a la escuela hace que la escolarización de los hijos sea una carga onerosa para los agricultores, sobre todo para los de ingresos medios o bajos. (Aun hoy muchos campesinos de países en desarrollo que ofrecen educación elemental universal gratuita no mandan a los hijos a la escuela para que puedan trabajar en el campo[16].)

Consideremos ahora los beneficios y los costes asociados a la segunda elección que debe llevar a cabo el agricultor judío: seguir profesando el judaísmo u optar por otra religión. El agricultor judío puede evitar obedecer las reglas impuestas por el judaísmo, entre ellas la que obliga a educar a los hijos, convirtiéndose a otra religión. Con ello se libraría del coste de educar a sus hijos y no sufriría el castigo social que se inflige a los iletrados. No obstante, un judío que se convierte a otra confesión puede verse obligado a afrontar costes psicológicos o monetarios, como la pérdida del apoyo de amigos y parientes judíos. Denominamos "coste de la conversión" a los costes asociados a la conversión a otra fe.

Por regla general, la filiación religiosa exige alguna señal costosa que indique la pertenencia al club; una religión distinta puede imponer a sus fieles que sigan otra liturgia y observen normas diferentes

[16] El Banco Mundial tiene programas (por ejemplo, "Oportunidades de México") destinados a afrontar este problema; estos programas subvencionan a las familias de las aldeas que envían a sus hijos a la escuela.

para manifestar su adhesión al club[17]. La inversión en alfabetización y educación, tal como prescribe el judaísmo, es una señal de pertenencia muy costosa para los individuos y las familias que viven en economías agrícolas, en las cuales la alfabetización no reporta ninguna ventaja económica. Como demostraremos a continuación, la decisión de invertir en la educación de los hijos y la de permanecer en un grupo religioso o ingresar en otro están relacionadas entre sí.

**La teoría económica: predicciones**

Consideramos en primer lugar la decisión de si proporcionar o no educación a los hijos. Dada la heterogeneidad en cuanto a gustos, religiosidad, ingresos y coste de la educación de los hijos, nuestra teoría predice que algunos agricultores judíos no envían a sus hijos a estudiar a la sinagoga porque el coste marginal de esa elección es superior al beneficio marginal. En concreto, los agricultores poco apegados al judaísmo tendrán menos incentivos para invertir en la formación religiosa de los hijos. Los agricultores con pocos ingresos o que deban afrontar un mayor gasto en materia de educación (por ejemplo, los agricultores cuyos hijos no aprenden rápidamente o no les gusta estudiar; o los campesinos que viven en comunidades pequeñas y, por tanto, deban asumir una proporción más elevada del salario del maestro) invertirán menos en la instrucción de los hijos, al punto de abstenerse por completo de educarlos. De este modo se ahorrarán el coste de proporcionarles el nivel mínimo de instrucción básica. Con independencia de la heterogeneidad, en condiciones económicas adversas (por ejemplo, cuando una sequía o una guerra causan un impacto negativo en toda la economía) serán menos los agricultores que eduquen a los hijos.

Después consideramos la decisión de convertirse a otra fe o no. Un agricultor judío se convierte a otra religión si la utilidad que obtiene permaneciendo judío es menor que la que obtiene abrazando el samaritanismo, el cristianismo o el paganismo. Los agricultores judíos que educan a los hijos tienen menos incentivos para convertirse a otras confesiones, pues ninguna de ellas concede valor alguno a

[17] Iannaccone (1992); Berman (2000).

la formación religiosa. Los agricultores judíos que no educan a los hijos pueden abandonar el judaísmo o no. Los agricultores cuya conversión representa un coste mayor que el castigo social que impone la comunidad judía a los analfabetos tienen más probabilidades de conservar su filiación religiosa (son los *ammei ha-aretz*). Por el contrario, los agricultores cuya conversión entraña un coste menor que el castigo social que les inflige la comunidad tienen más probabilidades de abjurar del judaísmo y convertirse a otra religión que imponga requisitos menos severos.

En lo tocante a las conversiones, la predicción principal de nuestra teoría es que en una sociedad agrícola en la que la alfabetización reporte ventajas económicas escasas o nulas, dada la heterogeneidad, una determinada proporción de judíos en cada cohorte se convierte a otras religiones. Si la economía sigue siendo fundamentalmente rural –o sea, si la inversión en alfabetización y educación sigue sin rendir beneficios económicos–, la población judía continuará reduciéndose a consecuencia de las conversiones.

¿Cuál es la dinámica del proceso de conversión que predice nuestra teoría? En primer lugar, dado que inicialmente la proporción de judíos analfabetos o poco dispuestos a observar la nueva norma religiosa es elevada, también lo será la tasa absoluta o relativa de conversión. Con el tiempo, la proporción de judíos alfabetizados aumenta, con lo cual disminuye la tasa de conversiones; aunque si existe la suficiente heterogeneidad en cuanto las características individuales, seguirán produciéndose conversiones.

En segundo lugar, cada vez que se produce un impacto sobre la economía que afecta negativamente a los ingresos de todos, la tasa de conversiones aumenta, pues el coste marginal de la educación de los hijos se eleva en relación con el beneficio marginal. Más agricultores judíos renunciarán a educar a los hijos y se convertirán a religiones que no impongan este requisito tan costoso. Este proceso repercute en la siguiente generación a medida que los judíos analfabetos aumentan y se convierten a otros credos. A la larga, pues, el judaísmo no sobrevive en las economías agrarias sometidas a impactos negativos sobre la economía y en las cuales la inversión en la instrucción religiosa y general no produce ningún beneficio económico.

¿Y los agricultores gentiles? Nuestra teoría predice que los campesinos cristianos, samaritanos y paganos no enviarán a los hijos a la escuela, porque la inversión en alfabetización y educación es costosa y no reporta beneficios económicos ni un sentimiento de satisfacción u orgullo a los fieles de esas confesiones. Además, los agricultores de otras religiones no se convertirán al judaísmo porque, en cuanto analfabetos que no dan educación a sus hijos, sufrirían el castigo social que la comunidad judía impone a los analfabetos y no obtendrían nada por pertenecer al *club* judío.

## La vida en una aldea de Galilea en torno al año 200 a la luz de la teoría

Volvamos ahora a la hipotética aldea de la Galilea del año 200 aproximadamente, cuando Rabí Yehudá Hanasí compilaba la Misná, para ver cómo la teoría económica ayuda a entender las elecciones de Simón, Rubén, Eliseo, Eliezer y Trifón. Simón es tan religioso –es decir, obtiene tanta utilidad de la lectura y estudio de la Torá y de que sus hijos sean capaces de leerla y estudiarla– que decide darles una educación. No quiere convertirse a otra religión porque obtiene una gran utilidad del cumplimiento de las reglas del judaísmo, entre ellas la que lo obliga a educar a los hijos.

Rubén no educa a sus hijos porque el coste adicional (marginal) de pagarles la educación, dados sus escasos ingresos, es mayor que el beneficio adicional (marginal) que obtendría de ello. Con esa elección, Rubén se hace acreedor al castigo social que inflige la comunidad judía a los iletrados (*ammei ha-aretz*). Aun así, escoge no convertirse porque la conversión le resulta más costosa que el castigo social que sufre por no educar a los hijos.

Eliseo, como es rico, podría permitirse perfectamente dar una educación a sus hijos. Pero es muy poco religioso y, por tanto, apenas obtiene utilidad de la lectura y el estudio de la Torá ni del hecho de que sus hijos fuesen capaces de leerla y estudiarla. En consecuencia, decide no pagarles una educación. Dado que para él el castigo social y el coste de conversión son más o menos iguales, está planteándose abandonar el judaísmo.

Aunque educar a un hijo suponga una carga onerosa para un agricultor pobre como él, Eliezer es tan devoto que está dispuesto a afrontar el sacrificio. Por consiguiente, escoge dar una educación a su hijo. Gracias a esta elección, Eliezer no padece el castigo social que se impone a los *ammei ha-aretz*, de ahí que siga siendo judío y no se convierta a otra confesión.

Su hermano Trifón, igual de pobre que él pero menos devoto, decide no educar a su hijo. Esta decisión le granjea el castigo social que la comunidad judía impone a los analfabetos que no dan educación a los hijos. Dado que para él este castigo es más gravoso que el coste de la conversión, se plantea la posibilidad de abjurar del judaísmo y unirse a la secta judeocristiana de los ebionitas, donde se libraría del estigma de ser analfabeto y no mirar por la instrucción de su hijo.

Aplicando el prisma de la teoría económica, es posible racionalizar el comportamiento de estos agricultores judíos que nos encontramos a lo largo de nuestro viaje hipotético al pasado. Ahora bien, ¿qué ocurre con los datos históricos? ¿Corroboran las predicciones principales de nuestra teoría en cuanto a la educación de los hijos y la conversión a otras confesiones? ¿Es cierto que tan solo un determinado porcentaje de judíos invirtió en la instrucción de los hijos? ¿Y que ese porcentaje aumentó con el paso del tiempo? ¿Los agricultores judíos se convertían a otras religiones? ¿La población judía se redujo? Si fue así, ¿cómo es que Rabí Yehudá Hanasí y los demás sabios no previeron ese efecto ni se preocuparon por la posibilidad de que el judaísmo desapareciese a causa de las conversionese si se aplicaban con rigor las numerosas normas de su religión, entre ellas la gravosa norma que obligaba a los padres a educar a los hijos? En los siglos siguientes, ¿se dieron conversiones de gentiles al judaísmo? ¿Los judíos siguieron siendo mayoritariamente agricultores, aunque estuviesen alfabetizados? ¿Qué ocurriría si de repente la economía se hiciese urbana y hubiese una enorme demanda de trabajadores instruidos y cualificados? Estos son los asuntos que examinaremos con todo detalle en los dos capítulos siguientes.

## ANEXO 4.A. Un modelo formal de la educación y la conversión de los agricultores

Damos por sentado que hasta el año 200 –esto es, antes de la reforma educativa que tuvo lugar en el judaísmo– tanto para los judíos como para los gentiles la utilidad procedía únicamente del consumo, toda vez que ninguna religión exigía la alfabetización. A los efectos de nuestro razonamiento, presuponemos que los judíos y los no judíos poseían el mismo nivel de educación y rentas.

Para elaborar nuestro modelo de la transformación del judaísmo presuponemos que los agricultores judíos extraían una utilidad de la alfabetización (educación) hebrea, tanto de la de sus hijos como de la suya propia. Por tanto, a partir del año 200, a la función de utilidad de los judíos se añadió un parámetro exógeno (un índice de apego) $x > 0$, que mide el valor de la pertenencia a la religión judía *alfabetizada* y que interactúa con el nivel de alfabetización de la familia. El parámetro equivale a 0 para un individuo cuyo padre no sea judío (bien porque fuese gentil de nacimiento o porque se hubiese convertido).

El marco de partida consiste en un modelo de generaciones solapadas en dos períodos, sin crecimiento demográfico[18]. Se parte del supuesto de que un individuo vive a lo largo de dos períodos. En el primer período vive con la familia (y probablemente trabaja para ella) y recibe una alfabetización y educación ligada a la religión, $e^s$. En el segundo se convierte en un adulto dotado de un nivel de alfabetización y educación $e$, que decide si sigue con la misma religión $r$ o se convierte a otra ($j$ = judío, $g$ = gentil) y si proporciona o no educación a sus hijos, y en qué medida.

Como hace Iannaccone (1992), presuponemos que la utilidad deriva del consumo y de la participación religiosa[19]. La utilidad de un adulto presenta esta estructura simple:

---

[18] La hipótesis de que la población no aumente es compatible con el hecho de que durante el primer milenio la población mundial no experimentó ningún aumento significativo. Lo más sencillo sería incluir la fertilidad como variable endógena, en cuyo caso el mayor coste de la crianza de los hijos, consecuencia de la norma religiosa en materia de educación, habría inducido a los agricultores judíos a tener menos hijos. Esta predicción complementaría la que examinamos en nuestro modelo en relación con la hipótesis de que la población judía se redujo por las conversiones. El motivo principal por el que no hacemos de la fertilidad una variable endógena es que no existen datos históricos que demuestren que las tasas de fecundidad de los judíos se redujeron tras la transformación de su religión.

[19] Este modelo puede modificarse para asemejarlo al de Iannaccone, que plantea la religión como un club cuyas dimensiones se determinan de manera endógena. Una vez especificada la utilidad como una función cóncava, en condiciones de equilibrio la utilidad y el coste de la educación pueden depender del tamaño de la población judía.

$$u^{j}(c, e_s; e, x) = \log c + x(e+1)e_s - \varepsilon h \quad (4.1)$$
$$u^{jg}(c, e_s; e, x) = \log c - \pi x \quad (4.2)$$
$$u^{g}(c, e_s; e, x) = \log c \quad (4.3)$$

donde $c$ es el consumo de la familia, $u^j$ es la utilidad de un individuo judío, $u^{jg}$ es la utilidad de un judío que se convierte y $u^g$ es la utilidad de un gentil. En la ecuación (4.1), la utilidad derivada del hecho de ser judío aumenta cuando aumentan la alfabetización y la educación del individuo y las de su hijo[20]. Mediante esta interacción entre el parámetro de preferencia $x$ y el nivel de alfabetización y educación de la familia representamos el proceso en virtud del cual el judaísmo pasó de ser una religión basada en los sacrificios rituales a una religión que hizo de la alfabetización y educación su esencia. El término $\varepsilon h$ expresa el desarrollo que tuvo lugar después en el judaísmo (a partir del siglo III), cuando, bajo la dirección de rabinos y eruditos, se impuso un castigo social a los judíos analfabetos. Sea $h = 1$ si un padre judío escoge no invertir en la alfabetización ni en la educación de su hijo (esto es, si es un *am ha-aretz*) y $h = 0$ en el caso contrario. El castigo que la comunidad inflige al judío iletrado se expresa $\varepsilon > 0$[21].

La alfabetización y la educación no figuran en la función de utilidad de los judíos que se convierten a otras religiones (ecuación 4.2) ni de los gentiles (ecuación 4.3). Este supuesto obedece al hecho de que en el primer milenio ninguna religión, salvo el judaísmo, concedía un valor positivo a la alfabetización y educación de sus fieles.

---

[20] Nuestra especificación implica que si $e_s = 0$, el individuo no obtiene ninguna utilidad del hecho de ser judío. Se trata de una versión extrema del modelo, pero capta la importancia fundamental que cobró la instrucción de los hijos tras la reforma educativa.

[21] Si se hace que $\varepsilon$ sea una función creciente de la proporción de judíos alfabetizados presentes en la comunidad, la predicción relativa a las conversiones mejora, y nuestro modelo se aproxima más al de Iannaccone (1992) si se aplica teniendo en cuenta el tamaño de la comunidad judía en el modelo estático. Otra forma de tomar como una variable endógena el castigo social impuesto a los analfabetos es planteando la hipótesis de que los líderes religiosos judíos fijen un nivel de $\varepsilon$ tal que se maximice la proporción de judíos alfabetizados en el modelo estático. Estas extensiones inciden en la proporción de población judía rural instruida en el modelo estático, pero no en las repercusiones dinámicas relativas a la reducción de la población judía a largo plazo, que es el principal objeto de interés de nuestro modelo.

El término $\pi x$ representa la desutilidad de la conversión ($\pi \geq 0$)[22]. Se da por hecho que la conversión de un gentil al judaísmo no tiene ningún coste[23].

Un judío que acata la norma religiosa en materia de educación debe dar a su hijo cuando menos un nivel mínimo de alfabetización e instrucción ($e^{\min} > 0$), donde el nivel mínimo equivale a la capacidad de leer y estudiar la Torá. Si $0 < e < e^{\min}$, el nivel de alfabetización y educación es igual a cero. Sin pérdida de generalidad, podemos normalizar $e^{\min} = 1$.

El coste de la inversión en la alfabetización y educación (religiosa) de un hijo viene expresado por $\gamma\,(e_s)^{\theta}$, donde $\gamma > 0$ y $\theta > 1$. El coste de proporcionar el nivel mínimo de alfabetización y educación es, pues, igual a $\gamma$, que puede interpretarse como la paga del maestro, el coste de los libros y los gastos relacionados. Es posible que $\gamma$ disminuya al aumentar las dimensiones de la comunidad judía, ya que en las comunidades más nutridas, las familias pagan una cuota menor del salario del maestro. Desde el punto de vista del alumno, $\gamma$ puede interpretarse como su capacidad cognitiva o diligencia (con una $\gamma$ más baja para los alumnos más capaces o diligentes), los ingresos sacrificados para enviarlo al colegio en lugar de ponerlo a trabajar, y/o el coste de contratar un maestro particular[24].

La restricción presupuestaria de un agricultor se expresa así:

$$c + \gamma\,(e_s)^{\theta} + \tau^{rF} \leq w^F \tag{4.4}$$

donde $\tau^{rF}$ es el impuesto que paga un agricultor que pertenece a la religión $r$, y $w^F$ son sus ingresos. Dado los métodos empleados en

[22] La inclusión de la desutilidad de la conversión a otra religión no es indispensable para nuestro resultado principal, pero ayuda a interpretar los datos a la luz de nuestro modelo.

[23] Podríamos incluir en el modelo un coste positivo para la conversión de gentiles al judaísmo, pero los resultados no variarían. Ni siquiera en ausencia de este coste se darían conversiones al judaísmo.

[24] Haciendo que $\gamma$ sea una función decreciente y $\varepsilon$ una función creciente del número de niños judíos escolarizados en el modelo estático, es posible analizar las repercusiones de los incentivos que animan a vivir en comunidades judías grandes y/o ricas, y también resolver el modelo con respecto a la sanción comunitaria óptima que maximice la proporción de judíos instruidos, objetivo de los líderes religiosos del período talmúdico.

la agricultura del primer milenio (y mayor parte del segundo), ni la productividad ni las ganancias de un agricultor aumentaban con la alfabetización. Por este motivo, en la ecuación 4.4 la educación no influye en los ingresos de un agricultor; el modelo capta esa característica de la agricultura del primer milenio haciendo que $w^F$ sea exógeno.

*La educación*

Basándonos en las ecuaciones 4.3 y 4.4, para un agricultor gentil, la elección óptima es no educar a los hijos ($e_s^*=0$), porque la alfabetización y educación de estos no reporta ningún beneficio (ni en términos de utilidad ni de producción). Para aplicar el modelo con respecto al nivel óptimo de alfabetización y educación de los hijos de los agricultores judíos, presuponemos que la restricción presupuestaria de la ecuación 4.4 se cumple con el símbolo de igualdad. Entonces, el nivel óptimo de $e_s$ viene dado por $e_s^* = 0$ si

$$x(e+1) < \frac{\gamma\theta}{w^F - \gamma - \tau^{jF}} \text{ y } x(e+1) < \log\left[\frac{w^{jF} - \tau^{jF}}{w^F - \gamma - \tau^{jF}}\right] - \varepsilon \qquad (4.5)$$

Si la ecuación 4.5 no se cumple, el nivel óptimo de $e_s$ viene dado por $e_s^* \geq 1$ y es la solución a

$$x(e+1) = \frac{\gamma\theta\ (e_s)^{\theta-1}}{w^F - \gamma\ (e_s)\ \theta - \tau^{jf}} \qquad (4.6)$$

La primera desigualdad de la ecuación 4.5 es resultado de la solución extrema en $e_s = 1$. La segunda desigualdad se sigue de la condición de que para un judío con $e_s = 0$, la utilidad debe ser mayor que la de un judío con $e_s = 1$[25].

[25] Podría simplificarse el modelo suponiendo que para los agricultores la educación es una elección discreta entre 0 o 1. En ese caso, el nivel óptimo de $e_s$ viene dado por $e_s^* = 0$ si se cumple la segunda desigualdad de la ecuación 4.5 y también todas las consecuencias analizadas previamente. Pero preferimos representar la educación como una variable continua, sobre todo en aras de la equivalencia con el modelo de mercaderes judíos que presentaremos más adelante.

Las dos condiciones tienen repercusiones en la educación de los hijos que pueden comprobarse. Los padres judíos no invierten en la educación de los hijos si el coste marginal de darles una educación básica judía ($\gamma\ \theta$) es elevado y/o si el nivel de consumo de la familia ($w^F - \gamma - \tau r^F$) es bajo cuando el nivel de educación que se da a los hijos es el mínimo ($e_s = 1$). ¿Cuándo se dan estas condiciones?

A escala comunitaria, $\gamma$ es elevado en las comunidades judías pequeñas. También lo es cuando las condiciones económicas agregadas en una comunidad determinada son malas. Las perturbaciones agregadas provocan la caída de los ingresos ($w^F$), lo cual a su vez reduce en tal medida el consumo familiar que resulta casi imposible invertir en la educación de los hijos.

A escala individual, es menos probable que inviertan en la alfabetización y educación de los hijos las familias con hijos poco capaces o sin interés por el estudio ($\gamma$ elevado) o las familias para las cuales enviar al hijo a la escuela en lugar de ponerlo a trabajar el campo representa un coste de oportunidad alto (de nuevo, $\gamma$ elevado). Otro tanto ocurre con los padres con niveles bajos de apego por el judaísmo y de alfabetización y educación ($x$ y $e$ bajos, respectivamente).

*La conversión*

La conversión a otra religión puede obedecer a varios factores, que representamos en nuestro modelo de la siguiente manera. Un agricultor judío abandona el judaísmo y se convierte a otro credo si la utilidad que obtiene de su condición de judío es menor que la que obtiene profesando otra religión; o sea, si

$$u^j(c, e_s^*; e, x) < u^{jg}(c, e_s^*; e, x) \qquad (4.7)$$

o

$$\log(w^F - \gamma\,(e_s^*)^{\theta} - \tau^{jf}) + x\,(e + 1)\,e_s^* - \varepsilon h < \log(w^F - \tau^{nF}) - \pi x\,, \qquad (4.8)$$

donde la utilidad de un agricultor judío se calcula en correspondencia con el nivel óptimo de la educación de su hijo, $e_s^*$, analizado más arriba. Supongamos que $\tau j^F = \tau g^F$. Pueden darse tres casos:

- Los agricultores judíos cuyos parámetros ($w^F$, $\gamma$, $\theta$, $x$) son tales que dan educación a los hijos ($e_s^* \geq 1$), no se convierten a otra religión ni siquiera si $\pi = 0$, porque $u^j(c, e_s^* \geq 1; e,x) > u^{jg}(c, e_s^* = 0; e,x)$.
- Los campesinos judíos cuyos parámetros ($w^F$, $\gamma$, $\theta$, $x$) son tales que no dan educación a los hijos ($e_s^* = 0$), se convierten a otra religión si $0 \leq \pi x \leq \varepsilon$.
- Los agricultores judíos cuyos parámetros ($w^F$, $\gamma$, $\theta$, $x$) son tales que no dan educación a los hijos ($e_s^* = 0$), no se convierten a otra religión si $\pi x > \varepsilon$.

La heterogeneidad ($x$, $e$ y $\gamma$ diferentes) de los individuos pertenecientes a cada cohorte, junto con las variaciones a lo largo del tiempo de las condiciones económicas agregadas (variaciones de $w^F$, $\tau^{rF}$, o $\gamma$), tienen repercusiones verificables en las conversiones. En primer lugar, debido a la heterogeneidad de los individuos, en un momento dado una cierta proporción de agricultores judíos educa a los hijos y no se convierte a otra religión, otra proporción de agricultores judíos no educa a los hijos pero tampoco se convierte a otra religión, y una tercera proporción de agricultores judíos educa a los hijos y se convierte a otra religión. Esta dinámica reduce la población rural judía en cualquier período. Las conversiones son más numerosas cuando las condiciones económicas agregadas son malas ($w^F$ bajo, $\tau^{rF}$ elevado) y las comunidades son pequeñas ($\gamma$ alto)[26].

En segundo lugar, el judaísmo no puede sobrevivir a largo plazo en una sociedad basada en la agricultura de subsistencia porque la población rural se contrae a cada generación a causa de las conversiones. Este proceso puede frenarse si los agricultores judíos tienen la posibilidad de emigrar a lugares con mejores condiciones económicas o a comunidades judías más pobladas, donde el coste de la educación de los hijos sea menor, o donde una mayor urbanización y la expansión comercial permitan a los agricultores judíos alfabetizados dedicarse a actividades especializadas en que la educación reporte beneficios económicos.

[26] Si las capacidades cognitivas se transmiten hereditariamente de padres a hijos, nuestro modelo participa de algunas de las características del modelo de selección natural de Galor y Moav (2002).

Capítulo 5

# Los judíos en la era del Talmud, 200-650: la minoría elegida

> Teódoto, hijo de Veteno, sacerdote y jefe de la sinagoga, reconstruyó la sinagoga para la lectura de la Ley y el estudio de los mandamientos...
>
> *Inscripción de Teódoto, Jerusalén, hacia 50 d.C.*

> En nombre de Rabí Oseas se dijo que en cada sinagoga había una escuela elemental y una escuela talmúdica.
>
> *Talmud de Jerusalén, Meguilá 3:1, 73-74*

En los siglos que siguieron a la compilación de la Misná ¿se puso en práctica la norma religiosa que imponía la lectura y estudio de la Torá en la sinagoga? ¿Instauraron los judíos un sistema de educación primaria universal antes que cualquier otra población del mundo? ¿Concuerdan los hechos históricos con la predicción de nuestra teoría, según la cual, dado que la inversión en educación religiosa representa un sacrificio considerable en las economías agrarias, donde la alfabetización rinde poco o nada, una parte de los judíos se convierte a otras religiones, haciendo que la población judía se reduzca con el paso del tiempo?

Nos proponemos verificar si nuestra teoría es compatible con los datos históricos examinando la historia de los judíos durante el período talmúdico y comienzos del gaónico, que los estudiosos identifican con los cuatro siglos comprendidos entre los inicios del siglo III y la mitad del VII. Durante este período, la Tierra de Israel siguió albergando academias de renombre, pero no tardó en verse eclipsada por la importancia cada vez mayor que cobró Mesopotamia en cuanto foco de la vida religiosa y económica judía[1].

Fue en el contexto religioso y social del período talmúdico y comienzos del gaónico cuando los judíos se convirtieron en una pequeña población alfabetizada (la "minoría elegida"). Las consecuencias de la norma religiosa que obligaba a los padres a invertir en la alfabetización y educación de los hijos no fueron deliberadas pero se pusieron de manifiesto en los siglos transcurridos entre la compilación de la Misná y el auge del islam.

**TABLA 5.1.** Coste de la vida aproximado en la Tierra de Israel, Egipto y Mesopotamia entre los siglos I y III (en denarios)

| Partida del presupuesto familiar | Tierra de Israel | Egipto | Mesopotamia |
|---|---|---|---|
| Salario mensual de un trabajador agrícola | 24-48 | 4-32 | 72-96 |
| Salario mensual de un trabajador urbano especializado | 48-72 | 6-40 | — |
| Salario mensual de un niño dedicado a labores agrícolas | — | 2-10 | — |
| Gasto mensual en pan (familia de cuatro miembros) | 10-20 | 5-10 | — |
| Reses (buey o vaca) | 100-200 | 15-100 | — |
| Traje/manto | 30 | — | — |
| Alquiler mensual de una casa | 4 | — | — |
| Libro | 200 | — | 80-120 |

Fuente: Sperber (1965, 1966).
Nota: La escala de valores comprende las diferentes cifras citadas en las fuentes primarias y el aumento de los salarios y los precios entre los siglos I y III.
- No disponible.

## Una sociedad agraria cada vez más alfabetizada

En la época de la destrucción del segundo templo prácticamente todos los agricultores, que constituían la mayoría de la población, eran

[1] S. Safrai (1976b).

analfabetos. Los agricultores paganos de la Europa occidental dominada por los romanos, los agricultores cristianos de Judea, los zoroástricos de Mesopotamia y los judíos de Galilea, Mesopotamia y Egipto tenían un rasgo en común: eran analfabetos[2]. Para la mayoría de esos campesinos, la inversión en la alfabetización de los hijos suponía un sacrificio: tanto los costes directos (la compra de libros y el salario de los maestros) como el coste de oportunidad (los ingresos que se dejaban de obtener por enviar a los hijos a la escuela elemental en lugar de ponerlos a trabajar la tierra) eran muy elevados en relación con los ingresos medios que podían obtenerse de la actividad agropecuaria (tabla 5.1).

Un campesino no se volvía más productivo ni ganaba más al alfabetizarse. Además, en las economías rurales de la primera mitad del primer milenio los individuos alfabetizados tenían muy pocas oportunidades de introducirse en los oficios artesanales o el comercio. La inversión en la alfabetización y la educación de los hijos representaba, pues, una carga sin ventajas económicas para casi todas las familias que vivían del campo. No es de extrañar, pues, que casi todos los agricultores, tanto judíos como gentiles, fuesen analfabetos, como lo son hoy en la mayoría de países en desarrollo cuyas economías son predominantemente rurales y agrarias.

*El compromiso de la educación*

Durante los dos primeros siglos de la era cristiana los tanaítas de las academias de la Tierra de Israel fomentaron la creación de escuelas elementales. Pero las conmociones causadas por las guerras judeo-romanas no generaron el ambiente idóneo para el desarrollo de ese proceso y el analfabetismo siguió siendo generalizado hasta fines del siglo II. A comienzos del siglo III, Rabí Yehudá Hanasí y los estudiosos de su círculo, junto con las siguientes generaciones de rabinos de las academias de la Tierra de Israel y de Mesopotamia, dieron un nuevo impulso a la implantación de un sistema de educación primaria organizado y universal (véase el capítulo 3).

Nos hemos centrado en los datos históricos relativos al período comprendido entre el siglo III y los comienzos del VII. Tres fuentes

[2] Bowen (1972-1981, vol. 1); Harris (1991); Bar-Ilan (1992); Demsky (1997); Hezser (2001).

independientes –el Talmud, los primeros *responsa* gaónicos y los hallazgos arqueológicos– indican de modo inequívoco que gran parte de los agricultores judíos invertía en la alfabetización y educación de los hijos[3]. De este modo, la instrucción religiosa y la alfabetización se difundieron por la comunidad judía de la Tierra de Israel y la diáspora durante la época talmúdica.

## Pruebas históricas del Talmud

El Talmud consiste en la Misná y la Guemará (que sobre todo contiene comentarios a la Misná escritos por generaciones de estudiosos y rabinos de las academias de la Tierra de Israel y Mesopotamia)[4]. El Talmud de Jerusalén se codificó entre 350 y 400; el Talmud babilónico, entre 450 y 550[5]. El Talmud babilónico, más amplio que el jerosolimitano, terminaría convirtiéndose en el pilar del judaísmo rabínico para los judíos de todo el mundo.

Hoy en día cada Talmud consiste en muchos volúmenes de texto en hebreo y arameo. Todo debate talmúdico comienza con un párrafo de la Misná (en hebreo), seguido de la Guemará correspondiente (normalmente en arameo). En los márgenes externo e interno figuran los comentarios de los eruditos judíos más eminentes de la Europa medieval, Rashi y los tosafistas, y, en algunos tratados, los comentarios del exégeta norteafricano del período islámico, R. Hananel[6].

---

[3] Aunque la información sobre la alfabetización de las mujeres de la época talmúdica es escasa, parece que las niñas recibían una instrucción más limitada que los niños (S. Safrai 1968, 1976a).

[4] Segal (1991). La Guemará cita con frecuencia otras afirmaciones rabínicas además de las de la Misná, con el fin de comparar unas y otras. Todas estas fuentes tanaíticas ajenas a la Misná se denominan *baraitot* (*material externo*). Las *baraitot* contenidas en la Guemará suelen ser citas extraídas de la Tosefta (un compendio tanaítico de la Halajá, paralelo a la Misná) y de las *midrashim* halájicas (en concreto, Mejiltá, Sifra y Sifre). Algunas *baraitot*, sin embargo, solo se conocen por las tradiciones citadas en la Guemará y no figuran en ninguna otra recopilación.

[5] Los especialistas aún debaten acerca de la fecha exacta de las dos versiones del Talmud.

[6] Segal (1991). El formato de las páginas del Talmud babilónico se ha mantenido casi inmutable desde la época de las primeras impresiones realizadas en Italia. Entre 1484 y 1519, Joshua y Guershon Soncino imprimieron cerca de 25 tratados, que culminaron con la edición completa del Talmud que llevó a cabo

La compilación de la Misná no supuso el fin de la actividad religiosa, académica ni jurídica de las academias. Conforme la Misná se convertía en el código autorizado de la ley oral, los amoraítas (los eruditos que sucedieron a los tanaítas) se dedicaron sobre todo a interpretar dicho código, en las academias (*yeshivot*) de Cesárea, Seforis y Tiberíades en la Tierra de Israel, y de Nehardea, Sura, Pumbedita y otros centros de estudio de Mesopotamia[7].

En aquella época, la yeshivá funcionaba no solo como academia de enseñanza superior para alumnos de nivel avanzado, sino que también hacía las veces de órgano legislativo y tribunal religioso al que la gente de a pie planteaba cuestiones y problemas relacionados con cualquier faceta de la vida cotidiana, y a cuyos estudiosos y autoridades religiosas pedía consejo o dictámenes. Los asuntos que se sometían a juicio de los sabios de las academias iban desde cuestiones agrícolas a controversias en materia de división de la propiedad o reparación de daños, de problemas familiares (matrimonio, hijos, divorcio, viudedad, herencia) a preguntas relativas a la alimentación, la higiene, la caridad o los ritos religiosos. Las cuestiones relativas a la educación de los hijos y su aplicación práctica destacaban entre los asuntos de los que se informaba a los eruditos y que se debatían en las academias[8].

Las dos funciones de la yeshivá guardaban una estrecha relación entre sí. La finalidad principal de las disertaciones y debates de los académicos era hallar en la Misná la regla más apropiada para resolver la cuestión que la gente de a pie planteaba a los eruditos, inter-

---

Daniel Bomberg (un cristiano) en 1520-1530. Estas ediciones establecieron el consabido formato consistente en colocar el texto original compuesto en caracteres cuadrados en el centro de la página, rodeado de los comentarios de Rashi y los tosafistas, compuestos en semicursiva. Las divisiones de página que usó Bomberg se han utilizado en todas las ediciones del Talmud publicadas desde entonces. Con los años fueron introduciéndose varias novedades, como la identificación de las citas bíblicas y referencias cruzadas a los textos talmúdicos y rabínicos y a los principales códigos jurídicos judíos. Casi todas las versiones del Talmud que se usan hoy en día son copias del famoso Talmud de Vilna, publicado en diversas versiones desde 1880 por Viuda y Hermanos Romm en la capital lituana, renombrado centro de cultura judía. Aunque el Talmud de Vilna mantenía el mismo formato y paginación de las ediciones anteriores, se incorporaron varios comentarios nuevos en los márgenes y en las páginas complementarias añadidas al final de los volúmenes correspondientes.

[7] Goodblatt (1974, 2006a); S. Safrai (1976b); Neusner (1987).

[8] Gafni (1990).

pretar las sentencias y resoluciones, por lo general breves y concisas, de la Misná, investigar sus razones y orígenes, resolver las contradicciones aparentes, comparar los cánones de la Misná con los de los sabios no incluidos en ella y aplicar las decisiones y principios establecidos a casos nuevos aún no tratados.

Gran parte de la Guemará consiste en análisis jurídicos. El punto de partida de esos análisis suele ser un dictamen recogido en la Misná, que se examina y compara con otros dictámenes, con frecuencia en forma de un debate entre dos contendientes, por lo general anónimos y a veces metafóricos: el *makshan* (que pregunta) y *tartzan* (que responde). La Guemará también identifica el fundamento bíblico de las leyes expuestas en la Misná y el proceso lógico que las vincula con el libro sagrado.

Por ejemplo, la Misná (Baba Batra 20b-21a) declara lo siguiente a propósito de la instrucción de los hijos[9]:

> Si un hombre desea abrir una tienda en un patio, su vecino puede impedírselo alegando que el ruido de las idas y venidas de la gente no lo dejará dormir. Un hombre puede, sin embargo, fabricar objetos en el patio para llevárselos y venderlos en el mercado, y su vecino no puede impedírselo alegando que no puede dormir por el ruido del martillo ni de la muela ni de los niños.

A propósito de esta resolución, la Guemará (Talmud babilónico, Baba Batra 20b-21a) comenta[10]:

> ¿Por qué la regla prescrita para el segundo caso no es la misma que la prescrita para el primero? Abaye [amorá babilonio, siglos III y IV] respondió: La segunda cláusula debe referirse a un hombre de otro patio. Raba [amorá babilonio, siglos III y IV] dijo: De ser así, ¿no debería afirmar la Misná: "En otro patio está permitido"? No, dijo Raba: las palabras del final se refieren a niños que van a la escuela, de la época de la norma de Josué ben Gamala [...] En última instancia, Josué ben Gamala ordenó que en todo distrito y ciudad deberían nombrarse maestros de niños, y que estos deberían asistir a la escuela desde los seis o siete años de edad.

---

[9] Gafni (1990, pp. 107-109).

[10] Feldman y Reinhold (1996, pp. 204-205).

> Rab [amorá babilonio, siglos II y III] dijo a Rabí Samuel ben Shilaz [amorá babilonio, primera mitad del siglo III]: No aceptéis alumnos menores de seis años; a partir de esas edad podéis aceptarlos y llenarles la cabeza con la Torá [...].
>
> Raba añadió: A cada maestro han de asignarse 25 alumnos. Si hay 50, se designan dos maestros. Si hay 40, se designa un asistente a cargo de la ciudad [...]. Raba añadió: Un maestro de escuela, un vinatero, un encargado de los sacrificios rituales, un sangrador y un escriba de la ciudad, si no son competentes, pueden verse despedidos al instante. Por principio, todo aquel que cometa un error irreparable es susceptible de que lo despidan en el acto.

El Talmud no contiene debates sobre cuestiones muy especulativas ni disquisiciones teológicas abstractas. Antes al contrario, se ocupa de problemas prácticos relativos a la vida cotidiana, de ahí que sea una fuente excelente de información sobre el mundo en que vivían los judíos de la Tierra de Israel y Mesopotamia durante la primera mitad del primer milenio[11]. El Talmud ofrece pruebas irrefutables de la afluencia creciente de alumnos a las academias, de la gran cantidad de resoluciones minuciosas que estipulaban cómo impartir la educación y de la programación de un acontecimiento fundamental para la vida religiosa judía, las *kalá*, que analizaremos más adelante. Del crecimiento de las academias mesopotámicas, atestiguado en muchos pasajes del Talmud, puede deducirse indirectamente que eran cada vez más los niños judíos que recibían una cierta educación primaria, requisito indispensable para acceder a las escuelas secundarias y, después, a las academias.

---

[11] Del hecho de que la Misná y el Talmud se dedicaban a cuestiones prácticas cotidianas y no a asuntos especulativos da fe la siguiente ley, promulgada por el emperador Justiniano en 553, en virtud de la cual se permitía a los judíos leer las Sagradas Escrituras pero no el Talmud: "Decretamos, pues, que a los judíos que lo deseen se les permitirá leer las Sagradas Escrituras en sus sinagogas -y en cualquier otro lugar que frecuenten- en griego, si así lo prefieren, o en la lengua de sus padres, o sencillamente en cualquier otra lengua del lugar, y decretamos que sus comentaristas no tendrán libertad de expresión, pues solo utilizan el hebreo para abusar de él a capricho en lo que llaman Misná, que, sin embargo, prohibimos por completo, pues no forma parte de las Sagradas Escrituras ni la recibieron los profetas, sino que la inventaron gentes que parloteaban de asuntos terrenos sin nada de divino" (Leibner [2006]).

Tanto el Talmud jerosolimitano como el babilónico abundan en debates y resoluciones relativas a las escuelas, las sinagogas, los alumnos, los libros, los deberes y salarios de los maestros, la obligación de los progenitores de costear el estudio de la Torá por parte de los hijos y los deberes de los alumnos para con los maestros. En ninguna otra civilización agraria de la época se hablaba de esos asuntos[12].

El panorama que surge de esta inmensa masa de debates y resoluciones es el de una sociedad agraria que estaba implantando los instrumentos económicos, jurídicos y sociales para aplicar la norma religiosa de Josué ben Gamala e impartir una educación primaria a todos los niños judíos. Por ejemplo, el Talmud de Jerusalén refiere que Hilel, hijo de Gamaliel III y nieto de Rabí Yehudá Hanasí, se empleó a fondo para instaurar un sistema educativo pese a las dificultades económicas de la época. Para lograrlo, pidió a tres ilustres eruditos que viajasen a numerosas localidades y designasen maestros para las escuelas elementales de muchas ciudades y aldeas[13]. Algunos debates y dictámenes del Talmud regulaban la organización práctica de la instrucción primaria. Una resolución, por ejemplo, decretaba la implantación de un impuesto comunal para sufragar los salarios de los maestros de la Torá y la Misná. Otra regla prescribía que las personas solteras sin hijos que residieran en una ciudad también estaban obligadas a contribuir a los emolumentos de los docentes. Y otra norma facultaba a una comunidad en pleno a despedir a un maestro si no seguía las instrucciones de los progenitores[14].

Las dos versiones del Talmud ponen de manifiesto el empeño de la comunidad judía por llevar a la práctica la reforma educativa. Los sabios de la Tierra de Israel tenían, no obstante, opiniones distintas de sus homólogos mesopotámicos. El Talmud de Jerusalén describe la organización comunal de la educación primaria (que contemplaba, entre otras cosas, un impuesto comunitario para el salario de los maestros) mientras que el Talmud de Babilonia hace más hincapié en la responsabilidad que tienen los progenitores de costear la educación de los hijos; un ejemplo evidente es el dictamen que exige al padre correr con ese gasto y enseñar un oficio a su hijo, o hacer que alguien se lo enseñe[15].

---

12 S. Safrai (1976a); Aberbach (1982).

13 Aberbach (1982, pp. 30-31).

14 Goodblatt (1980); Z. Safrai (1987, pp. 77-78); Gafni (1990, pp. 107-109).

15 Goitein (1962, p. 121); Gafni (1990, pp. 107-109).

Asimismo, el Talmud de Jerusalén afirma que "el sustento de una persona queda fijado para el año siguiente, salvo lo que la persona paga por la comida destinada a la celebración del sabbat, las festividades [...] y lo que los *tinokot* [niños menores de siete u ocho años] llevan a casa del maestro como parte de su retribución". El Talmud babilónico presenta una formulación diferente del mismo asunto: "Toda la asignación de una persona para ese año queda establecida [por Dios] entre el día de Año Nuevo y el día de la Expiación, salvo los gastos de las celebraciones del sabbat y las festividades y de enseñar la Torá a los hijos"[16].

La diferencia entre las disposiciones en materia de educación en la Tierra de Israel y en Mesopotamia concuerda con la diferencia entre las condiciones económicas de una y otra región. En la Tierra de Israel la organización del sistema escolar corría a cargo de la comunidad, los impuestos que financiaban la educación recaían en todo el mundo y la instrucción de los niños pobres y huérfanos estaba subvencionada. En Mesopotamia, en cambio, la educación la impartían principalmente profesores particulares, bien a alumnos por separado o a grupos de familias, de modo que las familias debían afrontar por su cuenta todo el coste de la educación de los hijos[17].

La institución de la *kalá* también revela que la alfabetización se propagaba por la población judía. La *kalá*, que al parecer surgió en Babilonia en el siglo III, era una de las actividades primordiales de la yeshivá[18]. Durante los meses de marzo y agosto (*elul* y *adar*) se celebraban en las academias mesopotámicas grandes reuniones durante las cuales los hombres estudiaban la Torá y escuchaban a los sabios y los eruditos, que leían y debatían determinados pasajes del Talmud[19]. Durante la *kalá* primaveral, además de una parte del Talmud, los estudiosos debatían cuestiones remitidas desde todos los rincones del mundo judío y emitían resoluciones al respecto. La preguntas versaban sobre toda clase de asuntos, desde temas económicos y sociales a cuestiones religiosas y litúrgicas. Las respuestas escritas (*teshuvot* en

[16] Z. Safrai (1987, pp. 77-78 y n. 5).

[17] Aberbach (1982, pp. 30-35); Z. Safrai (1987, pp. 77-78); Gafni (1990, pp. 107-109).

[18] Son muchas las conjeturas acerca de la etimología de la palabra *kalá* (Gilat 2007).

[19] Neusner (1965-1970, vol. 4, pp. 384-385); Goodblatt (1974, 2006a).

hebreo, *responsa* en latín) a esas preguntas se enviaban a las comunidades judías por medio de mercaderes judíos. Los *responsa* rabínicos son una característica particular del judaísmo que desempeñó un papel importante en el desarrollo de la historia económica y social de los judíos.

## Pruebas históricas de los primeros responsa gaónicos

Los *responsa* rabínicos existían ya en la época talmúdica, pero no constituían un corpus textual independiente del Talmud. Esta condición no la alcanzaron hasta después de la redacción del Talmud babilónico y el ascenso de los *gueonim*, que sucedieron a los amoraítas en la dirección de las academias. Los *responsa* gaónicos son una de las principales fuentes de información relativas a más de quinientos años (desde mediados del siglo VI al siglo XI) de vida social, religiosa y económica del pueblo judío[20].

Estos documentos ilustran la difusión de la alfabetización y de la educación primaria durante los siglos VI y VII en las comunidades judías de Mesopotamia (lugar de residencia de la mayoría de los judíos en el siglo anterior al surgimiento del islam) y entre las numerosas comunidades de la diáspora. Algunos *responsa* mencionan que la educación de los niños se impartía en todas partes, incluso en las aldeas[21]; otros señalan que, además de los rabinos, jueces y jefes de las sinagogas, los maestros figuraban entre los funcionarios de la comunidad enumerados al final de las cartas de excomunicación que los *gueonim* enviaban a las numerosas comunidades judías dispersas por el mundo[22]. Los maestros también figuraban en calidad de funcionarios de las sinagogas, junto a estudiosos, ancianos, administradores (*parnasim*), cantores (*hazanim*) y porteros (*shammashim*)[23].

Los primeros *responsa* de la época gaónica documentan un hecho fundamental: en el período previo al auge del islam y al amplio proceso de urbanización que tuvo lugar en los recién creados califa-

[20] Elon (1994, vol. 2).

[21] Assaf (2002-2006, vol. 2, pp. 11-27).

[22] Véase Greenberg y Cohn (2007) para una exposición de las reglas relativas a la excomunicación en el seno de una comunidad judía desde tiempos bíblicos.

[23] Levine (2005, pp. 412-452).

tos musulmanes eran cada vez más los judíos agricultores que daban educación a sus hijos. Para un porcentaje de los campesinos judíos de la época, la inversión en la educación de los hijos representaba un sacrificio económico que se afrontaba para obedecer la norma religiosa sancionada por los líderes fariseos. No podían ser las ganancias crematísticas las que indujesen a ese sacrificio entre los siglos III y VII, puesto que ni el saber leer ni el estudio de la Torá en hebreo reportaban beneficio crematístico alguno (salvo, naturalmente, a los rabinos, a los maestros y a otros líderes de la comunidad, los principales promotores de la implantación de la educación primaria universal).

## Las sinagogas

La tercera prueba histórica de la aplicación de la norma religiosa relativa a la educación de los niños procede de las fuentes textuales y de los abundantes hallazgos arqueológicos que indican la época de construcción de muchas sinagogas[24]. Como se verá más adelante, muchos debates y disposiciones de la Misná, la Tosefta y el Talmud indican que las sinagogas eran sobre todo lugares donde niños y adultos leían y estudiaban la Torá[25].

---

[24] Véanse Ovadiah (1978); Kasher, Oppenheimer y Rappaport (1987); Hachlili (1988, 1989); Feldman (1996a); Fine (1996); Rutgers (1996); Flesher (1998); Gafni (1998); Grabbe (1998); Oppenheimer (1998); Urman y Flesher (1998); Levine (1999, 2005); Olson y Zetterholm (2003). Las fuentes que documentan la existencia de sinagogas en el período anterior a 70 d.C. son Flavio Josefo, Filón, el Nuevo Testamento y la descripción que figura en la Tosefta de una sinagoga alejandrina del siglo I. El material arqueológico anterior a 70 consiste en un puñado de sinagogas excavadas en Judea y Delos, y algunas inscripciones halladas en Jerusalén, Asia Menor, Roma, Delos, Egipto y Berenice (norte de África). Para el período posterior a 70, se han identificado los restos de más de 100 sinagogas en la Tierra de Israel y se han recuperado cerca de 200 inscripciones. Las fuentes textuales que hacen mención de sinagogas están desperdigadas entre los escritos de algunos autores bizantinos, los Padres de la Iglesia, el Código Teodosiano, las *Novellae* de Justiniano y fuentes rabínicas. Existen también abundantes pruebas arqueológicas procedentes de la diáspora, donde se han encontrado los restos de muchos edificios identificados como sinagogas y cientos de inscripciones, en su mayoría de índole dedicatoria y procedentes de los mismos edificios que alojaban las sinagogas, mientras otras se encuadraban en un contexto funerario y mencionan a personas asociadas a la sinagoga.

[25] Véanse S. Safrai (1976a); Aberbach (1982, p. 41); Z. Safrai (1987, 1998);

Los orígenes y la primera etapa de las sinagogas (*bet kneset*, o 'casa de reuniones' en hebreo) son aún objeto de debate entre los académicos. Por lo general se acepta que el desarrollo de la sinagoga se produjo tras la destrucción del primer templo, en 586 a.C., durante el cautiverio babilónico o poco después, cuando los judíos regresaron a Judea en el período de la Restauración. Durante unos quinientos años, parece ser que las sinagogas se desarrollaron en paralelo al templo de Jerusalén, ofreciendo servicios religiosos y sociales complementarios. En el período del segundo templo, sin embargo, la sinagoga nunca sustituyó al templo como foco del culto judaico.

Una inscripción griega descubierta en Jerusalén (denominada inscripción de Teodoto, por el nombre de la persona que figura en ella) ofrece la prueba arqueológica más antigua (de mediados del siglo I, probablemente) de la existencia de una sinagoga en la Tierra de Israel[26]. Las fuentes textuales más antiguas que mencionan las sinagogas datan del siglo I y describen las sinagogas existentes en la Tierra de Israel y en la diáspora dispersa por el Imperio romano.

Los especialistas coinciden en que la aparición de la sinagoga fue un hecho revolucionario en la historia del judaísmo por varias razones[27]. A diferencia del templo, que solo podía existir en Jerusalén, una sinagoga podía construirse en cualquier sitio: en las ciudades, los pueblos y las aldeas tanto de la Tierra de Israel como de la diáspora. El desarrollo de la sinagoga permitió a los judíos organizar la vida y el culto de la comunidad y estudiar la Torá en cualquier lugar.

El ejercicio del sacerdocio en el templo de Jerusalén era coto exclusivo de una pequeña elite de hombres descendientes de la casta sacerdotal (*cohenim*). En cambio, cualquiera podía en teoría oficiar de jefe de una sinagoga. La congregación de los fieles judíos ya no se veía relegada a los patios exteriores del templo, desde los cuales apenas alcanzaba a entrever los ritos que se celebraban en el interior,

E. Stern (1993); Gafni (1998); Oppenheimer (1998); Urman (1998); y Levine (2005) para un análisis detallado del funcionamiento de las sinagogas en cuanto lugares dedicados al culto, la instrucción de niños y adultos, y varios otros servicios sociales y comunitarios.

[26] Griffiths (1998). Las pruebas de la presencia de sinagogas en la diáspora son aún más antiguas: en Egipto se han encontrado restos de sinagogas que datan de los siglos III y II a.C., y en Delos, del siglo I a.C.

[27] Levine (1982, introducción).

sino que podía participar directamente en todos los aspectos del ritual de la sinagoga, sobre todo en la lectura y estudio de la Torá.

La sinagoga prestaba diversos servicios religiosos y bienes públicos a toda la comunidad judía de una aldea, país o ciudad, como servicios relativos al sabbat y a las fiestas, plegarias, comidas sagradas y comunales, obras de caridad, servicios jurídicos e instrucción religiosa para niños y adultos. La sinagoga servía de lugar de reunión para la comunidad, y de depósito de bienes y fondos comunales, biblioteca y hospicio. Algunas sinagogas ofrecían todos esos servicios; otras solo algunos[28].

En el siglo I la lectura pública de la Torá se convirtió en una parte destacada del ritual de la sinagoga. La inscripción de Teodoto, que data de mediados de ese siglo, menciona que las principales actividades de la sinagoga son el estudio de la Torá y el cumplimiento de los mandamientos. Flavio Josefo y el Nuevo Testamento documentan que la lectura de la Torá era una práctica habitual en las sinagogas de la Tierra de Israel durante el siglo I. Filón, el filósofo judío nacido en Alejandría hacia el año 20 a.C., señala lo mismo a propósito de Egipto[29]. Los estudiosos coinciden en que, si bien algunas de esas actividades giraban en torno a la sinagoga antes incluso de 70 d.C., tras la destrucción del segundo templo aquella se convirtió en el lugar donde niños y adultos leían y estudiaban la Torá.

En el período talmúdico la misión educativa y la posición axial de la sinagoga cobraron cada vez más relieve bajo el liderazgo del judaísmo rabínico. La sinagoga se convirtió en el centro de la lectura y estudio de la Torá. La instrucción consistía en el adoctrinamiento

---

[28] Levine (1987; 2005; pp. 135-172, 381-410); Oppenheimer (1998); Z. Safrai (1998); Urman (1998).

[29] Schiffman (1999, pp. 40-47). Escribe Josefo en *Antigüedades judías* (libro 16, capítulo 2, sección 4), editado y traducido por Flavio Josefo (1998): "Dedicamos el séptimo día de la semana al estudio de nuestras tradiciones y de la ley, pues creemos necesario ocuparnos, como en cualesquiera otras, en estas materias, que nos sirven para evitar la comisión de pecados". Filón sitúa la lectura de la Torá en la sinagoga cuando, en *Embajada a Cayo* (155-156), incluida en Filón (1962), escribe: "Augusto sabía, pues, que los judíos tienen casas destinadas a la oración y se reúnen en ellas, sobre todo en los sabbat sagrados, cuando se instruyen colectivamente en la filosofía de sus antepasados". Un pasaje de Lucas (4:16-21) hace referencia a la lectura en la sinagoga de Nazareth: "Jesús entró, conforme a su costumbre, el día del sábado en la sinagoga, y se levantó a leer. Y fuéle dado el libro del profeta Isaías; y como abrió el libro, halló el lugar [...] Y cerró el libro [...] y sentóse [...] y comenzó a decirles [...]".

religioso encaminado a preparar a los niños para que, al llegar a adultos, leyesen en la sinagoga. Un tratado entero de la Misná (Meguilá) y muchos pasajes de la Tosefta están dedicados a las reglas de la lectura pública de la Torá en la sinagoga.

El estudio de la Torá en la sinagoga adoptaba varias formas. Para los adultos, los lunes, jueves y sábados se escogía un rollo de la Torá y se leía en público un pasaje. El sábado, la lectura y explicación del pasaje seleccionado duraban más de lo normal. Quienes así lo quisieran también podían acudir a la sinagoga para estudiar por su cuenta, con otros o bajo la dirección de un sabio[30].

En la *bet sefer* (escuela elemental) y en la *bet midrach* (escuela superior y aula de estudio para adultos) se enseñaba a niños y jóvenes a leer y estudiar la Torá (y el Talmud, para aquellos que deseaban conocer mejor los textos religiosos). Las comunidades grandes podían permitirse tener escuelas separadas, pero en general las clases para los niños se impartían dentro de la sinagoga[31]. En la Tierra de Israel, donde la educación primaria se organizaba de modo comunitario, los líderes de las aldeas y las ciudades consideraban que uno de sus deberes primordiales era organizar, coordinar y financiar el sistema educativo en el interior de la sinagoga o en las inmediaciones[32].

De las más de cien sinagogas que han salido a la luz en las excavaciones arqueológicas realizadas en la Tierra de Israel, la mayoría se construyó tras la destrucción del segundo templo, especialmente entre los siglos III y V (tabla 5.2, mapa 5.1). Estas sinagogas se edificaban en ciudades pero también en muchas aldeas y pequeñas comunidades rurales de Judea, Galilea y el Golán. Su construcción la sufragaban principalmente los campesinos, que representaban la mayoría

---

[30] Los estudiosos discrepan en cuanto a la ubicación de la *bet midrach* ('casa del estudio'): unos (por ejemplo, Oppenheimer, 1981) sostienen que estaba en el complejo de la sinagoga; otros (por ejemplo, Ilan, 1998; Z. Safrai, 1998; Urman, 1998) dicen que se encontraba en otro edificio y que existía ya en el período del segundo templo. Oppenheimer y Z. Safrai coinciden en que la *bet midrach* existía solo en poblaciones grandes y lugares de residencia de estudiosos eminentes.

[31] En la Tierra de Israel, las sinagogas cumplían varias funciones. En Egipto, por el contrario, las sinagogas servían exclusivamente de lugares de oración y estudio de la Torá (Kasher, 1998). En Mesopotamia, las sinagogas se utilizaban sobre todo para rezar; el estudio de la Torá y otras actividades tenían lugar fuera de la sinagoga (Gafni, 1998).

[32] S. Safrai (1968, 1976a); Z. Safrai (1987, 1998); Urman (1998).

de la población judía en las zonas rurales[33]. Estos campesinos dependían después de los muchos servicios y bienes públicos suministrados por las sinagogas locales, entre ellos la educación primaria para sus hijos y la instrucción religiosa para ellos mismos.

**TABLA 5.2.** Muestra de sinagogas construidas en la Tierra de Israel, 200-550

| **Región/Siglo** | **Localidad** |
|---|---|
| *Galilea/Golán* | |
| III | Gush Halav, Kefar Baram, Kefar Hananya, Kefar Kana, Nabratein (Neburaya) |
| III-IV | Corozaín, Dabura, Hamat Gader, Hamat Tiberíades, Jirbet Shema, Kojav Hayardén, Merón, Rehov |
| IV | Arbel, Beit Alfa, Beit Shean, Besara, Cesarea, Cafarnaúm, Horvat Amudim, Merot, Maoz Haim |
| IV-V | Afik, Asalieh, Ein Neshut, Horvat Kanef, Katzrin, Zumimra |
| V | Huseifa, Séforis, Yafa |
| VI | Dalton, Horvat Dike, Um el Kanatir |
| *Judea* | |
| III | Beit Guvrin, Ein Guedi, Estemoa |
| IV | Anim, Ascalón, Gaza, Horvat Rimón, Maon (Nirim), Susiya, Naarán |

*Fuentes*: Levine (1982, 2005), Hachlili (1989), E. Stern (1993), Urman y Flesher (1998) y Fine (1999).

*Nota*: Los arqueólogos aún no se ponen de acuerdo sobre la fecha exacta de construcción de algunas sinagogas, de ahí que la taxonomía de las sinagogas por siglo pueda experimentar ligeras variaciones. Existe, no obstante, consenso en torno al hecho de que en la primera mitad del primer milenio se construyeron sinagogas en los lugares enumerados en la tabla (como también en muchas otras localidades de la Tierra de Israel que no figuran en esta lista).

En localidades de la diáspora se han encontrado restos arqueológicos de más de 200 sinagogas (mapa 5.2)[34]. También se han descubierto pruebas arqueológicas en Mesopotamia (por ejemplo, en Dura-Europos), pero de las numerosas referencias que hay en el Talmud babilónico puede deducirse que existieron muchas otras sinagogas.

---

[33] Levine (1982, 2005); Flesher (1998). La Tosefta da fe de la existencia de un impuesto comunitario especial para la construcción y mantenimiento de la sinagoga: "Los habitantes de la ciudad se obligan a construir una sinagoga y a comprar la Torá y el Libro de los Profetas" (véase Z. Safrai 1987, pp. 78-79).

[34] Oavadiah (1978); Kasher, Oppenheimer y Rappaport (1987); Gafni (1998); Oppenheimer (1998); Levine (1999; 2005).

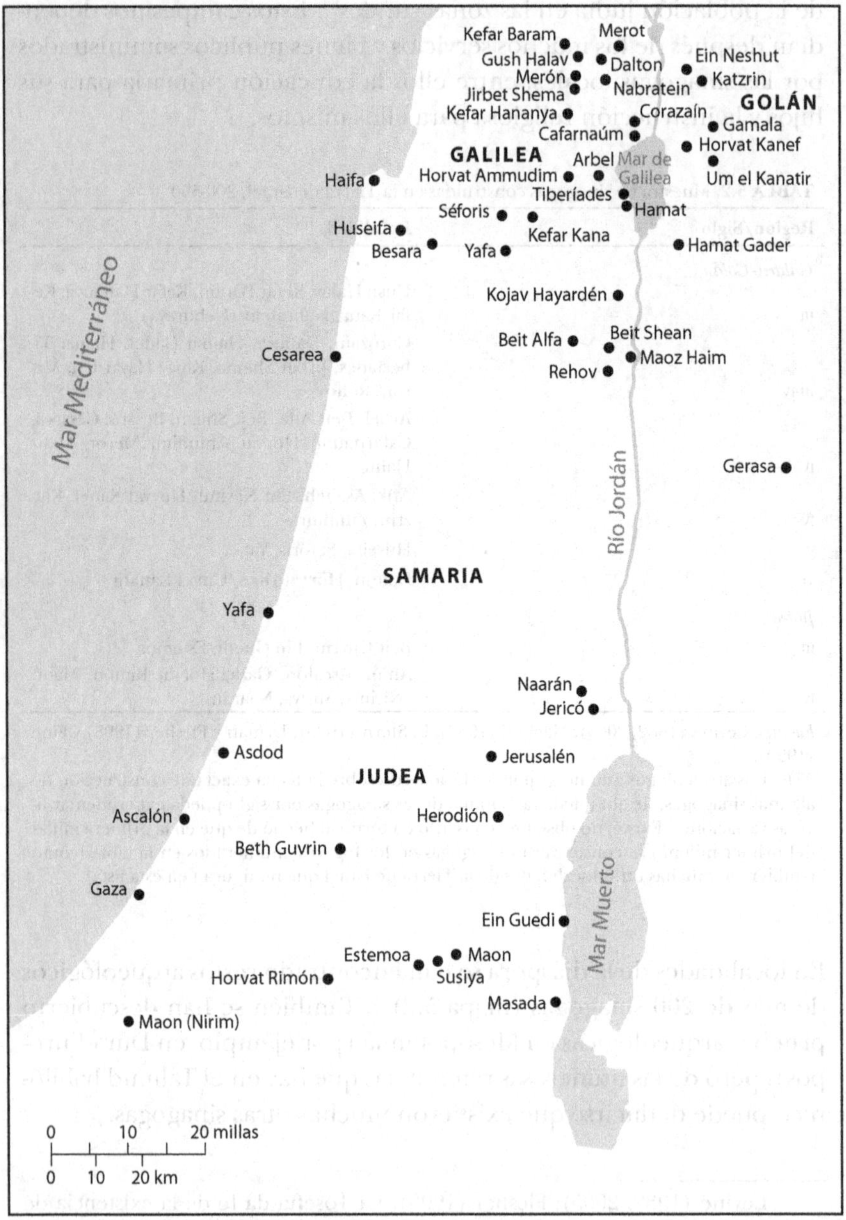


**MAPA 5.1.** Algunas localidades de la Tierra de Israel donde hubo sinagogas en la antigüedad. *Fuente:* Adaptado de Fine (1999).

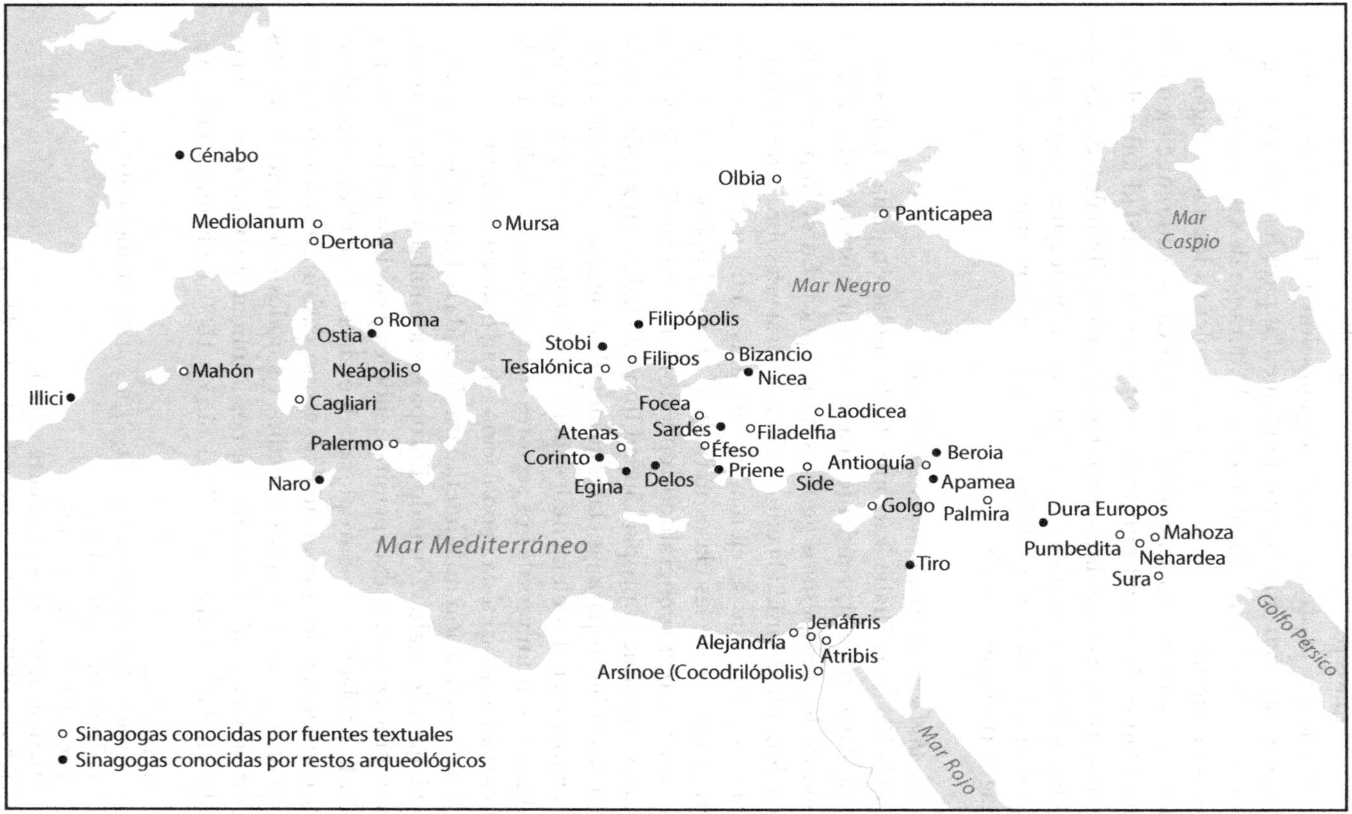


**MAPA 5.2.** Algunas localidades de la diáspora donde hubo sinagogas en la antigüedad. *Fuente*: Adaptado de Fine (1999).

Los amplios poderes y funciones concedidos a los rabinos son una prueba de que la prestación y la organización de la educación primaria universal eran un objetivo fundamental para los líderes religiosos judíos. En el período talmúdico el liderazgo de las comunidades judías mesopotámicas se confió por completo a los jefes religiosos y a los estudiosos de las academias. El exilarca, un judío que ejercía la autoridad política y administrativa sobre la comunidad judía de esa región, usaba a los rabinos como jueces en los tribunales locales, inspectores de los mercados y recaudadores de impuestos, asignándoles la responsabilidad de gestionar instituciones comunitarias como las sinagogas y las escuelas[35].

*Judíos alfabetizados en mundo de analfabetos*

La difusión de la alfabetización entre la población judía rural resulta particularmente sorprendente cuando se contrasta con el analfabetismo de los campesinos gentiles de la época. En el Imperio persa bajo dominio sasánida la educación primaria era sobre todo una profesión privada, que se ejercía en las casas y en escuelas cortesanas para los niños de las clases más altas[36]. En el Imperio romano, "el analfabetismo era generalizado en todo el mundo mediterráneo [...] y hacía poco que la propia Ciudad Imperial había empezado a crear escuelas públicas para las clases adineradas y medias"[37]. En las ciudades había escuelas elementales, pero la educación primaria no era obligatoria ni universal. Los sectores socioeconómicos inferiores de las ciudades, y casi toda la población rural, eran analfabetos[38].

La alfabetización no aumentó tras la caída del Imperio romano, a comienzos del siglo V, cuando Europa occidental se convirtió en una economía agraria. A excepción de monjes y clérigos, prácticamente toda la población de Europa occidental era analfabeta. La Iglesia era consciente de que el analfabetismo casi universal suponía un problema grave. En varios concilios y sínodos celebrados entre los siglos VII y IX se alentó a los obispos a fundar escuelas elementales en las ciudades y distritos[39]. Pero aún en 1500, en la mayoría de paí-

---

[35] Neusner (1965-1970, vol. 4, p. 61; 1976, p. 135); Morony (1981, p. 317).
[36] Bowen (1972-1981, vol. 1).
[37] Baron (1952, vol. 2, p. 279).
[38] Marrou (1982, cap. 4 y 7); Harris (1991).
[39] Bowen (1972-1981, vol. 1, cap. 13; vol. 2, pp. 29-31).

ses de Europa occidental el porcentaje de población alfabetizada no superaba el 10 por ciento[40]. A la luz de estos datos resulta extraordinaria la difusión de la alfabetización en el mundo judío durante la época talmúdica, cuando la población judía se componía casi exclusivamente de campesinos que no por saber leer veían aumentar la productividad ni los ingresos.

### *Los* ammei ha-aretz

Según la teoría que hemos expuesto en el capítulo 4, si los costes de invertir en la educación de los hijos exceden los beneficios derivados de esa inversión, los agricultores judíos no los envían a la escuela. ¿Existen datos históricos que respalden esta predicción?

El Talmud abunda en diatribas contra los *ammei ha-aretz*, término que en la época de los tanaítas (siglos I y II) designaba a los judíos que no sabían leer y no estudiaban la Torá ni se la enseñaban a sus hijos[41]. Para Rabí Yehudá Hanasí y los demás eruditos de las academias, los *ammei ha-aretz* debían considerarse parias en las comunidades judías. Más adelante, los amoraítas mostrarían la misma severidad hacia los judíos analfabetos que no enviaban a sus hijos a la sinagoga para aprender a leer y estudiar la Torá.

Esta actitud negativa se aprecia con claridad en ciertos pasajes talmúdicos, como los que instan a los padres a no permitir que sus hijas contraigan matrimonio con hijos de *ammei ha-aretz*, impiden a estos actuar de jueces y aconsejan a los judíos (instruidos) que eviten sentarse a la mesa o tratar con iletrados[42]. Estas referencias indican que la educación universal y la instrucción religiosa de los varones judíos seguían siendo una de las preocupaciones y metas principales de los líderes judíos en la era talmúdica, e invitan a pensar que una parte de la población judía no obedecía la norma religiosa relativa a la es-

---

[40] Cipolla (1969); Bowen (1972-1981, vol. 2); Reis (2004); Buringh y Van Zanden (2009).

[41] Oppenheimer (1977); Haas (1989, p. 149).

[42] Oppenheimer (1977); Kalmin (1999). Talmud babilónico (Pesajim 47, 72): "¿Quién es *am ha-aretz*? El que no sabe leer las plegarias [...] otros dicen que si sabe leer pero no es un erudito (*talmid hajam*), es un analfabeto. Dijo R. Huna: casar a la hija con un analfabeto es como echarla a los leones [...] Un hombre debería vender todos sus bienes y desposarse con la hija de un erudito [...] no con la de un analfabeto, pues los analfabetos son detestados y de sus hijas dice él: 'Maldito sea quien mantiene relaciones con bestias'".

colarización de los hijos, lo que condice con el corolario de nuestra teoría según el cual algunos judíos encontraban demasiado costoso obedecer ese precepto y no invertían en la alfabetización y educación de los hijos.

*La aplicación de la reforma educativa judía. Resumen*
A comienzos del siglo VII, cuando surgió el islam, la diferencia fundamental entre judíos y gentiles consistía en que buena parte de la población judía mundial (compuesta sobre todo por campesinos) sabía leer (y algunos también escribir), mientras que la población rural no judía era analfabeta. Esta mayor alfabetización de los judíos era resultado de una reforma religiosa y educativa iniciada por la secta farisea en los siglos II y I a.C. La alfabetización y la educación se convirtieron en uno de los objetivos fundamentales de los líderes religiosos judíos tras la destrucción del segundo templo, cuando la redacción de la Misná sentó las bases del judaísmo rabínico. No hay pruebas de que la norma religiosa de Josué ben Gamala (hacia 65 d.C.), que obligaba a los padres judíos a enviar a los hijos de seis o siete años a la sinagoga para aprender a leer y estudiar la Torá, se llevase inmediatamente a la práctica –casi todos los estudiosos mantienen que en los dos primeros siglos la inmensa mayoría de la población judía de la Tierra de Israel siguió siendo analfabeta–; pero el precepto se convirtió en una ley religiosa que todos los padres judíos debían obedecer[43].

Los cuatro siglos que van de la redacción de la Misná (*ca.* 200), al surgimiento del islam (mediados del siglo VII) fueron testigos de la aplicación de la norma religiosa de Josué ben Gamala y la implantación de un sistema de educación primaria universal que giraba en torno a la sinagoga. Este cambio radical transformó por completo el judaísmo en una religión centrada en la lectura, el estudio y la aplicación de las normas de la Torá y el Talmud. Hasta 70 d.C. el icono del judaísmo había sido un agricultor que peregrinaba al templo de Jerusalén y realizaba los sacrificios rituales. A comienzos del siglo VII el emblema del mundo judío pasó a ser un agricultor que leía y estudiaba la Torá en la sinagoga y mandaba a los hijos a la escuela para que aprendiesen a hacer lo propio.

---

[43] Bar-Ilan (1992); Hezser (2001, pp. 39-59, 495-497); Demsky *et al.* (2007).

## La conversión de los agricultores judíos

Según el otro corolario fundamental de nuestra teoría, una parte de los campesinos judíos analfabetos se convirtió a otras religiones para no incurrir en los costes de la observancia de las leyes y normas del judaísmo, entre ellas la que obligaba a los padres a enviar a los hijos a la escuela primaria. ¿Concuerdan los datos históricos con esta predicción de la teoría? ¿Hay pruebas de conversiones de judíos en la época talmúdica?

*Las dinámicas demográficas de la población judía*

En el capítulo 1 señalamos que las cifras de población de la antigüedad son, en el mejor de los casos, cálculos aproximados. Ya se acepte la cifra de Baron de ocho millones de judíos hacia 65 d.C., o se den por buenas la muy inferior de entre 2 y 2,5 millones que sostienen Broshi, Hamel y Schwartz o la intermedia de entre 4,5 y 5,5 millones que proponemos DellaPergola y nosotros, los estudiosos coinciden en la tendencia de fondo: la población judía se redujo de manera pronunciada en los seis siglos posteriores a la destrucción del segundo templo, acaecida en 70 d.C. (gráfico 5.1)[44].

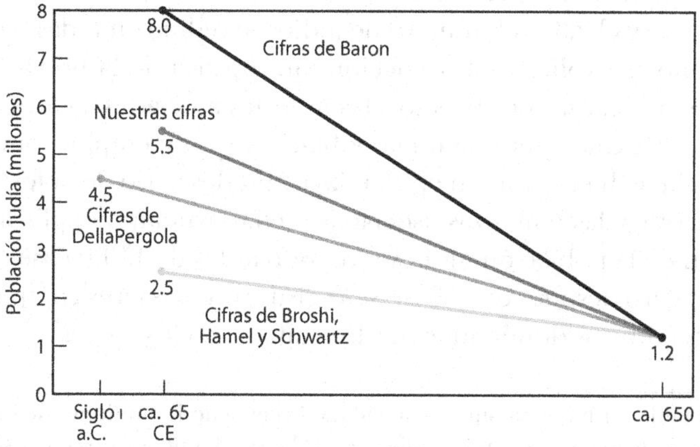


**Gráfico 5.1.** Cifras aproximadas de población judía, *ca.* 65 y 650 (en millones). *Fuentes y notas*: véase tabla 1.1.

[44] Baron (1971b); Broshi (1979, 1982, 2001); Avi-Yonah (1984); Hamel (1990); Herr y Oppenheimer (1990); DellaPergola (1992, 2001); Stemberger (2000); S. Schwartz (2001, 2006); Schiffman (2003); Goodblatt (2006c).

Baron propone una cifra más alta de población judía en el primer siglo d.C. y, al mismo tiempo, acepta las cifras elevadas de víctimas ocasionadas por las guerras que ofrecen los historiadores clásicos Flavio Josefo, Tácito y Dion Casio. Los estudiosos que, como Broshi, Hamel y Schwartz, sostienen que la población judía en el primer siglo d.C. era muy inferior a la cifra propuesta por Baron, añaden que las masacres que tuvieron lugar durante las tres guerras judeorromanas no se cobraron el enorme número de víctimas que refieren los historiadores antiguos. No obstante, todos los estudiosos llegan a la misma conclusión: en los seis siglos posteriores a 70 d.C. la población judía sufrió un marcado descenso que no cabe achacar por completo a las víctimas provocadas por las guerras ni a la caída demográfica general. Teniendo presente esta advertencia, volvamos a las cifras de población propuestas en el capítulo 1 (tablas 1.1 y 1.2) y tratemos de desentrañar este enigma demográfico.

En los cinco siglos que van desde la última guerra judeorromana (la rebelión de Bar Kojba), que terminó en 135, hasta la aparición del islam (*ca.* 650), el número de judíos en el mundo se redujo en dos tercios, pasando de entre 3,1 y 3,3 millones a entre 1 y 1,2 millones (tabla 1.1). La población judía también disminuyó en términos relativos, al bajar del 5,3 por ciento de la población total a un porcentaje situado entre el 1,9 y el 2,3[45]. El número de judíos se redujo en todas partes.

¿Cómo se explica esta reducción tan drástica de la población judía? Las tres causas posibles son las muertes asociadas a las masacres y guerras, la caída general de la población (por ejemplo, como consecuencia de hambrunas o epidemias) y un descenso de la fertilidad. Las guerras y las matanzas asociadas a ellas ayudan a explicar la reducción de la población judía sobre todo antes de 150 (véase el capítulo 1). Pero después de 150 no se registraron masacres comparables en los territorios dominados por los romanos o los partos.

[45] La tabla 1.1 muestra que hacia 150 había cerca de 1,2 millones de judíos en la Tierra de Israel, entre 1 y 1,2 millones en Mesopotamia y Persia, y casi medio millón en el norte de África (sobre todo en Egipto). Teniendo en cuenta que hacia 65 d.C. había entre 500.000 y 800.000 judíos en el territorio formado por Siria, Líbano, Asia Menor, los Balcanes y Europa occidental, y suponiendo que hacia 150 esa cifra se habría reducido a causa de las víctimas provocadas por las guerras, cabe sostener que por entonces habría en el mundo entre 3,1 y 3,3 millones de judíos. Dado que hacia 150 la población total ascendía a unos 58 millones, el porcentaje de judíos sobre la población total era más o menos 5,3.

El descenso demográfico general, consecuencia de desastres naturales, hambrunas y enfermedades, sobre todo infecciosas, podría explicar la disminución absoluta de la población judía durante la época talmúdica. En efecto, los cinco siglos comprendidos entre 150 y 600 estuvieron marcados por varios acontecimientos traumáticos para toda la población, como la peste de Justiniano de 541. En esos siglos los judíos padecieron las mismas hambrunas y epidemias que el resto de la población, pero mientras que el total de la población se redujo un 12 por ciento, los judíos sufrieron un desplome de casi dos tercios (tabla 1.1). No hay ningún motivo para pensar que la población judía pudo verse más castigada por las hambrunas y epidemias que el resto de la población.

Una tercera causa de la enorme reducción absoluta y relativa de la población judía en el período talmúdico podría ser el descenso de la tasa de fecundidad entre las mujeres judías. Ahora bien, ¿por qué las familias judías habrían tenido menos hijos que las gentiles? Cabría sostener que si tener hijos se volvió más caro tras la entrada en vigor de la obligación de enviarlos a la escuela primaria para leer y estudiar la Torá –que se unía a la de alimentarlos y vestirlos–, algunas familias, sobre todo las de ingresos modestos, podrían haber decidido tener menos hijos con el fin de poder cumplir el precepto religioso. Es decir, como diría un economista, el judaísmo rabínico habría obligado a los padres a alcanzar un equilibrio entre calidad y cantidad[46].

Hasta donde se nos alcanza, no existe ninguna prueba histórica de que las familias judías redujesen su fecundidad tras la transformación del judaísmo. El Talmud, que contiene muchos debates y normas pormenorizadas acerca de la edad de matrimonio, el comportamiento sexual de los cónyuges, el embarazo, la esterilidad, el divorcio y el mandamiento bíblico de "crecer y multiplicarse" (*peru urevu*), no dice nada de reducir el número de hijos con el fin de cumplir el deber religioso de educarlos. Si el asunto hubiese sido un problema capital en las comunidades judías, en buena lógica se habría informado de él a los eruditos de las academias, habría sido objeto de análisis y debate y habría dejado huella en el Talmud.

---

[46] A raíz del artículo fundamental de Becker y Lewis (1973), varios economistas han publicado trabajos en los que postulan que los padres podrían decidir tanto la cantidad como la calidad de los hijos. Así, podrían reducir el número de hijos que traen al mundo para invertir más en su educación.

Debe de haber otro factor, o suma de factores, que explique por qué la población judía se contrajo más que el resto. Si descartamos una disminución de la tasa de fecundidad, el único factor que puede dar cuenta de la reducción extraordinaria de la población judía en la era talmúdica son las conversiones[47].

En la Tierra de Israel, la población gentil, que hacia 150 era de entre 500.000 y 600.000 individuos entre griegos, paganos y algunos cristianos, en 650 oscilaba entre 900.000 y 1,4 millones (la mayoría cristianos). En el mismo período, los judíos (incluidos 300.000 samaritanos) descendieron de 1,2 millones a 100.000 individuos (tablas 1.1 y 1.2). Las tendencias contrapuestas de la población cristiana, que en esos cinco siglos aumentó más del doble, y la judía, que se contrajo cerca del 92 por ciento, parecen respaldar el argumento de que una proporción significativa de judíos se convrtió al cristianismo[48].

Las comunidades judías del norte de África, en particular las de Egipto, compuestas casi en exclusiva por judíos helenistas que hablaban griego, prácticamente desaparecieron, pues pasaron de medio millón de individuos en 150 a no más de 4.000 antes de la expansión árabo-musulmana (tabla 1.1). Esa fue la época en que el cristianismo se difundió por Egipto sentando las bases de la Iglesia copta egipcia. Muchos de los primeros cristianos helenistas eran judíos de nacimiento[49].

En Mesopotamia los judíos aumentaron durante los siglos III y IV porque la mejora de las condiciones económicas atrajo a judíos procedentes de la Tierra de Israel y de Egipto[50]. Pero en los tres siglos siguientes se redujo el número de judíos mesopotámicos, pese a que no se registraron matanzas (tablas 1.1 y 1.2)[51]. Al mismo tiempo, la

---

[47] DellaPergola (1992).

[48] Las fuentes rabínicas del Talmud indican que durante los siglos III y IV una parte de los judíos emigró de la Tierra de Israel a Mesopotamia, atraída por las mejores condiciones económicas allí existentes. Los eruditos de la Tierra de Israel trataron en vano de frenar esas emigraciones.

[49] Harnack (1908); Latourette (1975); E. Sanders (1980); J. Sanders (2000); E. Ferguson (2003).

[50] Véase Leibner (2006, 2009) para una descripción de las condiciones económicas, asentamientos y migraciones de judíos de la Tierra de Israel y Egipto a Mesopotamia.

[51] No hay prácticamente ninguna constancia de grandes masacres de judíos en Mesopotamia (Gafni 1990, pp. 149-152).

población cristiana alcanzó las dimensiones de la judía, lo cual invita a pensar que una cierta proporción de los judíos del Imperio sasánida se convirtió al cristianismo[52].

En este período también se redujo la población judía de la Europa occidental, Siria, Líbano, Asia Menor y los Balcanes. Hacia 650 había en la Europa occidental unos pocos miles de judíos (tablas 1.1 y 1.2)[53]. A comienzos del período bizantino tuvieron lugar algunas persecuciones y conversiones forzadas de judíos en Siria, Líbano, Asia Menor y los Balcanes, y lo mismo ocurrió en la España visigoda. Pero la reducción de la población judía en esas zonas había empezado mucho antes, entre los siglos II y V, mientras el cristianismo se propagaba con rapidez por los mismos territorios.

La religión cristiana conservó el segundo pilar del judaísmo, las leyes sancionadas en la Torá escrita en relación con la creencia en un solo Dios, pero modificó algunas leyes y normas religiosas de la fe mosaica. Por ejemplo, los cristianos no estaban obligados a circuncidar a los hijos ni a comer alimentos *kosher*. Además, bajo el liderazgo de Pablo a mediados del siglo I, el cristianismo tampoco impuso a sus adeptos la norma judía que obligaba a los padres a enviar a la escuela o a la sinagoga a los hijos de seis o siete años para que aprendiesen a leer y estudiar la Torá.

Es probable que a muchos judíos de la época talmúdica la conversión al cristianismo no les antojase un gran cambio: el cristianismo parecía una versión ligeramente modificada del judaísmo, con el que tenía en común la creencia en un solo Dios y en la Torá, pero sin imponer obligaciones tan exigentes. A muchos campesinos judíos, sobre todo a los más pobres, que a duras penas mantenían a sus familias y, como analfabetos que eran, se veían marginados (*ammei ha-aretz*) por los rabinos y los judíos instruidos de su comunidad, el cristianismo probablemente les pareciese un buen cambio, por cuanto les permitía creer en el mismo Dios sin tener que obedecer varias normas costosas, como la de dar una educación a los hijos.

*Fuentes textuales y epigráficas*

El descenso demográfico generalizado de las comunidades judías, allá donde residiesen, es una prueba indirecta de las conversiones

[52] Gil (2004, pp. 57, 491).

[53] Toch (2005, 2012).

de una gran parte de los judíos a otras religiones, sobre todo a la cristiana. A este hecho se añade una gran cantidad de datos textuales y epigráficos que indica que un porcentaje relativamente grande de judíos abandonó el judaísmo y abrazó otras confesiones durante la primera mitad del primer milenio, antes y después del Edicto de Milán y del Concilio de Nicea[54].

## El período 1-325

Los dos grandes rivales del judaísmo eran el paganismo helenístico y el cristianismo. En los tres siglos anteriores al Edicto de Milán, promulgado en 313, los cristianos sufrieron persecuciones en el Imperio romano. Las conversiones al cristianismo debieron, pues, haber sido voluntarias. En virtud del edicto, los emperadores Constantino I y Licinio, que reinaban sobre la parte occidental y oriental del imperio, respectivamente, concedieron la tolerancia religiosa. Cuando más adelante Constantino se hiciese con el trono en solitario, el cristianismo se convertiría en la religión dominante del Imperio romano.

Como se ha destacado en el capítulo 3, el judaísmo del siglo I era una pléyade de grupos religiosos que compartían algunas características básicas pero cuyas normas religiosas los diferenciaban cada vez más, como en el caso del precepto que obligaba a los padres a enviar a la escuela o a la sinagoga a los hijos de seis o siete años para que aprendiesen a leer y estudiar la Torá. El cristianismo apareció en el siglo I como uno de esos numerosos grupos surgidos dentro del ju-

[54] Existe un contraste llamativo entre la abundancia de información sobre conversiones de judíos al cristianismo en las fuentes textuales no judías y las escasas referencias a apóstatas o conversos judíos tanto en el Talmud de Jerusalén como en el de Babilonia. Cabría preguntarse por qué los eruditos de las academias, que debatían y dictaban resoluciones sobre un sinfín de asuntos de la vida cotidiana, parecían indiferentes a las conversiones de judíos al cristianismo o a otras religiones. Pero lo cierto es que esa actitud condice con los objetivos principales del liderazgo judío, de Rabí Yehudá Hanasí en adelante, mencionados más arriba, a saber: obligar a todos los varones judíos a leer y estudiar la Torá para que pudiesen aprender y obedecer las leyes y normas de la religión, y excluir de la comunidad a los analfabetos (*ammei ha-aretz*). En consecuencia, los eruditos y los rabinos no se preocupaban en demasía de las conversiones de los judíos analfabetos a otras confesiones.

daísmo; antes de convertirse fundamentalmente en una religión de gentiles, el grueso de sus adeptos lo integraban cristianos judíos[55]. La primera comunidad cristiana de Jerusalén se componía por entero de judíos y prosélitos del judaísmo.

Los judíos se diferenciaban de las primeras sectas judeocristianas cuando menos en un aspecto fundamental: Rabí Yehudá Hanasí convirtió a los judíos analfabetos en parias de la comunidad judía, mientras que Pablo se esforzó para que los grupos socioeconómicos inferiores fuesen bien recibidos en la comunidad cristiana[56]. Entre los cristianos judíos había varios subgrupos: unos más cercanos al judaísmo, otros al cristianismo[57]. Los ebionitas (de *ebionim*, 'pobres'), por ejemplo, aceptaban la versión farisea del judaísmo (la Torá escrita y oral), practicaban la circuncisión y observaban el sabbat. Rechazaban la doctrina de Pablo, pero reconocían a Jesús como profeta y Mesías. Hablaban arameo judío y usaban la versión hebrea de la Biblia y de los Evangelios. Los nazarenos eran judíos observantes que aceptaban la doctrina de Pablo y tenían en común con este la hostilidad hacia los eruditos judíos y los fariseos. Otros grupos, englobados bajo la denominación común de cristianos gnósticos, se adherían a las leyes de la Torá pero rechazaban algunos pasajes de la Biblia (por ejemplo, los relativos a los sacrificios), creían en Jesús como el Mesías y compartían elementos gnósticos con otras sectas no judías. A estos grupos de cristianos judíos iba dirigido el sustancioso acervo de textos judeocristianos (como las homilías Pseudoclementinas), prueba de que algunos judíos estaban alejándose del judaísmo para acercarse al cristianismo[58].

Hasta la destrucción del segundo templo, los jefes religiosos judíos mostraban sentimientos ambivalentes, en general de tolerancia, hacia las sectas judeocristianas; pero tras la rebelión de Bar Kojba los eruditos judíos declararon que no había lugar para ellas en el judaísmo. La

55 Schiffman (1985, 2003).

56 Danièlou y Marrou (1964); Nock (1969); Stark (1986, 1996); Lüdemann (1989).

57 Danièlou (1964); Schoeps (1969); Neusner (1990a, 1991).

58 Georgi (1995); F. Jones (1995). La literatura preudoclementina es la principal fuente de conocimiento de varias formas del primer cristianismo judío. El autor de la fuente citada en Jones (1995) es identificado como un cristiano judío de alrededor del 200, posiblemente un presbítero cristiano judío u obispo de Jerusalén, que consideraba el cristianismo judío como la única verdadera forma de judaísmo.

renuncia al judaísmo en favor del cristianismo se juzgó condenable y la maldición de los apóstatas se convirtió en una práctica habitual en las sinagogas[59].

Basándose en un corpus inmenso de fuentes textuales (los Hechos de los Apóstoles, las Epístolas Paulinas, las obras de los primeros autores cristianos y de los Padres de la Iglesia, la Biblia copta, los cánones de los sínodos, el testamento de los Cuarenta Mártires de Armenia, los Hechos Melecianos y decretos imperiales), en abundantes testimonios epigráficos extraídos de centenares de inscripciones y en hallazgos arqueológicos descubiertos en iglesias, algunos estudiosos han documentado las tendencias principales de la difusión del cristianismo desde Oriente Próximo hacia Occidente antes de 325, el año del Concilio de Nicea, el primero de los grandes concilios ecuménicos[60].

Primero, el cristianismo penetró a fondo en las ciudades, aldeas y distritos rurales de los lugares en que existían grandes comunidades judías, como la Tierra de Israel, Siria, Armenia, Asia Menor, Egipto, zonas del norte de África (África proconsular y Numidia) y Arbela y Edesa, en la Mesopotamia occidental (tabla 5.3 y mapa 5.3). En cambio, en las zonas donde los asentamientos judíos eran escasos o inexistentes (por ejemplo, Persia oriental, Mauritania y Tripolitania en el norte de África, el centro y norte de la Galia, Bélgica, Inglaterra, Alemania, Recia y Europa del Este), el cristianismo se difundió muy despacio o estuvo ausente por completo antes de 325. Este hecho invita a pensar que el crecimiento de la religión cristiana estuvo impulsado en parte por los judíos que abandonaron su credo para abrazar la nueva fe.

---

[59] Esta hostilidad hacia los apóstatas la hemos expresado en el modelo expuesto en el anexo del capítulo 4 mediante el coste de conversión $\pi$.

[60] Harnack (1908, vol. 2, pp. 86-337); Wolfson (1947, cap. 1); Baron (1952, vol. 2); Neusner (1965-1970, vol. 1, pp. 166-169); Latourette (1975, caps. 1 y 5); E. Sanders (1980); Stark (1986, 1996); Stevenson (1987); Feldman (1993); Barclay (1996, 1998); Brown (1996); Frend (1996); Isaac (1998); J. Sanders (1999, 2000); Bar (2003a); E. Ferguson (2003); Zetterholm (2003, cap. 3 y pp. 216-235); Mullen (2004). Antes de 150 no se edificaron iglesias importantes. El número de iglesias empezó a aumentar a fines del siglo II, alcanzó un nivel particularmente elevado durante el reinado del emperador Galieno (213-268) y siguió incrementándose en los siglos siguientes.

**TABLA 5.3.** Difusión del cristianismo en Oriente Próximo, norte de África y Europa, 1 d.C a 325.

| Grupo | Localidad | Difusión |
|---|---|---|
| I | Todas las provincias de Asia Menor (Armenia, Bitinia, Capadocia, Caria, Diosponto, Galacia, Isauria, Licaonia, Licia, Lidia, Misia, Panfilia, Paflagonia, Pisidia, Frigia, Ponto); Chipre; Tracia; ciudades y aldeas de la Tierra de Israel; Arbel y Edesa en Mesopotamia occidental | Casi la mitad de la población era cristiana, y el cristianismo era la religión más extendida |
| II | Aldeas de la Tierra de Israel, Siria, Egipto, Cirenaica, África proconsular y Numidia Acaya, Tesalia, Macedonia, Italia central y meridional, Península Ibérica, sur de la Galia | Un amplio sector de la población era cristiana |
| III | Galilea, Fenicia, Mesopotamia, Persia occidental, Mauritania y Tripolitania, Epiro, Dardania, Dalmacia, Mesia, Panonia, norte de Italia | El cristianismo estaba poco difundido |
| IV | Persia oriental, Filistea, Dacia y la costa septentrional del mar Negro, Europa del Este, Alemania, Recia, centro y norte de la Galia, Bélgica | Un pequeño sector de la población era cristiano |

*Fuente:* Recopilación de los autores basada en Harnack (1908, vol. 2, pp. 89-337); Wolfson (1947, cap. 1); Baron (1952, vol. 2); Neusner (1965-1970, vol. 1, pp. 166-169); Latourette (1975, caps. 1 y 5); E. Sanders (1980); Stevenson (1987); Stark (1986, 1996); Feldman (1993, cap. 2); Barclay (1996, 1998); Isaac (1998); J. Sanders (1999, 2000); E. Ferguson (2003); Zetterholm (2003, cap. 3 y pp. 216-235); Mullen (2004).

En segundo lugar, el cristianismo se expandió sobre todo en las zonas donde los asentamientos judíos se componían de judíos helenísticos y también de paganos o descendientes de paganos que se habían convertido al judaísmo en épocas anteriores (por ejemplo, Siria, Líbano, Asia Menor, Grecia, el norte de África, Península Ibérica, el centro y sur de Italia, y el sur de la Galia). El menor grado de observancia de las leyes mosaicas en las grandes comunidades judías helenistas del norte de África, Siria y Asia Menor, sumado a su cercanía a una sociedad dominada por la religión y cultura helenística, favoreció la conversión de judíos al paganismo helenístico (sobre todo en los siglos I y II) y al cristianismo. Ni Asia Menor ni Egipto, que albergaban grandes comunidades judías, albergaron jamás una academia dedicada al estudio de la Torá como las de la Tierra de Israel y Mesopotamia, entre cuyos alumnos no se menciona a alumnos procedentes de Asia Menor. Estos datos históricos cuadran con la predicción de nuestro modelo (véase el anexo del capítulo 4), según la cual los judíos con escaso apego a su religión tienen más probabilidades de convertirse a otra fe.

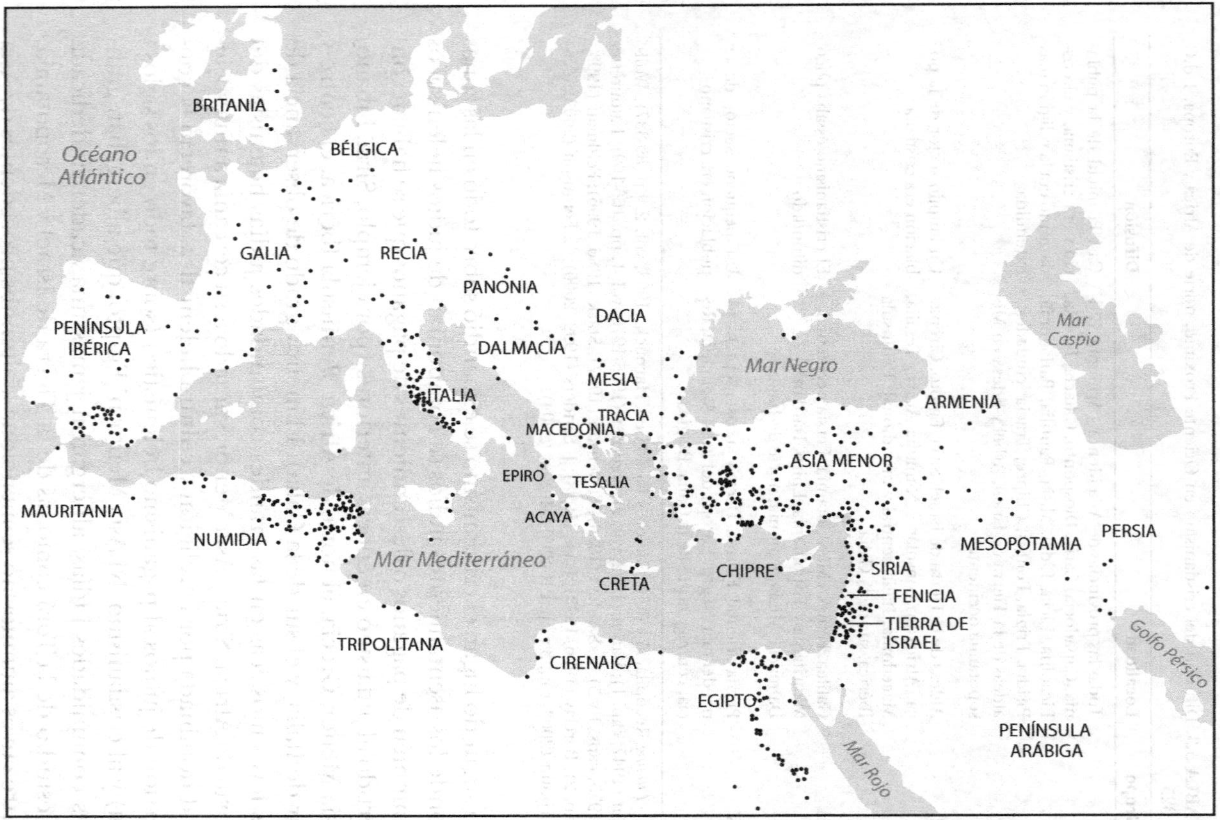


**Mapa 5.3.** Localidades a las que ya había llegado el cristianismo en 325 d.C. *Fuente:* Adaptado por los autores a partir de Mullen (2004).

En tercer lugar, el cristianismo captó prosélitos en varias capas sociales, incluidas las de ingresos medios y elevados[61]. Sin embargo, ciertos pasajes de los primeros autores cristianos y de los Padres de la Iglesia indican que los judíos conversos al cristianismo eran en su mayoría analfabetos y pobres[62]. Este hecho no es sorprendente dado que hasta el siglo IV los judíos eran en su mayoría campesinos analfabetos, luego también debían de serlo casi todos los que se convertían al cristianismo.

Las fechas de construcción de sinagogas en las zonas rurales de la Tierra de Israel también sustentan la hipótesis de que las conversiones de judíos al cristianismo se produjeron sobre todo entre la población rural de ingresos escasos. Las sinagogas se construyeron en su mayoría durante la peor época para la economía de la Tierra de Israel –entre los siglos III y V, cuando una parte de los judíos emigró a Mesopotamia[63]. Esta datación implica que los judíos que sufragaron la construcción de sinagogas en muchas aldeas de la Tierra de Israel disfrutaban de mejores condiciones económicas que los que abandonaron el judaísmo y abrazaron el cristianismo. Todos estos hechos se avienen con la predicción de nuestra teoría (véase capítulo 4), según la cual las probabilidades de convertirse a otra religión eran mayores entre los campesinos judíos con pocos ingresos y entre los padres judíos menos capaces de asumir el coste de oportunidad de educar a los hijos.

El segundo grupo de la Tierra de Israel que abandonó la religión judía por aquella época era el de los samaritanos. En el siglo II algunos rabinos y eruditos judíos aún consideraban a los samaritanos parte de la familia judaica. En cambio, Rabí Yehudá Hanasí y los eruditos posteriores los tenían por gentiles. En el período talmúdico los eruditos judíos debatían si los samaritanos eran *haverim* ('miembros de la comunidad') o *ammei ha-aretz*. Dos fueron las causas principales de la reducción del número de samaritanos: las masacres y las conversiones al cristianismo[64].

---

[61] Meeks (1983, pp. 54-72); Fox (1987, pp. 272-277).

[62] Harnack (1908, vol. 1, p. 47; vol. 2, pp. 33-34); Baron (1952, vol. 2, pp. 163-166); Latourette (1975, pp. 80-81); MacMullen (1984, p. 38); Fox (1987, p. 301); Theissen (1992, pp. 39-53); Stark (1996, pp. 19, 39, 46); Mullen (2004, p. 9) citan esos pasajes.

[63] S. Safrai (1976b, pp. 343-344); Leibner (2006, 2009).

[64] Montgomery (1968, caps. 4 a 9); Sharf (1971); Alon (1980-1984); Crown (1989); Herr y Oppenheimer (1990, p. 204); Crown, Pummer y Tal (1993).

Por lo que respecta a la conversión de gentiles al judaísmo, los estudiosos debaten si los líderes religiosos judíos alentaron o no el proselitismo durante el período talmúdico[65]. En los siglos I a.C. y I d.C. hubo paganos que se convirtieron al judaísmo[66]. En cambio, parece ser que a partir del siglo III (o sea, tras la recopilación de la Misná y la consolidación del liderazgo de los eruditos y rabinos en las academias), las conversiones al judaísmo solo se produjeron por coacción, como en el caso de los esclavos propiedad de judíos[67]. El hecho de que los paganos se convirtiesen voluntariamente al judaísmo antes de la destrucción del segundo templo pero no después –esto es, cuando el liderazgo rabínico impuso normas religiosas más exigentes– es compatible con la predicción de nuestra teoría, expuesta en el capítulo 4.

## El período 325-700

Con el Edicto de Milán (313) y el Concilio de Nicea (325) el emperador Constantino abrió la puerta a la difusión del cristianismo por todo el Imperio romano[68]. Antes de 325 la religión cristiana estaba prohibida en los extensos territorios dominados por los romanos, y sus fieles eran perseguidos. Tras el 325 se permitió el cristianismo en el Imperio romano, y los emperadores romanos posteriores y los primeros emperadores bizantinos fueron apoyándolo paulatinamente, al punto de que el Imperio bizantino –identificado con la parte oriental del Imperio romano– se convirtió en el bastión del nuevo credo. Los judíos que se convirtieron al cristianismo en esa época no se vieron obligados a ello: ni Constantino ni los emperadores siguientes obligaron a los judíos a convertirse a la religión cristiana. Todos los emperadores impusieron algunas restricciones a los judíos en los imperios romano y bizantino (como la prohibición de comprar es-

[65] Feldman (1993, cap. 9); Goodman (1994); S. Cohen (1999).

[66] Baron (1952, vol. 1, pp. 173-176).

[67] Schiffman (1985); S. Cohen (1999).

[68] El Concilio de Nicea fue el primero de una serie de concilios episcopales ecuménicos. Cientos de obispos procedentes de todos los rincones de la cristiandad se reunieron en esa ciudad de la provincia romana de Bitinia, en Asia Menor (actual Turquía), y establecieron los principios teológicos fundamentales de la nueva religión.

clavos cristianos o construir sinagogas), pero nunca les impusieron la fe cristiana.

Entre los siglos IV y VII algunos judíos abandonaron voluntariamente el judaísmo. Los emperadores romanos y primeros emperadores bizantinos dictaron decretos para proteger a los judíos que abrazaban el cristianismo (tabla 5.4). Si se juzgó necesario promulgar esas leyes fue porque la posibilidad de que los judíos atacasen a sus correligionarios conversos al cristianismo se consideraba un problema grave.

Los samaritanos fueron objeto de conversiones forzosas y matanzas cuando los primeros emperadores bizantinos aplastaron sus revueltas en los siglos V y VI. Una de las represiones más cruentas tuvo lugar en 529, bajo el reinado del emperador Justiniano, cuando decenas de miles de samaritanos fueron asesinados o esclavizados. En lo sucesivo la religión samaritana quedó prácticamente proscrita en el Imperio bizantino, y el número de sus adeptos disminuyó hasta casi extinguirse[69].

**TABLA 5.4.** Legislación relativa a los judíos conversos al cristianismo, 300 a 600.

| Años | Emperador | Decreto |
|---|---|---|
| 311-337 | Constantino | Pena de muerte para los judíos que hagan daño a los judíos conversos al cristianismo |
| 364-375 | Valentiniano | Prohibición a los padres judíos de desheredar a los hijos que se conviertan al cristianismo |
| 379-395 | Teodosio | Pena de muerte en la hoguera para los judíos que hagan daño a los judíos conversos al cristianismo |
| 395-423 | Honorio | Permiso de volver al judaísmo a los judíos conversos al cristianismo |
| 395–408 | Arcadio | Prohibición a los judíos de convertirse al cristianismo por motivos económicos |
| 527–565 | Justiniano | Prohibición a los padres judíos de desheredar a los hijos que se conviertan al cristianismo |

*Fuente*: Parkes (1934), Alon (1980-1984) y Lindert (1987; 1997). *Nota:* Los años se refieren a la duración de cada reinado. Los emperadores podían ratificar o derogar los decretos de sus predecesores y dictar otros nuevos.

Como se ha dicho más arriba, en los primeros dos siglos d.C. hubo conversiones de judíos al cristianismo en Mesopotamia, pero se limitaron a ciertas zonas, como Arbela y Edesa, en la Mesopotamia occidental (tabla 5.3). La penetración de los cristianos en las comunidades

[69] Montgomery (1968, caps. 4 a 9); Sharf (1971); Alon (1980-1984, vol. 2); Crown (1989), Herr y Oppenheimer (1990, p. 204); Crown, Pummer y Tal (1993).

judías mesopotámicas fue más amplia y profunda en los siglos IV y V[70]. Pese a las emigraciones de judíos de la Tierra de Israel y Egipto a Mesopotamia, causadas por el empeoramiento de las condiciones económicas, el número total de judíos se redujo. En Mesopotamia los cristianos, incluidos los conversos procedentes del judaísmo, se hicieron tan numerosos como los judíos[71].

## Resumen

Las pruebas históricas extraídas del Talmud, los primeros *responsa* gaónicos y las fuentes textuales que mencionan sinagogas, sumadas a los vestigios arqueológicos de las propias sinagogas, indican que en la época talmúdica (siglos III a VI) las comunidades judías de las aldeas y ciudades grandes y pequeñas de la Tierra de Israel, Siria, Líbano, Mesopotamia, el norte de África, Asia Menor, los Balcanes y Europa occidental aplicaron la norma religiosa introducida en el siglo I que obligaba a los padres a dar educación a sus hijos varones. En esos siglos cada vez más campesinos judíos invirtieron en la formación religiosa de sus hijos enviándolos, a la edad de seis o siete años, a las escuelas elementales construidas en el interior de las sinagogas o en sus inmediaciones. Este aumento de la alfabetización y de la instrucción, tanto religiosa como general, entre la población judía, cuya ocupación era predominantemente la agricultura, fue simultáneo a la reducción de la población judía mundial.

La expansión de la alfabetización entre los judíos y su caída demográfica durante el período talmúdico cuadran con las predicciones de la teoría que presentamos en el capítulo 4, a saber: *a*) una parte de los agricultores judíos obedece la norma religiosa y envía a los hijos a la escuela, y *b*) otra parte de los agricultores judíos no da educación a los hijos y se convierte a otra religión. He ahí, en términos históricos, lo que ocurrió en los cuatro siglos que van de 200 a 600 aproximadamente. Una parte de los judíos educó a los hijos y no abandonó el judaísmo, mientras que se calcula que una proporción considerable se convirtió voluntariamente al cristianismo durante ese período, fe-

[70] Neusner (1965-1970, vol. 2; vol. 4, p. 435).

[71] Gil (2004, pp. 57, 491).

nómeno que, unido a las víctimas de la guerra y al descenso demográfico general, provocó que para 650 casi hubiesen desaparecido las poblaciones judías de la Tierra de Israel, Siria, Líbano, Egipto, Asia Menor, los Balcanes y Europa occidental. La comunidad judía de Mesopotamia también se vio sacudida por una oleada de conversiones al cristianismo, pero fue la única que sobrevivió sin dejar de ser numerosa, y en la época en que surgió el islam se había convertido en el nuevo centro religioso y económico del judaísmo.

El hundimiento demográfico de la población judía, debido en parte a las conversiones voluntarias al cristianismo en las economías agrarias del período talmúdico, concuerda con las predicciones principales de nuestra teoría en relación con las dinámicas de la religión judía: a la larga, el judaísmo rabínico, que pone el acento en la lectura y el estudio de la Torá en la sinagoga, no podrá sobrevivir en una sociedad basada en la agricultura de subsistencia. Los costes cuantiosos que impone a las familias judías el cumplimiento de tantas normas religiosas, entre ellas la obligación de educar a los hijos, inversión que además no rinde beneficio económico alguno, inducen a una parte del campesinado judío a abandonar el judaísmo y abrazar otras religiones de normas menos gravosas.

Capítulo 6

# De agricultores a mercaderes, 750-1150

> La situación actual, en que la mayoría del pueblo judío no posee tierras, explica por qué los *gueonim* de las dos academias de Sura y Pumbedita derogaron en 787 una ley talmúdica y decretaron que las deudas de los huérfanos y las dotes de las mujeres también podían cobrarse en bienes muebles, cuando hasta entonces los acreedores solo habían podido reclamar bienes raíces.
>
> *R. Moisés ben Yacob, gaón de Sura, hacia 832*

> En todas partes los padres estaban obligados por las normas religiosas y la presión social a enviar a los hijos a la escuela, al menos durante algunos años. La comunidad hacía enormes esfuerzos por dar educación a los huérfanos y a los hijos de los pobres.
>
> *Shelomo Dov Goitein, 1971*

En 650 la Tierra de Israel, Siria, el Líbano, el Asia Menor y el norte de África (en especial Egipto) ya no albergaban grandes comunidades judías como las de seis siglos antes. Del total de la población judía mundial, entre 1 y 1,2 millones, casi el 75 por ciento vivía en Mesopotamia y en Persia cuando Mahoma (¿570?-632) sentó las bases de uno de los mayores imperios de la historia.

¿Cuáles eran las características principales del pueblo judío cuando surgió el islam? La mayoría se dedicaba aún a actividades agropecuarias, como el resto de la población. En Mesopotamia y Persia los judíos eran una minoría religiosa en una sociedad principalmente pagana, y convivían con otras minorías religiosas, como los cristianos, que eran tan numerosos como los judíos[1].

La transición desde la agricultura a los oficios artesanales y el comercio empezó a fines del período talmúdico (siglos V y VI), sobre todo en Mesopotamia, donde algunos judíos abandonaron las labores del campo, se trasladaron a las ciudades y se convirtieron en tenderos y artesanos de las industrias del curtido, el tejido, la seda, el vidrio y la tintura[2]. Los amoraítas, los eruditos de las academias, fueron los primeros en dedicarse a actividades comerciales que requirían saber leer y escribir.

La especialización en las ocupaciones urbanas se completó tras la creación del califato abasí, cuando los judíos de Mesopotamia y Persia emigraron a las ciudades y centros urbanos recién creados. Este movimiento fue de tal magnitud que a finales del siglo IX la población judía de estas regiones era casi por entero urbana[3]. La migración de los judíos del campo a la ciudad coincidió con el abandono de la agricultura, que durante siglos había sido su principal fuente de ingresos. Esta transición ocupacional tardó unos ciento cincuenta años en completarse: en 900 la inmensa mayoría de los judíos de Mesopotamia y Persia ya se dedicaba a una gran variedad de oficios artesanales, al comercio, al préstamo pecuniario y a la medicina[4]. Esta transición, una vez iniciada, fue irreversible. Los términos *urbano, muy instruido, mercader, comerciante, intermediario, banquero, médico* y *erudito* quedarían asociados a los judíos hasta nuestros días.

¿Cómo puede aplicarse la teoría expuesta en el capítulo 4 a un contexto en el que casi todos los judíos se convirtieron en artesanos y comerciantes? Si los agricultores judíos alfabetizados preferían hacerse mercaderes –como se demostrará con un simple argumento económico–, ¿por qué en 650 los judíos alfabetizados seguían en su mayoría dedicándose a actividades agropecuarias? ¿Por qué, en cambio, casi todos los judíos de Mesopotamia y Persia abandonaron la

[1] Gil (2004, pp. 57, 491).

[2] Baron (1937, vol. 2); Beer (1974); L. Jacobs (1990).

[3] Gil (2004, pp. 491-492, 597-600).

[4] Baron (1953, vol. 4, cap. 22); Ashtor (1959b, pp. 147-154); H. Ben-Sasson (1976, pp. 388-400); Gil (2004, pp. 597-662).

agricultura entre 750 y 900 aproximadamente para dedicarse a los oficios artesanales y el comercio? ¿Cuál es el corolario de nuestra teoría en lo tocante a la inversión de los judíos en la alfabetización de los hijos y a las conversiones en un contexto urbano? ¿Los datos históricos concuerdan con ese corolario?

## Análisis económico de la alfabetización hebraica en un mundo de mercaderes

Para contestar a esas preguntas imaginemos que viajamos al pasado y nos ponemos en la piel de los judíos que vivían en Mesopotamia y Persia entre 650 y 900. En esa época las dos regiones juntas albergaban casi el 75 por ciento de todos los judíos del mundo.

En el capítulo 4 supusimos que los campesinos judíos que vivían en una aldea de Galilea hacia el año 200 debían afrontar dos decisiones fundamentales: en qué medida invertir en la educación de los hijos y si seguir profesando el judaísmo rabínico o convertirse a otra religión. Vamos a enriquecer el análisis económico presentado en ese capítulo añadiendo una tercera decisión: si seguir dedicándose a la agricultura o escoger ocupaciones como los oficios artesanales, el comercio y el préstamo de dinero. Para simplificar al máximo este análisis sin omitir aspectos importantes de los datos históricos que nos proponemos explicar, introduciremos algunos supuestos. Estas simplificaciones resultan ser compatibles con las descripciones de la economía de la región mediterránea y Oriente Próximo entre los siglos VIII y XII realizadas por Goitein y Gil[5].

*La teoría económica: hipótesis*

Al igual que en la primera mitad del primer milenio, descrita en el capítulo 4, la heterogeneidad también es un rasgo destacado de la población mundial en la segunda mitad del primer milenio. Los individuos difieren en materia de gustos, creencias, religiosidad, capacidades, actitudes hacia el trabajo, salud y ganancias e ingresos.

[5] Goitein (1967-1988, vol. 1); Gil (1992, 2004).

Como en la etapa anterior, en la segunda mitad del primer milenio los judíos y los gentiles extraían utilidad del consumo. Al igual que en la primera mitad, los campesinos y mercaderes judíos se distinguen de los gentiles por una característica fundamental: también obtienen utilidad de la capacidad de leer y estudiar la Torá y de tener hijos instruidos que poseen la misma capacidad[6]. Siguen imponiendo un estigma social a los judíos que no obedecen la norma religiosa de enviar a los hijos a la escuela para que aprendan a leer y estudiar la Torá. Los *ammei ha-aretz* siguen siendo parias. En términos económicos, el castigo social genera desventaja para el judío que escoja no invertir en la alfabetización e instrucción de los hijos.

Un agricultor judío en la Mesopotamia de 650 u 850 no es muy diferente de un agricultor judío en la Galilea de 200[7]. La fuerza física, el conocimiento del suelo, el uso de técnicas agrícolas transmitidas de padres a hijos y el trabajo duro son requisitos indispensables para ser un agricultor productivo. En las economías de subsistencia del primer milenio la mayoría de campesinos trabaja los campos y cría ganado sobre todo para consumo propio, y vende lo que sobra una vez satisfechas las necesidades familiares. La producción de bienes agrícolas con fines comerciales es escasa. Es raro que se formen sociedades empresariales, se firmen contratos o se lleven a cabo transacciones que requieran cálculos complicados. En la jerga de los economistas, la alfabetización y la instrucción no son entradas importantes en las funciones de producción de los agricultores –judíos o gentiles– y, por tanto, no aumentan su productividad ni su riqueza.

¿Cómo influye la alfabetización en los individuos que viven en ciudades y se dedican a actividades especializadas? Los artesanos y mercaderes analfabetos también pueden obtener buenos ingresos: un zapatero, por ejemplo, puede fabricar zapatos sin saber leer ni escribir. En aras de la simplicidad hemos supuesto que los artesanos

[6] Presuponemos que todas las demás normas impuestas por el judaísmo (por ejemplo, comer alimentos *kosher* u observar el sabbat) proporcionan la misma utilidad (o desventaja) que las normas análogas impuestas por otras religiones.

[7] En el primer milenio la agricultura experimentó un progreso técnico (véase Mokyr 1990, cap. 1), pero no hasta el punto de mecanizarse ni ser objeto de estudios científicos, como ocurriría durante la revolución industrial y después de ella.

y los mercaderes analfabetos no ganan más que los campesinos[8]. Este presupuesto parece razonable porque, de no ser cierto, los campesinos abandonarían la agricultura para convertirse en artesanos y mercaderes (analfabetos)[9].

Dada la naturaleza de su trabajo, los artesanos, mercaderes y prestamistas, que producen bienes o servicios para venderlos en el mercado, sacan un provecho enorme de la alfabetización. Vender mercancías y servicios, adquirir materias primas, utilizar contratos y estar al corriente de las condiciones del mercado son factores fundamentales para sus ingresos. Para muchos artesanos, mercaderes y prestamistas es ventajoso crear sociedades comerciales y encontrar fuentes de financiación, y la gestión de sus negocios puede beneficiarse mucho de la capacidad de leer y escribir contratos, cartas, actas, cuentas, inventarios y listas de precios y tipos de cambio. Dicho en el lenguaje de los economistas, la alfabetización y educación de un adulto y de sus hijos entran en las funciones de producción de los artesanos, mercaderes y prestamistas, aumentando así su productividad y ganancias.

En el primer milenio, al igual que hoy, la alfabetización y educación de un adulto depende de la inversión realizada por sus padres cuando era un niño. Un adulto puede optar por mejorar su formación, pero si sus padres no hicieron esa inversión inicial, no logrará ese objetivo.

Sentado esto, la alfabetización religiosa judía tiene efectos positivos para la alfabetización general, como sostiene con argumentos convincentes el economista Carmel Chiswick[10]. Un judío que obedece la norma religiosa prescrita por el judaísmo y envía a los hijos de seis o siete años a la sinagoga o a la escuela elemental para que apren-

[8] En este análisis seguimos los supuestos del modelo presentado en el anexo. Presuponemos que solo hay dos clases de ocupaciones, las labores agropecuarias y el comercio, y, para simplificar, que la alfabetización no reporta ningún beneficio a los agricultores. El hecho de que en la realidad sea así o no es irrelevante: lo que cuenta es que el rendimiento que los agricultores obtienen de la alfabetización es menor que el obtenido por quienes se dedican a actividades urbanas especializadas.

[9] En los modelos de las elecciones ocupacionales este supuesto equivale a la hipótesis de la especialización unidimensional. Dado que solo consideramos dos actividades, esta simplificación no es restrictiva.

[10] Véase C. Chiswick (1999, 2006) para un análisis esclarecedor de las externalidades positivas de la alfabetización religiosa del judaísmo para la alfabetización general.

dan a leer y estudiar la Torá en hebreo está potenciando en gran medida la capacidad de los niños de aprender a leer y estudiar cuaquier otro texto escrito en hebreo (y después en otros idiomas). Además, saber leer ayuda a aprender a escribir, y también a contar y calcular precios, costos, tipos de interés y tasas de cambio y, por tanto, a llevar la contabilidad. Por los motivos ya expuestos, estas capacidades son inútiles para los campesinos del primer milenio que se dedican a labores agropecuarias, pero son recursos fundamentales para los artesanos, mercaderes y prestamistas.

Gracias a la relevancia cultural de los eruditos de las academias de la Tierra de Israel y de Mesopotamia entre los siglos I y VI, los judíos también disponen del Talmud, los *responsa* y los tribunales rabínicos (véase el capítulo 5). El canon jurídico aceptado universalmente por las comunidades judías de todo el mundo (el Talmud), la complementación de estas normas mediante los *responsa* escritos por los jefes de las academias, que adaptaron la Halajá judía a contingencias nuevas e imprevistas, y los tribunales rabínicos, que velaban por el cumplimiento de los contratos: estas tres instituciones son de un valor incalculable para los judíos dedicados a actividades como la artesanía, el comercio y el préstamo de dinero, que se benefician de la posibilidad de imponer el cumplimiento de los contratos[11]. Es evidente que la alfabetización es un requisito indispensable para la existencia de esas instituciones.

Con los ingresos que obtienen de sus actividades, las familias judías que viven en Mesopotamia y Persia entre la mitad del siglo VII y finales del IX adquieren bienes de consumo (comida, vivienda, ropa), pagan impuestos y, si envían a los hijos a la escuela, hacen frente a los gastos directos de su educación (libros, tasas de matriculación) y al coste de oportunidad representado por los salarios que los niños ganarían si trabajasen en lugar de estudiar. Traducido a la jerga de los economistas, cada familia padece una restricción presupuestaria que distribuye a su manera.

Dadas las oportunidades y restricciones que se les presentan, y sus preferencias, aspiraciones y devoción religiosa, ¿qué elecciones

[11] Greif (1989, 1993, 2006) muestra cómo esos recursos fueron clave para garantizar el cumplimiento de los contratos entre los mercaderes magrebíes (judíos) en la región mediterránea durante los siglos X y XI. Más abajo expondremos las líneas generales de la teoría de Greif.

en materia de ocupación, religión e inversión en la educación de los hijos harían los judíos residentes en la Mesopotamia y la Persia dominadas por los musulmanes?

*La teoría económica: predicciones*

Primero, aplicando la lógica del modelo de Roy[12], analizamos la elección de la ocupación. ¿Qué ocupación escogería un judío alfabetizado? Dado que las ganancias obtenidas en los oficios artesanales, el comercio y el préstamo pecuniario aumentan con la alfabetización y la educación, y que los judíos disponen de instituciones que garantizan el cumplimiento de los contratos, algo que beneficia sobremanera las transacciones comerciales y económicas, todos los judíos instruidos preferirían dedicarse a la artesanía, el comercio y el préstamo de dinero, pues con estas actividades ganarían más que con la agricultura[13]. Por tanto, el primer corolario de nuestra teoría es que los judíos alfabetizados siempre buscarán la oportunidad de dedicarse a una actividad urbana especializada en la que su inversión en alfabetización y educación arroje réditos elevados.

¿Quiénes serán los primeros en dedicarse a esas profesiones? Cuando la economía rural y agraria se transforma en urbana y mercantil, los agricultores judíos alfabetizados son los primeros en convertirse en artesanos, mercaderes y comerciantes. En cambio, para los campesinos gentiles, cuyos padres no invirtieron en su alfabetización, es casi imposible aprender un oficio que exija saber leer y escribir.

¿Cuántos judíos se trasladarán del campo a la ciudad y se dedicarán a actividades especializadas? El número de judíos alfabetizados que podrán introducirse en esos ámbitos vendrá determinado por la demanda de esas actividades. Cuando las ocupaciones urbanas especializadas disponibles son pocas porque la economía sigue siendo fundamentalmente agraria, muchos judíos instruidos se ven obligados a seguir trabajando en el campo. Pero cuando el proceso urbanizador se pone en marcha, se desarrollan nuevas industrias, los negocios y las actividades comerciales se expanden y crece la demanda de

---

[12] Roy (1951).

[13] Para que esta predicción se cumpla es preciso que los impuestos pagados por los campesinos y los mercaderes sean más o menos iguales, o que los impuestos pagados por los segundos no superen la diferencia entre lo que ganan unos y otros.

toda una serie de ocupaciones urbanas especializadas, muchos judíos alfabetizados logran hacerse un sitio en esos sectores. El segundo corolario de nuestra teoría es, por tanto, que el proceso urbanizador y la expansión comercial permiten a un gran porcentaje de la población judía abandonar la agricultura y especializarse en la artesanía, el comercio, el préstamo pecuniario y otras profesiones especializadas antes que cualquier otro grupo étnico o religioso.

A continuación consideramos la decisión de si invertir o no en la educación de los hijos, y cuánto invertir en ella. Según el tercer corolario de nuestra teoría, el hecho de que la alfabetización sea útil para los artesanos, mercaderes y prestamistas pero no para los agricultores (sea cual sea su confesión) significa que aquellos tienen un incentivo mayor que los agricultores para invertir en la educación de los hijos. El cuarto corolario de nuestra teoría es que los judíos, en cuanto artesanos, mercaderes y prestamistas, son más propensos que los gentiles a invertir en la educación de los hijos –e invertirán más– ya que, además de las ventajas económicas ofrecidas por la alfabetización, los judíos que obedecen la norma religiosa impuesta por el judaísmo obtienen una utilidad de la capacidad –la suya y la de sus hijos– de leer y estudiar la Torá en la sinagoga.

Por último consideramos la elección de la confesión religiosa. ¿Los artesanos, mercaderes y prestamistas judíos se convertirán voluntariamente a otra religión, tal como hará una parte del campesinado judío, según predice nuestra teoría? La respuesta es no. Para entender el motivo, retomamos la lógica de las conversiones que tenían lugar entre los agricultores judíos (véase el capítulo 4). Los individuos alfabetizados siempre prefieren dedicarse a ocupaciones urbanas especializadas antes que a la agricultura y siempre invertirán en la educación de los hijos. Suponiendo que los costes de la educación sean los mismos para judíos y gentiles, y que también lo sea el rendimiento económico que obtienen unos y otros, los judíos invertirán más en la alfabetización y educación de los hijos porque, siendo como son miembros de una religión que valora mucho la alfabetización, obtienen beneficios adicionales del cumplimiento de la norma religiosa y de la adquisición de educación[14].

[14] En teoría, los artesanos, mercaderes y prestamistas judíos pueden ganar más que los gentiles en las mismas ocupaciones porque disponen de instituciones que garantizan el cumplimiento de los contratos (el Talmud, los *responsa*, los

Además, en cuanto judíos alfabetizados, no están sujetos al castigo social que se inflige a sus correligionarios analfabetos. Por tanto, los judíos dedicados a la artesanía, el comercio y el préstamo de dinero, aunque no tengan ningún apego a su religión, tampoco tendrán ningún incentivo para convertirse a otra, siempre que no sufran discriminación. Los judíos que se especialicen en esas actividades, a menos que tengan que pagar más impuestos que los gentiles (o padezcan otras formas de discriminación), no obtendrán ningún beneficio de la conversión a otra fe[15]. Por tanto, la última predicción de nuestra teoría es que con el tiempo la población judía, en cuanto colectivo urbano, muy instruido y especializado en la artesanía, el comercio y el préstamo de dinero, permanecerá estable, o crecerá, porque no se darán muchas conversiones voluntarias.

## La edad de oro de los judíos instruidos en los califatos musulmanes

¿Concuerdan las hipótesis de nuestra teoría con las características principales de la sociedad y la economía en que vivían los judíos de Mesopotamia y Persia entre la mitad del siglo VII y finales del IX? ¿La historia económica y demográfica de los judíos de ese período corrobora los cinco corolarios de nuestra teoría?

---

tribunales rabínicos). Si los gentiles también pueden valerse de instituciones análogas –como de hecho ocurría–, es lícito suponer que los judíos y los gentiles dedicados a la artesanía, el comercio y el préstamo obtienen los mismos ingresos de sus actividades laborales.

[15] Este corolario deriva de la suposición expuesta en el modelo que presentamos en el anexo, según el cual la educación de un padre y de su hijo son complementarias en la función de producción de los mercaderes. El argumento es el siguiente: sea un judío instruido que no tenga ningún apego por su religión y se enfrente al coste elevado de enviar a los hijos a la escuela (porque, por ejemplo, carecen de la motivación necesaria para estudiar la Torá en la sinagoga). Supongamos que el padre prefiera ser mercader antes que agricultor. En ese caso invertirá en la educación de los hijos exactamente igual que un mercader gentil. Mientras la diferencia de impuestos entre judíos y gentiles no supere el coste social que conllevan el abandono del judaísmo y la pérdida de la ayuda y apoyo de los correligionarios, un mercader judío no tendrá ningún incentivo para convertirse a otra religión.

*La alfabetización hebraica*

Según el primer supuesto de nuestra teoría, la alfabetización religiosa hebraica (la capacidad de leer la Torá en hebreo) tiene externalidades positivas para la alfabetización en general (esto es, para la capacidad de leer, y después escribir, cualquier documento escrito en hebreo o en cualquier otro idioma). Los alfabetos hebreo, arameo, griego y latino presentan grandes diferencias[16]. Así pues, los niños y adultos judíos que habían aprendido a leer hebreo en la sinagoga durante la infancia tenían más facilidad para aprender otros alfabetos y leer los demás idiomas que se hablaban en los diversos lugares donde vivían judíos.

Aprender a leer hebreo también ayudaba a aprender a escribir en ese idioma (y en otros). El hecho de que los judíos supiesen escribir cuando casi todo el mundo era analfabeto se pone claramente de manifiesto en la miríada de documentos de la guenizá cairota que describen las transacciones económicas de los artesanos, tenderos, comerciantes a larga distancia y prestamistas judíos de Oriente Próximo y el norte de África bajo el dominio musulmán[17]. Casi todos los documentos comerciales y cartas personales se escribían en un árabe coloquial, muy influido por el dialecto oral, y se transcribían en caracteres hebreos (la denominada lengua judeo-arábiga). Gracias a esta capacidad lingüística, los artesanos, mercaderes y prestamistas judíos podían llevar a cabo transacciones comerciales con gentiles,

[16] Daniels (1996); O'Connor (1996). Originario de la actual Siria y derivado del alfabeto semítico septentrional, el arameo tuvo una difusión enorme entre 1000 y 600 a.C. (sobre todo tras la conquista de Oriente Próximo por los asirios), cuando se hablaba desde la costa mediterránea hasta los confines de la India. Su sistema de escritura, que deriva del fenicio (del que también se considera que procede el griego) y está documentado por primera vez en el siglo IX a.C., se hizo sumamente popular y lo adoptaron muchos pueblos, algunos de los cuales ya poseían un sistema de escritura. El alfabeto arameo consta de 22 letras, todas consonantes, y se escribe de derecha a izquierda. Del arameo proceden también los sistemas de escritura nabateo y árabe moderno, los alfabetos palmireno y siriaco, y centenares de sistemas de escritura que en algún momento se usaron en regiones asiáticas situadas al este de Siria. Una de las influencias más destacadas de la escritura aramea son las letras cuadradas del alfabeto hebreo. Los sistemas de escritura, derivados del fenicio, aparecieron en la Tierra de Israel hacia el siglo X a.C.; uno de ellos era el hebreo antiguo. Sin embargo, en el siglo VI a.C., un alfabeto derivado del arameo y conocido como sistema de escritura judío empezó a sustituir al hebreo antiguo. Se trata del sistema que evolucionaría hasta convertirse en el moderno alfabeto hebraico de caracteres cuadrados.

[17] Goitein (1967-1988); Gil (1992, 2004); M. R. Cohen (1994, 2006).

pues conocían el idioma que se hablaba en el lugar (en el caso de los territorios de los califatos musulmanes, el árabe), aunque usasen el alfabeto hebreo para escribir sus documentos[18].

Según el segundo supuesto de nuestra teoría, la alfabetización (la capacidad de leer y escribir) aumenta la productividad de los artesanos, mercadores y prestamistas por varias razones. En el primer milenio casi todos los bienes se fabricaban de encargo. Los artesanos y fabricantes especializados, como orífices, joyeros, herreros, armeros, zapateros, tintoreros, tejedores y sastres, estaban en ventaja si sabían leer y escribir contratos en los que se especificaban las características de las materias primas y del producto final. Estos contratos se usaban para dirimir las posibles controversias entre clientes y vendedores.

El provecho económico que los artesanos y comerciantes extraían de la alfabetización se observa, por ejemplo, en tres de las muchas cartas encontradas en la guenizá cairota. La primera la escribió hacia 1030 el mercader hispanojudío Yacob b. Samuel, residente en Palermo, a su cuñado Yoshua b. Natán, otro hispanojudío que vivía en Fustat, el antiguo El Cairo[19]:

> Ten a bien comprarme un vestido para la fiesta con su griñón de lino bueno, verde con hilo de oro, de entre ocho y diez dinares, hecho de un tejido grueso, para que dure. Cómprame también dos griñones blancos, de seis codos de largo, de entre dos dinares y cuarto y dos dinares y medio, y un par de zapatos.

La segunda carta la escribió un mercader judío que vivía en Tiro, en el actual Líbano, durante el siglo XI[20]:

> En mi última carta te informé de la llegada del hilo [...] nada más recibirlo se lo envié a un artesano judío de toda confianza. Antes se lo había mostrado a varios otros artesanos, que me dijeron que bastaría para fabricar mil túnicas como las del bazar y unas pocas más de tipo casero. Entre los rollos de hilo había cuatro que no servían, por bastos y deformes. También di al tejedor dos túnicas como las del bazar, según tus instrucciones.

---

[18] Goitein (1967-1988, vol. 2, pp. 191, 228).

[19] Goitein (1973, p. 116). El griñón mencionado en la carta era un turbante femenino.

[20] Goitein (1973, p. 108).

> Una vez terminado cada rollo, el artesano recibirá tres cuartos de dinar. Para el bordado hará falta un sexto de dinar y medio quirate, y para la decoloración y enfurtido, cinco quirates, con lo cual el total por rollo asciende a un dinar nizarí con un octavo [...].
>
> El decoloramiento no se completará hasta después de la fiesta del Pésaj, pues ahora es invierno, y Dios no permite que se decolore en esta época, ya que no quedaría tan brillante como en verano [...].

La tercera carta data aproximadamente de 1010 y la escribió Moisés, hijo de Barhun, el patriarca de la familia Taherti, una de las casas más ricas e influyentes de Kairuán (Túnez). La misiva va dirigida a Sahl, el patriarca de la familia Tustari, una de las más ricas e ilustres de Egipto[21]:

> Me gustaría que la túnica fuese de color rojo encarnado, lo más rojo posible, y que el blanco y el amarillo también fuesen excelentes. No me gusta el tono de amarillo que llegó. Además, la túnica blanca que hará de manto debe ser de la misma calidad. Las mejores túnicas fabricadas son las antiguas. Debe estar cortada en dos piezas. Debería costar 2[5 dinares] o lo que estimes justo; prefiero pagar un dinar más por una túnica que merezca tu aprobación que comprar una no tan buena.
>
> La túnica siglaton es bellísima, pero no es del color que se solicitó. Es azul y blanca, cuando yo la quería de color azul, un color entero, a tu gusto. Quiero tener la mejor y confío en tu criterio.
>
> También quiero dos túnicas de color gris azulado, con orlas que sean lindas a la vista, y que cuesten unos 25 dinares cada una, o poco más, siempre que sean de primera.

La alfabetización –y por tanto la capacidad de leer y redactar contratos, actas y cartas– también imprimió un fuerte impulso a la creación de sociedades comerciales entre mercaderes, como muestra una carta típica archivada en la guenizá cairota. Escrita hacia 1020 por el mercader judío Abraham y dirigida a otro mercader judío, Yosef Ibn Awkal de Fustat, la misiva menciona a doce mercaderes (once judíos y un musulmán) con los cuales Abraham había establecido sociedades comerciales[22]:

---

[21] Goitein (1973, p. 77). Kairuán, situada en el norte de Túnez, fue un importante centro comercial a finales del primer milenio.

[22] Goitein (1973, pp. 85-88).

> Te informo, hermano mayor mío, de que he llegado sano y salvo [a Alejandría] [...] He cargado en la barca de Ibn Yubar nueve piezas de antimonio, cinco en cestas y cuatro en bloque [...] Esta mercancía te la envía personalmente Musa Ibn al Mayani. En este flete tengo en sociedad contigo [...] una carga de cobre, una cesta de fragmentos de cobre y dos piezas de antimonio [...].
>
> También he enviado con [el marinero] Banana un camello para ti, de parte de Ibn al-Mayani, y otro camello para mí en sociedad contigo [...] El marinero también transporta cuatro ánforas pequeñas de aceite, que poseo a medias con Ammar Ibn Yiyu.
>
> Con Abu Zayd he embarcado una carga de estaño en sociedad con Salama al- Mahdawi. Tu parte en esta sociedad con él asciende a 50 libras. También tengo 17 ánforas pequeñas de jabón [...] que pertenecen a un hombre [llamado...]r b. Salmun, que me las ha confiado por su cuenta y riesgo. También tengo un haz de cobre batido, que pertenece a un [musulmán] magrebí llamado Abu Bakr Ibn Rizk Alá. En cuanto a otros dos haces, uno de los cuales lleva escrito el nombre de Abraham y el otro de M. [...], he acordado con el armador que los llevará hasta su destino [...].
>
> Por favor, vende el estaño por mí a cualquier precio que Dios tenga a bien concedernos y guarda la "bolsa" [el dinero obtenido] hasta que yo llegue. Estoy listo para emprender viaje, pero debo quedarme hasta descargar de los barcos la brea y el aceite.

La alfabetización facilitaba la adquisición de otras capacidades, como la de echar cuentas, calcular tasas de cambio y escribir informes de transacciones comerciales. Los documentos de la guenizá están repletos de descripciones de cálculos complicados relativos a contratos matrimoniales, donaciones a los pobres, pagos hechos por la comunidad, testamentos, acuerdos y un sinfín de actividades comerciales[23]. Un hecho sorprendente es que, si bien los lectores de libros científicos conocían los números arábigos y el álgebra desde el siglo IX[24], no hay ninguna prueba de que los mercaderes, artesanos, médicos, prestamistas, maestros o eruditos judíos los usasen[25].

---

[23] Goitein (967-1988, vol. 1, apéndice D).

[24] Levy (1996).

[25] Goitein (1967-1988, vol. 2, pp. 177-178) sostiene que en el mundo árabe los artesanos y mercaderes no adoptaron los números arábigos, usados por los

Las cartas y libros de contabilidad conservados en la guenizá cairota muestran sumas y restas hechas únicamente con caracteres griegos y hebraicos. Es probable que los judíos y los gentiles que se dedicaban a esos oficios ejecutasen los cálculos mentalmente y recurriesen al ábaco cuando fuese necesario.

La alfabetización, al permitir a los judíos leer y escribir contratos y cartas, también los ayudaba a comunicarse a distancia. Gracias a la escritura podían transmitir de una localidad a otra una gran cantidad de información, como noticias sobre las condiciones de viaje (en especial acerca de ataques piratas y otros riesgos), la demanda de productos en un lugar determinado, los altibajos de los precios, las oportunidades de arbitraje y muchos otros datos. Consideremos, por ejemplo, esta carta escrita en Jerusalén a mediados del siglo XI[26]:

> Me pediste información acerca de la seda. Aquí se demandan todos los colores, sobre todo el negro y el celeste. El carmesí, en cambio, no se vende en Jerusalén, aunque podría venderse en Ramala o en Ascalón. Los corales no se venden bien en Jerusalén, pues es una ciudad pobre. En cualquier caso tráelos, o al menos una parte, pues si Dios quiere podrías lograr venderlos. Si llega algún persa, tal vez te los compre [...].

Hacia 1040 el mercader judío tunecino Yahya, hijo de Musa, escribió la siguiente carta a su antiguo aprendiz convertido en socio, que vivía en Egipto[27]:

---

europeos, hasta la Edad Moderna. Los orígenes del álgebra y la numeración modernas se remontan al libro de Muhamad ibn Musa al Juarismi (¿825?) *Sobre el cálculo con números hindúes*. El nombre *al yabar*, del que deriva la palabra *algebra*, es el término árabe que introdujo Al Juarismi para designar la transformación utilizada para resolver una ecuación de segundo grado. A comienzos del siglo XIII el matemático italiano Leonardo Fibonacci, posiblemente el matemático de más talento de la Alta Edad Media, introdujo en Europa el álgebra que aprendió de los matemáticos musulmanes que conoció al viajar por el norte de África.

[26] Goitein (1973, p. 107). Ramala y Ascalón eran ciudades situadas en el centro y sur de la Tierra de Israel respectivamente.

[27] Goitein (1973, p. 103). La carta se escribió entre 1038 y 1042, cuando el gran ataque bizantino contra la Sicilia musulmana provocó la caída de Siracusa, Mesina y otras ciudades conectadas con los países costeros del Mediterráneo sudoriental. Los mercaderes eran reacios a seguir la ruta comercial directa entre Egipto y Túnez por la presencia de la flota bizantina.

> Me escribiste sobre la pérdida de parte del cobre —que Dios nos la compense—, el afortunado provecho obtenido con el antimonio y, por último, la laca y la madera aromática que compraste y cargaste en Midad y Abur. (Mencionaste) que el fardo cargado en Midad se descargó después: no dudo que también se descargará el otro. Espero, no obstante, que haya tráfico en la ruta de Barqa, así que vuelve a empaquetar los fardos en cargas para camello —equivalentes a la mitad del tamaño original— y mándalas por Barqa. A lo mejor consigo venderlo a buen precio y puedo invertir la ganancia en antimonio para este invierno. Desde luego, querido hermano, si la mercancía se queda en Alejandría año tras año, no ganaremos nada.
>
> Aquí solo se consiguen pequeñas cantidades de madera aromática, con lo cual hay mucha demanda. Insisto, no lo dejes estar: haz un esfuerzo y manda la mercancía por la ruta de Barqa. Que Dios nos inspire, a ti, a mí y a todo Israel, a hacer lo que es debido.

Además de la alfabetización básica, los judíos que aprendían el Talmud adquirían una predisposición al pensamiento racional y el análisis de problemas. Esta capacidad analítica podía servir para gestionar las transacciones comerciales y económicas[28]. De hecho, muchos comerciantes eran personas instruidas; algunos eran incluso eruditos versados en derecho y tradiciones judías, como se desprende de las valoraciones legales que escribían en el dorso de las cartas comerciales que recibían, y que se conservan en la guenizá cairota[29].

En suma, la alfabetización religiosa –la capacidad de leer y estudiar la Torá en hebreo– tuvo varios efectos positivos sobre la alfabetización en general, que aumentaron la capacidad de los judíos de dedicarse con provecho a la artesanía, el comercio y el préstamo de dinero. El estrecho vínculo entre la religiosidad y las habilidades comerciales de los mercaderes judíos se refleja a la perfección en una carta que escribió hacia 1120 un mercader judío de origen persa, Isaac ben Simha al Nisaburi, residente en Alejandría, a un judío de origen sirio (damasceno), Abu el Ala Said Haleví, hijo de Yosef, limosnero y administrador de la corte de Fustat[30]:

[28] Agus (1965, p. 7); Goitein (1967-1988, vol. 1).
[29] Goitein (1967-1988, vol. 2, p. 9).
[30] Goitein (1973, pp. 251-252).

> Abu'l Hasan Caleb b. Natán llegó hace algún tiempo y me dijo que llevaba consigo una nota con las medidas del par de colchones que su señoría le había ordenado fabricar; pero la había perdido y no recordaba las medidas [...].
>
> Le solicito también que se encuentre con Rabí Abraham el Rumi, el escriba que escribió el rollo de la Torá en Tinnis y que este año, según he oído, también ha escrito otros dos en Fustat. Hasta ahora aquí en Alejandría no teníamos un rollo de la Torá en pergamino, pero hoy, gracias al Creador, hemos obtenido pergamino y estamos decididos [...] a llegar al fondo de la cuestión. Por ello pido a su señoría que se encuentre con el susodicho Rabí Abraham y se ponga de acuerdo con él en cuanto a su remuneración y todos sus gastos. Debería venir cuanto antes. Hay aquí muchos escribas, pero nuestra intención es que el rollo de la congregación tenga la mejor escritura posible [...].
>
> He tenido noticia de lo que ha hecho su señoría para desbloquear esa carga de madera brezel. Ojalá nunca me falte vuestra amabilidad.

*Las instituciones que velan por el cumplimiento de los contratos*

El tercer supuesto de nuestra teoría es que los judíos disponían de instituciones capaces de imponer el cumplimiento de los contratos, que carecían de utilidad para los agricultores pero contribuían claramente a las transacciones económicas de los artesanos, comerciantes y prestamistas. Durante la primera mitad del primer milenio los eruditos de las academias de la Tierra de Israel y de Mesopotamia dotaron a los judíos de tres herramientas para garantizar el cumplimiento de los contratos: el Talmud, las academias y tribunales rabínicos, y los *responsa* (véase el capítulo 5). A través del Talmud los líderes judíos crearon un cuerpo de normas, reglas religiosas y precedentes jurídicos que permitieron a las comunidades judías dispersas por la cuenca mediterránea y Oriente Próximo tener en común una lengua escrita (el hebreo) y un marco jurídico, con independencia del medio político, económico y religioso en que viviesen.

Las academias también hacían las veces de tribunales rabínicos que asesoraban a los judíos sobre cuestiones concretas y los ayudaban a resolver controversias jurídicas o litigios de índole económica, social o religiosa. Allí donde hubiese judíos –en la Babilonia del siglo VI, en la Fustat del VIII o en la Córdoba del XI los tribunales rabínicos eran un órgano jurídico y arbitral que se basaba en el Talmud en cuanto código vinculante, pero adaptaba las resoluciones a las características específicas del medio social y económico del que se tratase.

Los *responsa* rabínicos facilitaron este proceso consistente en aplicar el derecho canónico recogido en el Talmud a problemas nuevos y circunstancias concretas[31]. En las principales academias de Sura y Pumbedita, en Mesopotamia, los eruditos, valiéndose del Talmud como paradigma jurídico, analizaban cada problema antes de emitir resoluciones escritas, que después se enviaban a todas las comunidades judías de la diáspora mediante la red de mercaderes judíos[32]. La estructura típica de un *responsum* se componía de una resolución, acompañada de una explicación concisa de los motivos que la inspiraban y de citas justificativas sacadas del Talmud, y solía completarse con la refutación de las posibles objeciones. Este servicio no era gratuito: quienes enviaban las preguntas pagaban por recibir las respuestas. Los pagos contribuían a costear las academias y la manutención de los eruditos. Los *responsa* indican que algunos contratos entre judíos y gentiles incluían una cláusula que mencionaba expresamente el recurso a un rabino para que arbitrase los pleitos. El valor de estas soluciones y acuerdos era elevado, pues los rabinos disponían de un archivo de decisiones precedentes, estaban familiarizados con las actividades de los comerciantes y podían transmitir con seguridad sus respuestas escritas a través de los mercaderes itinerantes.

El hecho de contar con un alfabeto escrito (el hebreo) que podía usarse para escribir en cualquier idioma, la alfabetización, un canon jurídico común (el Talmud) e instituciones judiciales (los tribunales

[31] Goitein (1967-1988, vol. 1, apéndice C) recoge algunos *responsa* de los siglos XI y XII relativos a sociedades comerciales formadas entre artesanos y mercaderes judíos, que muestran los consejos jurídicos ofrecidos por varios eruditos, entre ellos Maimónides, e ilustran cómo los jueces de los tribunales rabínicos dirimían litigios con arreglo al derecho talmúdico.

[32] Elon (1994); Brody (1998); Gil (2004, pp. 117-206). Los *responsa* los daba el gaón, como cuenta R. Natán el babilonio (Elon 1994): "Así se procedía con los *responsa*: en *adar* [marzo, uno de los meses de la kalá]; el director de la yeshivá trasladaba a los alumnos todas las preguntas que había recibido y les pedía que las contestasen. Ellos se negaban a responder hasta que el director los instaba enérgicamente, momento en el que cada uno expresaba su parecer. El director los escuchaba hasta que sacaba una conclusión y le pedía al escriba que escribiese la respuesta. Así solían hacer todos los días hasta contestar todas la preguntas que recibían. A fin de mes leían en grupo todos los *responsa* y el director los firmaba y los envíaba a los destinatarios correspondientes".

rabínicos), y un proceso para adaptar el Talmud a los contextos económicos, sociales y políticos en que vivían (los *responsa*) crearon un potente mecanismo de red que ayudó a los judíos a sobresalir en una amplia variedad de oficios artesanales y actividades comerciales, en el préstamo pecuniario y en otras ocupaciones especializadas.

Avner Greif ha mostrado cómo esas externalidades positivas derivadas de la existencia de una red de contactos profesionales permitieron a los comerciantes magrebíes (mercaderes judíos radicados en el norte de África) de los siglos XI y XII superar la ausencia de un Estado que impusiese el cumplimiento de los contratos, aplicar sanciones colectivas en el seno de una comunidad de mercaderes judíos y hacer cumplir las leyes del Talmud en las comunidades judías dispersas por los países mediterráneos[33]. Según Greif, esos mercaderes judíos tuvieron éxito porque, al ser una minoría de dimensiones modestas pero distinta del resto de la población, podían excluir o condenar al ostracismo a los miembros que se desviasen de las reglas consensuadas de comportamiento económico o se aprovechasen de forma oportunista de los demás miembros de la diáspora. Una vez creada la confianza y establecidas las normas cooperativas en el seno de un grupo pequeño, los miembros de la diáspora judía estaban bien pertrechados para dedicarse al comercio a larga distancia, pues hasta en lugares lejanos encontrarían semejantes con cuya lealtad podían contar.

Solo un mercader judío que supiese leer era capaz de imponer sanciones a los comerciantes judíos que engañasen a otros colegas y se aprovechasen de ellos. La alfabetización era, pues, requisito indispensable para aplicar las sanciones comunitarias, las resoluciones de los tribunales rabínicos y los dictámenes de los eruditos de las academias mesopotámicas.

*Las ganancias en las diversas ocupaciones*

Según el cuarto supuesto de nuestra teoría, la alfabetización entra en las funciones de producción y hace que aumenten las ganancias de los individuos especializados en oficios artesanales, comercio y préstamo pecuniario, mientras que no reporta ningún beneficio a los agricultores. Por tanto, los salarios y las ganancias en la actividad

[33] Greif (1989, 1993, 1994, 2006).

agropecuaria son por término medio inferiores que en las ocupaciones que se benefician de la alfabetización.

En la tabla 6.1 se presentan algunos datos que respaldan esta hipótesis. En la Tierra de Israel de los primeros siglos del primer milenio, un trabajador urbano especializado ganaba el doble que un agricultor. Lo mismo vale para otros lugares y períodos[34].

**TABLA 6.1.** Diferencias salariales entre el trabajo agrícola y el urbano en algunos lugares y años.

| Lugar/período | Trabajador agrícola | Trabajador urbano especializado |
|---|---|---|
| *Oriente Próximo* | 24-48 | 48-72 |
| Tierra de Israel I d.C.-300 | 72-96 | — |
| Mesopotamia I d.C.-300 | 4-32 | 6-40 |
| Egipto, I d.C.-300 | | |
| *Toscana* | | |
| *ca.* 1290 | 35 | 60 |
| *ca.* 1350 | 30 | 90 |
| *ca.* 1430 | 120 | 240 |
| *Inglaterra* | | |
| 1750-59 | 5,57[a] | 11,14-16,70[b] |
| *Japón* | | |
| 1880-84 | 4,94 | 7,44 |

*Fuentes*: Para la Tierra de Israel, Mesopotamia y Egipto, Sperber (1965, 1966). Para la Toscana medieval, Malanima (2005, 2007). Para Inglaterra y Japón, Allen (2001, tablas 1 y 2; 2005, apéndice, tablas 5.3 y 5.4).

*Nota*: Las cifras relativas a la Tierra de Israel, Mesopotamia y Egipto son salarios nominales mensuales en dinares. Las cifras relativas a la Toscana son salarios nominales anuales en liras. Las cifras relativas a Inglaterra y Japón son jornales expresados en gramos de plata.

- No disponible.

[a] La cifra se refiere a Oxford.

[b] Las dos cifras se refieren a Oxford y Londres, respectivamente.

### *La lenta transición hacia las ocupaciones urbanas*

A partir de los cuatro supuestos recién descritos, nuestra teoría predice que los agricultores judíos instruidos preferirán abandonar la agricultura y dedicarse a actividades artesanales, comerciales y crediticias porque podrán ganar más. ¿Por qué tardaron tanto los campesinos judíos alfabetizados en trasladarse a las ciudades y especializarse en

[34] Allen (2001, 2005) y Van Zanden (2009) analizan una gran cantidad de datos históricos relativos a los salarios de campesinos y de trabajadores urbanos, genéricos y especializados, en Europa y Asia y analizan la ventaja que representaba la especialización a comienzos de la modernidad y durante la época moderna.

esas ocupaciones lucrativas? ¿Por qué la transición ocupacional de la agricultura a la artesanía, el comercio y el préstamo de dinero se completó en Oriente Próximo musulmán durante los siglos VIII y IX y no en los siglos V y VI, cuando los judíos ya estaban en su mayoría alfabetizados en un mundo de analfabetismo casi universal?

Los datos históricos ayudan a resolver el enigma. Salvo en Constantinopla, que creció de forma espectacular y se convirtió en el centro de una pujante economía comercial bajo dominio bizantino, entre el siglo III y comienzos del VII no hubo en Mesopotamia, Persia, la Tierra de Israel, Siria, el norte de África ni Europa occidental ningún proceso de urbanización importante. La economía de Mesopotamia y Persia bajo el dominio sasánida era sobre todo rural y agraria y no se fundó ninguna ciudad nueva. Los amoraítas, los eruditos de las academias mesopotámicas, con su elevado nivel educativo y humano, fueron los primeros en abandonar la agricultura y convertirse en artesanos y mercaderes, durante los siglos V y VI. Pero esta transición ocupacional solo afectó a un pequeño segmento de la comunidad judía mesopotámica[35].

Entre el final de la dominación romana y los comienzos de la bizantina, la Tierra de Israel entró en una fase de declive: las ciudades y aldeas, en lugar de crecer, desaparecían (véase el capítulo 1). Las economías de Egipto y del Imperio romano de Occidente también se deterioraban[36]. La caída de Roma, en 476, marcó el final de la mitad occidental del Imperio romano; las sucesivas invasiones de pueblos germánicos procedentes de la Europa central y septentrional dieron inicio a la llamada Alta Edad Media, período caracterizado por la preponderancia de las economías agrarias de subsistencia y la escasez de centros ubanos comerciales.

Dado que el proceso urbanizador se estancó entre 200 y 650, la demanda de actividades urbanas especializadas en 650 era prácticamente la misma que en 200 o 400. Mientras tanto, la oferta de judíos instruidos que estaban en condiciones de convertirse en artesanos, mercaderes e intermediarios aumentó rápidamente entre el siglo III y finales del VI como consecuencia de la norma religiosa judía que obligaba a los padres a dar educación a los hijos. Sin construcción

[35] Neusner (1965-1970); Beer (1974); Gafni (1990); L. Jacobs (1990).
[36] Avi-Yonah (1976); Herr y Oppenheimer (1990); Leibner (2006, 2009); Gil (2008).

de nuevas ciudades y con una economía fundamentalmente agraria, entre la época de Rabí Yehudá Hanasí y la de Mahoma hubo un exceso de oferta de agricultores judíos alfabetizados que habrían deseado dedicarse a los oficios artesanales, el comercio y el préstamo de dinero pero no podían encontrar trabajo en esos sectores. La situación cambió drásticamente en el siglo VI, cuando Mahoma echó los cimientos de uno de los imperios más grandes, más urbanizados y más comerciales de la historia premoderna.

*La urbanización, la expansión comercial y la transición ocupacional de los judíos*

Desde el punto de vista del pueblo judío, la fundación de los califatos musulmanes fue un "accidente histórico": un acontecimiento exógeno impulsado por los árabes bajo el liderazgo de Mahoma. Este accidente histórico interactuó con las dinámicas internas del judaísmo y dio pie a un cambio duradero y sin precedentes de la estructura ocupacional y residencial de la comunidad judía en todo el mundo.

A la muerte de Mahoma, acaecida en 632, los líderes religiosos musulmanes se propusieron convertir el islam en una religión ecuménica y un imperio mundial. En el apogeo de su expansión territorial, bajo las dinastías omeya y después abasí, el Imperio islámico abarcaba un vasto territorio que se extendía desde la Península Ibérica a la India, en el cual era relativamente fácil desplazarse o emigrar. La dominación musulmana, que impuso una lengua común (el árabe) y un conjunto uniforme de leyes e instituciones sobre un área inmensa, favoreció sobremanera el comercio a pequeña escala y a gran distancia[37].

El período abasí se caracterizó por el desarrollo espectacular de la ciencia, la tecnología y las humanidades. Los reinados de Harún al Rashid (786-809) y Mamun (813-833) fueron períodos de extraordinario esplendor económico, tecnológico, científico, filosófico y literario. El mundo musulmán adoptó los métodos de fabricación de papel originarios de la China y los mejoró con la invención de molinos papeleros, muchos siglos antes de que el papel se conociese en

[37] Lewis (2002). Los persas siguieron usando su lengua materna, al igual que los judíos persas, aunque estos la escribían en caracteres hebraicos (el llamado judeopersa).

Occidente[38]. Los ingenieros musulmanes descubrieron innovadores usos industriales de la energía hidráulica, mareomotriz y eólica, del vapor y de los combustibles fósiles. El uso industrial de los molinos de agua se remonta al siglo VII; en el siglo IX, si no antes, ya se habían generalizado las norias en sus versiones horizontal y vertical. Dos siglos después existían molinos industriales en todas las provincias del mundo islámico. Los ingenieros musulmanes inventaron los cigueñales y las turbinas hidráulicas, introdujeron engranajes en los molinos y en las norias y fueron los primeros en usar diques como fuente de energía hidráulica. Gracias a estos avances se mecanizaron muchas labores industriales que hasta entonces se hacían a mano[39].

También se lograron progresos importantes en materia de irrigación y agricultura, gracias a tecnologías novedosas como el molino de viento. A través de la Península Ibérica los árabes llevaron a Europa productos como la almendra y los cítricos e introdujeron el cultivo de la caña de azúcar[40]. El aumento de la productividad agrícola fomentó el crecimiento de ciudades e industrias por todo Oriente Próximo[41]. Para muchas de estas industrias se construyeron grandes complejos fabriles y los conocimientos relativos a ellas se transmitieron después a la Europa medieval.

El progreso tecnológico, la expansión del comercio y el crecimiento económico llevaron aparejado un enorme proceso urbanizador[42]. En Mesopotamia y Persia se fundaron nuevas ciudades y grandes centros urbanos, y en el siglo IX Bagdad –la nueva capital del imperio– se convirtió en una de las mayores ciudades del mundo con cerca de un millón de habitantes (véase la tabla 1.4). Desde el punto de vista económico, la principal consecuencia de la urbanización de Oriente Próximo fue el aumento considerable de la demanda de mano

---

[38] Goitein (1967-1988, vol. 1); Mokyr (1990, cap. 6). El conocimiento de la pólvora también se transmitió posteriormente desde China a través de los países islámicos.

[39] Mokyr (1990, cap. 6).

[40] Watson (1974); Mokyr (1990, cap. 6); Decker (2009).

[41] Mokyr (1990, cap. 6). Estas industrias primitivas producían cosas como instrumentos económicos, cerámica, sustancias químicas, destilados, relojes, cristal, maquinaria mecánica accionada por la energía hidráulica y eólica, esteras, mosaicos, celulosa y papel, fármacos, cuerda, embarcaciones, seda, azúcar, ropa y armas, y extraían minerales como el azufre, el amoníaco, el plomo y el hierro.

[42] Baron (1952, vol. 4, pp. 150-227); Stillman (1995); Gil (2004, pp. 491-492).

de obra especializada en las nuevas ciudades, a las que afluyeron en masa los judíos persas y mesopotámicos. Este movimiento fue de tal magnitud que a finales del siglo IX la población judía de Oriente Próximo ya era casi exclusivamente urbana[43].

Los judíos que se asentaban en las ciudades y centros urbanos se dedicaban a centenares de ocupaciones urbanas, en especial los oficios artesanales, la venta al por menor, el comercio a larga distancia, el préstamo pecuniario, la recaudación de impuestos, la docencia y la medicina. Los documentos de la guenizá cairota mencionan unas 450 ocupaciones (entre ellas cerca de 265 ocupaciones manuales, como los oficios artesanales; 90 ocupaciones relacionadas con el comercio y la actividad bancaria; y 90 profesiones burocráticas o vinculadas a la enseñanza, como escribas, burócratas y funcionarios de las administraciones estatales y locales, funcionarios religiosos, maestros, rabinos y educadores). Nunca hasta entonces habían existido tantas ocupaciones en un solo lugar[44].

Esta transición residencial y ocupacional tardó cerca de ciento cincuenta años en completarse: en 900 ya eran pocos los judíos persas y mesopotámicos que aún se dedicaban a la agricultura, como habían hecho sus antepasados durante siglos. En lugar de ello eran vinateros, tratantes en grano y ganado, constructores, sastres, libreros, agentes e intermediarios, fabricantes de clepsidras, mediadores inmobiliarios, taberneros, curtidores, fabricantes de tejidos de seda y púrpura, vidrieros, artesanos especializados, armadores, comerciantes de perlas, tenderos, orífices, médicos, mercaderes locales y a larga distancia y banqueros de corte[45].

Las coordenadas temporales (los siglos VIII y IX) y espaciales (el Oriente Próximo musulmán) de la transición ocupacional de los judíos son compatibles con los dos primeros corolarios de nuestra teoría, relativos a la elección de la ocupación: cuando se puso en marcha el proceso urbanizador y el comercio y las actividades mercantiles se expandieron vigorosamente, se abrió un amplio abanico de ocupaciones urbanas especializadas y muchos judíos instruidos pudieron

[43] Baron (1952, vol. 4, pp. 150-227); Ashtor (1959b, pp. 147-154); H. Ben-Sasson (1976, pp. 388-394); Gil (2004, pp. 491-492, 597-600).

[44] Goitein (1967-1988, vol. 1).

[45] Baron (1952, vol. 4, cap. 22); Ashtor (1959b, pp. 147-154); H. Ben-Sasson (1976, pp. 388-394); Gil (2004, pp. 491-492, 597-600).

introducirse en esos sectores antes que cualquier otro grupo étnico o religioso.

La duración de la transición ocupacional de los judíos –unos ciento cincuenta años– concuerda con la duración de la transición de la ocupación rural a urbana que tuvo lugar en Europa occidental durante la revolución industrial de los siglos XVIII y XIX. Así lo afirma el economista Robert Lucas[46], cuyo argumento se basa en una teoría que hace de la acumulación de capital humano el principal mecanismo de la transición de la sociedad rural a la urbana. El modelo de Lucas se fundamenta en la intuición de que hace falta un cierto tiempo para que una población alfabetizada adquiera los conocimientos necesarios para cambiar las ocupaciones rurales por las urbanas. En consecuencia existe un desfase entre el momento en que los individuos se convierten en personas instruidas y el momento en que se trasladan del campo a la ciudad y abandonan las labores genéricas para dedicarse a actividades especializadas.

*La educación primaria universal entre los judíos*

Según el tercer corolario de nuestra teoría, los judíos, una vez convertidos en urbanitas especializados en oficios artesanales, comercio, préstamo pecuniario y medicina, invierten más en la alfabetización y educación de los hijos. Los datos históricos refrendan plenamente esta afirmación. La educación primaria se hizo casi universal en las comunidades judías del Oriente Próximo musulmán. Como señala Goitein, "el conocimiento del hebreo era [...] casi universal entre los varones judíos, que cuando menos sabían leer la Biblia, núcleo esencial de la educación primaria judía"[47].

Las dos principales fuentes directas que dan fe de la difusión de la alfabetización y la educación entre los judíos son los *responsa* gaónicos y los documentos de la guenizá cairota. La existencia y amplitud de los *responsa* es en sí una prueba de la difusión de la alfabetización por las comunidades judías de la diáspora. En muchos *responsa* se hace mención de escuelas, maestros y sus salarios, alumnos y libros. En algunas cartas se hace referencia a la designación de maestros y tutores, incluso en ciudades pequeñas y aldeas. Algunos *responsa*

[46] Lucas (2004).
[47] Goitein (1967-1988, vol. 2, pp. 171-183).

indican que los niños judíos aprendían en las sinagogas los alfabetos hebraico y árabe, y también aritmética[48]; en otros se menciona que las familias gentiles estaban interesadas en enviar a sus hijos a las sinagogas para que aprendiesen materias no religiosas[49].

En la guenizá cairota también abundan documentos que confirman el carácter universal de la educación primaria entre los niños judíos. Los presupuestos, las cartas y los contratos relativos a familias tanto pudientes como humildes, incluso residentes en ciudades pequeñas y aldeas, contienen muchas referencias a maestros y tasas escolares[50].

Muchas cartas y expedientes judiciales atestiguan el papel fundamental de la educación en la vida familiar judía. Por ejemplo, una mujer de una familia humilde trató de demostrar en un juicio que su marido había perdido los derechos conyugales porque no sufragaba la educación de los hijos (la costeaba ella). En una resolución extrajudicial otra mujer confirmó haber pagado los gastos relativos a la alimentación, bebida, ropa, cobijo e instrucción de sus tres hijos. En una carta escrita por un hombre judío, probablemente en respuesta a la protesta de su esposa, que se quejaba de que los maestros cargaban de tareas a sus hijos, se lee: "El conocimiento que adquirimos de niños es lo único que nos granjea el respeto de los demás [...] Hay que respetar al maestro y enviar a los niños a la escuela (en la sinagoga) todas las mañanas y todas las tardes"[51].

En una carta de negocios un mercader judío aconseja a su corresponsal impedir que su hijo interrumpa los estudios; de ser necesario,

---

[48] Goitein (1967-1988, vol. 2, p. 177). Las cartas de la guenizá de El Cairo también confirman este particular. Por ejemplo, en una carta del acaudalado mercader y erudito judío Halfon ben Manasés Haleví (1100-1139), una viuda contrata al mercader para que enseñe caligrafía árabe y aritmética a su hijo. Si las enseñanzas resultaban productivas, el maestro recibiría dos dinares.

[49] Assaf (2002-2006, vol. 2, p. 27). Rabí Hai, director de la academia de Pumbedita a fines del siglo X y comienzos del XI, señala que los niños pueden estudiar "el alfabeto árabe y aritmética además de la Torá; pero si no se enseña la Torá, no deben enseñarse ninguna de esas materias", y añade que "debe evitarse, en la medida de lo posible, enseñar a los hijos de gentiles en las sinagogas; pero si se teme que este rechazo cause indignación, deberá permitirse en aras de la paz".

[50] Goitein (1962). Junto con los gastos básicos de subsistencia y el impuesto de capitación, la educación absorbía la mayor parte de los presupuestos familiares que figuran en la guenizá cairota.

[51] Goitein (1962, pp. 34-35; 1967-1988, vol. 2, p. 174).

le dice que pague la tasa escolar por adelantado. Varias cartas escritas por padres en viajes de negocios al extranjero recogen las instrucciones que estos daban a las esposas u otros parientes para que velasen por la educación adecuada de los hijos. Un mercader judío se queja con amargura de su esposa, que permite al hijo de ambos faltar a la escuela para jugar en la calle. En la misma misiva envía al hermano 15 dirhams para el maestro del hijo y una bella prenda de vestir para este último, como estímulo para que acuda a la escuela[52].

Las comunidades judías hacían enormes esfuerzos por dar educación a los huérfanos y a los hijos de los pobres. Además de costear la escolaridad de los propios hijos, todo cabeza de familia estaba obligado a pagar un impuesto destinado a financiar los estudios en la escuela elemental de los huérfanos y niños pobres. En varios documentos originarios de Fustat, Jerusalén, Damasco y Bagdad se menciona a los "maestros de los huérfanos", cuyo salario se cubría con ese impuesto comunitario[53]. Todo cabeza de familia que llevase al menos doce meses residiendo en un mismo lugar debía pagar un impuesto para la educación destinado a cubrir los gastos escolares de los huérfanos y niños pobres. En el siguiente documento, extraído de la guenizá cairota, se consigna parte de lo que gastaban algunas familias en los propios hijos y en los huérfanos y niños pobres de una comunidad judía[54]:

> Cuenta de los gastos de la enseñanza de niños en la escuela de la Torá de R.
> Nisim, hijo de Ibrahim, el jefe de la comunidad, desde el Sabbat Bereshit hasta el Sabbat Va-Yoshea: dieciséis semanas… ocho dirhams
> Hijo del carpintero llamado Chayun el Mugrabi, durante cuatro meses… ocho dirhams
> Tres hijos de Calaf de la ciudad de Almachla durante doce semanas… quince dirhams
> Chayun el Mugrabi, huérfano, desde el mes de Av al final del Sabbat Va-Yoshea: cinco meses… diez dirhams y medio
> Hijos de la mujer del zapatero y un hijo pequeño de R. Yehosua, durante diez semanas que terminan con el Sabbat Va-Yoshea… quince dirhams

[52] Goitein (1962, pp. 34-35; 1967-1968, vol. 2, p. 174).
[53] Goitein (1967-1988, vol. 2, pp. 174-193).
[54] Goitein (1962, p. 40); M. R. Cohen (2003).

> Hijo de Mechsan el *shamash* y el hijo de Baha, el *shomer* [supervisor del *cashrut*], durante doce semanas que terminan el mismo día... doce dirhams

Así explica Goitein esta carta. El maestro cobraba su salario al final del período docente. Lo más probable es que los maestros estipulasen un período de estudio determinado para cada niño, al término del cual se les pagaba. La tarifa semanal por un niño era medio dirham. Si un maestro tenía 40 alumnos, al cabo de una semana recibía 20 dirhams. La comunidad pagaba los gastos de escolaridad del hijo del *shamash* y del hijo del *shomer*, y también del hijo de uno de los jefes de la comunidad.

¿Cómo se organizaba la educación de niños y adultos en el mundo que describen los documentos conservados en la guenizá cairota? Recordemos que el objetivo principal de la instrucción de los niños judíos era prepararlos para participar activamente en el servicio de la sinagoga. Los cinco libros de Moisés (el Pentateuco) se leían y estudiaban íntegramente en la versión contenida en un rollo sagrado, escrita a la antigua usanza, sin vocales ni signos de entonación salmódica. El judío que desease participar en el servicio de la sinagoga también debía leer con soltura los libros de los Profetas, además de la traducción en arameo (*targum*) y cualquier otro libro de la Biblia. Un niño que salmodiase el *targum* "sobre la Torá" –esto es: que recitase la antigua traducción en arameo de la versión hebrea que leía verso a verso un adulto– era el orgullo de sus padres, como se desprende de una larga carta comercial enviada desde El Cairo a un mercader que viajaba a la India, en la que el remitente señala: "Tu hijo Faraj ya lee el *targum* que acompaña la lectura de la Torá, tal como te garanticé"[55].

Este vínculo estrecho entre religión y alfabetización explica por qué la educación judía se organizaba según la manera descrita en los documentos de la guenizá cairota. Un niño pasaba la infancia en una escuela anexa a la sinagoga o en una casa de estudio situada en la residencia del maestro; los hijos de padres ricos recibían instrucción privada[56]. La escuela elemental, que solía albergar alumnos de edades diversas, estaba destinada a preparar a los niños para participar en el

[55] Goitein (1967-1988, vol. 2, p. 175).
[56] Goitein (1967-1988, vol. 2, p. 177).

culto en la sinagoga. Aprender a leer y estudiar la Torá en hebreo era la parte principal del programa de estudios. Los libros de ejercicios encontrados entre los documentos de la guenizá cairota muestran que se enseñaba a leer los caracteres del alfabeto junto con otros símbolos usados en la lengua hebraica y sus diversas combinaciones. Para hacer más interesante el aprendizaje y facilitar la comprensión, los maestros dibujaban grandes perfiles caligráficos de las letras y los niños las coloreaban de rojo y marrón[57].

Hay algunas pruebas de que las niñas asistían a la escuela con los niños, al menos en Alejandría. En las familias ilustres, sobre todo cuando no tenían hijos varones, las niñas recibían una educación judaica de alto nivel. Los documentos de la guenizá contienen varias referencias a maestras[58].

El tamaño de la comunidad judía influía en la organización de la educación primaria. En los asentamientos más pequeños la comunidad contrataba y pagaba a un solo maestro; en los más grandes los maestros eran libres de competir por alumnos. Los salarios que las comunidades judías pagaban a los maestros unas veces eran fijos y otras se ajustaban en función del número de huérfanos y alumnos pobres que hubiese en la clase.

Los documentos de la guenizá cairota también revelan las diferencias entre las categorías sociales que se otorgaban a los *melamedei tinokot* (maestros de niños), *talmidim* (eruditos) y *haverim* (hombres doctos *acreditados*). Los primeros, aunque respetados, ocupaban el peldaño más bajo de la escala social; en cambio, los *haverim* estaban en lo más alto de la escala social de las comunidades judías descritas en los documentos de la guenizá[59]. La comunidad judía controlaba con atención a los maestros, daba educación a los niños pobres y huérfanos y regulaba los salarios de los docentes.

Los niños judíos, una vez terminada la escuela elemental, en la cual adquirían conocimientos básicos de hebreo y árabe, la capacidad de leer y estudiar la Torá en hebreo y algunas nociones de aritmética, debían aprender un oficio, como indica el pasaje talmúdico

[57] Goitein (1967-1988, vol 2, p. 178).

[58] Goitein (1962, p. 64). No está claro si las niñas judías asistían a la escuela primaria antes del período musulmán, porque no existen documentos al respecto comparables con los de la guenizá de El Cairo.

[59] Goitein (1967-1988, vol. 2, pp. 185-190).

(Kidushín 19a) que exigía a los padres judíos pagar una educación a los hijos varones y enseñarles un oficio. Esta norma no obligaba a los padres a enseñar personalmente un oficio a los hijos. Lo normal era que se lo enseñase algún artesano, que cobraban por esta labor docente. Como este adiestramiento se impartía oralmente en el propio lugar de trabajo, en los documentos de la guenizá cairota apenas hay testimonios de esta práctica. En cambio, dado que los mercaderes, por la naturaleza de su trabajo, estaban obligados a escribir más, esos documentos ofrecen más testimonios del adiestramiento en actividades comerciales[60].

Los conocimientos más avanzados, como los necesarios para ejecutar cálculos complejos en relación a los precios, el valor futuro de mercancías adquiridas y revendidas en diversos momentos, los tipos de interés y las tasas de cambio, no se impartían en las escuelas elementales (ni siquiera en las academias de enseñanza superior). Los adolescentes y los adultos jóvenes adquirían destreza para el cálculo haciendo prácticas con los propios padres o con otros artesanos, mercaderes, comerciantes y prestamistas, que los tomaban de aprendices para que aprendiesen un oficio artesanal o comercial[61].

Estos mismos documentos apenas revelan nada sobre los estadios más avanzados de la educación (religiosa o laica) a la que se dedicaban algunos jóvenes judíos tras la escuela elemental y no ofrecen ninguna información sobre las academias en cuanto instituciones de enseñanza superior para adultos jóvenes, lo cual no es de extrañar dado que las academias estaban concebidas desde su origen como asambleas de eruditos. La enseñanza en las academias se impartía en un arameo mezclado con hebreo. Los estudios superiores de índole secular por lo general se valían de la lengua árabe (aunque la guenizá conserva algunos documentos de medicina y ciencia escritos en hebreo). Estos estudios tenían un carácter interconfesional: los judíos estudiaban con maestros musulmanes y cristianos y los médicos judíos enseñaban a individuos de otros credos[62].

El estudio no se consideraba un deber exclusivamente infantil. Dado que se tenía por un acto de adoración a Dios, los varones judíos no dejaban de estudiar durante toda la vida. Los documentos de

---

[60] Goitein (1962, pp. 116-125).

[61] Goitein (1967-1988, vols. 1 y 2).

[62] Goitein (1962, pp. 140-145).

la guenizá abundan en pruebas de la dedicación con que los judíos adultos leían y estudiaban los textos sagrados. En la época de la guenizá el jefe espiritual de la comunidad judía se denominaba *dayán*, no rabino, y su cometido principal era educar a los varones adultos. La enseñanza se impartía en el sabbat y los días festivos; también había clases regulares a lo largo de la semana, sobre todo de noche. En un documento de la guenizá un judío del siglo XI escribe: "Así como el cuerpo necesita alimento, el alma necesita aprender. El hombre debe, pues, dedicar parte de su tiempo al aprendizaje; esto es, parte de su tiempo libre, durante los sabbats y los días festivos"[63]. En una carta enviada desde Túnez escribe un judío: "Me contaste que habías leído la Biblia por segunda vez y que la conocías bien y, además, que estudiaste la Misná y el Talmud. Qué alegría me diste [...]"[64].

En las actividades de enseñanza y educación participaban miembros de casi todas las profesiones. Goitein describe con detalle el proceso formativo que seguían los eruditos, jueces, sacerdotes, cantores y otros funcionarios religiosos, escribas, copistas, médicos, boticarios, perfumeros, preparadores de pócimas, etcétera[65]. La personas instruidas eran en su mayoría de clase media y alta, aunque los documentos de la guenizá también mencionan a artesanos de probado nivel cultural. Por regla general, los eruditos más instruidos en el seno de las comunidades judías eran los comerciantes.

Los siglos IX a XII también fueron testigo del auge de la poesía y la literatura en hebreo, que aún hoy siguen siendo un hito de la educación superior judía[66]. La difusión del conocimiento de la lengua hebraica no se limitaba, pues, a usos comerciales o económicos.

A causa del proceso urbanizador y la expansión del comercio local y a larga distancia en los inmensos califatos musulmanes, la alfabetización y la educación se hicieron más valiosas tanto para los judíos como para los gentiles, con el resultado de que ambos grupos invirtieron más en educación. Así, para difundir el islam, los gobernantes musulmanes promovieron la creación de escuelas elementales (*maktab* o *kutab*), cuyo número había aumentado sensiblemente a finales del si-

[63] Goitein (1962, p. 129).
[64] Goitein (1967-1988, vol. 2, pp. 192-195).
[65] Goitein (1967-1988, vol. 2, pp. 171-262).
[66] Baron (1952, vol. 3).

glo VIII[67]. Pero el islam, a diferencia del judaísmo, no obligaba a los musulmanes a dar educación primaria a sus hijos; todos los judíos invertían en la alfabetización y educación de los niños, pero solo algunos fieles de otras religiones hacían lo propio. Además, las escuelas elementales musulmanas tenían como objetivo principal la memorización del Corán; pocas de ellas enseñaban a los niños a leer o escribir.

### *La preponderancia intelectual: los gueonim*

Nada ilustra mejor el lugar central que ocupaba la enseñanza y el estudio en las comunidades judías de la época musulmana que el poderoso papel desempeñado por los *gueonim*, los directores de las academias de las ciudades mesopotámicas de Sura y Pumbedita[68]. De fines del siglo VI a la mitad del XI todas las comunidades judías del mundo los reconocían como la máxima autoridad en materia de instrucción y estudio.

Durante el período talmúdico (siglos III a VI) los eruditos de las academias designaban a los directores. En cambio, los *gueonim* eran designados por el exilarca babilónico, el jefe político de la comunidad judía mesopotámica, previa consulta con el grupo de eruditos. Si el exilarca y los eruditos no se ponían de acuerdo sobre el candidato, el nombramiento podía prolongarse hasta que uno de los candidatos muriese. Los *gueonim* desempeñaban un papel muy influyente junto al exilarca babilónico, baste como ejemplo el hecho de que a la muerte del exilarca los ingresos del mandatario se transferían al gaón de Sura hasta que se nombraba un nuevo exilarca. A través de los judíos de Bagdad, que tenían representantes en la corte de los califas, los *gueonim* trataban asimismo de influir en la política que seguían los califas musulmanes en relación a los judíos que vivían en su inmenso imperio.

Las academias ofrecían una serie de servicios de importancia fundamental para todos los judíos. Por encima de todo, interpretaban el Talmud, con miras a convertirlo en el código jurídico aceptado para cualquier cuestión religiosa y social y a difundir sus contenidos por todas las comunidades judías.

Las academias también hacían las veces de tribunal supremo y prestador de servicios jurídicos, entre otras cosas dictando nuevas

[67] Nakosteen (1964, pp. 44-47).

[68] Véase Elon (1994); Brody (1998); y Gil (2004, pp. 117-206) para unas descripciones exhaustivas del auge de los *gueonim* y el desarrollo de los *responsa*.

normas y resoluciones para regular contingencias no previstas en el Talmud. Sus decretos (*takanot*), que se hacían llegar a través de los *responsa* a las comunidades judías de todo el territorio dominado por los musulmanes, tenían valor de ley religiosa para todos los judíos del mundo. El gaonato también tenía jurisdicción sobre la organización de los tribunales rabínicos locales de toda Mesopotamia, el nombramiento de cuyos jueces por parte del exilarca requería la aprobación previa de los *gueonim*[69].

Para cumplir los numerosos cometidos de los *geonim* hacía falta un enorme cuerpo de burócratas instruidos. Los gastos correspondientes se cubrían con los impuestos que recaudaban las autoridades judías en los lugares sometidos a su jurisdicción. Además, las comunidades que elevaban consultas a los *gueonim* pagaban por la respuesta. En contadas ocasiones los *gueonim* solicitaban apoyo económico a las comunidades de la diáspora, que solían concederlo. Los bienes raíces (tierras y casas) también eran una fuente de ingresos para las academias.

*La estabilidad de la población judía*

Según el último corolario de nuestra teoría, los judíos urbanitas y especializados en actividades artesanales, comercio y préstamo pecuniario no tienen ningún incentivo para convertirse voluntariamente a otra religión, salvo que se les grave con muchos más impuestos que a los gentiles (o sufran otro tipo de discriminación). Por tanto, una vez completa la transición desde la agricultura a las ocupaciones urbanas especializadas, las conversiones se reducirán o cesarán del todo y la población judía se estabilizará o irá en aumento.

De mediados del siglo VII a mediados del XII, la población total de Mesopotamia, Persia, la Tierra de Israel, Siria, Líbano, el norte de África, Asia Menor, los Balcanes y Europa pasó de unos 51 millones a cerca de 70 millones (gráfico 1.1 y tabla 1.6). La mayor parte de este aumento demográfico tuvo lugar en Europa occidental a comienzos del segundo milenio, impulsado por la expansión del proceso urbanizador y el florecimiento del comercio. La población judía de esa región también aumentó (si hacia 650 había entre 1 y 1,2 millones de judíos, hacia 1170 había entre 1,2 y 1,5). El crecimiento demográfi-

[69] Elon (1994, vol. 2).

co natural, debido al nivel de vida elevado que disfrutaban muchos judíos en los califatos musulmanes (durante la llamada edad de oro de la historia judía), quedó neutralizado por la pérdida de vidas humanas causada por las masacres y por las conversiones forzadas. Las oleadas de intolerancia que en el siglo VII azotaron a la Hispania visigoda, la Francia merovingia y la Italia longobarda hicieron estragos en las comunidades judías. Entre finales del siglo XI y comienzos del XII, en la época de las cruzadas, algunas comunidades judías de Alemania sufrieron masacres[70].

Las conversiones forzadas también se dejaron sentir en algunas comunidades judías. Las persecuciones y conversiones forzosas de judíos (y sobre todo de cristianos) más graves tuvieron lugar a comienzos del siglo XI en Egipto, durante el reinado del califa fatimí al-Hakim. En la Península Ibérica y el norte de África bajo dominio islámico los soberanos almohades masacraron cristianos, judíos y musulmanes discrepantes, y obligaron a judíos y cristianos a convertirse al islam[71].

En cambio, tras la inserción de los judíos en las ocupaciones urbanas especializadas no se produjeron más conversiones voluntarias en masa de judíos al islam. Esta observación queda corroborada por los miles de cartas y documentos conservados en la guenizá cairota y por el acervo de los *responsa*: los episodios de conversiones voluntarias de individuos judíos al islam se mencionan como casos excepcionales, que sobre todo atañen a los miembros destacados de las comunidades judías que se convertían para alcanzar posiciones de prestigio en la burocracia del califato[72]. Estas conversiones eran raras y por completo distintas de las de los campesinos judíos que abrazaron el cristianismo en las economías agrarias del período talmúdico, cuyas conversiones, según nuestra teoría, también venían provocadas por la imposición del gravoso deber religioso de dar educación a los hijos.

El impuesto de capitación (equivalente al cinco por ciento del salario de un maestro, según los documentos de la guenizá cairota) era una carga considerable para los hogares humildes, como demuestran algunos documentos en los que se menciona que algunas comunidades judías ayudaban a las familias pobres a pagar dicho tributo[73].

---

[70] Baron (1971b).

[71] Baron (1952, vol. 17, pp. 181-183); Goitein (1967-1988, vol. 2, pp. 199-303).

[72] Goitein (1967-1988, vol. 2, pp. 300-304).

[73] Goitein (1967-1988, vol. 2, pp. 300-304).

En cambio, para los artesanos, mercaderes, prestamistas, banqueros de corte, recaudadores de impuestos y médicos judíos, la capitación no representaba una carga significativa; es poco probable que la modesta cuantía del gravamen indujese a un gran número de judíos de clase media y alta a abjurar de su religión. En conformidad con el último corolario de nuestra teoría, los judíos que vivían en ciudades y se dedicaban a ocupaciones de alta cualificación como la artesanía, el comercio y el préstamo crediticio no se convirtieron a otra religión, máxime si se tienen en cuenta las externalidades positivas, subrayadas por Greif, que se derivaban de la pertenencia a la red de mercaderes judíos[74].

**Resumen**

El mayor nivel educativo de la población judía, unido a una serie de instituciones que imponían el cumplimiento de los contratos (el Talmud, los tribunales rabínicos, los *responsa*), otorgó a los judíos una ventaja comparativa en el ámbito de la artesanía, el comercio y el préstamo pecuniario tan pronto como el espectacular proceso de urbanización y el crecimiento del comercio en los nuevos califatos musulmanes durante los siglos VIII y IX generaron una demanda enorme de mano de obra para esas ocupaciones.

Los siglos VIII a XII fueron la edad de oro intelectual de las comunidades judías del Oriente Próximo, una época caracterizada por la generalización de la educación primaria entre los judíos, el aumento de la inversión en alfabetización y educación de buena parte de la población judía y la preponderancia de las academias de Sura y Pumbedita, dirigidas por los *gueonim*.

La urbanización y la expansión del comercio en los califatos musulmanes también contribuyeron a estabilizar la población judía. Entre los siglos VIII y XII la población judía creció porque los judíos, una vez alfabetizados, asentados en las ciudades y dedicados a un sinfín de actividades artesanales y comerciales, que se beneficiaban de la disponibilidad, en cuanto miembros de la misma comunidad religiosa, de instituciones que velaban por el cumplimiento de los

---

[74] Greif (1989, 1993, 2006).

contratos, apenas tenían incentivos para convertirse *motu proprio* a otras religiones.

Esta transición ocupacional y residencial, una vez en marcha, no solo resultó irreversible, sino que se acentuó cada vez más. A partir de entonces los judíos se convirtieron en una pequeña población de individuos muy instruidos, que no cesaban de buscar la oportunidad de sacar provecho de su inversión en alfabetización y en las instituciones que imponían el cumplimiento de los contratos.

## ANEXO 6.A: Un modelo formal de educación y conversión de los mercaderes

Entre los siglos VIII y IX los judíos ya habían completado la transición ocupacional y la mayoría se dedicaba a actividades artesanales y comerciales. Para tener en cuenta esa transición y estudiar las elecciones de los judíos en las nuevas circunstancias, modificamos el modelo que presentamos en el anexo al capítulo 4. Dado que el cambio de preferencias religiosas que tuvo lugar tras el año 200 afectó a todos los judíos con independencia de su actividad laboral, nuestros supuestos relativos a la función de utilidad de los mercaderes judíos y gentiles son los mismos que analizamos en el capítulo 4 a propósito del modelo formulado para los agricultores.

La alfabetización y la educación religiosa de los judíos incidieron positivamente en la alfabetización y educación en general, lo cual a su vez aumentó la productividad de los trabajadores urbanos especializados. Como hicimos antes, expresamos con $w^F$ las ganancias (productividad) de un individuo analfabeto o inserto en un ámbito laboral en el que la alfabetización y la educación no aumentan la productividad. Para representar los supuestos sobre la incidencia de la alfabetización y la educación hacemos que las ganancias dependan de la alfabetización y la educación de los adultos y de sus hijos, sea cual sea su confesión religiosa:

$$w^M(e, e_s) = w^F(1 + Ae_s^{\alpha} e^{1-\alpha}) \qquad (6.1)$$

donde $Ae_s^{\alpha} e^{1-\alpha}$ es la ganancia (la productividad) adicional de un mercader instruido, $A$ es un parámetro exógeno de productividad,

$e$ y $e_s$ son la alfabetización y educación del individuo adulto y de su hijo, y $\alpha$ mide la contribución de la alfabetización y educación de un hijo a la productividad del padre. La limitación presupuestaria de un mercader viene expresada por

$$c + \gamma (e_s)^{\theta} + \tau^{rM} \leqslant w^F (1 + A e_s^{\alpha} e^{1-\alpha}) \qquad (6.2)$$

donde $\tau^{rM}$ es el impuesto que paga un mercader de la religión $r$.

*La educación*

Nuestra predicción principal es que los mercaderes judíos invierten más que los gentiles en la alfabetización y educación de los hijos porque su parámetro de apego al judaísmo, $x$, es positivo. La condición de primer orden que da el nivel óptimo de alfabetización y educación de un hijo para cualquier mercader (judío o no judío) puede expresarse así:

$$x(e+1) + (-\theta \gamma (e_s)^{\theta-1} + \tau^{rM} + w^F (1 + A e_s^{\alpha} e^{1-\alpha}) \frac{1}{w^m - \gamma (e_s)^{\theta} - \tau^{rM}} \leqslant 0. \qquad (6.3)$$

Consideremos primero el nivel educativo de estado estacionario ($e = e_s = e^*$) de los mercaderes gentiles, cuyo parámetro exógeno de afección por el judaísmo es (por definición) igual a 0. Entonces, según la ecuación (6.3), $e = e_s = e^* = w^F(A\alpha / \theta\gamma)^{1/\theta-1}$. En el estado estacionario los mercaderes gentiles invierten en la educación de los hijos (esto es, $e_s^* \geqslant e^{min} = 1$) si los parámetros cumplen la condición $w^F A\alpha > \theta\gamma$; o sea, si el producto marginal de la educación es mayor o igual que el coste marginal de la educación en $e = e_s = e^{min} = 1$. Cuanto mejores sean las condiciones económicas agregadas, mayores serán las ganancias de los mercaderes ($w^F A\alpha$) y, en consecuencia, más probabilidades habrá de que los mercaderes, tanto judíos como gentiles, inviertan en la alfabetización y la educación de los hijos.

Supongamos que antes de la imposición de la norma religiosa que obligaba a los padres judíos a educar a sus hijos varones, los niveles de alfabetización y educación de ambos grupos de mercaderes (judíos y gentiles) fuesen positivos. La alfabetización y la educación tienen un efecto positivo en la productividad y las ganancias de los mercaderes, sea cual sea su confesión religiosa. Sin embargo, tras la transformación religiosa del judaísmo, los mercaderes judíos invertirán más que los gentiles en la educación de los hijos porque también obtienen una utilidad directa de la alfabetización y educación de los hijos a una tasa $x$ (véase la ecuación de utilidad de un padre judío en el anexo al capítulo 4).

*La conversión*

Según nuestra predicción principal en materia de conversión, si la diferencia entre los impuestos que pagan los mercaderes judíos y los gentiles es escasa (o nula), ningún mercader judío se convertirá a otra religión. Si los impuestos de los mercaderes judíos son sensiblemente más gravosos que los de los gentiles, los mercaderes judíos con un bajo nivel de apego por el judaísmo (bajo valor de $x$) se convertirán a otra fe. Por tanto, dado que algunos campesinos judíos se convierten (véase el anexo al capítulo 4) mientras que los mercaderes judíos no hacen lo mismo (salvo que la diferencia impositiva sea elevada), el modelo predice que la proporción de mercaderes en la población judía aumentará con el tiempo.

Desde el punto de vista formal, un mercader judío alfabetizado ($e^j \geq 1$) se convierte a otra religión si la utilidad de seguir siendo judío es menor que la utilidad de dejar de serlo; esto es, si

$$u^j(c, e_s; e, x) < u^{jn}(c, e_s; e, x)$$

o bien

$$\begin{aligned} &\log [w^F(1 + A(e_s^j)^{\alpha} (e^j)^{1-\alpha}) - \gamma (e_s^j)^{\theta} - \tau^{jM}] + x(1 + e^j)\, e_s^j < \\ &\log [w^F(1 + A(e_s^n)^{\alpha} (e^n)^{1-\alpha}) - \gamma (e_s^n)^{\theta} - \tau^{nM}] - \pi x \end{aligned} \qquad (6.4)$$

Suponiendo que el nivel de alfabetización y educación de los mercaderes judíos antes de la imposición de la norma religiosa que obligaba a los padres educar a los hijos, $e^*$, sea mayor o igual a 1, la ecuación (6.4) implica que si los impuestos que gravan a los mercaderes judíos y los gentiles son iguales ($\tau^{jM} = \tau^{gM}$), un mercader judío alfabetizado no se convierte a otra religión.

Para demostrarlo partimos del caso extremo $x = 0$, en el cual un judío no atribuye ningún valor a la exigencia impuesta por el judaísmo en materia educativa. En este caso, según la ecuación (6.4), la inversión de un mercader judío en la alfabetización y educación de su hijo será idéntica a la de su homólogo gentil, y el primero se mostrará indiferente en cuanto a la conversión toda vez que obtiene la misma utilidad sea cual sea su filiación religiosa. Al incrementarse el índice de apego por el judaísmo, $x$, la utilidad de ser judío aumenta a la par que el nivel de alfabetización y educación del hijo, $e_s^j$. Por tanto, cuanto más alto sea el índice de apego, mayor será el coste de la conversión ($\pi x$). En consecuencia, ningún mercader judío se convertirá a otra confesión si la diferencia impositiva entre judíos y gentiles es nula o escasa.

Capítulo 7

# Los judíos errantes cultos, 800-1250

Estas líneas son para que sepas, hermano, que dejé la India y he llegado a Adén [...] sano y salvo con todas mis pertenencias y mis hijos [...] Tengo que reprocharte que habiendo llegado hasta Egipto no vinieses a Adén. Te envié a Egipto con un cargamento de mi amo, el jeque Madmún, cerca de 50 libras de perfume de civeta, de un valor de 40 dinares [...] Después me enteré [...] de que el perfume llegó bien a Fustat, pero como no te encontraron allí, te lo remitieron a Sicilia por medio de un judío de confianza, un tal Samuel, él mismo siciliano.

*Abraham Ben Yiyú, 1149*

La mayor desventura que me ha sucedido en la vida [...] fue la pérdida del santo [...] que se ahogó en el Índico, llevándose consigo mucho dinero mío, suyo y de otros [...] ¿Cómo podré consolarme jamás? Creció en mis rodillas, era mi hermano, mi alumno; comerciaba en los mercados y ganaba dinero, y yo podía quedarme tranquilo en mi casa. Estaba versado en el Talmud y la Biblia, y también conocía la gramática hebraica [...] Cada vez que veo su caligrafía o alguna de sus cartas, vuelve a invadirme la tristeza.

*Moisés Maimónides, hacia 1170*

A fines del siglo XII, la población judía mundial, entre 1,2 y 1,5 millones de individuos, se repartía en tres regiones económicas y culturales independientes: Mesopotamia, Persia y la península arábiga, todas bajo dominio musulmán, que en conjunto albergaban a cerca del 70 por ciento de todos los judíos del mundo; la Península Ibérica (dominada en parte por los cristianos y en parte por los musulmanes), donde residían ricas comunidades judías en cientos de ciudades y centros urbanos; y la Francia, Inglaterra, Alemania e Italia cristianas, donde vivían, en infinidad de localidades, pequeñas comunidades judías, cuyo tamaño iba de un puñado de familias a unos pocos centenares (véanse la tabla 1.6, el mapa 1.3 y, en el apéndice, las tablas A.1 y A.2). Asimismo, existían pequeñas comunidades en una miríada de localidades de toda Bohemia, Polonia, Hungría, los Balcanes, Asia Menor, las regiones situadas entre el mar Negro y el mar Caspio, Siria, Líbano, la Tierra de Israel, Egipto, el Magreb, Asia central, China y la India.

¿Esta dispersión de las comunidades judías en la Alta Edad Media se debía a restricciones, persecuciones y expulsiones, o por el contrario era fruto de elecciones libres y voluntarias de un pueblo dotado de características particulares? ¿Existían vínculos económicos y culturales entre los judíos que vivían en Bagdad y los que vivían en Alejandría; entre los judíos de Tánger, Palermo y Salónica y los de Granada, Troyes y Maguncia?

Para dar respuesta a estos dos interrogantes presentamos una gran cantidad de datos históricos. Seguiremos a los "judíos errantes cultos" en sus desplazamientos, primero por el interior de los extensos territorios de los califatos musulmanes, después hacia el Imperio bizantino, dentro y más allá de sus fronteras, y por último hacia la Europa cristiana y dentro de ella. Este viaje, en compañía de mercaderes, intermediarios, acuñadores de moneda, artesanos especializados, prestamistas y eruditos, revela algunas dinámicas fundamentales de la historia del pueblo judío que confirman nuestra teoría de que el judaísmo rabínico del siglo I y II, con la importancia que concedía a la alfabetización y el conocimiento, dotó para siempre a los judíos de ciertas aptitudes distintivas que potenciaron su movilidad y facilitaron su migración.

## Los judíos errantes anteriores a Marco Polo

Antes de describir los rasgos más destacados de las migraciones de la diáspora judía en la Alta Edad Media, vamos a presentar los retratos de un grupo de judíos y de tres individuos. Estos retratos son emblemáticos del cambio radical que transformó a un pueblo de agricultores, pescadores y pastores analfabetos, como describió Flavio Josefo a los judíos en el siglo I, en una pequeña población de urbanitas instruidos y de gran movilidad, dedicados a actividades muy especializadas.

*Los mercaderes radanitas del siglo IX*

En el siglo IX, más de cuatro siglos antes del viaje de Marco Polo a la China, unos mercaderes judíos conocidos como radanitas y muy probablemente originarios de Mesopotamia recorrían enormes territorios y a través de sus rutas comerciales conectaban el Oriente Próximo con Europa, el norte de África y Asia[1]. Al Casim Ubaid Alá ibn Jordadbeh, el director de correos y policía de la provincia de Yibal bajo el califa abasí Al Mutamid, documentó las actividades de los radanitas en su libro *Kitab al Masalik wal Mamalik* (*El libro de las carreteras y los reinos*), escrito hacia 850. Según Ibn Jordadbeh, los mercaderes radanitas usaban cuatro rutas comerciales principales, que conectaban tierras tan distantes entre sí como China y la India, en Oriente, y Francia, en Occidente. Los radanitas transportaban mercancías de gran valor, como especias, perfumes, pieles, joyas, armas de acero, aceites, incienso, seda y esclavos.

En palabras de Ibn Jordadbeh[2]:

> La ruta de los mercaderes judíos radanitas, que hablan árabe y persa y rumi [griego] e ifranyi [probablemente latín] y andalusí [español] y es-

[1] Se han propuesto varias etimologías para el término *radanita*. Los estudiosos, como Gil (1976; 2004, pp. 615-637), consideran por lo general que se refiere a un distrito mesopotámico que los textos árabes y hebreos de la época denominan "la tierra de Radán". Otros sostienen que su origen era la ciudad de Ray (Rhages), en el norte de Persia, o el valle del Ródano, en Francia (*Rhodanus* en latín), ya que de allí arrancaban todas sus rutas comerciales (véase Bareket [2002] para una visión general del debate).

[2] Gil (2004, p. 618).

> lavo. Viajan de Oriente a Occidente y de Occidente a Oriente, por tierra y mar. Transportan desde Occidente esclavos y doncellas y niños, y sedas, pieles de conejo y pellizas de marta, y espadas. Zarpan de Firanya, en el mar occidental[3], y desembarcan en Farama [Pelusio, en el noreste de Egipto] y cargan las mercancías a lomos de bestias de carga hasta Kulzum [aldea situada en el noreste de Egipto, cerca del canal de Suez], dos lugares separados por una distancia de 25 parasangas [unos 150 kilómetros]; después navegan por el mar oriental, desde Kulzum a Al Yar y a Yeda [en la península arábiga], desde donde pasan al Sind y a Hind [las regiones septentrionales de la India] y a la China. De China parten con almizcle, madera de áloe, alcanfor, canela y muchos más productos; después regresan a Kulzum y los transportan a Farama, donde se embarcan de nuevo para surcar el mar occidental; algunas veces se dirigen a Constantinopla para vender las mercancías a los bizantinos; otras veces se las llevan a la corte del rey de Firanya y las venden allí. Y si lo desean, zarpan de Firanya con sus mercancías, en el mar occidental, y llegan a Antioquía, en el Asia Menor, y recorren por tierra tres *marhalas* (una *marhala* es la distancia recorrida en un día de viaje, cerca de 50 kilómetros) hasta Yabiya [en Siria]. Desde allí, por el Éufrates, llegan a Bagdad, desde donde navegan Tigris abajo hasta Ubula [en Mesopotamia], y desde Ubula a Omán y el Sind y Hind y la China. Todos estos desplazamientos se suceden ininterrumpidamente, uno detrás de otro. Los que parten del Andalus [la Península Ibérica] o de Firanya navegan hasta Sus al Alsa [en el norte de África], después llegan a Tánger y continúan hacia Ifrikiya y de allí a Egipto (o Fustat) y de allí sucesivamente a Ramala, Damasco, Kufa, Bagdad, Basora y Al Ahwaz [en Persia], y de allí a Faris y a Kirman [en Persia], desde donde se dirigen al Sind y de allí a Hind y de allí a la China. Algunos de los mercaderes van más allá de Bizancio y llegan a la tierra de los eslavos, desde donde viajan a Jamliy, la ciudad de los jázaros, y de allí se dirigen al mar de Yuryan (mar Caspio), llegan a Balj y a lo que se extiende más allá del río (la Transoxiana) y prosiguen hacia Wurut Toghuz Ghuz y de allí a la China.

El comienzo de esta descripción apunta a una característica fundamental de estos mercaderes judíos: el poliglotismo. Sus itinerarios

[3] El mar occidental es el Mediterráneo. El término *Firanya* se ha identificado con la Francia o la Italia dominadas por los francos (Gil 2004, p. 627).

indican que a mediados del siglo IX los radanitas ya habían creado una red comercial que compraba y vendía mercancías en el califato abasí, el reino franco, el Imperio bizantino y los Estados eslavos, incluido el reino jázaro, hasta los imperios del Extremo Oriente.

*Mercaderes judíos en el océano Índico: Abraham Ben Yiyú*

La importación de especias, fármacos, tintes y otros productos de la India era el principal soporte de la economía medieval, sobre todo en el mundo islámico. Las cartas escritas en judeoárabe (árabe en caracteres hebraicos) en los siglos XI y XII revelan un sinfín de detalles de las actividades de los comerciantes judíos en el océano Índico y de las condiciones en que vivían sus familias en los territorios comprendidos entre el Extremo Oriente y la Arabia meridional y Egipto, y también ofrecen una información muy valiosa sobre las culturas judía, islámica y mediterránea[4].

Uno de esos mercaderes judíos cuyos documentos se conservan en la guenizá cairota fue Abraham Ben Yiyú[5]. Nacido hacia 1100 en Mahadia, gran ciudad e importante centro cultural judío en la costa de Túnez, Abraham probablemente debía su apellido, Ben Yiyú, a una tribu bereber que en el pasado había brindado protección o padrinazgo a su linaje. Su padre, Perahyah, era un rabino y un erudito de renombre que se ganaba la vida con el comercio.

Abraham recibió una educación excelente que habría podido convertirlo en un erudito rabínico de no haberse sentido atraído por las lucrativas oportunidades que ofrecía el comercio con Oriente. Para aprovecharlas se trasladó primero de Túnez a Fustat (Egipto). Hacia 1120 se afincó en Adén (Yemen), uno de los puertos con más tráfico de la principal ruta marítima entre Oriente Próximo y el océano Índico. En Adén, Abraham conoció a su mentor, que después se convertiría en su principal socio comercial, el acaudalado e influyente mercader judío Madmun ibn al Hasan ibn Bundar. Siguiendo los pasos de su padre, Madmun se convirtió en el *naguid* de Adén, es decir, el jefe de la rica comunidad judía de la ciudad. La correspondencia entre Abraham y Madmun arranca en la época en que el primero

[4] Goitein y Friedman (2007) editaron un gran número de estas cartas y las tradujeron al inglés.

[5] Ghosh (1992) y Goitein y Friedman (2007) describen con detalle la vida de Yiyú.

partió de Adén para organizar negocios en la costa de Malabar, en la India occidental. Las cartas de ese período están tan repletas de instrucciones comerciales como de manifestaciones de afecto entre los dos socios.

Abraham también se carteaba con otros dos judíos adinerados de Adén, Yusuf ibn Abraham, comerciante y funcionario de justicia, y Jalaf ibn Ishaq, un comerciante amigo íntimo de Abraham. Estos dos judíos habían hecho fortuna con el comercio entre la India y Oriente Próximo, en el que participaban no como mercaderes sino como intermediarios y financieros. En las cartas que se escribían para encargar fletes salta a la vista que los dos, además de Abraham, eran sumamente ricos.

Dos amigos de Madmun figuran entre los mayores viajeros del medievo. El primero, Abu Said Halfon ben Nataniel Haleví al Dimyati, rico mercader, erudito y mecenas de las letras, era un miembro destacado de la comunidad judía de Fustat[6]. Sus viajes a Egipto, la India, África oriental, Siria, Marruecos y la Península Ibérica son comparables a los de Marco Polo e Ibn Batuta[7]. El segundo gran viajero del círculo de amistades de Madmun era Abu Zikri Judá Hacohen Siyilmasi. Nacido en la ciudad sahariana de Siyilmasa, en Marruecos, Abu Zikri emigró a Fustat, donde alcanzó una posición de poder en el seno de la comunidad judía y terminó convirtiéndose en el representante principal de los mercaderes judíos. Sus viajes también lo llevaron a Egipto, Yemen, la Península Ibérica, Francia, Italia, Grecia y la India.

Poco antes de 1132 Abraham viajó al oeste de la India y se estableció en la región costera de Malabar. Una de las cartas que le escribió Madmun revela que la partida de Abraham a la India y su dilatada estancia en el país no fueron del todo voluntarias (la explicación más obvia es que su marcha tuvo que ver con alguna deuda, una irregu-

[6] Era amigo y mecenas de uno de los poetas judíos más eximios, Yehudá Leví, que compuso una serie de poemas en honor de su valedor. La poesía de Leví es tan importante que hoy se incluye en los exámenes de bachillerato de Israel. En casi todas las ciudades israelíes hay una calle con su nombre.

[7] Ibn Batuta (1304-¿1368?) es uno de los viajeros medievales más famosos. Nacido en Tánger, viajó a La Meca para estudiar derecho y completar su formación islámica. Allí emprendió un largo viaje que lo llevó a Yemen, Kenia, la India, Ceilán, Malasia, Java, Sumatra, China y de nuevo a África, donde visitó Tombuctú. Después regresó a Marruecos, donde pasó los últimos años de su vida.

laridad financiera o la evasión de impuestos). Hasta 1149, casi dos decenios después de haber partido, no volvió Abraham a Adén, llevando consigo todas sus posesiones y dos hijos adolescentes.

*Rabí Samuel Hanaguid y la edad de oro de los judíos ibéricos*

Los casos de Abraham ben Yiyú, su amigo Madmun y los mercaderes judíos de su círculo ilustran cómo en la edad de oro de la diáspora judía el éxito comercial iba de la mano del patrocinio del saber judío. Rabí Samuel Hanaguid ("el príncipe") encarna la combinación de erudición y notoriedad política que también distinguía a los judíos en el mundo musulmán. Hanaguid fue un erudito talmúdico, gramático, filólogo, poeta, guerrero y estadista que vivió en Córdoba y Granada[8].

La ocupación árabomusulmana de la Península Ibérica, Al Andalus en árabe, iniciada en 711, preparó el terreno para la creación de un reino islámico similar al que floreció en Damasco bajo la dinastía omeya en los siglos VII y VIII. En menos de un siglo los soberanos omeyas y después los abasíes desarrollaron una civilización basada en la ciudad de Córdoba que no tenía rival en Europa. De fines del siglo VIII a comienzos del XII la parte de la Península Ibérica dominada por los musulmanes fue la región europea más populosa y avanzada cultural y comercialmente. Fue en ese período de expansión económica cuando los artesanos y mercaderes judíos de Egipto y el Magreb emigraron a la Península Ibérica y se establecieron allí[9].

La prominencia de los judíos en el comercio creció en paralelo a su riqueza cultural. En Toledo se implantó un programa de traducción en virtud del cual los judíos traducían libros árabes a lenguas romances; también traducían al árabe textos griegos y hebreos, entre ellos muchas obras capitales de la ciencia y la filosofía griegas. Los judíos estudiaban matemáticas, medicina, botánica, geografía, poesía y filosofía, e hicieron aportaciones en todos estos campos. Fue en ese período cuando el estudio de la medicina se expandió hasta producir un gran número de médicos judíos excepcionales[10].

En el califato de Córdoba los judíos se hicieron cada vez más im-

[8] H. Ben-Sasson (1976, pp. 454-458) cuenta la vida y logros de Samuel Hanaguid.

[9] Baron (1952, vol. 3, cap. 22); Beinart (2007a).

[10] H. Ben-Sasson (1976, pp. 400, 452-458).

portantes y llegaron a su apogeo en el siglo X. Vivían en una zona amurallada conocida como la aljama (judería) y gestionaban sus asuntos comunitarios mediante el tribunal rabínico.

He ahí el contexto económico y cultural en el que nació, en 993, Samuel Haleví ben Yosef Hanaguid, más conocido como Rabí Samuel Hanaguid. Cuando veinte años después los rebeldes bereberes saquearon Córdoba, Samuel se vio obligado a abandonar la ciudad, junto con otros judíos. Con el declive de Córdoba, Granada, la nueva capital del reino árabe, se convirtió poco a poco en el nuevo centro de la vida judía. Al igual que los demás judíos, Samuel se afincó en Granada, donde siguió estudiando el Talmud y las ciencias.

No tardó en hacerse famoso como poeta y escritor no solo en hebreo, sino también en árabe y latín. Su perfecto dominio del árabe y sus sólidos conocimientos de gramática y literatura árabes llegaron a oídos del visir Abu-Casim ibn al Arif, quien, tras conocerlo, quedó tan impresionado por su erudición y sabiduría que lo nombró secretario y consejero personal. Años después, a la muerte del visir, el caudillo bereber Habús escogió a Samuel Hanaguid para ocupar el puesto vacante. El visir era el equivalente del primer ministro actual, el cargo más alto después del monarca. Hanaguid aceptó el nombramiento y conservó sus puestos de rabino de la próspera comunidad judía y director de la academia talmúdica de Granada. Bajo su dirección, Granada se convirtió en uno de los principales centros mundiales de estudios talmúdicos.

A la muerte del soberano bereber, su hijo y sucesor, Badis, confió al visir judío la gestión de todos los asuntos de Estado. Hanaguid se hizo aún más famoso. Financió y apoyó a muchos eruditos, invitó a Granada a talmudistas, filósofos y poetas judíos y encargó a los escribas que copiasen libros importantes en hebreo[11].

*Grandes viajeros medievales: Benjamín de Tudela*

El hecho de que en la Alta Edad Media algunos judíos exhibieron una movilidad extraordinaria queda demostrado por la biografía de uno de los viajeros más famosos de todos los tiempos, Benjamín de Tudela. Nacido en la ciudad navarra que le da nombre, el rabino Benjamín

[11] Uno de los escritores traducidos fue Rabí Salomón ben Yehudá ibn Gabirol, conocido como Avicebrón, el poeta y filósofo andalusí que introdujo la filosofía platónica en la Europa altomedieval.

emprendió un largo viaje a mediados de la década de 1160: partiendo de Zaragoza, se dirigió hacia el norte y llegó a Francia. En Marsella se embarcó hacia Génova y visitó Pisa, Roma, el sur de Italia, Grecia y Constantinopla, antes de pasar a Oriente Próximo y visitar Líbano, la Tierra de Israel, Siria y el norte de Mesopotamia, desde donde llegó a Bagdad. Lo más probable es que oyese hablar de las comunidades judías de Persia, Yemen, Asia central, el Extremo Oriente y, en el viaje de regreso a Europa, de Alemania y el norte de Francia, pero sin llegar a visitarlas; de hecho, las descripciones de esas zonas son mucho más breves y menos detalladas, y en algunos casos llega incluso a confundir una región (Yemen) con otra (la India). Probablemente, Benjamín atravesó la península arábiga, tras lo cual fue al norte de África y Sicilia, y regresó a la Península Ibérica unos años después, a comienzos de la década de 1170.

El objetivo de su viaje era peregrinar a Tierra Santa, informarse de cómo vivían los judíos de la diáspora y describir las numerosas comunidades judías prósperas que se hallaban dispersas por el mundo. Al llegar a una ciudad se dirigía a la sinagoga y preguntaba al rabino cuántas familias judías la frecuentaban y cuáles eran sus ocupaciones. En su célebre *Séfer masaot* (*Libro de viajes*), escrito en hebreo y después traducido al latín, consignó detalladas informaciones geográficas, económicas y demográficas sobre más de 300 ciudades y centros urbanos que visitó, y sobre otras regiones, entre ellas China y el Tibet, de las que oyó hablar en sus viajes (véanse el mapa 1.3 y, en el apéndice, la tabla A.2). Por lo que respecta a los lugares que Benjamín visitó realmente y describió con detalle (Europa, los Balcanes, Asia Menor, Líbano, la Tierra de Israel, Siria, Mesopotamia y algunas localidades de Egipto), sus cifras deben interpretarse como el número de familias judías que residían en la localidad en cuestión. Así, en los pasajes de su libro de viajes que citamos a continuación hay que multiplicar el número que da Benjamín por un factor aproximado de cinco (esto es, dando por supuesto que cada familia contaba de media con cinco miembros)[12].

---

[12] Véase el apéndice para un análisis de cómo los autores y otros estudiosos han interpretado las cifras de Benjamín de Tudela. Por ejemplo, las 40.000 familias judías que según el tudelano residían en Bagdad y alrededores concuerdan con los 36.000 contribuyentes judíos que vivían allí justo antes de la invasión mongola de Mesopotamia, a comienzos de la década de 1250 (véase Gil 2004).

El relato del viajero ofrece descripciones vívidas y en ocasiones pintorescas de la vida de los judíos y los gentiles. Los retratos de las comunidades judías subrayan la importancia que concedían al estudio, la alta consideración en que se tenía a los rabinos y doctores talmúdicos, la erudición y conocimiento del Talmud que demostraban muchos mercaderes judíos y la riqueza de los jefes de las comunidades judías y sus relaciones con los soberanos locales y con los mercaderes y eruditos judíos de otras comunidades.

El cuadro de Roma que pinta Benjamín resulta digno de mención por la descripción de la libertad y el poder de que gozaba la pequeña comunidad judía residente en la urbe italiana[13]:

> Roma es la capital de los reinos de la Cristiandad. Viven allí unos 200 judíos, que ocupan posiciones honorables y no pagan impuestos, y algunos son funcionarios del papa Alejandro, jefe espiritual de toda la Cristiandad. También hay grandes alfaquíes, cuyo jefe es R. Daniel, el rabino jefe, y R. Yechiel, funcionario pontificio, que [...] puede entrar en el palacio del papa, pues es el administrador de su casa y de todas sus posesiones [...].

Benjamín habla también de la benevolencia del califa abasí de Bagdad hacia los judíos, de la riqueza y preponderancia cultural de la enorme comunidad judía de Bagdad, y del poder del exilarca, el jefe político de las comunidades judías del califato abasí:

> Allí, el gran califa abasí Hafit [...] es benévolo con Israel y muchos israelitas son sus servidores; conoce todas las lenguas y está versado en la Torá. Lee y escribe en la lengua santa (hebreo) [...].
>
> Viven en Bagdad unos 40.000 judíos, que disfrutan de seguridad, prosperidad y honor bajo el dominio del gran califa, algunos de los cuales son

Otras fuentes históricas indican que antes de la conquista mongola Bagdad era una de las ciudades más grandes de Oriente Próximo. La pormenorizada descripción de Bagdad que ofrece Benjamin demuestra que realmente estuvo allí, mientras que sus esbozos breves e imprecisos de la península arábiga, con cifras de población exageradas, invitan a pensar lo contrario.

[13] Las descripciones de Benjamín de las comunidades judías presentes en cada localidad son mucho más largas. Aquí señalamos solo los pasajes pertinentes, que pueden encontrarse en Benjamín de Tudela ([¿1170?] 1989, pp. 41-42, 44, 48-52, 67-72, 86, 96).

grandes sabios, que dirigen las academias dedicadas al estudio de la Torá. En esta ciudad hay diez academias [...].

He aquí los diez *batlanim*, que no se ocupan más que de la administración pública; todos los días de la semana imparten justicia entre los judíos del país, salvo en el segundo día de la semana, cuando se presentan ante Samuel, el rabino jefe, y Jacob, el gaón de la yeshivá [...]. Y el jefe de todos ellos es el exilarca, Daniel, hijo de Hisdai, llamado "Nuestro Señor, la cabeza del cautiverio de todo Israel", cuya estirpe se remonta a David, rey de Israel [...]. La autoridad del exilarca se extiende sobre todas las comunidades dominadas por el miramamolín, señor del islam [...].

El exilarca da a las comunidades judías de todos esos países permiso para designar rabinos y ministros [...].
En Babilonia, el exilarca posee hospicios, jardines y huertos, y muchas tierras heredadas de sus progenitores, y nadie puede quitarle sus propiedades por la fuerza. Cada semana recibe una renta fija procedente de los hospicios de los judíos, los mercados y los mercaderes, aparte de lo que recibe de tierras lejanas. Es un hombre muy rico y conoce bien las Escrituras y el Talmud [...].
El exilarca nombra a los directores de las academias poniéndoles la mano en la cabeza: así les otorga el cargo. Los judíos de la ciudad son cultos y muy ricos.
Hay en Bagdad 28 sinagogas, situadas bien en la misma ciudad o en Al Karj, en la otra orilla del Tigris [...].

La enorme extensión de los dominios musulmanes en los que vivían judíos queda de manifiesto en la siguiente descripción:

La autoridad del exilarca se extiende sobre todas las comunidades de Sinar, Persia, el Jorasán, Saba (o sea, Yemen), Diyar Kalach (Bekr) y la tierra de Aram Naharaim (Mesopotamia), sobre los habitantes de las montañas de Ararat y la tierra de los alanos, un país rodeado de montañas cuya única salida es a través de las puertas de hierro, obra de Alejandro y después destruidas: allí vive el pueblo de los llamados alanos. La autoridad del exilarca se extiende asimismo sobre la tierra de Siberia y las comunidades de la tierra de los togarmim, hasta las montañas de Asveh y

> la tierra de Gurgan, cuyos habitantes, llamados gurganim, viven a orillas del río Gihon: son los girgasitas, que profesan la religión cristiana. Por último, su autoridad llega hasta las puertas de Samarcanda, la tierra del Tibet y el país de la India.

Benjamín, en muchas de las localidades que visitó, encontró eminentes eruditos judíos, algunos de los cuales también eran terratenientes:

> En tres jornadas de viaje se llega a Narbona [Francia], ciudad destacada por el estudio y el saber: desde allí se difunde la Torá a todos los países. Viven en ella hombres sabios e ilustres. El jefe de todos ellos es R. Kalonimos, hijo del grande e insigne R. Todros, de la estirpe de David [...]. Posee heredades y tierras otorgadas por el gobernador de la ciudad, de las cuales nadie puede despojarlo por la fuerza [...]. Hoy viven allí cerca de 300 judíos [...].
>
> [...] A cuatro parasangas de Montpellier se encuentra Lunel, donde reside una comunidad de israelitas que estudian la Torá noche y día. Allí vivió el gran rabino Rabenu Mesulam, ya fallecido, con sus cinco hijos, sabios, ilustres y ricos [...]. Los estudiantes llegados de tierras lejanas para estudiar la Torá reciben instrucción, sustento, cobijo y vestido de la comunidad, siempre que asistan a la escuela [...]. La comunidad se compone de unos 300 judíos.
>
> [...] El reino de Francia, o sea, Zarfat, se extiende desde Auxerre hasta París, la gran ciudad, un viaje de seis días. La ciudad pertenece al rey Luis [...]. Viven en ella eruditos doctísimos, sin igual en todo el mundo, que estudian la Torá noche y día [...].

Al mismo tiempo señala el tudelano que el Talmud era poco conocido en los lugares muy alejados de los grandes centros del saber judío, como muestra esta descripción de la comunidad judía de la India:

> En cinco días de viaje se llega a Quilon, donde comienza la tierra de los adoradores del sol. Son los hijos de Cus, que leen las estrellas y son todos de color negro. Son honrados en el comercio [...].
>
> [...] En esa tierra hay pimienta [...] y también cálamo, jengibre y muchas otras especias.
>
> [...] En toda la isla, incluidas todas las ciudades, viven varios miles de israelitas. Los habitantes son todos negros y los judíos también. Estos últi-

mos son probos y bondadosos. Conocen la ley de Moisés y los profetas, y un poco del Talmud y de la Halajá.

La siguiente descripción de Tebas, Salónica y Constantinopla refleja la variedad de las ocupaciones especializadas a que se dedicaban los judíos:

> [...] la gran ciudad de Tebas, donde viven cerca de 2.000 judíos. Son los mejores fabricantes de tejidos de seda y púrpura de toda Grecia. Viven allí eruditos versados en la Misná y el Talmud, y otros individuos ilustres, dirigidos por el R. Kuti, el rabino jefe, y su hermano R. [...].
> En dos singladuras se llega a Salónica [...], una ciudad muy grande, con unos 500 judíos, entre ellos Samuel, el rabino jefe, y sus hijos, que son eruditos [...]. Los judíos de Salónica están oprimidos y se dedican a la sedería.
> [...] Constantinopla [...] es la capital de toda la tierra de Yavan, llamada Grecia. Allí tiene su residencia el emperador Emanuel [...].
> [...] Allí llegan mercaderes de toda clase procedentes de Babilonia, Sinar, Persia, Media, todo Egipto, la tierra de Canaán, el imperio de Rusia, Hungría, Patzinakia, Jazaria, Lombardía y Sefarad. Es una ciudad con mucho tránsito; llegan a ella mercaderes de todos los países por mar y tierra; no tiene igual en todo el mundo, salvo Bagdad, la gran ciudad del islam [...].
> [...] En ningún lugar del mundo hay riquezas como las de Constantinopla [...].
> [...] En la ciudad no viven judíos, pues los han instalado detrás de una ensenada [...]. En la judería viven cerca de 2.000 rabanitas y 500 caraítas, separados por una valla. Hay entre los eruditos varios hombres sabios, dirigidos por el rabino jefe [...] Algunos de ellos son sederos y muchos son mercaderes ricos. No se permite a los judíos montar a caballo. La única excepción es Salomón Hamisri (*el Egipcio*), médico del rey, gracias al cual los judíos están mucho menos oprimidos, aunque sus condiciones siguen siendo pésimas: hay mucho odio contra ellos [...] Con todo, los judíos son ricos y bondadosos, amables y caritativos [...].

La descripción de las comunidades judías de Tebas, Salónica y Constantinopla pone de relieve una característica importante de la historia de los judíos, sobre la que volveremos en los capítulos VIII y X, a saber: la riqueza y el alto nivel de vida de que gozaban los judíos coexistió, en ciertos lugares y momentos, con formas de discriminación y opresión. Por ejemplo, en Constantinopla, los judíos, pese a ser ricos e influyentes, tenían prohibido vivir dentro de la ciudad o montar a caballo[14].

La larga lista de lugares visitados por Benjamín (véase la tabla A.2 del apéndice) demuestra la amplitud y riqueza de la diáspora judía a fines del siglo XII: en casi todas partes había judíos. La mayoría se dedicaba a aprender y aplicar las prescripciones del Talmud, y algunos eran ricos y estaban bien relacionados con los soberanos.

¿Qué rasgos y peculiaridades tenían en común las comunidades judías en los centenares de localidades donde vivían? ¿Podían desplazarse a voluntad por los vastos dominios musulmanes? ¿Tenían facilidad para establecerse en los países de la Europa cristiana, comprar tierra y dedicarse a cualquier actividad? ¿Fueron las persecuciones la causa de que los judíos emigrasen del Imperio bizantino a Italia (y de allí a otros lugares de Europa), de Mesopotamia y Persia a Egipto y el Magreb, del norte de África a la Península Ibérica y Sicilia, de Francia a Inglaterra y Alemania? ¿O era alguna peculiaridad intrínseca lo que empujaba a los judíos a emigrar en la Alta Edad Media?

## Las emigraciones judías en los califatos musulmanes

El surgimiento del islam a comienzos del siglo VII determinó de forma decisiva el destino del pueblo judío en sus vertientes residencial, económica y demográfica. Mahoma fundó en la península arábiga una entidad política unificada, que se expandió de manera espectacular bajo los califatos ortodoxo y omeya. En 750, cuando se hundió el califato omeya y los abasíes accedieron al poder, el Imperio musulmán se extendía desde el noroeste de la India hasta los Pirineos y abarcaba Asia central, Persia, Mesopotamia, el norte de África, Sicilia, el sur de Italia y la Península Ibérica (véase mapa 7.1).

La enorme extensión del imperio, unida a la uniformidad de las leyes y la lengua y a la libertad de movimiento, contribuyó poderosamente al auge y expansión del comercio entre los siglos VII y XII.

[14] La prohibición de montar a caballo también se impuso a los judíos del Imperio abasí, que formaban una comunidad nutrida, rica e influyente (Goitein 1955).

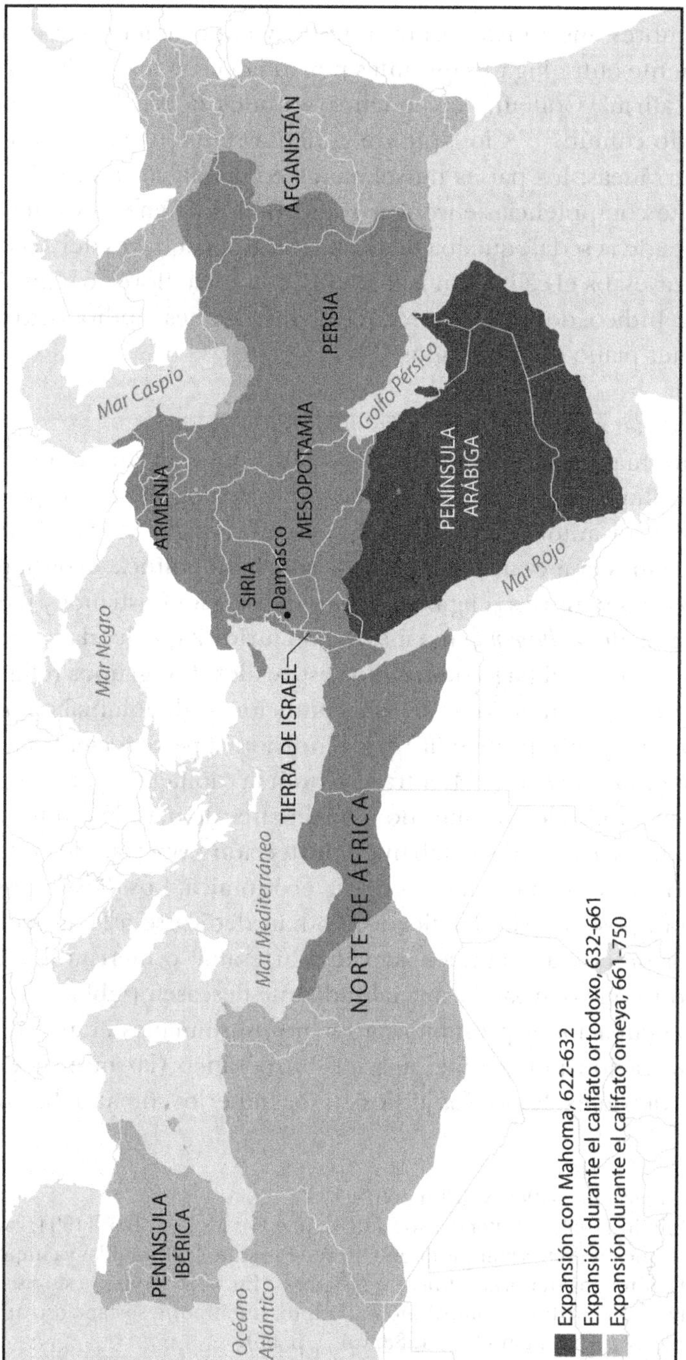


**Mapa 7.1.** El Imperio musulmán en la época de los califas. *Fuente:* Adaptado por los autores a partir de Brice (1981).

Hombres, mercancías, dinero, libros y conocimientos se movían libremente entre lugares distantes por toda la cuenca mediterránea. Como afirma Goitein, "en muchos sentidos la región parecía un mercado común"[15]. A lo largo de la densa red de rutas comerciales mediterráneas, los países musulmanes comerciaban entre sí y más adelante con potencias europeas como Génova, Venecia y Cataluña. La "ruta de la seda", que iba de China a Europa a través del Asia central, atravesaba el califato musulmán. El comercio floreció también el océano Índico, donde los mercaderes musulmanes y judíos ocuparon el primer plano durante siglos.

*Las actitudes musulmanas hacia las minorías religiosas*

Durante más de quinientos años los judíos que vivían en los califatos musulmanes disfrutaron de estabilidad demográfica, prosperidad económica y autonomía religiosa. Mediado el siglo VII los soberanos musulmanes empezaron a regular la situación política, económica y social de las minorías religiosas (sobre todo de los cristianos y judíos) por medio de la *dhimma*, una institución jurídica que les daba protección a cambio del pago de tributos especiales. Los grupos religiosos a los que se permitía gozar de esta condición se denominaban *ahl ad dhimma* (la 'gente protegida') y los individuos pertenecientes a esos grupos eran los *dhimmi*. Mientras pagaran la capitación (*yizia*), que se imponía a todos los varones no musulmanes de más de quince años de edad, los *dhimmi* disfrutaban de protección y libertad de culto[16].

La libertad se extendía a la esfera económica. Los *dhimmi* podían comprar, poseer y vender tierras. Podían dedicarse a la agricultura y el pastoreo, y a cualquier actividad artesanal o mercantil o cualquier otro oficio urbano especializado que deseasen (tabla 2.3)[17]. Las únicas ocupaciones prohibidas a los no musulmanes eran las de la administración pública y el aparato burocrático (las mismas de las que se vieron excluidos los judíos en los imperios romano, bizantino

---

[15] Goitein (1967-1988, vol. 1, p. 66).

[16] Goitein (1955); H. Ben-Sasson (1976, p. 405); M. R. Cohen (1994, cap. 4). Antes de que los árabes conquistasen Oriente Próximo los sasánidas ya imponían la capitación a las minorías étnicas o religiosas. En 1046, el impuesto ascendía a dos dinares y medio por individuo en Egipto, un importe sustancioso aunque razonable, según Goitein (1967-1988, vol. 1, p. 63).

[17] M. R. Cohen (1994, caps. 5 y 7); Gil (2004, pp. 273-286, 597-662).

y persa). A pesar de ese veto, algunos judíos (como Rabí Samuel Hanaguid, mencionado más arriba) ocuparon puestos importantes en la burocracia del Imperio abasí. Pocos judíos se convirtieron al islam para acceder a posiciones de poder en la burocracia musulmana[18].

*La diáspora judía libre y voluntaria*

A partir del siglo IX, cada vez más judíos empezaron a emigrar de Mesopotamia y Persia a Yemen y otras regiones de la península arábiga, Siria, Líbano, la Tierra de Israel, Asia Menor, Egipto y el Magreb. Desde el norte de África los judíos emigraron a la Península Ibérica y después a Sicilia y la Italia meridional, dominadas por los musulmanes[19]. Esta diáspora judía fue libre y voluntaria.

Fue libre porque la ley permitía desplazarse y emigrar tanto a los *dhimmi* como a la población musulmana. Un artesano o un erudito judío de Bagdad, o un mercader o un médico judío de Basora, eran libres de emigrar y establecerse en Damasco y Alepo (Siria) o en Alejandría (Egipto) o Kairuán (Túnez). En los nuevos lugares de residencia encontraban la misma lengua, las mismas leyes y el mismo sistema de instituciones, y gozaban del mismo estatus de minoría religiosa protegida que en cualquier otro lugar del imperio califal.

La diáspora judía en los califatos musulmanes también era voluntaria, y respondía a la búsqueda de nuevas oportunidades económicas por parte de individuos dotados de determinadas capacidades. Por ejemplo, cuando en el siglo XI los califas fatimíes transfirieron su centro de poder de Túnez a Egipto y el centro de gravedad del comercio se desplazó a este país, muchos artesanos y comerciantes judíos también se trasladaron allí[20].

*Las dinámicas demográficas de los judíos*

¿Cómo influyeron el auge del islam y la creación de los califatos musulmanes en la demografía y la distribución geográfica de los judíos? A comienzos del siglo VII, casi el 75 por ciento de la población judía mundial, que sumaba entre 1 y 1,2 millones de individuos, vivía en Mesopotamia y Persia. Las comunidades judías de la Tierra de Israel,

---

[18] Baron (1952, vol. 3, cap. 17); Goitein (1955; 1967-1988, vols. 1 y 2).

[19] H. Ben-Sasson (1976, pp. 393-394); M. Ben-Sasson (1991, 1992, 1996); Simonsohn (1997-2010, 2011); Abulafia (2000).

[20] Goitein (1967-1988, vol. 1, cap. 1); M. Ben-Sasson (1991, 1992, 1996).

Siria, Líbano, Asia Menor, los Balcanes y el norte de África (sobre todo Egipto), que en su día habían figurado entre las más grandes del mundo, iban de 4.000 a no más de 100.000 personas (tabla 1.6).

Cuatro siglos después, cuando Benjamín de Tudela emprendió su largo viaje desde Zaragoza hasta Mesopotamia, la distribución geográfica de los judíos apenas había cambiado: la comunidad judía más grande en 650 (la de Mesopotamia y Persia, compuesta por entre 700.000 y 900.000 judíos) seguía siendo la mayor en 1170, pese a lo poco que había crecido en esos quinientos años (tabla 1.6 y, en el apéndice, tabla A.1). En esa época vivía en Yemen una comunidad judía considerable (entre 100.000 y 200.000 individuos, probablemente); las ciudades yemeníes de Adén y Saná albergaban mercaderes judíos, que comerciaban desde el Mediterráneo hasta el océano Índico. (Lo más probable es que Benjamín de Tudela no viajase a la península arábiga. Sus cifras de judíos presentes en la región son exageradas, y no ofreció ningún dato sobre la población judía de Adén, donde, como sabemos por muchas otras fuentes, residían muchos judíos. En el apéndice explicamos cómo hemos interpretado y revisado las cifras ofrecidas por el viajero tudelano para la península arábiga.) En 1170, la población judía de la Tierra de Israel prácticamente había desaparecido (apenas sumaba 6.000 individuos), mientras que el número de judíos había crecido en Egipto y Siria hasta llegar a 70.000 y 55.000, respectivamente, sobre todo como resultado de la emigración de judíos de Mesopotamia y Persia al norte de África y el Levante.

## Egipto y el Magreb

Antes de que los árabes conquistasen el norte de África ya había judíos en la región. Según algunos escritores de la antigüedad, existía una relación entre esos judíos y los que residían en Italia durante la era romana[21]. En la época islámica, las fuentes directas empiezan a hablar de inmigrantes judíos. En el siglo IX, algunos de estos mercaderes dedicados al comercio a larga distancia se detuvieron en Túnez, y se establecieron temporalmente en las comunidades judías[22].

[21] Tcherikover (1961); Kasher (1985).

[22] M. Ben-Sasson (1992, 1996); Schulman *et al.* (2007).

¿Cuáles eran las principales ocupaciones de los inmigrantes judíos en el norte de África a partir del siglo VIII? ¿Tenían prohibido ejercer alguna actividad? A partir del siglo IX los artesanos y mercaderes judíos que llegaban a Egipto y al Magreb procedían sobre todo de Mesopotamia y Persia, y solo unos pocos eran de la Tierra de Israel, que por entonces albergaba una comunidad judía muy reducida. Al principio desempeñaban funciones de intermediación comercial en sus nuevos lugares de residencia, mientras sus familias permanecían en su tierra natal. No hay ninguna prueba de que esas emigraciones fuesen forzadas ni provocadas por persecuciones de judíos emprendidas por los soberanos locales[23].

En el siglo IX, los inmigrantes judíos se dedicaban a actividades artesanales y al comercio local, a veces asociados a gentiles. De ese siglo data el primer testimonio de la participación de judíos en el comercio a larga distancia en Egipto y el Magreb, a lo largo de la ruta comercial que unía Bagdad, Marruecos y la Península Ibérica. Estos mercaderes no eran dueños de las rutas caravaneras ni de las caravanas; simplemente se unían a las caravanas de otros mercaderes.

No tardaron los inmigrantes judíos en empezar a desempeñar un papel protagonista en el comercio a larga distancia, a menudo comprando y vendiendo a crédito y concediendo préstamos. Los mercaderes y prestamistas judíos llevaban una cuenta meticulosa de sus préstamos (era delito prestar dinero sin anotarlo con exactitud)[24]. El gran número de contratos de préstamo y la necesidad de consignar estas transacciones por escrito suponían un problema para los lugareños, en su mayoría analfabetos. La capacidad de leer y escribir de los judíos –herencia de la norma religiosa que obligaba a los padres a dar educación a los hijos varones desde la infancia– les otorgaba una importante ventaja comparativa en el comercio al por menor y a larga distancia, el préstamo pecuniario y otras actividades para las que la alfabetización suponía una herramienta valiosa.

Los judíos que emigraron de Mesopotamia y Persia al norte de África fundaron sinagogas y tribunales rabínicos, que se adherían a la tradición cultural, jurídica y religiosa del Talmud babilónico. Los judíos procedentes de Siria (y, en número muy reducido, de la Tie-

[23] M. Ben-Sasson (1996, pp. 38-44); DellaPergola (2001).

[24] M. Ben-Sasson (1996, pp. 40-58).

rra de Israel) y afincados en Egipto y el Magreb crearon sus propias sinagogas y tribunales rabínicos, que seguían la tradición del Talmud jerosolimitano[25]. Por lo general, los mercaderes judíos también eran eruditos y estaban versados en el derecho judío. Los documentos de la guenizá cairota indican que en este período también se fundaron en el norte de África academias de enseñanza superior. Esto escribía poco después de 1057 un magistrado de la ciudad tunecina de Mahdia[26]:

> Me complació sobremanera enterarme por tu carta de la dedicación al estudio de la Torá y la sed de conocimiento que exhibe el hijo de nuestro difunto maestro Natán, el director de la yeshivá. Guarde Dios su fervor juvenil y lo apoye. Y proteja la vida de nuestro señor, el Rav, y lo tenga siempre en su gracia y le conserve la honorable posición. Porque a través de él Dios ha hecho revivir el estudio en Egipto, iluminado a la comunidad y fortalecido la religión.

Los soberanos musulmanes no impusieron ninguna restricción a las modalidades de negocio que podían ejercer los judíos. Estos, sin embargo, se veían obligados por su religión a obedecer las leyes y normas prescritas en el Talmud. A veces los mercaderes judíos trataban de sortear algunas de esas restricciones mediante interpretaciones novedosas de los preceptos talmúdicos o asociándose con musulmanes.

Las condiciones económicas, sociales y religiosas de los judíos en Egipto y el Magreb mejoraron aún más tras la conquista de la región por parte de la dinastía chií de los fatimíes, rivales del califato abasí, en 969. Egipto se convirtió en el centro de un reino extenso y poderoso que a fines del siglo X abarcaba casi todo el norte de África, Siria, Líbano y la Tierra de Israel. Comenzó entonces un período de prosperidad para la industria y el comercio y de gran tolerancia religiosa, del que también se beneficiaron los judíos[27].

En el período fatimí la estructura económica de los judíos residentes en el norte de África era muy diversificada. Según la lista de

[25] Como los inmigrantes judíos procedían sobre todo de Mesopotamia y Persia, el corpus halájico que se desarrolló en el norte de África refleja más influencia de las academias mesopotámicas que de las israelíes.

[26] Goitein (1973, p. 166-167). El Rav mencionado en la carta es Rabí Nisim b. Yacob, una de las mayores autoridades rabínicas de todos los tiempos.

[27] Mann (1929-1922); Ashtor (1976, cap. 3).

los judíos que pagaban impuestos y donaban a la caridad, la mayoría se dedicaba al comercio local, a excepción de una minoría de mercaderes que operaba a larga distancia y llegaba hasta el océano Índico[28]. Los soberanos fatimíes habían logrado desviar el comercio entre la India y Oriente Próximo del golfo Pérsico al mar Rojo, que se convirtió en la arteria principal del comercio a larga distancia. Muchos mercaderes judíos, más o menos ricos, participaron en el comercio con la India, como ilustra la historia de Abraham ben Yiyú expuesta más arriba. Las comunidades judías del norte de África y Siria estaban dirigidas por el *naguid*, un judío elegido por el califa fatimí entre las personalidades judías más eminentes, que solían ser médicos de la corte. La figura del *naguid*, con algunas diferencias considerables, era semejante hasta cierto punto al exilarca, el jefe de la comunidad judía en el vasto califato abasí[29].

La dinastía fatimí empezó a debilitarse a fines del siglo XI, pero las condiciones de los judíos no empeoraron. En este período y en el siglo siguiente los judíos egipcios y magrebíes prosperaron en todos los ámbitos, como bien pone de manifiesto la descripción de las comunidades judías que hizo Benjamín de Tudela hacia 1170[30].

Al extinguirse la dinastía fatimí en 1171, el norte de África, Siria y el Levante cayeron bajo el dominio de la dinastía suní de los ayubíes, que reinó en esas regiones durante los siglos XII y XIII. El sultán Saladino y sus sucesores fueron menos tolerantes que sus predecesores con las minorías religiosas, aunque no perseguían a los no musulmanes.

La vida comunitaria, la prosperidad económica y las actividades culturales judías prosiguieron inalteradas durante el sultanato ayubí. En este período se asentaron en Egipto varios eruditos judíos procedentes de países cristianos, como los franceses Anatoli b. Yosef y Yosef b. Guershon, que participaron activamente en la vida de la comunidad. Entre los judíos más famosos que a la sazón emigraron de la Península Ibérica a Egipto destaca Maimónides, uno de los eruditos judíos más sobresalientes de todos los tiempos.

Por resumir, entre los siglos IX y XIII Egipto y el Magreb fueron testigos de la llegada de muchos inmigrantes judíos procedentes de Mesopotamia y Persia; después los judíos inmigraron también desde

[28] Ashtor (1942, p. 142); Brasalawsky (1942).
[29] M. R. Cohen (1980); Bashan y Bareket (2007).
[30] Ashtor (2007).

Siria, Sicilia, la Península Ibérica y la Tierra de Israel. Estos inmigrantes destacaron en varias ocupaciones urbanas especializadas. En las principales fuentes textuales de los siglos IX, X y XI no hay indicios de la presencia de inmigrantes judíos en la agricultura del norte de África. Pese a la necesidad de productos *kosher*, los judíos se abstenían de dedicarse a las labores agropecuarias y preferían adquirir los productos lácteos de manos de la población local[31]. Cuando los inmigrantes judíos tenían alguna relación con la agricultura siempre lo hacían movidos por el interés de comerciar con los productos[32].

Ninguna prohibición legal impedía a los judíos residentes en el norte de África adquirir tierras ni dedicarse a la agricultura. La ventaja comparativa que les otorgaba la alfabetización era la verdadera clave de su preponderancia en las actividades artesanales, comerciales y crediticias. La alfabetización y educación, unidas a la disponibilidad de instituciones que imponían el cumplimiento de los contratos (el Talmud, los *responsa* y los tribunales rabínicos), favorecieron su movilidad geográfica, lo que su vez les permitió crear nuevas comunidades judías en muchos lugares de Egipto y el Magreb, como describe Greif[33]. La red comercial trenzada entre estos lugares gracias a la creación de asociaciones mercantiles fomentó la participación de los judíos en el comercio a larga distancia en los vastos dominios del Imperio musulmán. La movilidad de los judíos dentro de los confines del imperio también facilitó el intercambio de información y de *responsa* entre las diversas comunidades judías.

## La Península Ibérica bajo dominio musulmán

Los datos históricos dan fe de la presencia de judíos en la Península Ibérica desde la época de los romanos. Es probable que sus números menguasen en los siglos V y VI, a tenor de la escasez de epígrafes y referencias a judíos en los códigos y cánones jurídicos. En cambio, por lo que respecta al período comprendido entre la conversión de los visigodos al catolicismo, en 589, y la conquista árabe de 711, son muchas

[31] En el siglo IX se permitió a los judíos residentes en Kairuán (Túnez) usar mantequilla elaborada por gentiles (M. Ben-Sasson, p. 42).

[32] Ashtor (1976, cap. 2); M. Ben-Sasson (1992, 1996).

[33] Greif (1989, 1993, 1994, 2006).

las referencias a los judíos residentes en la Península Ibérica que han llegado a nuestros días. Las migraciones hacia el Magreb y Egipto tuvieron lugar ya en los siglos VI y VII, cuando algunos judíos ibéricos huyeron al norte de África para escapar de las persecuciones de los visigodos[34].

Tras la conquista de la España meridional por los omeyas, en 710-712, emigraron a la región muchos judíos procedentes del norte de África, que en un primer momento se establecieron en los puestos de avanzada de los musulmanes. Con la fundación del reino omeya, en 756, Córdoba se convirtió en la ciudad más grande de Europa y una de las más comerciales; a fines del siglo X tenía medio millón de habitantes. Pocos decenios después de la conquista musulmana de la Península Ibérica empiezan a aparecer referencias a judíos en textos escritos en latín, árabe y hebreo. En estos documentos los judíos tienen nombres árabes y hablan y escriben en árabe[35].

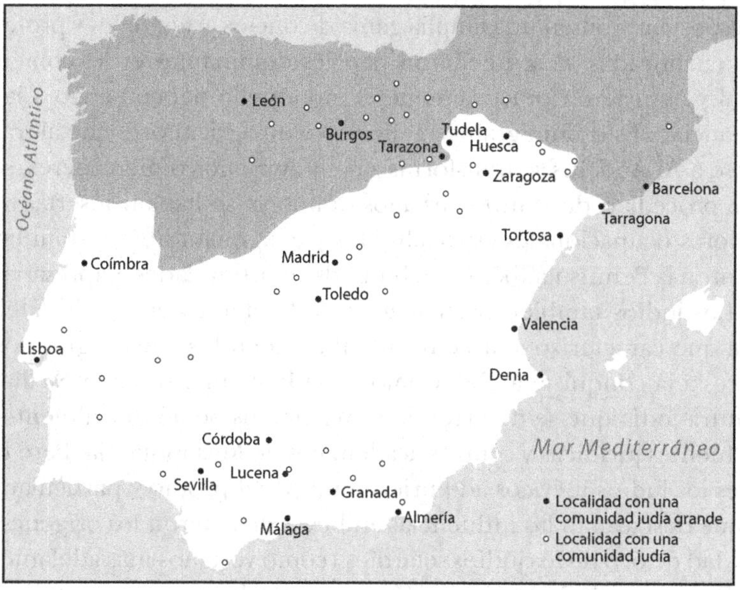


**Mapa 7.2.** Comunidades judías en la Península Ibérica, *ca.* 1030. *Fuente*: Adaptado por los autores a partir de Asthor *et al.* (2007). Blanco = Regiones bajo dominio musulmán. Gris oscuro = Regiones bajo dominio cristiano.

[34] Baron (1952, vol. 4, caps. 20 y 22); Ashtor (2007).

[35] Baron (1952, vol. 4, caps. 20 y 22); Goitein (1967-1988, vols. 1 y 2); Toch (2005).

Esta inmigración considerable de judíos procedentes de Egipto y el Magreb dio origen a los sefardíes, los judíos ibéricos, dotados de una cultura particular, que constituyeron la comunidad judía más grande después de la de Oriente Próximo[36]. No tardaron en fundarse comunidades judías en muchas ciudades, como Baena, Calcena, Calatayud, Córdoba, Elvira, Granada, Jaén, Lucena, Mérida, Pechina, Zaragoza, Sevilla y Toledo, y también en varios pueblos (véase mapa 7.2).

Muchas referencias atestiguan los continuos contactos y migraciones que vinculaban a los judíos de la Península Ibérica con los de Egipto y el Magreb en los siglos IX y X. La ciudad tunecina de Kairuán se convirtió en una escala importante para los mercaderes judíos ibéricos que iban y venían de Oriente Próximo, y en un punto de contacto fundamental entre los judíos ibéricos y las academias judías de Mesopotamia[37].

Los inmigrantes judíos que se establecieron en la Península Ibérica se especializaron en una amplia gama de oficios artesanales y profesiones cualificadas, desempeñaron papeles dominantes en el comercio local y obtuvieron prácticamente el monopolio del comercio a larga distancia[38]. Estos inmigrantes judíos no eran agricultores que al trasladarse a Al Ándalus se transformasen en artesanos o mercaderes, sino que procedían de centros urbanos donde ya se habían insertado en sectores ocupacionales especializados y emigraban libre y voluntariamente a la Península Ibérica en busca de oportunidades empresariales.

Los judíos también participaban de la efervescente vida intelectual que caracterizó a la Península Ibérica en los cinco siglos posteriores a la conquista árabe. Como en la Italia meridional y Sicilia, la cultura judía que se desarrolló en Al Ándalus bebió inicialmente de las fuentes jurídicas y centros académicos de Mesopotamia. Pero después los judíos ibéricos adquirieron un perfil propio y particular, en el que destacaban las influencias árabes. Estos fueron los orígenes de la edad de oro de los judíos sefardíes (como veremos más adelante)[39].

En este período la emigración no se producía en un sentido único: durante los siglos X y XI también hubo migraciones de artesanos, maestros, eruditos, mercaderes y médicos de la Península Ibérica ha-

[36] Toch (2005, 2012).

[37] M. Ben-Sasson (1996, pp. 40-65).

[38] Ashtor (1973-1984; 2007); H. Ben-Sasson (1976, pp. 393-402).

[39] H. Ben-Sasson (1976, pp. 439-461); Ashtor (2007).

cia el Magreb, Egipto y Siria, lo que creó un flujo constante y bidireccional de personas instruidas y sumamente cualificadas en los vastos dominios musulmanes[40].

## Las emigraciones de los judíos bizantinos

De comienzos del siglo VII a fines del XII los judíos bizantinos permanecieron estables desde un punto de vista demográfico, tanto en términos absolutos como relativos. Hacia 650 representaban entre el 0,4 y 0, 5 de la población total del Imperio bizantino. Cinco siglos después, en la época del viaje de Benjamín de Tudela, eran entre el 0,3 y el 0,4 por ciento de la población (tabla 1.6). A esta estabilidad demográfica contribuyeron las dos direcciones contrapuestas de la diáspora judía en el Mediterráneo.

De comienzos del siglo VII a fines del X una serie de episodios de persecuciones y conversiones forzadas a cargo de algunos emperadores bizantinos, unidos a la expansión árabe y al auge de los califatos musulmanes en Mesopotamia, el norte de África, la Península Ibérica, Sicilia y el sur de Italia, motivaron que una cierta proporción de judíos residentes en el Imperio bizantino emigrase por toda la cuenca mediterránea. A fines del siglo X, y cada vez más durante el XI, el declive político del califato abasí en el norte de África (jalonado de episodios de persecuciones de judíos y cristianos, como, por ejemplo, los impulsados por el califa Al Hakim en el Egipto del siglo XI) y el correspondiente renacimiento de la economía bizantina invirtieron el flujo migratorio de los judíos. Constantinopla y otras ciudades pujantes situadas bajo su dominio (Salónica o Seleucia, por ejemplo) se convirtieron en destinos atractivos para un cierto número de judíos procedentes de Egipto y el Magreb[41].

Las oleadas posteriores de emigrantes judíos desde o hacia el Imperio bizantino, o en su interior, tienen un rasgo en común: fue una diáspora de artesanos, mercaderes, médicos y eruditos. Las fuentes directas, entre ellas las cartas que se conservan en la guenizá cairota, indican que esos emigrantes, una vez asentados en sus destinos, go-

---

[40] Ashtor (1973-1984); H. Ben-Sasson (1976, pp. 393-402); M. Ben-Sasson (1996, pp. 60-93).

[41] Holo (2009); Jacoby (2011).

zaban de un alto nivel de vida y mantenían relaciones económicas y culturales con los judíos de sus lugares de origen.

## Emigraciones de los judíos hacia la Europa cristiana y dentro de ella

Las emigraciones judías hacia Europa entre los siglos IX y XII tienen algunas características destacadas en común con la diáspora judía hacia (y desde) los califatos musulmanes y el Imperio bizantino, y en el interior de estos territorios. En ambos casos los emigrantes eran los individuos más instruidos y cualificados (artesanos, maestros, eruditos, mercaderes a escala local y a larga distancia, acuñadores de moneda, prestamistas y médicos), que se trasladaban a otros lugares en busca de oportunidades empresariales. Las emigraciones de los judíos hacia Europa también presentan algunas peculiaridades que forjarían la historia de los judíos europeos en los siglos siguientes.

*Los orígenes de los judíos en la Europa medieval*

Flavio Josefo, comandante militar e historiador judío, murió en Roma hacia el año 100, tras pasar más de cien años bajo la égida de los emperadores romanos Tito y, después, Domiciano. El de Josefo no fue un caso aislado: muchas fuentes textuales, además de inscripciones y hallazgos arqueológicos en sinagogas, indican que la antigua Roma, y la Italia central y meridional en general, albergaron una gran comunidad judía. En la antigüedad romana también existían comunidades judías en la Península Ibérica, Francia meridional, Alemania y los Balcanes (véase el capítulo 1).

Un millar de años después, el viajero judío Benjamín de Tudela encontró comunidades judías en Barcelona, Narbona, Marsella, Roma, Nápoles, Salerno, Palermo, Lepanto, Tebas y Corinto, por citar solo algunos de los lugares que visitó en su periplo (véase la tabla A.2, en el apéndice). Los judíos residentes en esas ciudades eran en su mayoría artesanos, mercaderes, médicos, maestros, eruditos, acuñadores de moneda, cambistas, prestamistas, recaudadores de impuestos, diplomáticos, traductores y banqueros de corte. Pocos eran campesinos o se dedicaban a labores agrícolas[42].

---

[42] H. Ben-Sasson (1976, pp. 385-402).

Esos judíos de la Europa del XII ¿eran descendientes de los que habían habitado en Italia, la Península Ibérica, Francia, Alemania y los Balcanes en los siglos I y II? La mayoría probablemente no. Según la concienzuda labor investigadora de Toch, parece ser que los judíos solo habrían vivido de forma ininterrumpida desde fines de la antigüedad hasta aproximadamente el año 800 en la Italia al sur de Roma y en algunas localidades del sur de Francia y el este de España[43].

En los siglos IX y X, el número de judíos presentes en Europa aumentó considerablemente como consecuencia de la creación del califato de Córdoba y la emigración de judíos de Egipto y Mesopotamia a la Península Ibérica y después a Sicilia y el sur de Italia. Es probable que algunos judíos emigrasen posteriormente de la Península Ibérica y el sur de Italia a la Italia central y al sur de Francia. A partir de mediados del siglo IX, con esas migraciones, la diáspora judía se expandió desde los vastos dominios musulmanes, unificados por la lengua, el derecho y las instituciones, a una Europa políticamente fragmentada que era el bastión de la cristiandad[44]. Además, puede que los judíos, al desplazarse por el interior del Imperio bizantino, y más allá de sus confines, incluido el sur de Italia, sembraran la simiente, a través de la península transalpina, de buena parte de las comunidades judías europeas[45].

Tampoco parece que los judíos que en el medievo vivían en el centro y norte de Francia y el oeste de Alemania sean los descendientes de los que vivieron allí en la época del Imperio romano. Es más, no hay prácticamente ninguna prueba de la presencia de judíos en esas zonas durante los siglos VII y VIII. Lo más probable es que su presencia en la Champaña, Renania y después en Centroeuropa fuese resultado de la emigración de judíos al sur de Europa, que comenzó en los siglos IX y X[46].

La singularidad de los asentamientos judíos en la Europa meridional, central y noroccidental dejó una huella permanente en su historia posterior. Como ha demostrado Toch, "durante la Alta Edad Media las antiguas comunidades judías helenístico-mediterráneas se separaron y transformaron en las ramas bizantino-italiano meridio-

---

[43] Toch (2005, pp. 547-548; 2012).

[44] Baron (1971b); DellaPergola (2001); Toch (2005, pp. 547-555; 2012).

[45] Toch (2005, pp. 549-555; 2012).

[46] Baron (1952, vol. 4, caps. 20 y 22); Toch (2005, pp. 547-555; 2012).

nal, romana, catalano-francés meridional y árabo-siciliana. Posteriormente, las comunidades asquenazíes (del norte y noroeste de Europa) y sefardíes (de la Península Ibérica) adquirieron características propias", como veremos más adelante[47].

*Europa: de Carlomagno a Federico II (800-1250)*

¿Qué les parecería la Europa mediterránea del siglo IX a los artesanos, mercaderes, médicos y eruditos judíos llegados de Egipto y el Magreb, que pusieron rumbo a sus costas con la intención de establecerse y fundar negocios en Córdoba, Toledo y Palermo? ¿Qué Europa se encontraron los judíos procedentes del Imperio bizantino que se afincaron en Italia y cuyos descendientes probablemente emigraron al resto del continente? ¿Cómo era Europa a ojos de las sucesivas oleadas de judíos que emigraron entre las diversas regiones europeas en los cuatro siglos siguientes?

Un mosaico de reinos rivales

Con la caída del Imperio romano de Occidente a comienzos del siglo V, las ciudades, redes comerciales e infraestructuras urbanas decayeron en toda Europa durante los cuatro o cinco siglos siguientes. A diferencia de los califatos musulmanes, donde existían sociedades urbanas y comerciales dirigidas por un único soberano, la Europa posterior a la caída del Imperio romano se convirtió en una sociedad rural sustentada en una economía agraria. La tierra, fuente principal de riqueza y poder político, se fragmentó en una serie de reinos, ducados, condados ciudades-estado independientes y municipios eclesiásticos[48].

Cuando en 800 el papa León III coronó emperador a Carlomagno, los principales actores políticos de Europa eran el emirato omeya de Córdoba, que dominaba la mayor parte de la Península Ibérica; la Inglaterra anglosajona; los reinos de los daneses y vikingos en Escandinavia; y el Imperio carolingio, que abarcaba una extensa región: el norte de España, Francia, Países Bajos, el norte de Italia, Alemania y Austria.

---

47 Toch (2005, p. 547).

48 Le Goff (1988, cap. 2).

Los Balcanes y algunas partes del sur de Italia pertenecían al Imperio bizantino. La Italia central bajo dominio eclesiástico, el janato búlgaro, la Hungría de los magiares y algunas tribus germánicas y eslavas que ejercían el poder en Bohemia y la Europa del Este completaban el cuadro geopolítico europeo cuando las primeras oleadas de emigrantes judíos –procedentes tanto del Imperio bizantino como del norte de África– arribaron a las costas septentrionales del Mediterráneo a comienzos y mediados del siglo IX. La fragmentación política estaba acentuada por el hecho de que en el seno de cada reino una plétora de gobernantes autóctonos –príncipes, condes, duques, nobles, asambleas de ciudadanos libres, obispos y abades– ejercía el poder y tenía jurisdicción en diversas esferas económicas, sociales y religiosas.

Las divisiones políticas iban de la mano de la fragmentación lingüística, religiosa, jurídica y económica. Un mercader o artesano judío podía viajar de Samarcanda a Córdoba sin dejar de hablar el mismo idioma (el árabe) y estar sujeto a un cuerpo uniforme de leyes y costumbres inspiradas en el Corán. En cambio, un judío que viajase a Aquisgrán, York, Tréveris o Pisa oiría diversas lenguas y estaría sujeto a códigos jurídicos diferentes.

En 1250, a la muerte de Federico II, emperador del Sacro Imperio Romano, Europa estaba aún más fragmentada que cuatro siglos antes. El Sacro Imperio Romano se extendía desde el mar del Norte al Mediterráneo y abarcaba los Países Bajos, Alemania, Austria, Bohemia, el sureste de Francia y el norte y sur de Italia, incluidas Sicilia y Cerdeña. El resto de Italia estaba dividido en varios reinos, como los Estados Pontificios en el centro de la península, los territorios de Venecia, y el condado de Saboya en el noroeste. El reino de Francia, que solo comprendía algunas de las regiones que componen la Francia actual, estaba gobernado en parte por la dinastía capeta y en parte por la monarquía angevina de Inglaterra. La Península Ibérica estaba fragmentada en varios reinos cristianos –Andalucía, Aragón, Castilla, León, Navarra y Portugal–, mientras que el dominio musulmán se limitaba al reino de Granada. En Escandinavia, los Estados bálticos, Europa del Este y los Balcanes reinaban diversos soberanos, se hablaban idiomas distintos y regían sistemas jurídicos diferentes[49].

[49] Baron (1952, vol. 9, caps. 40, 41, 42, 43, 44); Le Goff (1988, cap. 3); Abulafia (1997).

## El poder de la Iglesia

Uno de los principales actores políticos europeos era la Iglesia católica, que actuaba a través de una administración central basada en Roma y una red de obispos, abadías y monasterios. Los obispos desempeñaban con frecuencia importantes funciones de gobierno, mientras que las abadías y los monasterios hacían de fideicomisarios de los patrimonios de familias poderosas, centros de propaganda y apoyo a los soberanos en las regiones recién conquistadas y bases de proselitismo. También eran los principales puestos de avanzada para la educación y alfabetización. En la Europa de los albores del medievo, analfabeta casi por completo, la Iglesia desempeñaba la importante función de preservar la enseñanza del latín y salvaguardar el arte de la escritura[50].

Además de gestionar asuntos políticos, la Iglesia regulaba muchos aspectos de la vida cotidiana de millones de habitantes de la Europa altomedieval: imponía la monogamia, obligaba a los cristianos a pagar el diezmo, decretaba prohibiciones contra la usura, combatía la herejía, etcétera. De estas y muchas otras maneras influía la Iglesia en la vida diaria de los europeos, dictando lo que estaba permitido y lo que no[51]. Los judíos que emigraban hacia Europa y dentro de ella también estaban sujetos a la autoridad de la Iglesia, cuyas normas se sumaban a las leyes seculares impuestas por reyes, príncipes y soberanos locales, con lo cual las emigraciones judías en Europa eran distintas de las de sus correligionarios en los califatos musulmanes.

### *El proceso urbanizador y la revolución comercial*

La desintegración de la sociedad romana tras la caída del Imperio romano a comienzos del siglo v tuvo consecuencias funestas para la Europa occidental. La maraña de soberanos que accedieron al poder se reveló incapaz de conservar las bibliotecas y las grandes instituciones académicas, y el desarrollo cultural sufrió un grave perjuicio. Las manufacturas y el comercio local y a larga distancia se hundieron a causa de la falta de seguridad. A fines del siglo VIII, lo que en su día había sido el Imperio romano de Occidente se había

[50] Pirenne (1954, pp. 270.282).

[51] Stow (1981); Le Goff (1988, cap. 8); Lynch (1992); Ekelund *et al.* (1996).

convertido en un espacio políticamente descentralizado y mayoritariamente rural[52].

A partir del siglo VIII y en todo el IX no se registraron epidemias graves ni otras perturbaciones demográficas de importancia, gracias a lo cual la población europea comenzó a crecer en el siglo X[53]. El aumento de la productividad agrícola –que se logró mediante la rehabilitación de tierras abandonadas, el drenaje de pantanos, la restauración de obras de irrigación y el uso de nuevos instrumentos y técnicas agrícolas– fomentó y promovió el crecimiento de los asentamientos urbanos, las ferias, los centros comerciales y las ciudades[54]. Gracias al proceso urbanizador, el renacimiento de oficios e industrias y la recuperación del comercio local y a larga distancia, Europa se convirtió a partir del siglo X en un lugar atractivo para individuos dotados del nivel educativo y técnico necesario para prosperar en los oficios artesanales, el comercio, el préstamo pecuniario, la medicina y otras profesiones de alta cualificación.

*La distribución geográfica y la secuencia temporal de la diáspora judía*

¿Quiénes eran los judíos procedentes del norte de África que se establecieron en la Península Ibérica, Sicilia y el sur de Italia en la Alta Edad Media? ¿Quiénes eran los judíos que emigraron del Imperio bizantino al sur de Italia y cuyos descendientes se asentaron después en otras regiones europeas? ¿Quiénes eran los judíos que se trasladaron de Francia a Inglaterra y Alemania? ¿Por qué los judíos emigraron a Europa y, después, por el interior del continente? ¿Cómo llegaban y cómo se establecían? ¿Eran libres de establecerse en cualquier ciudad o localidad

---

[52] López (1976); Le Goff (1988, caps. 1 y 2).

[53] Entre mediados del siglo VIII, cuando estalló la última de las plagas que azotaron Asia y Europa, y mediados del XIV, cuando la peste negra se abatió sobre Eurasia y el norte de África, dando inicio a un ciclo de pandemias recurrentes que no terminó hasta fines del siglo XVII, Europa disfrutó de casi seis siglos sin grandes plagas ni epidemias. Pero la estabilidad del continente estuvo amenazada durante esos siglos por varios pueblos invasores: los escandinavos saquearon la Europa occidental, se establecieron en Rusia y colonizaron Islandia y Groenlandia en los siglos IX y X; los eslavos avanzaron hacia el Oeste; los magiares se asentaron en la región del Danubio; y los musulmanes conquistaron las principales islas del Mediterráneo. No obstante, las expediciones militares y expansiones territoriales de estos pueblos no provocaron una caída demográfica mayor que la causada por las invasiones anteriores de godos, francos, hunos o árabes.

[54] López (1976); Braudel (1982, pp. 231-249); Le Goff (1998, pp. 195-255); Mokyr (1990, cap. 3); Abulafia (2000); Hodges (2000).

europea? ¿Podían adquirir y poseer tierra, y dedicarse a cualquier profesión? ¿Con qué ojos los veían los soberanos de la Europa medieval? ¿Qué semejanzas y qué diferencias había entre las migraciones de los judíos por los extensos dominios islámicos y sus migraciones en el interior de la Europa cristiana, políticamente fragmentada?

El asentamiento de los judíos presenta diferencias de índole circunstancial y temporal en cada país. Los judíos europeos hablaban varias lenguas vernáculas, seguían costumbres y ritos religiosos diferentes, tenían ocupaciones distintas y diferían también en cuanto al estatus jurídico. Sin embargo, pese a las diferencias, los judíos ibéricos, italianos, franceses, alemanes e ingleses tenían algunas características en común.

## Los judíos en la Península Ibérica dominada por los cristianos

Durante el largo período de la Reconquista, que comenzó a finales del siglo VIII y se completó a mediados del XIII, los monarcas españoles de religión cristiana recuperaron el control e impusieron la autoridad cristiana sobre las regiones de la Península Ibérica arrebatadas a los musulmanes[55]. A diferencia de los visigodos, que habían perseguido a los judíos en el siglo VII, los soberanos cristianos que en los siglos IX y X gobernaron partes de la Península Ibérica no solo toleraron a los judíos, sino que los invitaron a establecerse en sus territorios. A partir del siglo IX los judíos empezaron a emigrar hacia las zonas de la península dominadas por los cristianos. Un pequeño número de judíos, algunos de ellos con nombres árabes, aparecieron en el noreste de España, en las ciudades de Barcelona, Gerona, Tarragona, Tortosa y también en el campo; en el norte, en Belorado, Castrojeriz (cerca de Burgos), León, Puente Castro y Sahagún; y en el oeste, en Béjar, Coimbra, La Coruña y Mérida (mapa 7.2)[56].

A comienzos del siglo XI, en concomitancia con el declive del califato de Córdoba, el ascendiente cristiano sobre la península aumentó gracias a la iniciativa del rey Alfonso V de León, que trató de atraer inmigrantes a sus dominios concediéndoles privilegios y libertad. Entre los nuevos pobladores había numerosos judíos (muchos de ellos

[55] Baer (1961).
[56] Toch (2005, p. 552; 2013).

llegados con toda probabilidad de la parte musulmana de la península), que disfrutaban de los mismos derechos que los cristianos[57].

Los monarcas cristianos mostraron en ocasiones una actitud ambigua hacia la población judía y se condujeron de forma incoherente. En 1091, por ejemplo, el rey Alfonso VI, acuciado por la necesidad de obtener dinero para reclutar un ejército con el que enfrentarse a la dinastía bereber de los almorávides, concedió a los habitantes de la ciudad de León un fuero que les ofrecía varias ventajas con respecto a sus vecinos judíos a cambio de apoyo financiero. En 1114 se adoptó una política parecida en Tudela. El resultado fue que muchos judíos huyeron de esas ciudades. Al mismo tiempo Alfonso, consciente del importante papel que los judíos desempeñaban en la economía nacional y las finanzas de la corona, también concedió a los judíos fueros que les permitieron prosperar económicamente[58].

Los judíos residentes en la Península Ibérica desempeñaron un papel de mediación importante en la transición del poder musulmán al cristiano y ayudaron a los reyes cristianos a adoptar los modelos de administración pública y de burocracia estatal de los soberanos musulmanes[59]. En muchas ciudades se les concedieron fueros que regulaban los términos en que podían residir y desarrollar sus actividades profesionales. Estos primeros fueros medievales, como el que en 1053 se concedió a los judíos en Barcelona, en 1116 en Tudela, y en muchas otras ciudades españolas entre mediados de los siglos XI y XIII, muestran claramente que los judíos podían comprar y poseer tierras y trabajarlas, viajar y comerciar libremente y prestar dinero a interés[60]. En efecto, los registros tributarios, las actas judiciales y los *responsa* reflejan que los judíos no solo tenían ese derecho teórico de poseer tierra y dedicarse a cualquier actividad que se les antojase, sino que lo ejercían. Por ejemplo, en los siglos XI y XII, un tercio de las propiedades inmobiliarias de Barcelona estaban en manos de judíos, lo que explica por qué en el segundo concilio de Gerona se dictaminó que siguiesen pagando a la Iglesia los diezmos correspondientes por las tierras que compraban a los cristianos[61].

---

[57] Ashtor *et al.* (2007).

[58] Baer (1961).

[59] Baer (1961); Ashtor (2007); Sapir Abulafia (2011).

[60] Parkes (1934, 1938); Marcus (1938); Pakter (1988); y Linder (1997) editaron muchos de estos fueros.

[61] Baer (1961); H. Ben-Sasson (1976, pp. 462-476); Ashtor *et al.* (2007).

## Los judíos en Italia

Los judíos llevan veintiún siglos viviendo en Italia ininterrumpidamente: los orígenes de la comunidad judía transalpina se remontan al período de la República romana (siglos II y I a.C.). En 161 a.C., Judas Macabeo envió a Roma una embajada judía (probablemente precedida de mercaderes judíos que viajaron a Italia a título individual) para firmar un tratado político con el Senado romano. A partir de ahí otros emigrantes judíos llegaron libre y voluntariamente a Italia, y fundaron comunidades de tamaño considerable al sur de Roma, sobre todo en ciudades de Apulia, Calabria y Sicilia[62].

Tras el sitio de Jerusalén y la destrucción del segundo templo, un cierto número de judíos fueron reducidos a la esclavitud y deportados a Italia, pero en aquella época no hubo deportaciones en masa. Además, esos judíos conducidos a la fuerza a Italia recobraron la libertad al cabo de unos años. En el siglo I d.C. la población judía ascendía a cerca de 50.000 individuos, la mitad de los cuales se concentraba en Roma y sus alrededores. Su estructura ocupacional, muy diversificada, incluía agricultores, artesanos y mercaderes[63].

La Italia central y meridional fue el centro económico y religioso de la vida judía transalpina en la época romana y siguió siéndolo hasta comienzos del siglo VII[64]. En las fuentes históricas se menciona la presencia de judíos en el Lacio (Ostia, Terracina), Campania (Capua, Nápoles, Nola, Pompeya, Salerno, Venafro), Apulia y Basilicata (Bari, Oria, Otranto, Tarento, Venosa), Sicilia (Agrigento, Catania, Palermo, Siracusa) Cerdeña (Cagliari) y otras localidades de la Campania y Sicilia gobernadas por los Estados Pontificios.

La desintegración del Imperio romano de Occidente a comienzo del siglo V, las posteriores conquistas de diversas regiones italianas por parte de hunos, ostrogodos, vándalos, visigodos y el Imperio bizantino, y el poder creciente de la Iglesia provocaron que la situación de los judíos italianos experimentase continuos cambios en los siglos V y VI. Los períodos de paz se alternaron con episodios

---

[62] Milano (1963); Toch (2005, p. 549; 2012); Milano *et al.* (2007).

[63] Baron (1952, vol. 2; 1971b, p. 874).

[64] Toch (2005; 2012). En el norte de Italia hay menos huellas de la presencia de judíos en la época romana. Las inscripciones y las fuentes textuales mencionan judíos en Aquilea, Brescia, Civitavecchia, Ferrara, Milán y Pula.

aislados de conversiones forzadas (dictadas, por ejemplo, por algunos gobernantes bizantinos en determinadas ciudades del sur de Italia)[65].

Los testimonios epigráficos y las fuentes textuales no hacen mención alguna a los judíos en los siglos VII y VIII, con lo cual es difícil determinar si abandonaron esas localidades o siguieron viviendo en ellas sin dejar rastro en los documentos históricos. (Una excepción es Venosa, para la que sí existe una serie casi ininterrumpida de pruebas arqueológicas y documentales de asentamientos judíos, tanto en la ciudad como en las aldeas de los alrededores).[66]

A partir del siglo IX, las comunidades judías situadas al sur de Roma crecieron como consecuencia de una sucesión de oleadas migratorias de judíos procedentes de las costas orientales y meridionales del Mediterráneo, en concreto los dominios bizantinos de los Balcanes y Asia Menor[67]. Paralelamente a esas corrientes migratorias, cuando los árabes comenzaron la conquista de partes del sur de Italia y de Sicilia y el dominio musulmán aportó estabilidad política y prosperidad económica a estas regiones, cada vez más inmigrantes judíos procedentes de Egipto y el Magreb se establecieron en Sicilia y algunas partes del sur de Italia, como demuestran sobradamente los documentos de la guenizá cairota. En los siglos IX y X son cada vez más las fuentes que mencionan la presencia de comunidades judías en lugares como Bari, Benevento, Capua, Gaeta, Lavello, Nápoles, Oria, Salerno, Siponto, Trani, Tarento y, en Sicilia, Catania, Palermo, Ragusa y Siracusa[68].

Los judíos que emigraban del norte de África a Sicilia y partes del sur de Italia, en cuanto miembros de una gran mancomunidad de naciones, no necesitaban ningún permiso ni fuero para establecerse en sus destinos y emprender sus negocios. Podían poseer y comprar tierras y dedicarse a cualquier profesión que deseasen, como bien demuestra su estructura económica, muy diversificada y parecida a la de las comunidades judías de Mesopotamia, Persia, el norte de África y la Península Ibérica. Eran artesanos especializados, merca-

---

[65] Milano (1963); Milano *et al.* (2007).

[66] Toch (2005, pp. 549-550).

[67] Toch (2005); Holo (2009); Jacoby (2011).

[68] Roth (1946, 1966b); Goitein (1967-1988, vol. 1); M. Ben-Sasson (1991); Simonsohn (1997-2010, 2011); Gil (2004, pp. 535-593); Toch (2005, 2012); Abulafia (2008).

deres a escala local y a larga distancia, médicos, eruditos y prestamistas[69].

Las comunidades judías de Sicilia y el sur de Italia alcanzaron la cima de su prosperidad en la primera mitad del siglo XIII, cuando Federico II, un emperador del Sacro Imperio Romano de origen normando, colocó a los judíos bajo su protección personal, les concedió el monopolio del tejido, la tintura y el comercio de la seda y se interesó personalmente en la promoción de la cultura judía[70]. Esta cultura había cambiado sensiblemente desde la antigüedad. A fines de la edad antigua los judíos del sur de Italia hablaban griego, como las demás comunidades judías de la diáspora helenístico-bizantina. En cambio, en Sicilia y la Italia meridional dominadas por los musulmanes, los judíos escribían en hebreo, recurrían al léxico y el acervo rabínicos de las academias mesopotámicas y desarrollaron una rica poesía religiosa que bebía de fuentes israelitas[71].

En cuanto al norte de Italia, a comienzos del siglo VI aún se hace mención a alguna comunidad judía en Génova y Milán, pero a partir de entonces desaparecen del registro histórico. En inscripciones del siglo VIII halladas en Asti y Pavía se hace mención de individuos judíos. A partir del siglo X aparecen referencias a judíos en Ancona, Lucca, Pavía, Ravena, Rímini, Treviso y Verona[72]. Dos siglos después, los judíos residentes en el sur de Italia comenzaron a desplazarse al norte. A diferencia de los judíos asentados en la Italia meridional y la Sicilia dominadas por los árabes, estos judíos tenían permiso para establecerse en las ciudades del centro y norte de Italia gracias a las autorizaciones y fueros concedidos por los soberanos cristianos autóctonos, que solían invitar a los mercaderes (y después a los prestamistas) a afincarse en sus territorios para que contribuyesen a la economía local[73].

Hacia 1170, Benjamín de Tudela documentó esta distribución

[69] Goitein (1967-1988, vol. 1); M. Ben-Sasson (1991); Gil (2004, pp. 593-692); Toch (2005, 2012).

[70] Milano (1963); Abulafia (2000); Milano *et al.* (2007); Simonsohn (2011).

[71] M. Ben-Sasson (1991); Abulafia (2000-2008); Gil (2004, pp. 535-593); Sapir Abulafia (2011).

[72] Toch (2005, pp. 551-552; 2012).

[73] Baron (1952, vol. 4, caps. 20 y 22); Milano (1963); Simonsohn (1977, 1982-1986, 1988-1991); Stow (1995-1997); Toch (2005, 2012); Milano *et al.* (2007); Sapir Abulafia (2011).

desigual de los judíos al norte y al sur de Roma (véase la tabla A.2 en el apéndice). Según el viajero, en Salerno vivían 3.000 judíos y en Palermo 7.500, mientras que Pisa y Lucca apenas albergaban 100 y 200 respectivamente. En los tres siglos siguientes se propagaron y aumentaron por toda Italia las comunidades judías, cuyas dimensiones oscilaban entre un puñado y varios centenares de familias (mapa 7.3). Los judíos del sur de Italia y Sicilia siguieron desempeñando una amplia gama de oficios artesanales y actividades comerciales, mientras que los del norte y el centro se especializaban cada vez más en el préstamo de dinero (véase capítulo 8).

## Los judíos en Francia

Desde la época de la conquista romana, obra de Julio César en 58-51 a.C., hasta las invasiones de los burgundios, los francos, los hunos y los visigodos, en los siglos IV y V, la historia de la Galia se entrelaza con la de Roma. Según indican las inscripciones y los hallazgos arqueológicos, los judíos que se radicaron en la Galia, probablemente como mercaderes ambulantes, gozaban del estatus de ciudadanos o protegidos de Roma[74]. Así, se beneficiaron de ciertos derechos y privilegios derivados de la ciudadanía romana que Caracalla concedió en 212 a todos los habitantes del imperio, entre ellos la libertad de culto y el derecho de acceso a cargos públicos y al ejército. A partir del siglo IV los documentos mencionan la presencia de judíos, bien que modesta, en la región. Sus asentamientos coincidían con los itinerarios de las legiones romanas, a quienes seguían los judíos en calidad de soldados, comerciantes y mercaderes[75].

En el siglo V los francos, una confederación deslavazada de tribus procedentes de la baja Renania, conquistaron el norte de la Galia. Clodoveo I (481-511), el fundador de la dinastía merovingia, unificó la confederación de tribus francas en una sola entidad política. Al convertirse al cristianismo forjó una alianza con la Iglesia y allanó el terreno para la propagación de la fe cristiana en la Galia (a partir de entonces conocida como Francia).

---

[74] Benbassa (1999, cap. 1); Blumenkranz *et al.* (2007). Se dispone de poca información sobre el número de judíos en la época romana.

[75] Blumenkranz *et al.* (2007).

Más o menos de ese período data una serie de documentos que dan fe de la presencia de comunidades judías en varias localidades de Francia (Agde, Arles, Aviñón, Clermont-Ferrand, Marsella, Metz, Orleans, Poitiers). Los judíos se dedicaban sobre todo al comercio, pero algunos eran ya médicos y hasta marineros. Pese a la conversión de Clodoveo, el estatus jurídico de los judíos residentes en Francia no cambió, y siguieron viviendo según sus costumbres[76]. En los siglos VI y VII, la población judía en Francia aumentó con rapidez, sobre todo por efecto de las inmigraciones, primero procedentes de Italia y el Imperio bizantino, y después de la Península Ibérica, en especial tras las persecuciones de judíos ibéricos perpetradas por el rey visigodo Sisebuto a comienzos del siglo VII[77].

Las condiciones de los judíos en Francia se deterioraron en los siglos VII y VIII. Algunos fueron obligados a convertirse al cristianismo, aunque a menudo se les permitía regresar al judaísmo (por el mismo soberano o por sus sucesores). Parece ser que el número de judíos residentes en Francia cayó en picado, salvo en las zonas vecinas a la Península Ibérica. Casi ninguna fuente menciona la presencia de judíos en las tierras de los francos entre mediados del siglo VII y del VIII[78].

Algunas pruebas extraídas del anecdotario histórico y de la legislación indican que en la época del reinado de Carlomagno (771-814) había judíos en el séquito imperial y en otros lugares. A partir de entonces empezaron a crecer en número, favorecidos por la paz reinante[79]. No tardaron los judíos en despuntar en el ámbito mercantil. Los radanitas mencionados más arriba son el ejemplo más conocido de mercaderes judíos del siglo IX que desde Mesopotamia viajaban a Francia y a China, donde comerciaban, entre otras mercancías, con productos de lujo, como bálsamos, brocados, dátiles, pieles, metales preciosos, sedas y especias. El comercio de especias, que puso a los mercaderes judíos en contacto con médicos orientales, contribuyó también a la formación de los médicos judíos[80].

---

[76] Bachrach (1977); Benbassa (1999, cap. 1).

[77] Toch (2005, 2012); Blumenkranz *et al.* (2007).

[78] Toch (2005, pp. 547-550).

[79] Baron (1952, vol. 4, cap. 20).

[80] Baron (1952, vol. 4, cap. 20); Blumenkranz *et al.* (2007). La medicina de la época requería conocer las hierbas y las especias, que solían usarse como medicamentos. Las profesiones de médico y especiero solían ir de la mano.

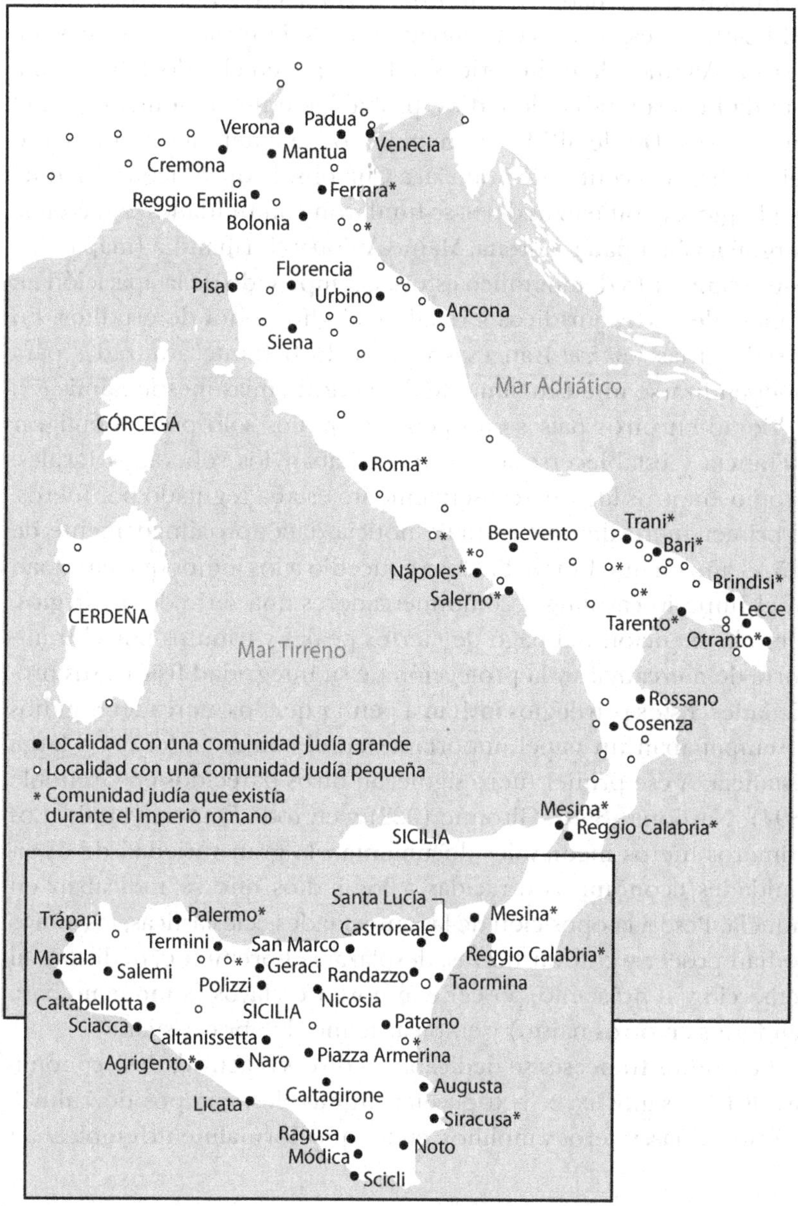


**Mapa 7.3.** Principales comunidades judías en Italia, 1450-1550. *Fuente*: Adaptado por los autores a partir de Milano (1963).

Durante el reinado del hijo de Carlomagno, Luis I el Piadoso (814-840), y después la comunidad judía de Francia se hizo más numerosa. Algunos datos históricos indican que en el siglo IX había una cantidad considerable de judíos, probablemente en aumento, en el sur del país. Desde allí los asentamientos se extendieron a lo largo del Rin hasta el centro de Francia: a Châlons, Lyon, Mâcon y Vienne. En el siglo X y comienzos del XI se fundaron comunidades judías en la Borgoña, Champaña, Lorena, Maine-Anjou y Normandía (mapa 7.4). Este crecimiento demográfico estuvo acompañado de la aparición en Francia de textos jurídicos y religiosos judíos, obra de eruditos. En el siglo XI las *yeshivot* francesas ya eran lo bastante avanzadas para independizarse intelectualmente de las academias mesopotámicas[81].

Como en otros países europeos, los judíos solo podían emigrar a Francia y establecerse allí si los invitaban los soberanos locales. Y como en otros lugares, el asentamiento estaba regulado por fueros. El primer fuero del que se tiene noticia data aproximadamente de 825, el año en que Luis el Piadoso concedió a los judíos que entraban en el Imperio carolingio como mercaderes una serie de privilegios, como la exención del pago de ciertos peajes y tributos por el transporte de mercancías y la protección de su integridad física y sus propiedades. Estos privilegios invitan a pensar que los mercaderes judíos desempeñaban un papel importante en el comercio local y a larga distancia. A ese primer fuero siguieron otros parecidos en Grenoble (894), Narbona (899), Gironne (922) y en toda Francia (1190). Los primeros fueros medievales documentan la gran variedad de oportunidades económicas ofrecidas a los judíos que se radicaban en Francia. Pese a la oposición de las autoridades eclesiásticas, los judíos podían poseer y cultivar tierras, desplazarse libremente, dedicarse al comercio y al préstamo, poseer e importar esclavos (aunque no para venderlos en otros países) y emplear mano de obra cristiana[82].

Los judíos franceses se dedicaban a diversas actividades económicas. En los siglos IX, X y XI poseían inmuebles, campos de cultivo, huertos, viñas, viveros y molinos, en los que normalmente empleaban

---

[81] Baron (1952, vol. 4, cap. 20); Benbassa (1999); Toch (2005, 2012); Blumenkranz, Steinberg y Bensimon-Donath (2007); Blumenkranz *et al.* (2007).

[82] Véase Parkes (1934, 1938); Marcus (1938); Pakter (1988); Limor (1993); Limor y Raz-Krakotzkin (1993); y Linder (1997) para este fuero y otros.

a trabajadores cristianos[83]. Algunos judíos administraban las propiedades de abades y obispos; otros estaban al servicio del rey. Desempeñaban un papel importante en el comercio, ejercían la medicina y trabajaban de tintoreros y curtidores. A finales del siglo X y comienzos del XI la distribución por ocupaciones de los judíos franceses ya había cambiado y muchos de ellos se dedicaban a prestar dinero, como se verá en el capítulo 8[84].

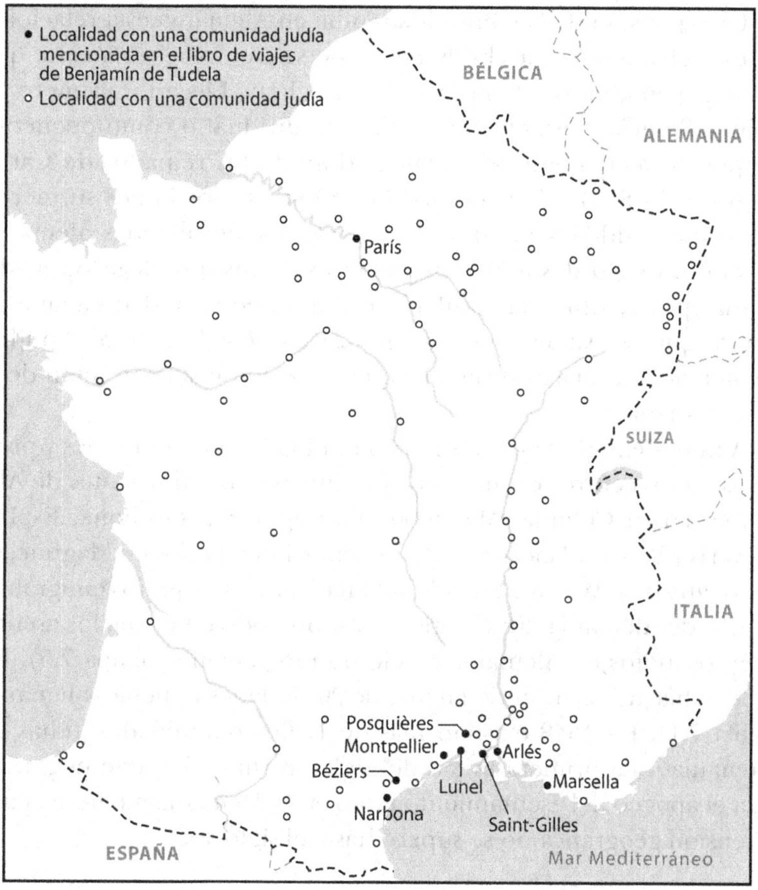


**Mapa 7.4.** Principales comunidades judías en Francia durante la Edad Media. *Fuente*: Adaptado por los autores a partir de Blumenkranz *et al.* (2007).

[83] Toch (2005, p. 557; 2012).

[84] Baron (1952, vol. 4, caps. 20 y 22); Taitz (1994); Benbassa (1999); Toch (2005, 2012).

## Los judíos en Alemania

Varias fuentes indican la presencia de judíos en Colonia y Tréveris durante la época romana. Nada indica, sin embargo, que esas primeras comunidades judías guardasen relación con los judíos que habían vivido en Alemania en la Alta Edad Media: las referencias documentales sobre los judíos alemanes son escasas en cuanto a los siglos V y VI e inexistentes para la mayor parte de los siglos VII y VIII[85].

La expansión de la comunidad judía en Alemania está relacionada estrechamente con el desarrollo de su homóloga francesa, que comenzó en el norte de Francia en el siglo IX. Llegados primero de Italia y Francia y establecidos a título individual o como pequeños grupos de mercaderes ambulantes durante los reinados de Carlomagno (771-814) y Luis el Piadoso (814-840), los judíos surgieron como comunidades organizadas en algunas localidades alemanas más de un siglo después. Los primeros judíos que llegaron a Alemania (por ejemplo, la familia Kalonymos, de la ciudad italiana de Lucca, que se estableció en Maguncia en el siglo X) eran familias de mercaderes a larga distancia, que gozaban de la protección de la elite cristiana[86].

A fines del siglo XI ya existían comunidades judías grandes y prósperas en los centros económicos y políticos más importantes de Alemania, como Colonia, Magdeburgo, Maguncia, Ratisbona, Espira, Tréveris y Worms. Hacia 1100 había unos 1.000 judíos en Maguncia y otros tantos en Worms. En la Edad Media, muchos judíos emigraban dentro de Alemania. En el siglo XII y sobre todo en el XIII, los asentamientos judíos en Alemania crecieron rápidamente (mapa 7.5). En 1238 había judíos viviendo en más de 90 ciudades y pueblos alemanes (tabla 7.1). En 1348 existían más de 1.000 comunidades judías en Alemania[87]. La primera mitad del siglo XIV, hasta la peste negra, señala el apogeo del asentamiento judío en la Alemania medieval, cuya extensión geográfica no se superó hasta el siglo XIX.

---

[85] Baron (1952, vol. 4, caps. 20 y 22); Toch (2000b, 2005, 2008, 2011, 2012).

[86] H. Ben-Sasson *et al.* (2007).

[87] Toch (2005, 2008, 2012); Sapir Abulafia (2011).

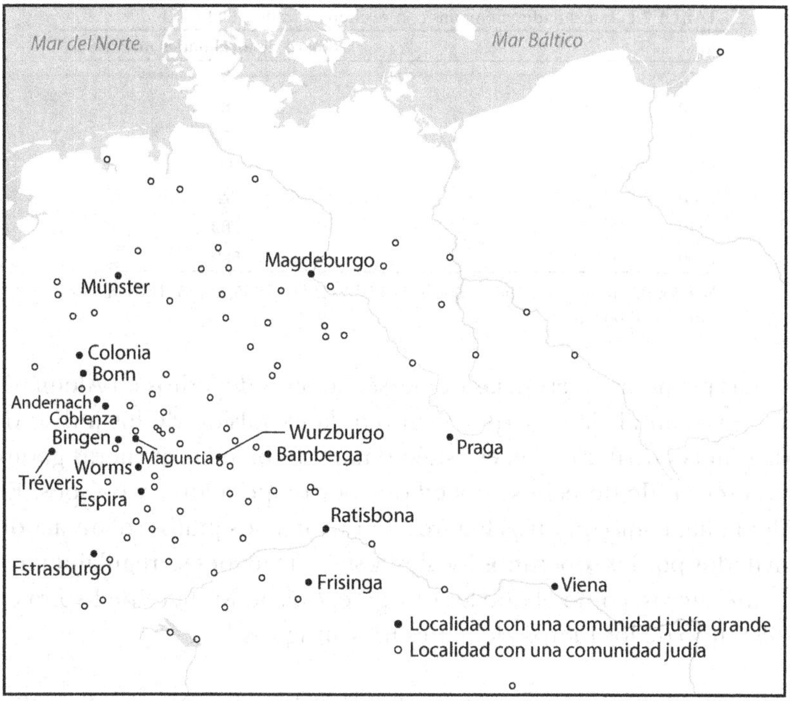


**Mapa 7.5.** Principales comunidades judías en la Alemania del siglo XIII. *Fuente:* Adaptado por los autores a partir de H. Ben-Sasson *et al.* (2007).

Entre los siglos X y XII los judíos se asentaron a lo largo de las rutas comerciales y a orillas del Rin y el Danubio. La ventaja de que gozaban en el ámbito de la artesanía y el comercio indujo a esas primeras comunidades a establecerse allí donde el auge de las ciudades y los centros urbanos nuevos ofrecía oportunidades lucrativas. Según los documentos hebraicos, de la segunda mitad del siglo X en adelante las principales ocupaciones de los judíos alemanes eran el comercio a escala local y a larga distancia, la recaudación de impuestos, la acuñación de moneda y el cambio de divisas. También se les permitía poseer, y de hecho poseían, tierras, huertas y viñedos, en los que empleaban a campesinos y jornaleros cristianos. Muchos judíos alemanes no tardaron en dedicarse de lleno al préstamo de dinero a interés (véase cap. 8)[88].

[88] Baron (1952, vol. 4, caps. 20 y 22); Toch (2000a, 2000b, 2003, 2005, 2008, 2010, 2012); H. Ben-Sasson *et al.* (2007).

**TABLA 7.1.** Localidades alemanas con residentes judíos, 950-1300

| Año | Número de localidades nuevas |
|---|---|
| 950 | 5 |
| 1050 | 8 |
| 1100 | 5 |
| 1150 | 11 |
| 1200 | 62 |
| 1250 | 260 |
| 1300 | 509 |

*Fuentes*: Blumenkranz (1966), Baron (1971b), Toch (2005, 2008), H. Ben-Sasson *et al.* (2007).

Las primeras referencias de persecuciones de judíos en Alemania se remontan al siglo XI (por ejemplo, la expulsión de los judíos de Maguncia en 1012), y de ese siglo datan también las primeras garantías escritas de derechos concedidos por emperadores y obispos. En Alemania, como en otros lugares de Europa, los judíos solían acudir invitados por los soberanos locales, y sus actividades se regulaban mediante fueros, como el que les otorgó el obispo Rudiger de Espira en 1084, uno de los fueros alemanes más antiguos[89].

> En el nombre de la sagrada e indivisible Trinidad, yo, Rudiger, de apellido Huozmann, obispo de Espira, cuando hice de la villa de Espira una ciudad pensé que sería un lugar aún más honorable si trajese a los judíos. Los instalé, pues, fuera de la ciudad, a una cierta distancia de las casas de los demás habitantes, y temiendo que estos pudiesen molestarlos con su insolencia, los rodeé con un muro. Ahora su lugar de residencia, que adquirí legítimamente (pues obtuve la colina en parte con dinero y en parte mediante un trueque, mientras que el valle lo recibí en concepto de presente de unos herederos), ese lugar, digo, lo transferí a los judíos a condición de que paguen por su uso tres libras y media del dinero de Espira al año. También les he concedido, en el barrio en que habitan y, fuera de la ciudad, desde ese barrio hasta el puerto y dentro del puerto mismo, plenas facultades para cambiar oro y plata y comprar y vender cuanto deseen. Y también les he dado permiso para hacer lo propio en todo el Estado. Además, les he cedido tierras de la Iglesia para que construyan un cementerio, con derechos de transmisión hereditaria. También he añadido la exención del

[89] Cave y Coulson (1965, pp. 101-102).

> pago de impuestos por alojar a otro judío. Después, así como el juez de la ciudad dirime los litigios entre los ciudadanos, del mismo modo dirimirá el rabino jefe los que surjan entre judíos o contra ellos. Pero caso de que no sea capaz de zanjarlos, los litigantes habrán de dirigirse al obispo o a su chambelán. Mantendrán vigilantes, guardias y fortificaciones alrededor de su barrio; las guardias serán conjuntas con nuestros vasallos. Podrán emplear legalmente a cristianos de sirvientes y enfermeros. Podrán vender legalmente a cristianos la carne sacrificada que sus leyes les impiden comer, y los cristianos podrán comprarla. Por último, para completar estas concesiones, les he otorgado el disfrute de los mismos privilegios de que gozan los judíos en cualquier otra ciudad de Alemania.
>
> Para que ninguno de mis sucesores rebaje estos dones y concesiones ni obligue a los judíos a pagar más impuestos, aduciendo que han usurpado estos privilegios y no poseen ninguna garantía episcopal, dejo este fuero como testimonio adecuado de la susodicha concesión. Y para que nunca se olvide, lo firmo y confirmo con mi sello, que puede verse abajo. Concedido el 15 de septiembre de 1084.

Otros ejemplos de estos estatutos son los de Tréveris (919), Magdeburgo (965, 973, 979), Espira (1090), Worms (1074, 1090, 1157), Ratisbona (1182, 1216, 1230) y Viena (1238). Estos fueros muestran que en la Alta Edad Media los judíos alemanes podían poseer tierras y dedicarse al comercio (y más adelante al préstamo pecuniario) y gozaban de libertad religiosa y de la capacidad de regular los asuntos relativos a su comunidad según sus leyes. El fuero de Rudiger, en concreto, indica además que el obispo, al igual que los demás gobernantes alemanes seculares y religiosos, estaba deseoso de invitar a los judíos por las aptitudes y el lucro potencial que aportaban. En 1090, el emperador Enrique IV concedió fueros a los judíos de Espira y Worms, y sus sucesores siguieron su ejemplo[90]. Una de las comunidades judías más importantes en la región germánica era la de Viena. Según las fuentes documentales, el primer asentamiento de judíos en esa ciudad data del siglo XII. Poseían casas y una sinagoga y eran sobre todo mercaderes, cambistas y prestamistas. Un judío eminente fue Salomón, jefe de la casa de la moneda y asesor financiero del

[90] Parkes (1934-1938); Marcus (1938); Pakter (1988); Linder (1997).

duque Leopoldo V[91]. Entre 1177 y 1230 se establecieron en Viena otros judíos expertos en acuñación y préstamo pecuniario (véase el capítulo 8). Durante el reinado de Leopoldo VI (1198-1230) se edificó una segunda sinagoga. En 1235, un judío llamado Teka (Tecanus), residente en Viena, desempeñó funciones de financiador y banquero del Estado para Austria.

En 1238, el emperador Federico II concedió a los judíos un fuero de privilegios que dio una amplia autonomía a su comunidad. A fines del siglo XIII y en el XIV vivían en Viena cerca de 1.000 judíos, cifra que la convertía en la principal comunidad judía de la región germánica. La prominencia económica iba de la mano de la preeminencia intelectual: la influencia cultural y jurídica de los eruditos judíos de Viena trascendía los límites de la ciudad y fue muy duradera.

En el siglo XIII, los judíos emigraron hacia el este, a Bohemia, Silesia y Pomerania y, en el siglo XIV, a otras partes de Polonia. A estas regiones ya habían emigrado con anterioridad judíos procedentes del Imperio bizantino y de Alemania, germen de las grandes y destacadas comunidades asquenazíes que se desarrollarían en Europa del este durante los siglos siguientes[92].

## Los judíos en Inglaterra

A diferencia de la historia de los judíos en Europa continental, que abarca el largo período comprendido entre la Alta Edad Media y el comienzo de la Edad Moderna, la historia de los judíos en la Inglaterra medieval comprende poco más de doscientos años, de 1066 a 1290. Son contados los documentos posteriores a 1290 que mencionan la presencia de judíos en Inglaterra; hasta los siglos XVII y XVIII no volvieron a radicarse en la isla comunidades judías de un cierto tamaño[93].

Los primeros judíos en llegar a Inglaterra fueron mercaderes y prestamistas procedentes de Ruan –ciudad del norte de Francia e importante centro comercial de la época–, poco después de la conquista normanda de 1066. Estos judíos emigraban libremente a Inglate-

[91] Bato, Adunka y Lehman (2007). Salomón y otros 15 judíos fueron asesinados por participantes en la tercera cruzada.

[92] Baron (1952, vol. 4, cap. 22); Toch (2005, 2012).

[93] Roth (1964); Toch (2005, p. 554).

rra en busca de oportunidades económicas. La londinense "calle de los judíos" se menciona por primera vez hacia 1128. Los judíos se dispersaron rápidamente por el país, y fundaron comunidades relativamente grandes (aunque pequeñas en términos absolutos) en Londres y otras ciudades importantes, como Bristol, Gloucester, Lincoln, Northampton, Norwich, Oxford, York y Winchester, y en grupos muy pequeños (a veces compuestos únicamente de una familia o dos) en unos 200 pueblos y aldeas (mapa 7.6)[94].

Las primeras informaciones fidedignas sobre judíos ingleses datan del reinado de Enrique I (1100-1135), que les concedió un fuero en 1120. El texto original se ha perdido, pero el fuero se menciona e imita en otros documentos reales parecidos, como los promulgados por Enrique II (1170), Ricardo I (1190), Juan (1201) y Eduardo I (1275)[95].

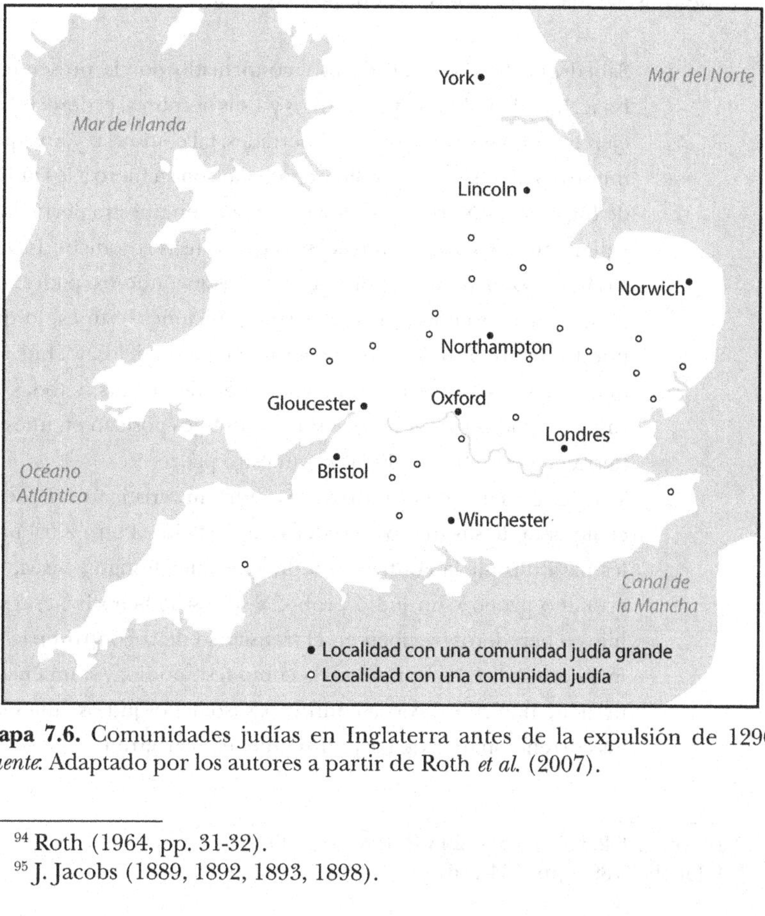


**Mapa 7.6.** Comunidades judías en Inglaterra antes de la expulsión de 1290. *Fuente*: Adaptado por los autores a partir de Roth *et al.* (2007).

---

[94] Roth (1964, pp. 31-32).

[95] J. Jacobs (1889, 1892, 1893, 1898).

El fuero de 1120 de Enrique I concedía a los judíos libertad de movimientos por todo el país, exención de los peajes normales, protección contra los malos tratos, libertad de recurrir a la justicia real en caso de litigios y descargo de responsabilidad hacia cualquiera que no fuese el soberano, permiso para quedarse con tierras entregadas en prenda y disposiciones particulares para garantizar un juicio justo. Los términos del fuero confirmaban el estatus privilegiado de la comunidad judía[96]. Parecidos favores les otorgó el rey Ricardo I, cuyo fuero constituye una prueba directa de que los judíos tenían permiso para poseer tierras y dedicarse al comercio y al préstamo pecuniario bajo la protección del monarca[97]:

> Ricardo, rey de Inglaterra, duque de Normandía, etcétera, por la gracia de Dios, saluda a sus arzobispos, obispos, etcétera:
>
> I. Sabed que hemos concedido, y confirmado por la presente, a Isaac, hijo de Rabí Joe, y a sus hijos y a sus hombres, el derecho de ejercer todas sus costumbres y libertades, tal como el rey Enrique, nuestro padre, se lo concedió y confirmó con su fuero a los judíos de Inglaterra y Normandía, a saber: residir en nuestra tierra libre y dignamente, y poseer todas esas cosas que el susodicho Isaac y sus hijos poseían en la época del rey Enrique, nuestro padre: tierras, feudos, prendas, presentes y adquisiciones, esto es, lo que nuestro padre, Enrique, les dio a cambio de servicios, y Thurroc, que el susodicho Isaac compró al conde de Ferrars, y todas las casas, atestados y prendas que Isaac y sus hijos poseían en nuestra tierra en época del rey Enrique, nuestro padre.
>
> II. Y de surgir cualquier controversia entre un cristiano e Isaac, o cualquiera de sus hijos y herederos, el que cite al otro a tribunales para dirimir la controversia deberá tener testigos, o sea, un cristiano probo y un judío probo. Y si el susodicho Isaac, o sus hijos o herederos, reciben en el transcurso de la controversia un mandato judicial, podrán usarla como testimonio; y si un cristiano tiene una controversia contra los susodichos judíos, que sean los correligionarios de los judíos quienes la arbitren.

[96] Baron (1952, vol. 4, caps. 20 y 22); Roth (1964).

[97] J. Jacobs (1893, pp. 134-136).

III. Y si alguno de los susodichos judíos muere, que no se deje su cuerpo insepulto, sino que su dinero y sus deudas se transmitan a sus herederos a fin de que pueda descansar en paz, por tener herederos que puedan responder por él y saldar sus deudas y multas, y pueda el susodicho judío recibir y comprar en todo momento cualquier cosa que se le ofrezca, excepto objetos de la Iglesia y ropas manchadas de sangre.

IV. Y si alguien los lleva a juicio sin un testimonio, que se libren del pleito jurando sobre su libro [de la ley] y se libren de un pleito interpuesto por obtener bienes pertenecientes a nuestra corona jurando sobre sus rollos [de leyes]. Y si surge un litigio entre un cristiano y uno de los susodichos judíos o sus hijos en cuanto al pago de una suma de dinero, el judío aportará la prueba del capital y el cristiano la prueba de los intereses.

V. Y los susodichos judíos podrán vender sin problemas los bienes obtenidos en prenda una vez demuestren que los han poseído un año y un día [...].

VI. Y podrán ir adonde deseen llevando consigo todos sus enseres, y también cosas de nuestra propiedad, sin que nadie los detenga ni se lo impida. Y si muere un cristiano que debía dinero a un judío y tiene un heredero, mientras este sea menor de edad el importe adeudado al judío no sufrirá menoscabo, a menos que la tierra del heredero esté en nuestras manos.

VII. Y ordenamos que los judíos de toda Inglaterra y Normandía queden exentos de todos los aranceles e impuestos del vino, cual si se tratase de pertenencias nuestras [...].

La prominencia en el ámbito del comercio y el préstamo pecuniario de los judíos residentes en Inglaterra durante el siglo XII y el elevado nivel de vida que alcanzaron, coexistieron con episodios aislados de violencia y persecuciones (véase el capítulo 8). Pero la comunidad siguió expandiéndose y enriqueciéndose, y su importancia financiera fue cada vez más reconocida y aprovechada por la corona[98].

*Derechos y deberes de los judíos*

En resumidas cuentas, existe un contraste marcado entre la libertad

[98] Roth (1964); Shatzmiller (1990); Mundill (2010); Sapir Abulafia (2011).

de movimientos de los judíos en los califatos musulmanes y su situación en la Europa occidental, una región fragmentada políticamente donde las migraciones solían comenzar con la petición de permiso para establecerse en un lugar determinado que dirigía un individuo o una familia al soberano u obispo local, o con la invitación de un rey o de un príncipe a una o más familias judías a afincarse en su país o región. Al igual que las migraciones de otros artesanos, comerciantes y prestamistas extranjeros (por ejemplo, los mercaderes venecianos y genoveses, los banqueros toscanos, los mercaderes flamencos), las emigraciones de los judíos en Inglaterra, Francia, Alemania, Península Ibérica e Italia se regulaban mediante fueros o privilegios especiales concedidos por reyes, obispos y gobernantes locales.

Estos primeros fueros medievales no estipulaban ninguna restricción ni prohibición en cuanto al tipo de ocupaciones aptas para judíos. Casi todos los estatutos les permitían radicarse en una ciudad (o país), adquirir inmuebles y tierra, desplazarse libremente dentro del país y comerciar a voluntad. Como ha documentado Toch, los fueros promulgados entre los siglos IX y XII, los pleitos tratados en los *responsa* y los formularios[99] de actas en hebreo indican que los judíos residentes en el sur y centro-oeste de Francia y en Alemania, Italia y la Península Ibérica poseían, transferían e hipotecaban bienes inmuebles. Los judíos que poseían tierras no eran necesariamente agricultores: sus tierras, por lo general viñedos y no campos de cultivo, solían trabajarlas jornaleros y arrendatarios gentiles[100].

*Nivel de vida*

Al igual que en la Península Ibérica dominada por los musulmanes, los judíos alcanzaron un elevado nivel de vida en todos los demás países europeos en que se establecieron. Por ejemplo, las comunidades judías pagaban impuestos por valor de 15.000 sueldos en Zaragoza, 10.000 en Calatayud y 5.000 en Valencia (donde la comunidad judía era más reciente)[101]. En Inglaterra, entre 1239 y 1260, los judíos apenas representaban el 0,01 por ciento de la población, pero sus contribuciones a la corona oscilaban entre un sexto y un quinto de

[99] Un formulario es una colección medieval de modelos para la ejecución de actas públicas o privadas.

[100] Soloveitchik (2003); Toch (2005, 2008, 2010, 2011, 2012).

[101] Baron (1952, vol. 10, pp. 128-133).

los ingresos totales[102]. Una lista parcial de los ingresos imperiales de Alemania en 1241 refleja que en 25 comunidades judías sus habitantes pagaban 857 marcos, cantidad equivalente al 12 por ciento de todos los ingresos imperiales de ese año y al 20 por ciento del total recaudado en las ciudades alemanas[103].

Un testimonio del elevado nivel de vida de los judíos en la Europa medieval lo encontramos en la crónica del monje Rigord (*Gesta Philippi Augusti*), escrita en 1186, que describe los acontecimientos que condujeron a la expulsión de los judíos de Francia. En un pasaje señala Rigord lo siguiente[104]:

> En aquel entonces [1180-1181] una gran multitud de judíos llevaba mucho tiempo viviendo en Francia, adonde habían llegado de diversas partes del mundo, atraídos por la paz que reinaba entre los franceses y su tolerancia; y es que los judíos habían oído que los reyes franceses eran tan contundentes con sus enemigos como generosos con sus súbditos. En consecuencia, sus ancianos y eruditos versados en las leyes mosaicas, a quienes los judíos llamaban *didascali* [maestros], resolvieron dirigirse a París. Tras el largo viaje que los llevó hasta allí se hicieron tan ricos que se apropiaron de la mitad de la ciudad y en sus casas empleaban a cristianos de sirvientes y sirvientas.

*La emigración de los judíos hacia Europa y dentro de ella: ¿empujados o atraídos?*

Los judíos llegaron a Inglaterra, Francia, Italia, Alemania y la Península Ibérica desde lugares diferentes, en momentos diferentes y en circunstancias diferentes. Pese a ello, las comunidades que formaron en la Europa altomedieval tenían ciertas características en común.

Al igual que las emigraciones de los judíos en los califatos musulmanes de los siglos IX, X y XI, la diáspora judía que tuvo lugar entre 850 y 1250 en dirección a Europa y dentro de ella fue un proceso voluntario puesto en marcha por individuos muy instruidos y capacitados, que iban en busca de oportunidades económicas. Los emigrantes judíos no eran agricultores cuando dejaron sus países de origen ni se convirtieron en agricultores al asentarse en sus nuevos hogares euro-

---

102 Elman (1937, p. 146).

103 H. Ben-Sasson *et al.* (2007).

104 Marcus (1938, pp. 24-27).

peos. Eran artesanos especializados, tenderos, mercaderes a escala local y a larga distancia, acuñadores de moneda, prestamistas, médicos y eruditos que se desplazaban por voluntad propia para aprovechar las oportunidades ofrecidas por la expansión del proceso urbanizador y el auge de una economía mercantil. Los judíos procedentes de Egipto y el Magreb musulmanes no se vieron en absoluto *empujados* a emigrar a la Península Ibérica y Sicilia. Asimismo, los judíos que llegaron del Imperio bizantino al sur de Italia o se desplazaron por el interior de Europa iban en busca de oportunidades económicas. Al tratarse de un grupo sumamente instruido y especializado de artesanos, médicos y eruditos, se vieron *atraídos* por las lucrativas oportunidades empresariales que brindaba el florecimiento de la economía urbana y comercial en esas regiones.

Económicos eran también los incentivos de los soberanos europeos que a partir del siglo IX invitaron a los judíos a establecerse en sus tierras. Obispos, reyes y soberanos locales estaban deseosos de atraer el capital humano y las aptitudes de los judíos para estimular el crecimiento económico y el poder político de sus ciudades y países y engrosar sus erarios con los tributos que les imponían.

El resultado de esta atracción económica mutua –los judíos por las pujantes economías urbanas europeas, los soberanos europeos por el alto nivel de instrucción y capacidad profesional de los judíos– fue que en Inglaterra, Francia, Alemania, la Península Ibérica e Italia los judíos ascendieron a posiciones dominantes en sectores técnicos sumamente especializados, como la tintorería, la sedería y el curtido de pieles. Muchos eran artesanos (herreros, encuadernadores, escultores, armeros, lapidarios, fabricantes de instrumentos científicos, sastres, orífices, cristaleros, afiladores); otros eran mercaderes a escala local y a larga distancia, prestamistas, recaudadores de impuestos, banqueros de corte, tesoreros reales, vinateros, acuñadores de moneda, importadores de especias, eruditos, escribas, médicos y libreros[105].

El hecho de que a partir de la segunda mitad del siglo X el comercio fuese el puntal de los judíos franceses y alemanes lo sintetizó

105 Baron (1952, vol. 4, cap. 22); Roth (1964; 1966a, p. 29; 1966b, pp. 102-112); Blumenkranz (1966, pp. 169-171); Kestenberg-Gladstein (1966, pp. 314-315); Scheiber (1966, p. 310); Schwarzfuchs (1966a, pp. 129-134; 1966b, pp. 151, 159); Toch (2005, 2011, 2012).

Guershon ben Judá (la "luz de la diáspora") de Maguncia, la máxima autoridad religiosa asquenazí de la época (*ca.* 960-1028), cuando escribió lo siguiente: "[Los judíos] dependen para su subsistencia del comercio y las mercancías"[106]. En una Europa políticamente fragmentada los judíos crearon una red de relaciones comerciales y de comunicaciones que atravesaba reinos rivales.

## Las emigraciones del centro religioso judío

Entre 900 y 1200 los tres centros económicos judíos principales se convirtieron también en los tres centros principales del judaísmo. El desplazamiento del núcleo de la vida y de la riqueza judía a la Península Ibérica y después a Europa occidental llevó consigo el desplazamiento de los centros de la cultura judía. Aunque las academias mesopotámicas dirigidas por los *gueonim* mantuvieron el liderazgo durante un largo tiempo, las academias fundadas en la Península Ibérica, por un lado, y en Francia y Alemania, por otro, fueron cobrando importancia y poco a poco se separaron de los centros de estudio mesopotámicos. Los rabinos y los eruditos europeos tenían ante sí un contexto político, económico y religioso completamente distinto, que exigía respuestas diferentes a las cuestiones y los interrogantes relativos a la vida cotidiana de las comunidades judías residentes en, pongamos, Córdoba o Florencia, Londres o Maguncia, Narbona o Praga. Cuando el centro de la riqueza judía se desplazó a Occidente, el de la cultura y la enseñanza hizo lo propio[107].

Los judíos participaron de la vitalidad cultural que caracterizó a la Península Ibérica bajo el dominio musulmán. La fundación de una academia en Córdoba, en 929, fue el origen del distanciamiento paulatino entre la gran comunidad judía de Mesopotamia y Persia y la población judía de la Península Ibérica, menos numerosa pero influyente.

Este período de extraordinario fervor cultural culminó con la aportación de Rabí Moisés ben Maimón, más conocido como Maimónides o Rambam, una de las figuras más grandes del judaísmo de

[106] Toch (2005, p. 558).

[107] Baron (1952, vol. 4, caps. 20 y 22), Kanarfogel (1992); Toch (2005, 2012); Ashtor *et al.* (2007); Blumenkranz *et al.* (2007).

todos los tiempos[108]. Maimónides nació el 1138 en Córdoba, donde su padre era *dayán* y erudito de renombre. Como consecuencia de la conquista de Córdoba a manos de los almohades (una dinastía bereber), la familia tuvo que dejar la ciudad. Durante ocho o nueve años vagaron de un lugar a otro de la península (y probablemente de la Provenza, en Francia) antes de establecerse en Fez, en 1160.

Fue en ese período cuando Maimónides adquirió sus amplios y variados conocimientos y empezó a dedicarse a las letras. En 1158 empezó el borrador de *El luminar*, su importante comentario de la Misná, y dos breves tratados, uno sobre el calendario judío y otro de lógica. Después completó las notas para un comentario de varios tratados del Talmud babilónico y una obra cuyo objetivo era extraer la halajá del Talmud de Jerusalén. Mientras trabajaba en su comentario del Misná, Maimónides siguió estudiando varias disciplinas, en particular la ciencia médica. En sus obras de medicina se refiere con frecuencia al conocimiento y experiencia que adquirió entre los musulmanes del norte de África.

En 1165, la familia de Maimónides dejó Fez y se estableció unos meses en Acre, desde donde viajaron a Jerusalén y algunos otros lugares, antes de zarpar rumbo a Egipto. Después de una breve estancia en Alejandría, se trasladaron a El Cairo y se instalaron en Fustat, la ciudad vieja. Gracias a la ayuda financiera de su hermano David, tratante en piedras preciosas, Maimónides pudo dedicarse por completo, durante ocho años, a preparar la publicación de sus obras y a su labor de guía tanto espiritual como seglar de la comunidad. El comentario de la Misná lo completó en 1168.

Al año siguiente, Maimónides sufrió un duro golpe: su hermano David se ahogó en el océano Índico durante un viaje de negocios, y dejó viuda y dos hijos. Con David se perdió no solo la fortuna de la familia, sino también el dinero de otros (véase el epígrafe al comienzo de este capítulo). Maimónides optó por la profesión médica y se convirtió en médico de corte del visir del sultán Saladino y, hacia el 1171, en *naguid* de la comunidad judía egipcia.

Fue por esos años –durante los cuales se dedicó a la práctica médica y a los asuntos de la comunidad judía en Egipto, manteniendo una extensa correspondencia y enviando sus *responsa* a todos los rincones

[108] Véase Stroumsa (2009) para una reseña de la vida y obra de Maimónides.

del mundo judío (salvo la zona francogermánica)– cuando Maimónides escribió las dos obras monumentales sobre las que se funda su fama, la *Mishné Torá* (recopilada en 1180) y la *Guía* (recopilada entre 1185 y 1190)[109]. Después abandonó casi por completo las letras, aunque siguió carteándose con los eruditos de Provenza.

Maimónides murió el 13 de diciembre de 1204. En todo el mundo judío se decretó el luto público, que en Fustat duró tres días; en Jerusalén se dictó un ayuno público. Los restos mortales se trasladaron a la ciudad galilea de Tiberíades, donde el sepulcro del filósofo aún hoy es lugar de peregrinación.

Maimónides tuvo una influencia enorme en el desarrollo posterior del judaísmo. Además de escribir tratados en hebreo, árabe y judeoárabe, codificó el inmenso corpus del derecho judío en los 14 volúmenes de la *Misné Torá,* documento dirigido a los judíos creyentes cuya fe no se tambaleaba por las manifiestas contradicciones existentes entre la ley revelada y la filosofía contemporánea. La finalidad de la *Misné* era indicarles cómo debían comportarse para vivir según la ley mosaica. Por su parte, la *Guía,* como denota el título, iba destinada a aquellos cuya fe se había debilitado a consecuencia de las doctrinas filosóficas contemporáneas o de otras religiones. Su finalidad era explicar por qué un judío debía adherirse al judaísmo tradicional. Tanto la *Misné* Torá como la *Guía* dejaron una huella profunda y duradera dentro y fuera del judaísmo, pese al fracaso de la tentativa de Maimónides de fundar el judaísmo sobre una base racional aristotélica. El legado religioso e intelectual del cordobés se convirtió en el eje de la realidad cultural y religiosa de la comunidad judía sefardí.

En la Europa cristiana, muchas comunidades judías de Inglaterra, Francia, Alemania e Italia experimentaron un florecimiento intelectual[110]. La instrucción primaria universal, impartida por maestros particulares o por escuelas financiadas y organizadas por la comunidad local, distinguía a los judíos del resto de la población, como ilustra

---

[109] Una frase sacada de una carta de Maimónides –"me dispongo a atender a mis pacientes y a escribir recetas e indicaciones para sus diversas dolencias"– muestra que por entonces la alfabetización también era importante para la profesión médica.

[110] Agus (1965); Kanarfogel (1992); Limor (1993); Limor y Raz-Krakotzkin (1993).

con viveza este pasaje de un alumno de Pedro Abelardo, el filósofo escolástico y teólogo francés de comienzos del siglo XII[111]:

> Si los cristianos educan a sus hijos varones, no lo hacen por amor de Dios, sino con ánimo de lucro, para que si uno de ellos llega a clérigo, pueda ayudar a sus padres y a los demás hermanos [...]. En cambio, los judíos, por devoción a Dios y amor a la ley, quieren que todos sus hijos aprendan a leer, para que puedan entender la ley divina.
>
> Un judío, por pobre que sea, si tiene diez hijos quiere que los diez aprendan a leer, no por el beneficio, como hacen los cristianos, sino para que puedan entender la ley divina; y no solo sus hijos varones, sino también sus hijas.

Una vez alfabetizados e instruidos en la Torá, algunos judíos profundizaban en su educación estudiando el Talmud y otros comentarios religiosos en las casas de eruditos eminentes o en las academias. El movimiento intelectual más importante del judaísmo europeo se puso en marcha cuando Rabenu Guershon ben Judá (960-1028) fundó una academia en Maguncia que atrajo a judíos de toda Europa. Hasta tal punto floreció el estudio talmúdico que en el siglo XII las academias alemanas de Maguncia y Worms ya habían eclipsado a las mesopotámicas.

Uno de los alumnos más famosos de las academias de Maguncia y Worms fue Salomón Ben Isaac, conocido en todo el mundo como Rashi[112]. Nacido en 1040 en Troyes, capital de la Champaña, región cuyas ferias anuales atraían mercaderes de muchos países, Rashi, hijo de un erudito judío, se benefició de ese entorno económico para adquirir conocimientos sobre materias tan variopintas como los diversos patrones monetarios, la actividad bancaria, el comercio, el grabado, la composición de figuras en tejidos, el recamado de oro en seda, la agricultura y la ganadería.

Tras completar su educación inicial en Troyes, Rashi acudió a estudiar a las grandes academias alemanas. Regresó a Troyes sobre 1065 pero siguió en contacto con sus maestros de Maguncia y Worms. Hacia 1070 fundó una escuela en su ciudad natal que atrajo a mu-

[111] Kanarfogel (1992, p. 16).

[112] Los datos sobre la vida y la aportación intelectual de Rashi están sacados de Rothkoff *et al.* (2007).

chos estudiantes. Gracias a la excelencia intelectual y la influencia de Rashi, las academias fundadas en Troyes, y después en el norte de Francia, no tardaron en eclipsar a las alemanas.

Las tres hijas de Rashi se casaron con eruditos de renombre y dieron a luz eruditos y rabinos igual de eminentes. Jochebed se casó con Rabí Meir b. Samuel, que estudió en la academia de Maguncia. Los cuatro hijos varones del matrimonio se convirtieron en eruditos de prestigio, miembros del insigne grupo de doctos franceses de la siguiente generación que fundó la escuela de los tosafistas. Otra hija de Rashi, Miriam, se casó con Judá ben Natán, cuyo comentario se incluye en todas las ediciones del Talmud. Tuvieron un hijo que también fue erudito, Yom Tov, y una hija de la que descendía Dulcea, la esposa de Rabí Eleazar de Worms.

El legado intelectual de Rashi consiste sobre todo en sus comentarios, que abarcan muchos libros de la Biblia, si no todos. Estos comentarios, en especial el del Pentateuco, tuvieron una difusión enorme. Su exégesis del Pentateuco fue a su vez objeto de 200 comentarios, algunos obra de halajistas ilustres, como Yosef Caro. A tal punto se difundió el estudio del célebre comentario que Rashi se hizo acreedor al título de *Parshandata,* "el expositor de la ley", "el comentarista por excelencia".

El comentario de Rashi también influyó poderosamente en los eruditos cristianos, que empezaron a interesarse por su obra en el siglo XV, aunque aún tardarían dos siglos en empezar a traducirla. Por lo que se sabe, el comentario de Rashi al Pentateuco es la primera obra impresa en hebreo (en 1475). Desde entonces prácticamente no han aparecido ediciones de la Biblia en hebreo, destinadas a judíos, sin su comentario.

La aportación más importante de Rashi fue el comentario al Talmud babilónico, que se publicó con la primera edición impresa del Talmud. Salvo algunas ediciones modernas de ciertos tratados, no se ha publicado ninguna edición del Talmud que no incluyese el comentario del erudito de Troyes. Aunque la intención principal del comentario no era influir en la halajá, el texto está salpicado de normas y disposiciones prácticas. El comentario al Talmud de Rashi se convirtió en la base de toda la actividad exegética que se desarrolló posteriormente sobre esa materia en Francia y Alemania. Los alumnos de Rashi, y los alumnos de estos, no dudaban en poner en cuestión sus comentarios, discrepar de ellos y proponer alternativas.

Rashi fue tan importante para la doctrina que poco después de su muerte, acaecida en 1105, sus *responsa*, enseñanzas, comunicaciones y prácticas se reunieron en diversas colecciones. Este acervo textual, que en su mayor parte ha llegado a nuestros días, se conoce con el título de "la escuela de Rashi". Bajo el liderazgo de Rashi, de sus nietos (sobre todo Rabenu Tam) y de generaciones coetáneas y posteriores de eruditos conocidos como tosafistas, se sentaron las bases de las comunidades judías asquenazíes, que se distinguirían, en términos tanto económicos como culturales, de las grandes comunidades judías de Mesopotamia, Persia y el norte de África. Al rechazar las enseñanzas de Maimónides, los asquenazíes también se distinguirían de las ricas e poderosas comunidades judías de la Península Ibérica[113]. En los siglos XII y XIII los rabinos y eruditos que seguían la tradición de Rashi y Rabenu Tam crearon una densa red de comunicaciones entre las comunidades de Austria, Inglaterra, Francia, Alemania e Italia[114].

**Resumen**

Las emigraciones judías desde el Imperio bizantino hacia el sur de Italia en la Alta Edad Media sembraron las simientes de las futuras comunidades judías europeas. Desde Egipto y el Magreb los judíos emigraron a la Península Ibérica y, después, a Sicilia y el sur de Italia. Desde la Europa meridional algunos de ellos, o sus descendientes, probablemente se trasladaron a Francia y de allí a Alemania e Inglaterra. Estas oleadas migratorias hacia Europa y dentro de ella forjaron vínculos permanentes entre las comunidades judías de la diáspora.

Un hecho interesante es que, según los estudios de los biólogos y los especialistas en genética, las poblaciones judías actuales muestran un vínculo genético más estrecho con judíos de localidades distantes

---

[113] Grossman (1992, 1999); Kanarfogel (1992); Limor (1993); Limor y Raz-Krakotzkin (1993). A mediados del siglo XIII, los eruditos de las academias francesas y alemanas que seguían la senda intelectual marcada por Rashi decretaron un boicot y medidas de castigo contra quienes leyesen las obras de Maimónides. Esta disposición no se abolió hasta el siglo XIX, cuando fue derogada por los rabinos asquenazíes.

[114] Goldin (1996).

que con poblaciones gentiles vecinas[115]. Los judíos asquenazíes de la Europa del Este, por ejemplo, son más cercanos genéticamente a los judíos de Oriente Próximo, los países mediterráneos, el norte de África y a otras poblaciones gentiles de Oriente Próximo que a las poblaciones gentiles de Europa del Este. Este hecho indica que los judíos europeos en su mayoría emigraron desde los mismos lugares de origen.

¿Por qué los judíos que emigraron a Europa no se asentaron en una sola ciudad o en un pequeño número de ciudades de un solo país? ¿Por qué se dispersaron en pequeñas comunidades por un sinfín de ciudades y asentamientos urbanos? ¿Esta dispersión territorial fue fruto de restricciones o elecciones voluntarias? Sostenemos que las exiguas dimensiones de los cientos de comunidades judías de la Europa medieval guardaban relación con la decisión de dedicarse a las profesiones urbanas más especializadas, como la artesanía, el comercio, el cambio de moneda, el préstamo de dinero y la medicina. En cada localidad, la demanda de especialistas en esas profesiones tan especializadas y lucrativas, unida al estado de la economía local, limitaban el número de individuos que podían dedicarse a ellas con provecho. Los propios judíos podían impedir, y de hecho impedían, que otros judíos se estableciesen en los mismos lugares, para no tener competencia. Estos dos factores –la demanda de profesiones especializadas y el estado de la economía local– fomentaron la movilidad de los judíos y la necesidad de emigrar en busca de lugares que ofreciesen la posibilidad de dedicarse con provecho a la artesanía, el comercio y, más adelante, a la actividad más especializada y lucrativa: el préstamo pecuniario.

[115] Existe una amplia bibliografía sobre este particular, por ejemplo Bonné-Tamir *et al.* (1978); Karlin, Kennet y Bonné-Tamir (1979); Bonné-Tamir, Zoossman-Diskin y Ticher (1992); Bonné-Tamir y Adam (1992); Ritte *et al.* (1993a, 1993b); Hammer *et al.* (2000).

Capítulo 8

# ¿Segregación o elección?, De mercaderes a prestamistas, 1000-1500

> El dinero prestado a interés es rentable, porque la prenda queda en manos del acreedor y el capital aumenta sin esfuerzo ni gasto.
>
> *Rabí Yosef b. Samuel Tov Elem Bonfils,* ca. *1040*

> Hoy [los judíos] solemos prestar dinero a interés a los gentiles [...] porque tenemos que pagar impuestos al rey y a los príncipes y todo sirve para nuestro sustento.
>
> *Rabenu Tam,* ca. *1160*

> Su profesión consiste en prestar dinero a interés: he ahí el principal menester de los judíos afincados en estas tierras [de Alemania].
>
> *Rabí Yosef Colon,* ca. *1450*

Hacia el año 1000, las ocupaciones principales de las grandes comunidades judías establecidas en la Península Ibérica y de las dispersas por Francia, Alemania y sur de Italia, más pequeñas en comparación, eran el comercio local y a larga distancia, la artesanía y la medicina. Los judíos que vivían en Europa, en su condición de mercaderes, tenderos, comerciantes y artesanos especializados, solían tomar parte en transacciones crediticias ya que, en el medievo, las mercancías y los servicios a menudo se vendían a crédito. Por entonces la especialización en el préstamo pecuniario aún no era un rasgo distintivo de los judíos europeos[1].

Hacia 1100 el préstamo a interés era la ocupación por excelencia de los judíos ingleses, una ocupación muy importante entre los judíos franceses y una de las muchas profesiones ejercidas por los judíos de Alemania, la Península Ibérica y la Italia meridional. En 1300, casi todos los judíos de Francia, Alemania y el centro y norte de Italia ya se dedicaban al préstamo[2]. La dinastía de los banqueros Rothschild, fundada en la segunda mitad del siglo XVIII por el banquero alemán Mayer Amschel Rothschild, puede considerarse heredera de los judíos que prestaban dinero en cientos de aldeas y centros urbanos de la Europa medieval.

¿Por qué los términos *judío* y *préstamo* se hicieron casi sinónimos en la Europa medieval? ¿La transición de mercaderes a prestamistas y la posterior especialización en esta actividad fueron resultado de restricciones económicas, prohibiciones legales y discriminación, o por el contrario los judíos se especializaron voluntariamente en el préstamo pecuniario y, después, en la actividad bancaria y financiera porque poseían aptitudes y recursos que les otorgaban una ventaja comparativa en estas profesiones? En ese caso, ¿qué aptitudes y recursos hacían falta para ser un prestamista próspero en la Europa medieval? Para contestar estas preguntas y explicar algunos rasgos fundamentales de la historia económica de los judíos entre 1000 y 1500 empezaremos por mostrar cómo funcionaban los mercados monetarios y crediticios en la Europa de la época, que poco a poco fue convirtiéndose en el nuevo centro económico y cultural de los judíos, como se vio en el capítulo 7.

## Moneda y crédito en la Europa medieval

Los mercados monetarios y crediticios medievales, pese a carecer de algunos de los refinados instrumentos del siglo XXI, tenían muchos puntos en común con los mercados financieros contemporáneos[3].

---

[1] Toch (2000b, 2005, 2012).

[2] Baron (1952, vol. 4, caps. 20 y 22); J. Katz (1961, cap. 3); Toch (2005, 2008).

[3] Véase N. Ferguson (2008) para una historia de los mercados financieros desde el segundo milenio a.C. hasta hoy, en especial para lo relativo a las

Sea un campesino europeo del siglo XII o XIII que no tuviese suficiente dinero para alimentar a la familia o pagar los impuestos antes de recoger la cosecha, o que quisiese comprar un buey o semillas para el año siguiente. Si trabajaba como arrendatario de un terrateniente o del monasterio local podía pedir a su patrón que le diese alimentos o le prestase dinero hasta la cosecha, momento en que podría devolvérselos. Los tenderos y mercaderes también podían fiarle mercancías. Por último, el campesino apurado podía contar con la ayuda de amigos más pudientes o compañeros de trabajo. Todas estas transacciones conllevaban un préstamo implícito o explícito.

Si ninguna de estas opciones era viable, el campesino podía acudir a un prestamista profesional, cristiano o judío, de la ciudad más cercana (suponiendo que lo hubiese)[4]. Asimismo, los obreros, artesanos y comerciantes urbanos medievales que estuviesen temporalmente escasos de efectivo podían tomar dinero prestado de los compañeros de trabajo u otros artesanos y comerciantes, empeñando sus herramientas o casas. Otra posibilidad era pedírselo a los prestamistas locales. Estos profesionales del crédito podían establecerse en una población determinada gracias a un permiso que estipulaba el tipo máximo de interés anual que podía aplicarse (desde el 8 al 133 por ciento, según el lugar y el período), el tipo de garantía que podía aceptarse (tierras, objetos en prenda, avales, garantías escritas), los términos de amortización y las consecuencias del impago total o parcial del préstamo (véase más abajo para más detalles)[5].

Hasta fines del siglo XV no existían otras instituciones financieras a las que pudiesen recurrir los campesinos o los habitantes de las ciudades para obtener un préstamo. Los bancos que aceptaban depósitos de la población local y concedían préstamos no aparecieron hasta los comienzos de la Edad Moderna. Establecimientos como las famosas casas florentinas de los Bardi y los Peruzzi en el siglo XIV o el banco de los Médici en el XV financiaban el comercio internacional y prestaban dinero a los monarcas europeos y a los papas[6].

---

semejanzas y diferencias entre los mercados financieros de la Europa medieval y los actuales.

[4] Duby (1968); Cipolla (1976); Fossier (1988); Spufford (1988).

[5] De Roover (1948); López (1976); Braudel (1982).

[6] De Roover (1948, 1966); Spufford (1988); Goldthwaite (1995); Mueller (1997).

A partir de fines del siglo XV, en muchas ciudades italianas y después europeas se fundaron bancos de préstamo cristianos (llamados *montes pietatis, monti di pietà, mons de pieté*) por la presión de los monjes franciscanos, que se proponían erradicar la práctica, a sus ojos abominable, de imponer intereses usurarios (abusivos), cuyas consecuencias eran nefastas sobre todo para los pobres. Estas instituciones aceptaban depósitos de la población local y concedían préstamos sobre prenda, aplicando por lo general un tipo de interés del 5 por ciento anual. Habría que esperar al siglo XIX para que apareciesen en Europa las primeras cooperativas de crédito rural[7].

La necesidad de dinero y crédito no se manifestaba solo en las comunidades locales. El crecimiento de los mercados monetarios y crediticios en la Europa altomedieval también recibió el impulso de la demanda cada vez mayor de moneda y préstamos que acompañó al renacimiento del comercio durante la llamada revolución comercial de los siglos X a XIII. Entre los mercaderes a larga distancia que se encontraban en las ferias anuales celebradas en muchas localidades de la Europa medieval se llevaban a cabo muchas transacciones crediticias. En esas ocasiones los mercaderes controlaban sus cuentas registrando cuidadosamente en sus libros de contabilidad las compras, las ventas, los créditos y las deudas. Dependían de los préstamos que obtenían de un año para otro y se veían obligados a realizar complejos cálculos de tipos de interés y cambio entre monedas acuñadas en países diferentes. La necesidad de transportar grandes sumas de dinero en el espacio y en el tiempo para realizar las transacciones comerciales en las ferias anuales, unida al deseo de no viajar con fuertes sumas de dinero, dio pie a la creación de refinados instrumentos financieros, como las letras de cambio, que contribuyeron a un mayor desarrollo de los mercados financieros en la Europa de la Edad Media y comienzos de la Edad Moderna[8].

---

[7] Véase Pullan (1971) y Mueller (1972) para el desarrollo histórico de los montes de piedad y Guinnane (2001) para el surgimiento de las cooperativas de crédito rural en la Europa moderna.

[8] De Roover (1948, 1966); Cipolla (1976); López (1976); Braudel (1982); Spufford (1988); Sargent y Velde (2002); Munro (2003). La letra de cambio era una carta informal mediante la cual un mercader ordenaba a su agente-banquero, residente en una ciudad distante, que entregase a su nombre una suma de dinero a un tercero en esa localidad. Este instrumento bancario internacional, que se mantuvo prácticamente inmutable desde el siglo XIV al XVIII, consistía en

Los mercados monetarios y crediticios giraban en torno al tipo de interés. Desde este punto de vista, los artesanos, tenderos, mercaderes y prestamistas medievales desarrollaban actividades económicas muy parecidas. Los artesanos, tenderos y mercaderes que vendían a crédito aplicaban implícita o explícitamente un interés que respondía a sus preferencias temporales, el valor de las mercancías en función del tiempo (el pago inmediato de un producto vendido hoy vale más que el pago postergado) y el riesgo de que el comprador no pudiese amortizar una parte o la totalidad del préstamo[9]. Los tenderos y mercaderes concedían préstamos aun cuando no se tratase de un intercambio de mercancías, aplicando un interés tal como hacían cuando vendían a crédito. De la misma manera, los prestamistas profesionales imponían tipos de interés que incorporaban sus preferencias temporales, la tasa de rendimiento de inversiones alternativas, el riesgo de impago parcial o total del préstamo y el valor de reventa de la prenda empeñada como garantía del préstamo, que el prestamista vendería si el prestatario no saldaba la deuda.

Los tipos de interés estaban influidos por la demanda y la oferta de fondos. Como explicó ante muchas personalidades ilustres el famoso erudito Rabí Abraham b. Mordecai Farisol durante un debate celebrado hacia 1480 en la corte ferrarense del duque Ercole I d'Este, "no hace falta reflexionar sobre los tipos de interés aplicados, porque son fruto del acuerdo entre las comunidades que piden dinero a los judíos. Los tipos fluctúan según [...] la disponibilidad o la escasez de plata y oro y las demandas respectivas"[10].

---

una operación doble: el préstamo de fondos en una ciudad y la transferencia de esos fondos desde esa ciudad a una ciudad extranjera. Los fondos prestados mediante la letra de cambio se reembolsaban en una fecha determinada en la ciudad extranjera y en la moneda de dicha ciudad. Un préstamo realizado en la moneda del país A y saldado en la moneda del país B hacía innecesario enviar monedas y metales preciosos de un país a otro. La letra de cambio, en cuanto instrumento de crédito y de transferencia de fondos, requería cuatro participantes –el girador, el beneficiario y dos agentes– en dos ciudades, que usaban dos monedas diferentes.

[9] La preferencia temporal se refiere al hecho de que un dólar hoy vale más que un dólar en un futuro ya que el prestatario tiene acceso inmediato a los fondos. El tipo de interés también incorpora la tasa real de rendimiento de una inversión: lo que los economistas llaman el producto marginal del capital.

[10] Ruderman (1981); Stein (2007).

En suma, los mercados monetarios y crediticios contribuyeron a estimular el crecimiento de las actividades económicas en la Europa medieval. El auge de las ciudades y los núcleos urbanos, la expansión de los oficios artesanales y el resurgir del comercio que tuvieron lugar en la Europa meridional y occidental entre 950 y 1350 aproximadamente fueron posibles gracias a la expansión de la acuñación de moneda y la concesión de préstamos a las familias y las empresas. Asimismo, los mercados crediticios ayudaron a los campesinos y los habitantes de las ciudades en épocas de penuria. El tamaño y las condiciones de la economía local, como también las fluctuaciones causadas por las ferias anuales, los festivales religiosos, las peregrinaciones, las guerras, las epidemias y las hambrunas, influían en la oferta y demanda de dinero y crédito y, por tanto, también en la demanda de los servicios de los prestamistas profesionales. En la Edad Media, al igual que hoy, los mercados monetarios y crediticios eran frágiles, como muestran las quiebras y bancarrotas de prestamistas y entidades bancarias[11].

*Leer, escribir y calcular*

La compraventa al contado no requiere un contrato escrito ya que la transacción económica entre comprador y vendedor termina en el momento en que la mercancía se intercambia por dinero en metálico. En cambio, la venta a crédito por lo general exige registrar la transacción en un documento escrito, que en la Edad Media era el libro contable del tendero. Un documento escrito era la mejor forma de demostrar que el vendedor había prestado dinero al comprador bajo unas condiciones determinadas. En este sentido los prestamistas no diferían de los artesanos, los tenderos y los mercaderes locales y a larga distancia que vendían a crédito. El préstamo de dinero no era sino una versión refinada del comercio y la venta a crédito.

El prestamista registraba meticulosamente los préstamos en el libro de contabilidad anotando el nombre del prestatario, el importe del préstamo, la garantía recibida, el tipo de interés y cualquier otra

[11] Hunt (1994); Goldthwaite (1995); Mueller (1997); Tirole (2011). Uno de los ejemplos más famosos es el de los bancos de las familias florentinas Bardi y Peruzzi, los principales financiadores de la corona inglesa en la primera mitad del siglo XIV. Cuando en 1340-1343 el rey Eduardo III fue incapaz de saldar sus deudas, los bancos de Bardi y Peruzzi estuvieron al borde de la bancarrota.

información pertinente. Si los usos o leyes locales así lo dictasen, el prestamista entregaba al prestatario una nota escrita como prueba del préstamo y de la prenda empeñada.

Para conceder créditos, el prestamista debía saber leer y conocer las leyes locales de modo que, en caso de disputa con el prestatario, pudiese acudir a los tribunales para pedir la ejecución coactiva del contrato. Los contratos del préstamo y los libros de contabilidad eran pruebas fundamentales. El prestamista medieval debía ser capaz de calcular el valor de la prenda para, en caso de insolvencia del deudor, poder recuperar todo el valor del dinero prestado.

Al igual que los mercaderes y comerciantes, los prestamistas de dinero debían realizar cálculos complicados. Los mercados monetarios medievales eran sumamente complejos. La circulación de monedas acuñadas en distintos metales (oro, plata y cobre), los diversos regímenes monetarios y los frecuentes episodios de depreciación por parte de los gobiernos, que modificaban el contenido metálico (y con ello el valor) de las monedas en circulación, dificultaban el cálculo de los tipos de interés y de cambio[12]. (Fueron los problemas matemáticos y de cálculo que se les planteaban a los mercaderes y comerciantes medievales en sus transacciones económicas cotidianas los que llevaron al mercader y matemático pisano Leonardo Fibonacci a desarrollar el álgebra a fines del siglo XII y comienzos del XIII.) Al igual que hoy, en el campo de la intermediación financiera participaban individuos muy cualificados[13].

*Información asimétrica, redes de contactos y arbitraje*

La información asimétrica –la situación en la cual una de las partes de una transacción económica tiene más información que la otra– era un rasgo acusado de los mercados monetarios y crediticios medievales, como ocurre hoy. Los acuñadores y cambistas tenían más información que nadie acerca del contenido metálico y el valor de

[12] Véanse, entre otros, Cipolla (1982); Lane y Mueller (1985); Spufford (1988); Mueller (1997); Sargent y Velde (2002).

[13] Véase Philippon y Reshef (2009) para un estudio reciente sobre la formación académica y la cualificación de los trabajadores del sector financiero estadounidense del siglo XX. Los autores demuestran que las ganancias en el sector financiero, supeditadas al nivel de cualificación, son mayores que en otros ámbitos y muy cíclicas.

las monedas con que trabajaban. Los prestatarios tenían más información que los prestamistas en cuanto a su capacidad de saldar las deudas y el uso que hacían de los fondos prestados. Por otro lado, los prestamistas podían tener más información que el resto de la población acerca de los mercados monetarios y crediticios, tanto locales como foráneos. En efecto, la información sobre las condiciones de mercado de la economía local y de otros lugares no era fácilmente accesible para cualquiera y era costosa de adquirir. En la jerga de los economistas todas estas contingencias se denominan situaciones de información asimétrica, en las cuales la parte que dispone de más información puede aprovechar esa ventaja[14].

En caso de información asimétrica, los comerciantes y prestamistas sofisticados –que disponían de redes de contacto e información sobre las condiciones del mercado en diversas localidades, tenían acceso al capital y eran capaces, en caso de necesidad, de reunir y trasladar rápidamente los fondos– podían cosechar pingües beneficios. Dicho en jerga económica, la disponibilidad de redes de contactos profesionales en caso de información asimétrica facilitaba el arbitraje entre lugares en los que las condiciones de mercado podían ser diferentes (por ejemplo, la demanda de crédito podía ser mayor en una localidad determinada a causa, pongamos, de una hambruna o de la feria anual) y permitía a los comerciantes y prestamistas obtener enormes beneficios[15].

---

[14] Para un repaso a la bibliografía sobre la información asimétrica véase Stiglitz (2002). Los economistas distinguen entre la selección adversa (una situación en la que una parte tiene más información que la otra acerca de las características que son objeto de la transacción económica) y el riesgo moral (una situación en la que una parte tiene más información que la otra sobre las acciones que son objeto de la transacción económica). En algunos casos (como el famoso "mercado de tartanas" de Akerlof), la información asimétrica puede provocar que los mercados funcionen de modo ineficaz o incluso dejen de existir si la parte con menos información, por miedo a que la parte con más información la engañe, se niega a tomar parte en la transacción económica.

[15] Algunas de las cartas encontradas en la guenizá cairota muestran con claridad la importancia de la disponibilidad de redes de contactos profesionales y las oportunidades de arbitraje para los mercaderes judíos que operaban en el Mediterráneo, el mar Rojo y el océano Índico en los siglos X, XI y XII (véase el capítulo 6).

Dado que en la Alta Edad Media aún no existían bancos que aceptasen depósitos y concediesen créditos, los prestamistas debían ser capaces de disponer del capital o reunir fondos procedentes de diversas localidades. Por lo general, un prestamista tenía que permanecer en un lugar determinado para ser capaz de evaluar la fiabilidad crediticia de los clientes y recuperar los préstamos. Si no disponía del capital suficiente para satisfacer la demanda de crédito local, se asociaba con mercaderes o prestamistas de la misma localidad que tenían dinero para invertir, o con prestamistas de otros lugares. Las redes también eran indispensables para establecer contactos y así adquirir información acerca de las condiciones de mercado de las diversas poblaciones y prever las variaciones de los panoramas económico y político.

Para crear sociedades comerciales, los prestadores de dinero debían redactar contratos en que se detallasen los términos de la relación (la cantidad de capital que aportaba cada socio, cómo se dividirían las ganancias y las pérdidas). Por otro lado, las informaciones necesarias para aprovechar las oportunidades de arbitraje se transmitían mediante cartas entre los prestamistas y sus socios.

*Las finanzas públicas*

Los monarcas medievales se encontraban a veces escasos de efectivo, tanto para los gastos ordinarios (por ejemplo, los destinados a la pompa de sus espléndidas cortes) como para los extraordinarios, como los necesarios para alimentar a sus súbditos durante las hambrunas o las epidemias. Además, solían enzarzarse en guerras que también exigían financiación[16].

Cuando los ingresos procedentes de los impuestos (o de otras fuentes, como las rentas del patrimonio de la corona) no bastaban para cubrir esos gastos, ¿a quién acudían los reyes, príncipes, duques o gobiernos de las ciudades para obtener fondos? Una opción era tomar dinero prestado de ciudadanos ricos o prestamistas profesionales y, después, de bancos. Los monarcas ingleses, por ejemplo, tomaron prestadas grandes sumas de dinero de los prestamistas judíos en los siglos XII y XIII y de los banqueros florentinos en la primera

[16] Sobre la historia de la insolvencia de los Estados y las crisis financieras en los últimos ocho siglos véanse N. Ferguson (2008) y Reinhart y Rogoff (2009).

mitad del XIV. El banco de los Médici financió a monarcas europeos durante el siglo XV[17].

Otra posibilidad era obligar a los ciudadanos a prestar dinero, o sea, decretar "préstamos forzosos". Los gobiernos solían pagar los intereses de esos préstamos y devolverlos, lo que distinguía los préstamos forzosos de los impuestos. En los siglos XIV y XV varias ciudades-Estado italianas, y después otros Estados europeos, consolidaron esos préstamos forzosos convirtiéndolos en deuda pública y emitieron bonos que los ciudadanos podían comprar, vender y dejar en herencia. Sobre esos bonos solía pagarse un interés anual que oscilaba entre el 5 y el 10 por ciento[18].

Las autoridades seculares no eran las únicas que buscaban fondos. También los poderes religiosos, incluido el Estado pontificio, participaban en los mercados crediticios del medievo, tanto en calidad de prestadores como de prestatarios. Para sufragar la construcción de una iglesia, un obispo medieval podía dirigirse al prestamista judío de la localidad en busca de crédito. Así se costeó parte de la construcción de algunos monasterios, abadías, iglesias y catedrales del Viejo Continente. Uno de los casos más famosos es el del prestamista judío más rico e influyente de su época, Aarón de Lincoln (1123-1186), cuyas transacciones abarcaban buena parte de Inglaterra y entre cuyos clientes figuraban obispos, condes y barones. Aarón adelantó dinero a la corona inglesa con la garantía de futuros ingresos nacionales; también prestó a varias fundaciones eclesiásticas, como el monasterio de Saint Alban, para financiar sus ambiciosos proyectos de construcción. Un documento muestra que nueve abadías cistercienses le debían 6.400 marcos por la adquisición de propiedades sobre las que él tenía hipoteca[19].

*Las instituciones dedicadas a hacer cumplir los contratos*

Los códigos jurídicos, los estatutos y los edictos promulgados por los monarcas, los gobiernos y la Iglesia eran el marco normativo que regulaba el funcionamiento de los mercados monetarios y crediticios en la Europa medieval. Gracias a la existencia de tribunales, jueces,

[17] De Roover (1948; 1966); Barzel (1992).

[18] Molho (1971, 1995); Kirshner (1997, 1993); Mueller (1997); Boone, Davids y Janssens (2003); Pezzolo (2007).

[19] Roth (1964).

notarios y árbitros, que contribuían a hacer cumplir esas leyes, era más probable que los mercados crediticios funcionasen correctamente y los prestamistas obtuviesen beneficios[20].

Las transacciones crediticias estaban sujetas a normativas y códigos jurídicos que regulaban varios detalles y eventualidades. En concreto, tanto las autoridades seculares como las religiosas sometían los tipos de interés a reglas muy rigurosas. El préstamo propiamente dicho nunca se prohibió. A fines del siglo XII la Iglesia impuso restricciones a la usura que en principio prohibían a cristianos y judíos aplicar intereses sobre préstamos destinados a la adquisición de bienes de consumo. Pero la Iglesia también era consciente de que hacía falta crédito para que el comercio y demás actividades económicas funcionasen adecuadamente. La doctrina escolástica en materia de usura, sobre la cual se basaba la política de la Iglesia, permitía aplicar intereses a los préstamos concedidos a los mercaderes con fines de inversión, pues en esos casos la imposición del interés estaba justificada como compensación del riesgo –implícito en la transacción– de que el prestamista no recuperase lo prestado[21].

Pese a la prohibición de cargar intereses sobre los préstamos destinados al consumo, en la Europa medieval los cristianos pagaban y cobraban intereses sobre dinero solicitado con esa finalidad, tanto en los períodos en que las prohibiciones de la usura no se aplicaban con rigor (entre los siglos X y XII y en el XV) como en los que sí (siglos XIII y XIV). Una prueba de que los cristianos burlaban la prohibición de la usura impuesta por la Iglesia la encontramos en los testamentos medievales en los que el difunto legaba dinero a la Iglesia o a los pobres para hacerse perdonar el pecado de haber prestado dinero a interés. A veces los prestamistas, para evitar las sanciones eclesiásticas, camuflaban los préstamos con ingenio. Un campesino, por ejemplo, vendía ficticiamente su terreno a otro campesino o a un artesano acaudalado, usaba el dinero de la supuesta venta para adquirir bienes de consumo y después volvía a comprar el mismo terreno a la misma persona a un precio mayor: la diferencia de precio representaba el tipo de interés sobre el préstamo subrepticio.

20 De Roover (1948); Spufford (1988).

21 Noonan (1957); Todeschini (1989, 2008); Glaeser y Scheinkman (1998); Reed y Bekar (2003).

**La preponderancia de los judíos en el préstamo pecuniario: hipótesis.**

Son varias las hipótesis formuladas por los estudiosos para explicar la preeminencia de los judíos en el ámbito del préstamo de dinero. Todas esas hipótesis menos una giran en torno a la idea de que los judíos residentes en Europa, víctimas de una discriminación y opresión cada vez mayores, se vieron en consecuencia segregados y obligados a dedicarse a esa profesión. Empezaremos exponiendo estas hipótesis y evaluando si superan el análisis de los datos históricos, tras lo cual presentaremos nuestro argumento, basado en la teoría económica descrita en el capítulo 6, para explicar por qué los judíos de la Europa medieval se especializaron en el préstamo pecuniario.

*Los gremios y la prohibición de la usura*

Según la tesis más conocida, planteada originalmente por el historiador Cecil Roth, los judíos de la Europa medieval se dedicaron al préstamo pecuniario porque los gremios artesanos y mercantiles de muchas ciudades, en virtud de sus restrictivos criterios de pertenencia, expulsaron a los judíos de muchas actividades urbanas especializadas a las que se dedicaban anteriormente, lo cual les dejó como una única profesión posible el préstamo de dinero[22]. Otros estudiosos complementan este argumento con el razonamiento inverso: los judíos se convirtieron en prestamistas porque esa profesión estaba vedada a los gentiles. Por ejemplo, la prohibición islámica de prestar dinero a interés allanó el terreno para que los judíos se convirtiesen en prestamistas en los califatos musulmanes[23]. De la misma manera, las prohibiciones de la usura impuestas por la Iglesia a los cristianos en la Europa medieval abrió las puertas de la profesión a los judíos[24].

*Las persecuciones y el capital humano móvil*

Como se describe en detalle en el capítulo 2, según otros estudiosos, los judíos, al igual que los miembros de otras minorías religiosas o étnicas oprimidas, solían verse obligados a abandonar las localidades donde residían y emigrar en busca de un lugar más seguro en que

[22] Roth (1938, p. 228; 1960a, p. 229; 1964, pp. 2-3). Véase también H. Ben-Sasson (1976, p. 470).

[23] Baron (1952, vol. 4, p. 200).

[24] Schwarzfuchs (1966b, p. 151).

establecerse y ganarse la vida. Por este motivo, los judíos preferían invertir en capital humano antes que en capital físico, pues el primero, al ser portátil, no puede expropiarse. Al invertir en alfabetización y educación, los judíos terminaron dedicándose a actividades que exigían ambos requisitos o se beneficiaban de su posesión, como el préstamo de dinero y las finanzas[25].

*De vinateros a prestamistas*

El historiador y experto en halajá Haym Soloveitchik ha sostenido recientemente que las leyes religiosas judías relativas al vino son el eslabón perdido que puede explicar la transición ocupacional que llevó a los judíos alemanes a dedicarse al préstamo pecuniario entre los siglos XI y XIV[26]. Durante la Edad Media el vino era una mercancía importante en el sur y el centro de Europa, y hasta la gente de a pie lo consumía en grandes cantidades (en el norte de Europa la bebida principal era la cerveza). El comercio del vino era una actividad muy lucrativa. La producción vinícola, al estar sujeta a fluctuaciones a corto plazo, generaba una fuerte demanda de crédito por parte de los vitivinicultores.

Las leyes del Talmud prohibían a los judíos beber o tocar vino no solo elaborado, sino simplemente tocado por un gentil[27]. Esta prohibición podía plantear tres problemas a los judíos residentes en la Europa medieval. En primer lugar, los obligaba a comprar y cultivar viñedos para producir su propio vino. En el siglo XI, los judíos de varios países europeos ya empleaban mano de obra gentil para cultivar sus viñedos[28]. En segundo lugar, los judíos que querían dedicarse a la lucrativa actividad de vender vino a los gentiles se enfrentaban a un dilema: ¿cómo podían dedicarse a esa actividad tan provechosa sin violar las leyes talmúdicas? Y por último, ¿cómo podían los judíos aceptar que los gentiles les pagasen en vino y no en dinero? ¿Cómo podían aceptar viñedos en prenda sin violar esas prohibiciones talmúdicas?

---

[25] Sombart ([1911] 1913); Brenner y Kiefer (1981); Slezkine (2004).

[26] Soloveitchik (1985, 2003). Las principales fuentes estudiadas por el autor son el Talmud y las obras de los rabinos más eminentes de la Europa medieval.

[27] Esta prohibición databa de la antigüedad, cuando los gentiles ofrecían algunas gotas de vino a sus dioses. En hebreo estas gotas se llaman *neshech*, nombre de las citadas leyes talmúdicas.

[28] Toch (2005, 2008, 2010).

En los siglos XI y XII algunos ilustres eruditos y rabinos de Francia y Alemania comenzaron a afrontar estas cuestiones. Los tratados jurídicos escritos a fines del siglo XI indican que los judíos empezaron a comerciar con vino que había sido tocado por manos gentiles. Al principio este comercio se limitaba al vino tocado por un gentil sin el conocimiento o consentimiento del judío, pero esta restricción se atenuó con el tiempo.

Rashi (1040-1105), el insigne erudito, sostenía que los gentiles podían saldar con vino sus deudas con los judíos, pero prohibía a los judíos beberlo o venderlo. Esta regla suponía que el vino entregado por un gentil a un judío para enjugar una deuda carecía de valor para los acreedores judíos. Para resolver esta contradicción, Rashi afirmó en una resolución posterior que los judíos podían vender el vino obtenido como pago de préstamos concedidos a gentiles lo más pronto posible, para que no pudiesen perder ni ganar con la transacción. Casi cien años después, los rabinos y eruditos de los principales núcleos judíos de Alemania abolieron casi todas las restricciones relativas al uso del vino elaborado o tocado por gentiles y obtenido como reembolso de préstamos, con lo cual los judíos podían recibir vino en prenda de manos de gentiles.

Afirma Soloveitchik que, a causa de las prohibiciones talmúdicas de beber o tocar el vino de los gentiles, los judíos solo podían dedicarse a la producción y comercio del vino mediante transacciones crediticias con los gentiles. Según el historiador, este "eslabón perdido" explicaría la transición ocupacional voluntaria que entre los siglos XI y XIV convirtió a los judíos alemanes en prestamistas.

## La dinámica del préstamo judío en la Europa medieval

¿Cuál de esas tres explicaciones de la especialización de los judíos en el préstamo pecuniario supera la prueba de los datos históricos? Para responder esta pregunta es necesario entender las circunstancias en que los judíos se convirtieron en protagonistas de los mercados crediticios de los distintos países europeos.

Los judíos de la Europa medieval empezaron a dedicarse al préstamo en períodos y circunstancias diferentes. La expansión urbana y el renacimiento del comercio se manifestaron en los países europeos en distintos momentos. Las fluctuaciones de la economía variaban de un país a otro. Además, la necesidad de los servicios de los prestamistas judíos dependía de si en la localidad en cuestión había mercaderes o prestamistas cristianos capaces de suministrar fondos y conceder préstamos. No es de extrañar, por ejemplo, que Génova, uno de los centros comerciales más boyantes de la Europa medieval, cuyos ricos mercaderes y banqueros operaban en el extranjero, nunca invitase a los prestamistas judíos a asentarse en la ciudad[29].

Los judíos de Inglaterra se especializaron en el préstamo casi desde el momento en que se establecieron en el país, a partir de 1066. El siguiente foco de préstamo judío fue el norte de Francia y la Renania; en el resto de Alemania y el centro de Europa la especialización de los judíos en la actividad crediticia fue un proceso mucho más gradual. En el centro y norte de Italia la especialización se produjo mucho más tarde, a fines del siglo XIV y en el XV. En el sur de Italia, como en la Península Ibérica, los judíos nunca se especializaron en esta profesión; hasta las expulsiones, decretadas a fines del siglo XV, se dedicaron a una amplia gama de actividades, como la artesanía, la venta al por menor, el comercio a larga distancia, la medicina, y también el préstamo de dinero[30].

*Inglaterra*

Los primeros judíos que se radicaron en Inglaterra, un grupo de mercaderes y prestamistas llegados en 1066, no tardaron en especializarse en el préstamo, aunque algunos siguieron dedicándose al comercio. La participación de judíos en actividades crediticias y financieras se menciona por primera vez en unos documentos de 1131 contenidos en los archivos más antiguos del tesoro público inglés, el *Pipe Roll* del vigésimo primer año del reinado de Enrique I. En el fuero que Ricardo I (Corazón de León) concedió en 1190 a los judíos de Inglaterra se reconocía el préstamo de dinero como su ocupación principal (véase el capítulo 7). Este fuero y el otorgado en 1201 por el rey Juan confirmaban los privilegios concedidos por monarcas ingleses anteriores y resaltaban el papel importante de los judíos en cuanto grupo especializado en prestar dinero a interés[31].

---

[29] S. A. Epstein (1996).

[30] Parkes (1938); Abulafia (2000); Toch (2005, 2011); Sapir Abulafia (2011).

[31] Parkes (1938, p. 168); Baron (1952, vol. 4); Roth (1964); Fuss (1975). El

La importancia de esta actividad para las rentas de la corona inglesa queda de manifiesto en el sumo cuidado con que la monarquía protegía los libros y registros contables de los prestamistas judíos para que no se destruyesen durante episodios de violencia o disturbios. En 1194 se dictaron los *Capitula de Judaeis* a raíz de la destrucción de las actas judías que tuvo lugar durante los tumultos de 1193. Después se crearon centros especiales para registrar las actas de préstamos, de los que en última instancia surgiría el *Exchequer*, o cámara de cuentas, de los judíos[32].

Los fueros, los *responsa* y las actas de los tribunales muestran que los judíos de Inglaterra concedían préstamos hipotecarios a los terratenientes y préstamos menores garantizados con prendas a familias pobres y de ingresos medios. Entre los clientes de los prestamistas judíos figuraban monasterios, abadías, iglesias y clérigos. Los judíos ingleses también contribuyeron a financiar varias empresas de la corona, entre ellas las cruzadas y la construcción de catedrales y abadías[33].

Un ejemplo de lo lucrativa que era la actividad es que en 1186, cuando murió Aarón de Lincoln, el ilustre prestamista era con toda probabilidad la persona más rica de Inglaterra en patrimonio líquido. Sus créditos ascendían a 15.000 libras, cantidad equivalente a tres cuartas partes de los ingresos de la corona en un año normal. Con el préstamo de dinero se ganaba mucho pero también se corrían grandes riesgos. El elevado nivel de vida alcanzado por los judíos mediante el préstamo no los protegía de los repentinos estallidos de violencia[34]. Su profesión y la riqueza que atesoraban posiblemente dieron pie a episodios de violencia, como la primera "calumnia de sangre" documentada, que tuvo lugar en Norwich en 1144[35], el ataque lanzado en

---

primer fuero concedido a los judíos de Inglaterra lo promulgó Enrique I en 1120 y lo confirmó Enrique II en 1170. Aunque no ha sobrevivido ninguno de estos primeros estatutos, se sabe de su existencia porque los fueros posteriores los mencionan y, en su mayoría, los ratifican.

[32] J. Jacobs (1892, 1893, 1898); Roth (1964). A comienzos del siglo XIII tanto en Francia como en España se ordenó que todas las ciudades nombrasen un notario encargado de consignar todas las deudas devengadas por los judíos.

[33] Roth (1964); Shatzmiller (1990); Mundill (2010).

[34] Baron (1952, vol. 4, caps. 20 y 22); Roth (1964).

[35] Limor y Raz-Krakotzkin (1993). Una "calumnia de sangre" es una acusación o afirmación falsa según la cual una minoría religiosa, casi siempre los judíos, habría cometido un infanticidio para usar la sangre de la víctima en algún

Gloucester en 1168, la matanza de casi todos los judíos de Norwich en 1190 o la tristemente célebre masacre de York de 1190, cuando, en el transcurso de unos disturbios provocados por unos morosos del agente de Aarón de Lincoln, casi todos los 150 judíos de York se suicidaron para no enfrentarse a la turba[36].

La historia de los judíos en la Inglaterra medieval terminó en 1290. En 1275 el rey Eduardo I promulgó el *Statutum de Judaismo*, que prohibía a los judíos ingleses prestar dinero a interés. La característica más sorprendente de ese estatuto era que el rey permitía a los judíos dedicarse al comercio y a las actividades artesanales e incluso alquilar granjas por un período que no superase los diez a quince años. Parece ser que los judíos se negaron a dedicarse a las actividades agropecuarias, artesanales o comerciales (o bien lo intentaron sin éxito). En vista del fracaso de su política, el 18 de julio de 1290 el monarca ordenó mediante un decreto que todos los judíos abandonasen Inglaterra antes del Día de Todos los Santos de ese año. Según algunos estudiosos, el decreto de expulsión fue superfluo ya que los pocos millares de judíos que vivían en Inglaterra prefirieron abandonar voluntariamente el país y emigrar a Francia, Alemania, la Península Ibérica y otros lugares antes que renunciar a la actividad del préstamo y convertirse en agricultores o artesanos[37].

---

rito religioso o durante una festividad concreta. Los judíos de Norwich fueron acusados de cometer un asesinato ritual tras la aparición del cadáver de un niño con heridas de cuchillo. El niño, William, se convirtió en mártir, y multitud de peregrinos visitaban la iglesia local, que se enriqueció con sus donativos. En otras localidades de la Europa medieval se registraron acusaciones análogas contra los judíos.

[36] Así relató el episodio un judío de la época, Rabí Efraín de Bona (citado en Roth 1964, cap. 2): "Después, en el año 4551 (1190), los vagabundos atacaron al pueblo del Señor en la ciudad inglesa de Evoric (York), en el día del gran sábado, y la estación de los milagros se convirtió en la del desastre y el castigo. Todos huyeron a la casa de oración. Allí Rabí Yom Tob se alzó y mató 60 almas, y otros también asesinaron... El número de los asesinados y quemados fue de 150 almas, hombres y mujeres, todos ellos cuerpos santos. Además, les destruyeron las casas y les saquearon el oro y la plata y los espléndidos libros que habían escrito en gran número, preciosos como el oro y como muy buen oro, pues nada que se les comparaba en belleza y esplendor. Estos libros se los llevaron a Colonia y otros lugares, donde se los vendieron a otros judíos".

[37] Elman (1937); Roth (1964); Singer (1964).

Los prestamistas judíos fueron sustituidos primero por prestamistas lombardos y después por los banqueros toscanos. Esta transición tuvo lugar a fines del siglo XIII y la primera mitad del XIV, justo cuando la Iglesia aplicaba con rigor a los cristianos la prohibición de la usura. A comienzos de la década de 1340, cuando el rey Eduardo III dejó sin pagar las enormes sumas de dinero que debía a los bancos tuscanos de los Bardi y los Peruzzi, fue un mercader inglés, William de la Pole, quien se erigió en principal fuente de préstamos para la corona. La Inglaterra medieval atrajo a muchos otros prestamistas cristianos, que prestaban dinero a ricos y pobres pese a la prohibición de la Iglesia[38].

Los prestamistas lombardos, los bancos toscanos y William de la Pole contaban con los cuatro recursos fundamentales para tener éxito en los mercados crediticios: el capital, la red de contactos profesionales, la formación y las instituciones que garantizaban el cumplimiento de los contratos suscritos con la corona inglesa. Así las cosas, se convirtieron en los principales competidores de los judíos en la lucrativa actividad del préstamo de dinero en la Inglaterra medieval.

*Francia*

Los primeros fueros medievales concedidos por los monarcas franceses a los judíos que se establecieron en Francia les permitieron dedicarse a una gran variedad de ocupaciones (véase el capítulo 7). En su calidad de comerciantes, no tardaron en introducirse en el sector del préstamo, vendiendo a crédito y adelantando dinero a los clientes.

A partir de fines del siglo X y comienzos del XI los judíos franceses empezaron a especializarse cada vez más en el préstamo a interés. Esta transición se aceleró durante los dos siglos siguientes, en concomitancia con la expansión de las ferias anuales de la Champaña. La enorme demanda de crédito generada por las ferias brindaba a los acaudalados mercaderes judíos una oportunidad inmejorable de suministrar el crédito necesario y especializarse en el préstamo[39].

La actividad crediticia de los judíos en Francia comenzó a regularse a fines del siglo XII mediante tratados consensuados entre el rey y sus barones y los prestamistas judíos. El préstamo pecuniario se convirtió

---

[38] Véanse Shatzmiller (1990) y Barzel (1992) para una descripción de los mercados crediticios y los prestamistas que competían con los judíos en la Inglaterra medieval.

[39] Taitz (1994); Benbassa (1999); L. Glick (1999, cap. 9); Toch (2005).

rápidamente en la ocupación principal de los judíos. En un canon del concilio de Poitiers, celebrado en 1280, figuraba la queja de que casi todos los judíos de la diócesis de Poitiers se dedicasen a prestar dinero[40].

La identificación de los judíos franceses con el préstamo coincidió con el comienzo de los repetidos episodios de expulsión que marcaron su historia durante el siglo XIV. El fuero más antiguo que ha llegado a nuestros días es el concedido por Luis X en 1315 –nueve años después de que se hubiese expulsado a los judíos de Francia–, por el cual les permitía regresar por un período de doce años y se les prometía que en caso de expulsiones futuras se les avisaría con un año de antelación. También se les permitió establecerse en cualquier ciudad que ya hubiese albergado alguna comunidad judía. La siguiente expulsión tuvo lugar en 1322, a la muerte de Felipe V. Su sucesor, Carlos IV, expulsó a los judíos y los sustituyó con prestamistas lombardos, a los que se autorizó a ejercer la actividad hasta que, en 1330, también fueron expulsados[41].

En 1360 se invitó a los judíos a volver a asentarse en Francia. Por entonces, durante la guerra de los Cien Años, el rey francés Juan II estaba preso en Inglaterra y se pedían tres millones de coronas de oro por su rescate. A fin de reunir esa ingente suma de dinero, el príncipe Carlos decidió llamar a los judíos y concederles un nuevo fuero de veinte años de validez. En el momento de la admisión todo cabeza de familia judío debía pagar 14 florines de oro por él y su esposa y un florín por cada hijo o familiar dependiente. El fuero les permitía cargar un interés semanal de cuatro peniques por cada libra prestada (o sea, cerca del 86 por ciento anual). También podían adquirir casas y tierras, establecerse en cualquier lugar de Francia y gobernar sus comunidades según sus leyes y con gran autonomía interna. Estos estatutos garantizaban a los judíos toda la protección posible, a cambio de la cual ellos aceptaban ceder al Tesoro Regio una parte considerable de la riqueza generada con las actividades crediticias[42].

El fuero de 1360 siguió en vigor hasta la expulsión definitiva de los judíos de Francia, decretada en 1394, pero su situación se agravó sobremanera en las últimas décadas del siglo XIV, cuando muchos

---

40 Parkes (1938, pp. 170-177, 344).

41 Blumenkranz *et al.* (2007).

42 Parkes (1938); Benbassa (1999); Blumenkranz *et al.* (2007).

deudores empezaron a negarse a saldar sus deudas con los prestamistas judíos. El resultado fue el desplome de los ingresos que la corona esperaba con ansiedad. El rey ordenó a sus funcionarios imponer la amortización de las deudas, pero la medida fracasó. En 1394 el monarca decretó la expulsión de los judíos, sustituyéndolos con prestamistas lombardos que acudieron en tropel[43].

*Alemania, Austria, Europa central y Europa del Este*

Durante el siglo XII y sobre todo el XIII el préstamo pecuniario se convirtió en la ocupación principal de los judíos alemanes. Las autoridades locales (gobiernos municipales, obispos, príncipes) promulgaron los primeros fueros; después fueron los emperadores germanos quienes se ocuparon directamente de tratar con los judíos. En 1090 el emperador Enrique IV concedió fueros parecidos a los judíos de Worms y Espira. En 1157, el emperador del Sacro Imperio Romano Federico I promulgó un fuero, basado en los privilegios otorgados por Enrique IV, que anulaba los estatutos previos dictados por las autoridades locales. Esta decisión señaló el inicio de una regulación más centralizada del asentamiento y las actividades económicas de los judíos en los territorios germánicos[44].

Cuando el préstamo se convirtió en la ocupación principal de los judíos alemanes, su historia devino una sucesión de expulsiones de varias localidades, seguidas de retornos y sucesivas expulsiones y readmisiones. A diferencia de lo ocurrido en otros lugares de la Europa occidental, en Alemania nunca se decretó una expulsión total de los judíos, probablemente a causa de la fragmentación política del territorio. La mayoría de los judíos no abandonaba el país, sino que se desplazaba a otras localidades dentro de sus fronteras[45].

Por ejemplo, en el siglo XIV la comunidad judía de Colonia era una de las más grandes y prósperas de Alemania. Pero en 1349, en concomitancia con la propagación de la peste negra, una turba asaltó la judería, incendió las sinagogas (con los judíos dentro) y quemó propiedades y documentos de deuda de los judíos. En 1372 se invitó a los judíos a regresar a Colonia, donde permanecieron cincuenta años, hasta la expulsión de 1424. En este período los judíos recibieron un

---

[43] Benbassa (1999); Blumenkranz *et al.* (2007).
[44] Toch (2005, 2008, 2012).
[45] H. Ben-Sasson *et al.* (2007).

nuevo fuero. Por el derecho de residir en la ciudad cada judío pagaba 70 marcos, además de un tributo anual. En contrapartida se les permitió reconstruir las sinagogas, ser juzgados en tribunales judíos y dedicarse al préstamo de dinero. La nueva comunidad era mucho más pequeña (unas 34 familias) que la antigua. En 1424, las autoridades de la ciudad decidieron no renovar los privilegios a los judíos. En la práctica la decisión equivalió a su expulsión de Colonia, adonde no se les permitiría regresar hasta el siglo XVIII[46].

Entre 1300 y 1350 Alemania pasó de lugar de destino a lugar de partida de emigrantes judíos. Unos pocos emigraron a la Tierra de Israel, más que nada por motivos religiosos; muchos se dirigieron a Polonia. El principal destino de los judíos que abandonaron Alemania fue Italia. Al principio se establecieron en el noreste de Italia, en ciudades como Bassano, Cividale, Treviso y Trieste. Su presencia se incrementó a partir de mediados del siglo XIII, y algunos llegaron a emigrar a las colonias venecianas, como Creta. A partir de la mitad del siglo XV algunos judíos se establecieron incluso en el Imperio otomano. Estos emigrantes eran prestamistas adinerados y expertos en finanzas[47].

Parecida suerte corrió la comunidad judía de Austria. En 1244, el duque Federico II anuló los privilegios imperiales de 1238 y concedió su propio fuero a los judíos que vivían en su ducado. (El documento, que sirvió de base a los fueros otorgados a los judíos de toda la Europa del Este en los siglos siguientes, figura en el anexo a este capítulo.) En el fuero se reconocía que la ocupación principal de los judíos en Austria ya no era el comercio local ni a larga distancia, sino el préstamo pecuniario. Los judíos dependían del duque y su chambelán. Eran libres de viajar por todo el ducado y estaban exentos de los peajes municipales y locales. Podían prestar dinero aceptando cualquier prenda que les ofreciesen (salvo ropas húmedas o ensangrentadas), sin cuestionar su procedencia. El robo violento, el quebranto de un compromiso o la agresión a un judío en su domicilio se castigaban igual que un asalto al tesoro ducal. Los judíos podían aplicar un interés anual del 173,333 por ciento sobre los préstamos (ocho peniques semanales por talento o libra). Las cláusulas que regulaban los liti-

[46] Parkes (1938); Berenbaum y Carlebach (2007).

[47] Toch (2005, 2008); Milano *et al.* (2007).

gios relativos a los préstamos estaban formuladas para favorecer a los prestamistas judíos[48].

A partir de 1250 los judíos de Viena se dedicaron de lleno al préstamo de dinero, concediendo préstamos a ricos y pobres. Cuando se desató la peste de 1348 la comunidad judía de Viena era la más grande del Sacro Imperio Romano[49].

Los judíos alemanes que emigraban a Europa central y Europa del Este en los siglos XIII y XIV ya estaban especializados en el préstamo. Al mismo tiempo, el atraso económico de esas dos regiones les ofrecía más oportunidades de dedicarse a un amplio abanico de ocupaciones urbanas sumamente especializadas, como los oficios artesanales y el comercio. Más adelante los gobernantes de Bohemia, Hungría, Lituania, Pomerania, Rumanía, Rusia y Silesia que concedieron fueros a los judíos también invitaron a los artesanos y mercaderes alemanes. A causa de esta competencia los judíos se especializaron en la intermediación financiera relativa a los patrimonios de la corona y la aristocracia[50].

*La Península Ibérica*

Entre los siglos VIII y XII el préstamo de dinero fue una de las muchas actividades desarrolladas por la próspera comunidad judía de la Península Ibérica. A diferencia de lo sucedido en Inglaterra, Francia o Alemania, donde el préstamo se convirtió en la ocupación judía por excelencia durante la Edad Media, los judíos ibéricos no se dedicaron en exclusiva a esa profesión, sino también a los oficios artesanales especializados, el comercio local y a larga distancia, la medicina y la burocracia estatal[51].

A mediados del siglo XIII, una vez completa la Reconquista (con la excepción de Granada), las condiciones del asentamiento de judíos en Castilla y Aragón se sometieron a regulación. En todas las cuestiones jurídicas los judíos y los cristianos gozaban de los mismos derechos, pero este panorama no tardaría en modificarse. Al igual que el rey Luis IX de Francia, el reino de Aragón emprendió una campaña a gran escala para convertir a los judíos exponiendo el llamado "error

48 Baron (1952, vol. 4, cap. 22).
49 Bato, Adunka y Lehman (2007).
50 Parkes (1938, pp. 178-181); Baron (1952, vol. 4, cap. 22).
51 Baer (1961); Ashtor *et al.* (2007).

del judaísmo". En 1250, la ciudad de Zaragoza fue testigo de la primera calumnia de sangre vertida en España contra los judíos. A raíz de la famosa disputa que tuvo lugar en Barcelona en julio de 1263 se prohibieron las conversiones forzosas de judíos al cristianismo, pero los judíos estaban obligados a asistir a los sermones cristianos[52].

En 1267, el papa Clemente IV otorgó a la Inquisición la libertad de interferir en los asuntos de los judíos al permitirle perseguir a los judíos conversos que hubiesen vuelto a practicar su antigua religión, a los cristianos que se hubiesen convertido al judaísmo y a los judíos acusados de ejercer una influencia indebida en los cristianos y en sus hermanos convertidos al cristianismo. La hostilidad de las autoridades religiosas hacia los judíos iba en aumento. No obstante, los judíos seguían siendo muy útiles en términos económicos: en 1294 los ingresos procedentes de los judíos representaban el 22 por ciento de los ingresos totales de la corona de Castilla. Pese a la hostilidad creciente por parte de la población autóctona y la Iglesia, los gobernantes seculares eran reacios a renunciar a una fuente de ingresos tan valiosa[53].

En el siglo XIV empezaron a deteriorarse las actitudes hacia la población judía. Las protestas de los cristianos por motivos económicos y religiosos fueron intensificándose hasta las postrimerías del siglo, cuando la violencia contra los judíos españoles estalló con toda crudeza. En 1391 se perpetraron masacres en Castilla y Aragón, tras las cuales miles de judíos teóricamente aceptaron convertirse al cristianismo. La corona y los terratenientes –los principales beneficiarios de los ingresos generados por los judíos en forma de impuestos y préstamos– sufrieron pérdidas económicas. A comienzos del siglo XV se promulgaron algunos fueros para animar a los judíos a establecerse de nuevo en el país, pero estas medidas no frenaron el deterioro creciente de su posición económica y social, que culminó con la expulsión en masa de 1492, descrita en el capítulo 1[54].

[52] Baer (1961); Ashtor (1973-1984); Toch (2005, 2011, 2012); Ashtor *et al.* (2007).

[53] Ashtor *et al.* (2007).

[54] Baer (1961); Gampel (1989, 1998); Limor (1993); Limor y Raz-Krakotzkin (1993); Beinart (1998); T. Glick (1998).

## La actividad crediticia de los judíos en la Italia medieval: un análisis detallado

Gracias a los abundantes datos de archivo es posible analizar con todo detalle la actividad crediticia de los judíos en la Italia de la Edad Media y comienzos del Renacimiento. Dedicaremos, pues, un apartado a la dinámica de esa actividad que los judíos desarrollaron en Italia y en especial en Toscana, una de las economías comerciales más pujantes de la Edad Media. Nuestros hallazgos en relación con la Italia medieval pueden arrojar luz sobre el préstamo judío en otros países europeos, ya que los mercados monetarios y crediticios funcionaban de modo parecido en toda Europa, como se ha descrito en el capítulo presente.

En los siglos XIV y XV llegaron a Italia muchos judíos expulsados de Francia, Alemania y la Península Ibérica (véase el mapa 7.3). Fue entonces cuando la actividad crediticia de los judíos alcanzó su apogeo en el centro y norte de Italia. Los gobiernos de las ciudades italianas regularon el préstamo judío en los territorios sometidos a su jurisdicción. Los judíos podían establecerse y prestar dinero a interés mediante una *condotta,* un contrato bilateral entre el gobierno de la ciudad y el prestamista judío. Las *condotte* eran fueros que vinculaban a ambas partes por un período de cinco a veinte años, al término de los cuales podían renovarse. En muchas localidades el prestamista judío que deseaba establecer su negocio donde ya operaba otro prestamista judío debía obtener el permiso de este[55].

Los prestamistas judíos debían pagar un impuesto anual y avenirse a conceder préstamos (a veces en condiciones favorables) a los gobiernos locales[56]. El impuesto solía ser una suma global que se pagaba al comienzo de cada año o en fechas intermedias predetermina-

[55] Simonsohn (1977, 1982-1986, 1988-1991); Milano (1963); Milano *et al.* (2007). En algunas ciudades había más de un prestamista judío. El derecho de monopolio prohibía que otros judíos se estableciesen libremente en una ciudad y prestasen dinero sin el permiso de la comunidad judía local y sin someterse a la regulación e impuestos de la autoridad municipal.

[56] Botticini (2000) ha reunido información sobre los impuestos anuales y el tipo de interés máximo estipulados en los fueros de la Toscana que figuran en el Archivo de Estado de Florencia (AEF), *Statuti delle comunità autonoma e soggette,* y de otras ciudades italianas a partir de fuentes indirectas. Véanse Toaff (1992-1994) y Mueller (1972, 2008) para informaciones sobre Umbría y Venecia, respectivamente.

das. Iba desde los 55 florines de oro en San Gimignano en 1425 a los 1.200 florines de oro en Florencia en 1448 y los 4.000 ducados de oro en Venecia en 1382. (Para hacerse una idea de lo lucrativo que era el préstamo para los judíos basta señalar que 1.200 florines de oro en la Florencia de 1448 equivalían aproximadamente a 40 veces el salario medio anual de un obrero urbano no cualificado y a 20 veces el de uno cualificado.[57])

Los fueros también regulaban el tipo de interés anual máximo, que podía ser, por ejemplo, del 10 al 12 por ciento en Venecia en 1382, del 60 por ciento en Città di Castello (Umbría) en 1402, del 42 por ciento en Spoleto hacia 1416, del 30 por ciento en la mayoría de ciudades toscanas y del 15 al 20 por ciento en la mayor parte de localidades de los territorios italianos dominados por Venecia en el siglo XV. Estas tasas se aplicaban a los préstamos concedidos a los habitantes de la localidad en cuestión; los judíos eran libres de cargar cualquier tipo de interés a los habitantes de otras ciudades, cuya fiabilidad crediticia era más difícil de evaluar.

En algunas ciudades el tipo de interés máximo también variaba según la magnitud del préstamo. En 1421, por ejemplo, los judíos de Gubbio podían cargar un 50 por ciento a los préstamos inferiores a un florín, un 45 a los comprendidos entre uno y siete florines y un 33 a los superiores a siete florines. En otras ciudades el tipo máximo variaba según la garantía. En 1382, por ejemplo, los prestamistas judíos de Venecia podían gravar con un 10 por ciento los préstamos prendarios y un 12 los garantizados mediante promesa escrita.

Por lo que respecta a las garantías, podía tomarse prestado de los judíos empeñando bienes muebles, como ropa, calzado, joyas y herramientas. Otra posibilidad era entregar al prestamista judío una promesa escrita de pago. En algunos casos el propio prestatario escribía ese documento; en otros, la promesa la redactaba un notario en presencia de dos testigos. Un prestatario podía asimismo nombrar un avalista, que respondería del pago de la deuda en caso de insolvencia del primero. En algunos casos los judíos prestaban dinero bajo palabra, sin exigir ninguna garantía al prestatario.

[57] Véase Malanima (2007) para datos sobre salarios en Florencia a comienzos del Renacimiento.

Muchos fueros prohibían expresamente a los judíos conceder préstamos hipotecarios; otros se limitaban a omitir los bienes raíces en la lista de prendas permitidas, al tiempo que especificaban con detalle otros tipos de garantías, con lo cual excluían implícitamente a los judíos del préstamo hipotecario.

**TABLA 8.1.** Participación de las familias toscanas en el mercado crediticio, 1427 (porcentaje del total de familias)

| | Prestamistas | Nº de prestamistas | Total |
|---|---|---|---|
| Prestatarios | 29,3 | 25,5 | 54,8 |
| No prestatarios | 10,1 | 35,1 | 45,2 |
| Total | 39,4 | 60,6 | 100 |

*Fuentes*: Archivo de Estado de Florencia, Catasto 207, 208, 213, 214, 215, 216, 219, 233, 234, 235, 236, 248, 249, 252, 253, 254, 257, 258, 266, 269; Archivo de Estado de Pisa, Archivio Fiumi e Fossi, Serie Catasto 532, 533, 535, 552, 557, 558. *Nota*: La muestra se compone de todas las familias (7.793) que residían en nueve de las mayores ciudades toscanas (Arezzo, Castiglion Fiorentino, Cortona, Montepulciano, Monte San Savino, Pescia, Pisa, Pistoia y San Gimignano) y en núcleos urbanos más pequeños y aldeas de las regiones circundantes a esas ciudades.

Son pocos los libros de contabilidad de prestamistas judíos de la Europa medieval que han llegado a nuestros días. Por lo que respecta a la Toscana, hemos descubierto datos muy detallados a escala microeconómica en el Archivo de Estado de Florencia. La fuente principal de estos datos es el catastro florentino de 1427, un censo y registro de propiedades de casi 60.000 familias (260.000 personas) de toda la Toscana, en el que cada cabeza de familia declaraba sus propiedades raíces, casas, créditos, deudas, participaciones de deuda pública, tiendas u otras sociedades comerciales, además de la profesión y la composición de la familia. Entre las deudas registradas figuran los préstamos obtenidos de los prestamistas judíos de la localidad. Estos datos, junto con otras fuentes directas descubiertas en fechas recientes y aún inéditas, dan una imagen detallada del funcionamiento de los mercados crediticios y del papel de los prestamistas judíos en la Italia de fines de la Edad Media y comienzos del Renacimiento[58].

¿Cuáles son los hechos fundamentales que se desprenden de estas nuevas fuentes directas y de los microdatos del catastro florentino? La tabla 8.1 indica que dos tercios de las familias residentes en nueve ciudades toscanas y cientos de aldeas cercanas participaban en transac-

[58] Botticini (1997; 2000).

ciones crediticias (como prestamistas, prestatarios o ambos), prueba de que el crédito era un elemento de fundamental importancia en la economía medieval.

La mayoría de las familias participaba activamente en el mercado crediticio. La gente se endeudaba por varios motivos, por ejemplo, para comprar semillas y herramientas de labor, proporcionar la dote nupcial a las hijas o comprar alimentos mientras esperaban a la siguiente cosecha. Un tercio de los préstamos declarados por las familias campesinas procedía de otras familias de la localidad, que estaban expuestas a vicisitudes similares (tabla 8.2).

**TABLA 8.2.** Préstamos a familias campesinas, por tipo de acreedor, Toscana, 1427 (%).

| Tipo de acreedor | Préstamos a campesinos |
|---|---|
| Campesino | 35 |
| Mercader | 30 |
| Judío | 22 |
| Otro[a] | 13 |
| Total | 100 |

*Fuente:* Véase tabla 8.1.
*Notas:* Número de préstamos = 2.587. Esta tabla se refiere a familias campesinas que tomaban dinero prestado de judíos en las ciudades toscanas de Castiglion Fiorentino, Cortona, Montepulciano, Pescia y San Gimignano.
[a]Comprende artesanos, notarios, clérigos, nobles, instituciones de caridad y monasterios.

Los mercados crediticios toscanos eran locales y aislados, en especial para las familias campesinas: en el 99 por ciento de los 2.587 préstamos indicados en la tabla 8.2, el prestamista y el prestatario vivían en la misma localidad. Las familias cuya principal fuente de ingresos y patrimonio era la agricultura, y, por tanto, estaban expuestas a las vicisitudes típicas de ese sector, prestaban y tomaban prestado en su misma población. Los campesinos no tenían acceso a mercados crediticios a escala regional o incluso más amplia, pues no existían bancos rurales ni cooperativas de crédito. En consecuencia, los campesinos de Pescia no prestaban dinero a los habitantes de Montepulciano, los campesinos de Cortona rara vez tomaban prestado de la gente de San Gimignano, etcétera.

El carácter local de los mercados crediticios rurales se debía a las barreras institucionales y al coste de la información. En los siglos XIV y XV los gobiernos municipales hacían todo lo posible por mantener aisladas sus economías, tanto para aplicar políticas proteccionistas como para afirmar su marcado provincianismo. Los estatutos prohibían a los forasteros prestar dinero sobre prenda a los vecinos de la localidad; estos a su vez no podían vender sus tierras a forasteros, lo cual anulaba una posible fuente de crédito. Además de estas normas, otros costes impedían el desarrollo de un mercado de capitales en la región. Los gastos de viaje, por ejemplo, no eran un asunto trivial en una época en la que hasta las distancias cortas representaban un largo desplazamiento para un campesino.

Una causa más importante de la falta de mercados crediticios a mayor escala tenía que ver con la información. La situación económica de una persona solo se conocía a ciencia cierta en su ciudad; en cualquier otro lugar su fiabilidad crediticia debía evaluarse por conjeturas. A diferencia de los mercaderes, que habían desarrollado un buen sistema de comunicación a través del cual podían intercambiar información sobre la reputación de otros mercaderes, los campesinos no disponían de una red de contactos semejante. Tendrían que esperar cuatro siglos para que la invención de las cooperativas de crédito resolviese el problema de la información asimétrica en los mercados crediticios rurales[59].

El carácter aislado de esos mercados crediticios rurales suponía una pérdida de bienestar para las economías locales de la época, en especial frente a perturbaciones agregadas. En la Toscana del siglo XV estas perturbaciones agregadas tenían tres causas. En primer lugar, el clima era una fuente de perturbaciones idiosincrásicas (una tormenta podía afectar solo a unos pocos campos de cultivo concretos, pero una helada repentina podía destruir todas las viñas de una aldea). En segundo lugar, el gobierno florentino solía imponer nuevos tributos a todos sus ciudadanos para satisfacer la creciente necesidad de dinero líquido con que costear las guerras. En tercer lugar, las tropas enemigas que asediaban una ciudad solían quemar los cultivos y aniquilar el ganado de los alrededores; a veces eran los propios campesinos los que destruían los campos y mataban los rebaños para que no cayesen en poder del enemigo. Todas estas devastaciones eran frecuentes. Ante semejantes perturbaciones agregadas era fundamental tener acceso a una fuente de crédito, pero lo impedían las barreras institucionales y los problemas de información descritos más arriba.

---

[59] Guinnane (2001).

Aquí entraba en juego el papel económico de los prestamistas judíos. Dos eran las ventajas de los judíos frente a otros posibles prestamistas. En primer lugar, su riqueza era líquida, pues en su mayor parte consistía en dinero efectivo y objetos empeñados fáciles de vender. La riqueza de los judíos, al no estar invertida principalmente en bienes raíces, no sufría con las perturbaciones agregadas, como le ocurría a la de los demás, sino que era relativamente inmune a las alteraciones climáticas, el saqueo de las tropas enemigas y los impuestos sobre bienes inmuebles que acostumbraba a implantar el gobierno florentino.

En segundo lugar, los prestamistas judíos tenían un activo del que carecían los demás: estaban unidos por fuertes vínculos económicos y sociales. Hay pruebas fehacientes de los estrechos vínculos familiares y económicos que unían a los judíos residentes en distintas ciudades y regiones de Italia[60]. A través de esa densa red de relaciones sociales y sociedades económicas, los prestamistas judíos dividían los riesgos y brindaban a los prestatarios acceso a fuentes de crédito externas.

Cabría argüir que los mercaderes residentes en distintas ciudades habrían podido crear una red financiera parecida y, en épocas de penuria generalizada, prestarse dinero entre ellos para conceder préstamos o vender a crédito a sus vecinos menos afortunados. Los mercaderes de Montepulciano, por ejemplo, adquirían mercancías a crédito de mercaderes de Florencia y Siena. Pero parece ser que la distancia era un factor importante y que los mercaderes por lo general optaban por comprar a crédito y pedir préstamos en localidades cercanas. Como mucho, los mercaderes de esas ciudades periféricas intercambiaban mercancías y dinero con los mercaderes de otras ciudades toscanas. En cambio, los judíos residentes en Bolonia, Mantua, Milán, Roma, Venecia y las ciudades toscanas tenían fuertes vínculos familiares y económicos y solían formar sociedades para gestionar casas de empeño, con lo cual podían transferir rápidamente considerables sumas de dinero de una ciudad a otra. En presencia de perturbaciones agregadas, los judíos eran los únicos capaces de vincular la economía local de una ciudad con fuentes de crédito externas.

[60] Luzzato (1902); Molho (1971); Mueller (1975, 2008); Simonsohn (1977, 1982-1986; 2011); Pini (1983); Muzzarelli (1984, 1994); Segre (1986-1990), Cozzi (1987); Luzzati (1987, 1996); Toaff (1992-1994); Bonfil (1994); Stow (1995-1997); Botticini (1997); Pisa (1997).

En esas economías, los montes de piedad habrían podido representar una fuente de crédito alternativa. Estas instituciones crediticias a escala local, organizadas por los gobiernos municipales, aceptaban los depósitos de los ciudadanos dispuestos a invertir parte de su riqueza y concedían préstamos, por lo general a un interés anual del 5 por ciento. Creados en respuesta a la presión de los predicadores franciscanos, que querían prohibir la actividad crediticia de los judíos en las ciudades, los montes de piedad debían conceder préstamos sobre prenda sobre todo a los pobres y en condiciones ventajosas. Pero estos bancos públicos, como señalan muchos estudios, nunca compitieron con los prestamistas judíos, que siguieron desarrollando su actividad incluso después de la creación de aquellos. Los servicios ofrecidos por los prestamistas judíos y los montes de piedad, más que reemplazarse, se complementaban entre sí[61].

Las ventajas que se obtenían invitando y dando cabida a los prestamistas judíos eran bien conocidas por los habitantes y gobernantes de las ciudades de los dominios florentinos. A la hora de pedir al gobierno de Florencia permiso para admitir a un prestamista judío en su ciudad, los representantes municipales siempre hacían hincapié en "las penurias que [pasaban] los pobres por la ausencia de un prestamista judío". El énfasis en las necesidades de los menesterosos era un reflejo de la prohibición impuesta por la Iglesia contra el préstamo de dinero a interés. Al conceder fueros a los prestamistas judíos, los gobiernos municipales recurrían a las "necesidades de los pobres" para evitar el castigo eclesiástico. Los prestamistas judíos, una vez establecidos en la ciudad, no solo concedían créditos a los más necesitados, sino a segmentos mucho más amplios de la población. Con todo, como demuestran claramente los datos que presen-

---

[61] Milano (1956, p. 216); Pullan (1971, 1987); Fornasari (1993); Menning (1993). Los montes de piedad concedían préstamos por un importe limitado; quienes necesitaban sumas más elevadas debían acudir a los prestamistas judíos. Además, los montes de piedad, sobre todo en sus inicios, sufrían constantemente el problema de no disponer de fondos suficientes para satisfacer la demanda de préstamos, pues sus depositantes estaban sometidos a las mismas vicisitudes: mal podían los depositantes aportar fondos a los montes de piedad en épocas de penuria generalizada. En cambio, los prestamistas judíos podían brindar fácilmente acceso a una fuente de crédito externa, gracias a las extensas redes de contactos económicos y sociales que existían entre las comunidades judías.

tamos a continuación, nunca alcanzaron un monopolio en el campo del préstamo ni mucho menos.

La actividad de los judíos representaba una proporción considerable de los mercados crediticios de la Toscana. Buena parte de las familias –un tercio en Castiglion Fiorentino, un cuarto en Montepulciano, casi un quinto en Monte San Savino, un quinto en Pescia y un sexto en San Gimignano– pedía prestado a los judíos (tabla 8.3). Cerca de un 10 por ciento de la deuda total de todas las familias correspondía a préstamos concedidos por los judíos. El valor medio de los préstamos equivalía aproximadamente al salario anual medio de un trabajador urbano de Florencia en 1427.

**TABLA 8.3.** Volumen de los préstamos concedidos por prestamistas judíos en las ciudades toscanas, 1427.

| | **Familias endeudadas con judíos** | | **Deudas a judíos** | |
|---|---|---|---|---|
| **Ciudad** | **Número** | **Porcentaje del total** | **Montante (florines de oro)** | **Porcentaje de la deuda total** |
| Arezzo[a] | 217 | 18,2 | 5.261 | 11,6 |
| Castiglion Fiorentino | 165 | 30,2 | 1.652 | 14,9 |
| Cortona | 118 | 6,1 | 1.892 | 5,1 |
| Montepulciano | 180 | 26,4 | 2.501 | 14,8 |
| Monte San Savino | 62 | 22,4 | 516 | 25,3 |
| Pescia | 197 | 20,3 | 1.896 | 8,8 |
| Pisa[a] | 80 | 4,7 | 1.704 | 0,6 |
| San Gimignano | 99 | 17,2 | 2.456 | 8,4 |
| San Miniato | 44 | 13,6 | 670 | 4,4 |
| Total | 1.160 | 14,8 | 18.548 | 8,2 |
| Total sin Cortona ni Pisa | 962 | 23,3 | 14.955 | 10,3 |

*Fuente:* Véase tabla 8.1.

[a]Las cifras de Pisa y Arezzo solo se refieren a los residentes en la ciudad, no en las aldeas vecinas. En el caso de las demás ciudades, las cifras comprenden los habitantes de la ciudad y los de las aldeas de la periferia rural correspondiente.

¿Quién tomaba dinero prestado de los judíos en la Toscana bajomedieval? Según el catastro florentino de 1427, los que pedían préstamos a los judíos tenían una riqueza mediana y media superior a quienes no se endeudaban con ellos (tabla 8.4). Cerca del 13,5 por ciento de las familias endeudadas con prestamistas judíos tenía un patrimonio valorado en más de 500 florines, frente al 4,7 por ciento de las familias no endeudadas con prestamistas judíos.

**TABLA 8.4.** Patrimonio de las familias endeudadas y no endeudadas con prestamistas judíos, Toscana, 1427 (en florines de oro).

| | Patrimonio de las familias endeudadas con judíos (N = 1.160) | | Patrimonio de las familias no endeudadas con judíos (N = 6.633) | |
|---|---|---|---|---|
| **Ciudad** | **Media** | **Mediana** | **Media** | **Mediana** |
| Arezzo | 431,9 | 178 | 201,7 | 76 |
| Castiglion Fiorentino | 231,2 | 152,2 | 112 | 75 |
| Cortona | 181,8 | 114,8 | 115 | 40 |
| Montepulciano | 195,7 | 152,7 | 112 | 68 |
| Monte San Savino | 163,9 | 81,5 | 61,5 | 45 |
| Pescia | 246,4 | 189 | 164 | 121 |
| Pisa | 412,7 | 179,5 | 356 | 75,5 |
| San Gimignano | 489,3 | 256,4 | 232 | 58 |
| San Miniato | 280,6 | 113 | 178,3 | 39 |
| Todas las ciudades | 293,9 | 132,5 | 200,2 | 55 |

*Fuente:* Véase tabla 8.1.

*Nota:* El análisis de la diferencia de las medias en todas las ciudades arroja una estadística $t$ de 4,33 (el valor crítico al 1 por ciento es 2,32).

Estas conclusiones contradicen la opinión generalizada de que la especialidad de los judíos era prestar sumas modestas a los pobres para la adquisición de bienes de consumo. Puede que los gobiernos municipales de veras tuviesen presentes las "necesidades de los menesterosos" cuando invitaban a los prestamistas judíos a establecerse en sus ciudades; pero los ciudadanos de clase media y acomodada también se beneficiaban de su presencia. Estas conclusiones son aún más importantes cuando se tiene en cuenta el uso que daban los prestatarios a los préstamos. Según los datos del catastro de 1427, los artesanos, y aún más los mercaderes, se endeudaban para financiar inversiones productivas, y entre sus prestamistas figuraban judíos.

El análisis de otros dos indicadores económicos –profesión y propiedad de la tierra– suscita más dudas sobre la tesis de que la clientela de los prestamistas judíos se componía sobre todo de trabajadores urbanos pobres y campesinos humildes. Los préstamos a las familias que vivían de la agricultura (por ejemplo, jornaleros, agricultores autónomos, aparceros y arrendatarios) eran de lejos los más numerosos (véase el gráfico 8.1). Dado que la agricultura era la fuente de riqueza e ingresos de la mayoría de las familias toscanas, poco puede sorprender ese dato. Salta a la vista que los artesanos, mercaderes, notarios y médicos –los ciudadanos más pudientes y de posición social más elevada– recibían menos préstamos, pero más cuantiosos.

Examinando la estructura familiar de la clientela de los prestamistas judíos se observa que los préstamos los solicitaban en especial las familias con hijas: del total de las deudas contraídas por este tipo de familias, el 17 por ciento correspondía a préstamos concedidos por judíos, frente al 12 por ciento en las familias con hijos varones y el 8 por ciento en las familias sin hijos. Las probabilidades de casar a las hijas dependían en gran medida de la dote que les suministrasen los padres al contraer matrimonio.

Para evaluar el papel económico de los judíos en esas economías medievales y renacentistas es indispensable estudiar la política crediticia que aplicaban. ¿Los prestamistas judíos variaban los tipos de interés según la riqueza del prestatario? ¿Exigían garantías distintas a unos prestatarios y a otros?

En principio, nada prohibía a los judíos aplicar distintos tipos de interés a unos prestatarios y a otros. Los fueros estipulaban tipos máximos de interés anual pero daban a los prestamistas judíos la libertad de aplicar tasas inferiores. En el catastro florentino de 1427, algunos prestatarios declaraban el tipo de interés que pagaban por las deudas contraídas. La tabla 8.5 indica que las tasas de interés anual sobre los préstamos entre toscanos oscilaban entre el 6 y el 15 por ciento, mientras que los judíos siempre cargaban el máximo permitido. Tanto los préstamos de alto riesgo como los de bajo pagaban la misma tasa: entre los 59 prestatarios que pagaban la tasa máxima por deudas contraídas con prestamistas judíos (un 30 por ciento en todas las ciudades toscanas salvo Montepulciano) había tanto ricos como pobres.

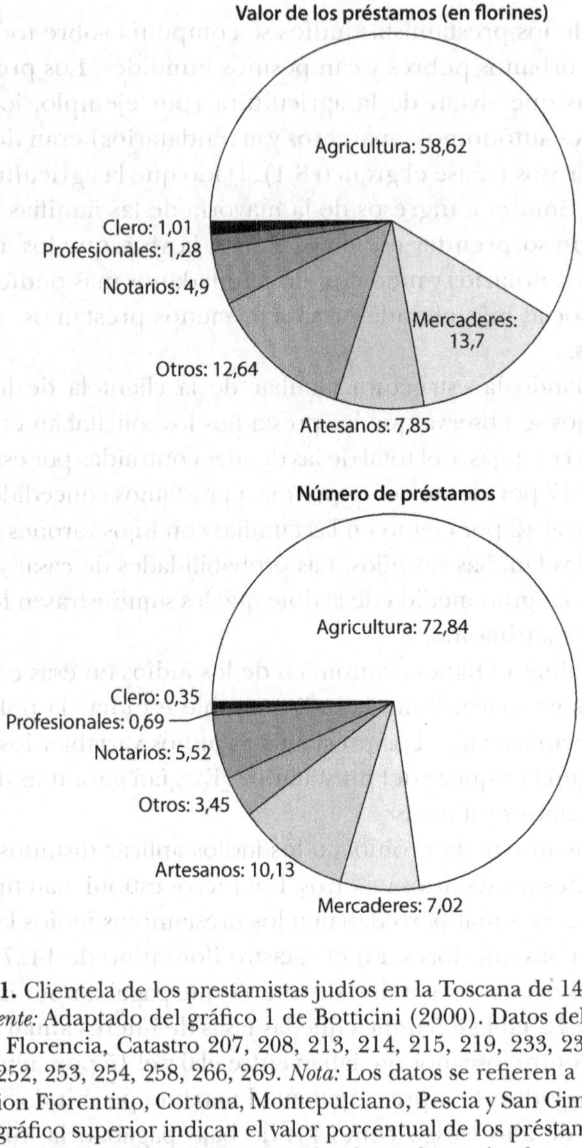


**Gráfico 8.1.** Clientela de los prestamistas judíos en la Toscana de 1427, por profesión. *Fuente:* Adaptado del gráfico 1 de Botticini (2000). Datos del Archivo de Estado de Florencia, Catastro 207, 208, 213, 214, 215, 219, 233, 234, 235, 236, 248, 249, 252, 253, 254, 258, 266, 269. *Nota:* Los datos se refieren a las ciudades de Castiglion Fiorentino, Cortona, Montepulciano, Pescia y San Gimignano. Las cifras del gráfico superior indican el valor porcentual de los préstamos concedidos por prestamistas judíos a los prestatarios de un determinado sector profesional. Por ejemplo, el 58,62 por ciento del valor total de los préstamos concedidos por prestamistas judíos correspondía a familias que vivían de la agricultura. Del mismo modo, las cifras del gráfico inferior indican el porcentaje de préstamos concedidos por prestamistas judíos a los prestatarios de un determinado sector profesional. Por ejemplo, el 72,84 por ciento de los préstamos concedidos por prestamistas judíos correspondía a familias que vivían de la agricultura.

**TABLA 8.5.** Número de deudas contraídas por familias toscanas, por tipo de interés y acreedor, 1427

| Tipo de interés anual (%) | Deudas con ciudadanos (N = 18) | Deudas con judíos (N = 69) |
|---|---|---|
| 6 | 1 | - |
| 7 | 1 | - |
| 7,5 | 1 | - |
| 8 | 3 | - |
| 9 | 2 | - |
| 10 | 4 | - |
| 12 | 2 | - |
| 13 | 1 | - |
| 14 | 2 | - |
| 15 | 1 | 1 |
| 20 | - | 7[a] |
| 25 | - | 2 |
| 30 | - | 59 |

*Fuente:* Véase tabla 8.1.

[a] Cinco préstamos se concedieron en Montepulciano, donde los prestamistas judíos podían aplicar un tipo de interés máximo del 20 por ciento.

En cambio, los prestamistas judíos aceptaban distintos tipos de garantía, según la condición económica del prestatario. Los pobres, por lo general, obtenían préstamos sobre prenda, mientras que las familias ricas podían obtenerlos con una simple promesa escrita de pago, mediante un avalista o incluso bajo palabra, sin necesidad de aportar ninguna garantía formal (tabla 8.6).

¿Por qué desde el punto de vista del prestatario eran menos deseables los préstamos prendarios que los garantizados por una escritura privada o un avalista? La respuesta es que las prendas limitaban la cuantía del préstamo, ya que por lo general la cantidad prestada no podía superar dos tercios del valor del bien empeñado. Era fácil empeñar objetos muebles como ropas, espadas, zapatos o martillos, pero su valor difícilmente permitía a los prestatarios obtener préstamos sustanciosos. Además, los prestatarios debían dejar la prenda en manos del prestamista hasta devolver el préstamo por completo. La tabla 8.6 confirma que las cuantías medias y medianas de los préstamos prendarios eran menores que las de los préstamos garantizados por escrituras privadas o avalistas.

**TABLA 8.6.** Tipo de garantía exigida por los prestamistas judíos de la Toscana, por patrimonio del prestatario y cuantía del préstamo, 1427

| | | Patrimonio del prestatario (florines de oro) | | Cuantía de los préstamos (florines de oro) | |
|---|---|---|---|---|---|
| **Tipo de garantía** | **Número de préstamos** | **Media** | **Mediana** | **Media** | **Mediana** |
| Prenda | 133 | 365 | 72 | 46 | 20 |
| Otros tipos de garantía | 73 | 535 | 113 | 122,3 | 50 |

*Fuente:* Véase tabla 8.1.
*Nota:* El análisis de la diferencia de las medias para el patrimonio de los prestatarios arroja una estadística $t$ de 2,03 (el valor crítico al 5 por ciento es 1,66). El análisis de la diferencia de las medias para el valor de los préstamos arroja una estadística $t$ de 3,01 (el valor crítico al 5 por ciento es 1,66).

La tabla 8.6 indica también que los prestamistas judíos establecían distinciones entre sus clientes y exigían una forma u otra de garantía según el tipo de prestatario. Al exigir una prenda los prestamistas limitaban indirectamente la cuantía del préstamo. Dada la imposibilidad de compensar el riesgo elevado de impago aplicando un interés superior al máximo estipulado en los fueros, los prestamistas judíos racionaban el crédito a esos prestatarios exigiéndoles una prenda como garantía del préstamo. A la inversa, los prestatarios que apenas representaban riesgo podían obtener préstamos más cuantiosos, ya que los prestamistas judíos les exigían garantías menos restrictivas.

La importante función económica de los judíos no se limitaba al sector privado. Las finanzas públicas de las ciudades italianas también se beneficiaban de sus préstamos. En los siglos XIV y XV los tributos y préstamos forzosos impuestos a los ciudadanos no bastaban para financiar los gastos habituales, como el salario de los funcionarios. También hacía falta dinero para sufragar las guerras contra las ciudades vecinas y subvencionar los productos alimenticios en épocas de escasez generalizada. En la tabla 8.7, basada en datos de la ciudad de Perugia, se observa de qué modos tan diversos los préstamos de los judíos contribuían a las finanzas públicas de los gobiernos municipales italianos. Existen datos parecidos para otras ciudades italianas.

Además de conceder préstamos cuantiosos, los prestamistas judíos también contribuían a las finanzas de las ciudades en las que residían pagando un impuesto anual por el privilegio de establecerse en una ciudad y desarrollar su actividad. Parece ser que este impuesto dependía tanto del tamaño de la ciudad (y por tanto de la clientela potencial) como del tipo de interés máximo que se les permitiese aplicar (tabla 8.8).

**TABLA 8.7.** Préstamos judíos a la ciudad de Perugia, 1284-1434

| Año | Valor del préstamo (florines de oro) | Características del préstamo |
|---|---|---|
| 1284 | 600 | Avalado por cinco personas |
| 1284 | 400 | Avalado por cinco personas |
| 1284 | 510 | Avalado por cinco personas |
| 1287 | 1.000 | – |
| 1293 | 150 | – |
| 1312 | 600 | Avalado por cinco personas |
| 1312 | 200 | Para pagar un ejército de mercenarios en la guerra contra Spoleto |
| 1315 | 1.000 | Para costear la guerra contra Gubbio |
| 1377 | 1.000 | Para la aplicación del contrato de derechos y productos del lago |
| 1381 | 500 | Con ocasión de la concesión de un fuero de cinco años que daba a los judíos permiso para residir y prestar dinero |
| 1384 | 1.000 | Para pagar a soldados por la defensa de la ciudad |
| 1385 | 500 | Para sufragar los gastos militares de someter las aldeas de Montone y Fratta |
| 1385 | 545 | Para celebrar una victoria |
| 1386 | 500 | Para pagar a los soldados por ayudar a Siena |
| 1389 | 700 | Para comprar alimentos para los ciudadanos |
| 1392 | 500 | Para sufragar gastos militares y enviar una misión al papa Bonifacio IX |
| 1392 | 500 | Para afrontar dificultades financieras |
| 1392 | 500 | Para pagar los honores tributados al papa en su visita a la ciudad y para someter un castillo |
| 1416 | 100 | Para defender la ciudad contra Braccio Fortebracci |
| 1423 | 231 | Contribución de los judíos a los 12.000 florines exigidos por Braccio Fortebracci, señor de Perugia, para armar tropas |
| 1428 | 500 | Para sufragar los gastos militares necesarios para defender Città di Castello |
| 1434 | 600 | – |

*Fuente:* Toaff (1975).
– No se indica.

**TABLA 8.8.** Tipos de interés máximos e impuestos anuales pagados por los prestamistas judíos en Italia a comienzos del Renacimiento.

| Región | Ciudad | Año del fuero | Tipo de interés máximo (%) | Impuesto anual[a] |
|---|---|---|---|---|
| Toscana | Castiglion Fiorentino | 1414, 1419 | 30 | 80 |
| | Cortona | 1422 | 30 | 150 |
| | | 1466 | 30 | 150 |
| | Montepulciano | 1429 | 20 | 60 |
| | Prato | 1437 | 30 | 800 |
| | San Gimignano | 1425 | 30 | 55 |
| | Florencia | 1437 | 20 | 800 |
| | | 1448-1459 | 20 | 1.200 |
| | | 1471 | 15 | 0 |
| | | 1471-1491 | 20 | 1.200 |
| | Volterra | 1408-1447 | 30 | 100 |
| Véneto | Venecia | 1382 | 11b | 4.000 |
| | | 1387 | 9c | 0 |
| | | 1513 | 17,5[b] | 6.500 |
| Romaña | Bolonia | 1399 | 30 | 607 |
| | | 1406 | 30 | 552,5 |
| | | 1418 | 25b | 339 |

*Fuentes:* Para Castiglion Fiorentino, Cortona, Montepulciano y San Gimignano, datos del Archivo de Estado de Florencia (*Statuti* 201, fol. 482; 280, fol. 251; 501, fol. 158; 759, fol. 201), del Archivo Histórico de la Alcaldía de Cortona (manuscrito F) y Biblioteca de la Academia Estrusca de Cortona (*Codice Cortonese*, manuscrito 520, *Capitoli del Monte Pio*). Para Florencia y Prato, datos de Cassuto (1918, pp. 85, 120). Para Volterra, datos de Luzzati y Veronese (1993, pp. 57-87). Para Venecia, datos de Mueller (1972, pp. 63-64) y Pullan (1971, pp. 674-675). Para Bolonia, datos de Muzzerelli (1994, pp. 15-40).

[a]Las cifras de las ciudades toscanas y Bolonia están en florines de oro y las de Venecia en ducados de oro.

[b]Estas tasas de interés son el promedio de dos tasas distintas aplicadas a préstamos de diversa cuantía o garantizados con distintos tipos de prenda. Por ejemplo, los judíos podían gravar con un 30 por ciento los préstamos prendarios y con un 20 por ciento los préstamos sobre garantía escrita o con avalista. En otras ciudades se aplicaban tasas distintas según la cuantía del préstamo: un 30 por ciento a los préstamos que no rebasaban cierta cantidad y un 20 por ciento a los que la excedían.

Los datos históricos indican que, en varios casos, los gobiernos municipales elevaban la tasa máxima permitida a fin de apropiarse de una parte de las rentas que los prestamistas judíos extraían de sus préstamos. Este argumento se apoya en tres hechos. En primer lugar, los gobiernos municipales permitían a los judíos aplicar tipos de interés superiores a los fijados por las leyes de la usura. En la época del catastro de 1427, por ejemplo, se pagaban intereses del 5, 8 y 10 por ciento por las participaciones de la deuda pública florentina, y la tasa de interés medio sobre las deudas entre ciudadanos era aproximadamente del 10 por ciento (tabla 8.5). En cambio, casi todas las ciudades toscanas permitían a los prestamistas judíos aplicar un interés del 30 por ciento.

En segundo lugar, los prestamistas judíos, gracias a ese privilegio y a las políticas crediticias que adoptaban, probablemente extraían beneficios de la mayoría de sus préstamos. Aplicaban a los prestatarios de bajo riesgo el mismo tipo de interés que a los de alto riesgo, pero a estos últimos les exigían prendas para minimizar las posibles pérdidas. En muchas ocasiones los gobiernos municipales elevaban el tipo máximo permitido a los prestamistas judíos con la intención expresa de que ganasen más dinero. En 1416, por ejemplo, las autoridades de Spoleto permitieron a los prestamistas judíos aplicar durante seis meses un interés más alto (el 42 por ciento en vez del 30 por ciento) para que pudiesen prestar 50 florines de oro al gobierno de la ciudad. En tercer lugar, los gobiernos municipales, gracias a los impuestos y a los préstamos obtenidos de los prestamistas judíos, se embolsaban parte de esa renta.

La tabla 8.8 muestra otro dato interesante: la tasa de interés máxima que podían aplicar los judíos era menor en ciudades grandes como Florencia y Venecia, donde había más competencia de los bancos cristianos. Los gobiernos florentino y veneciano lograron negociar una tasa máxima más baja para sus ciudadanos, pero permitían a los prestamistas judíos aplicar tipos más altos en las ciudades más pequeñas situadas bajo su jurisdicción.

De los fueros y los microdatos pormenorizados relativos a la actividad crediticia de los judíos en las ciudades italianas del medievo y principios del Renacimiento se desprenden algunos hechos llamativos. En primer lugar, el préstamo de dinero era la ocupación principal de los judíos. En segundo lugar, las restricciones jurídicas estipuladas en los fueros regulaban los términos en que los judíos podían dedicarse a esa actividad. La finalidad principal de esas restricciones no era tanto prohibir a los judíos la posesión de tierra en sí ni el ejercicio de labores agrícolas, cuanto impedir que adquiriesen una gran cantidad de tierras y bienes inmuebles con los beneficios derivados de los préstamos. En tercer lugar, los judíos no tenían el monopolio de la actividad crediticia: también concedían préstamos los tenderos, los mercaderes, los notarios, las instituciones caritativas e incluso los monasterios. En cuarto lugar, los prestamistas judíos contribuían a financiar los gobiernos locales con préstamos directos en caso de necesidad y mediante los impuestos que pagaban. En quinto lugar, gracias a sus vínculos familiares y profesionales, los prestamistas judíos que vivían en localidades distintas sacaban gran provecho de las redes de contactos profesionales y de las oportunidades de arbitraje.

## Las actitudes frente al préstamo pecuniario

En la Edad Media, las actitudes de las autoridades eclesiásticas y los eruditos judíos frente al préstamo de dinero a interés presentaban a un mismo tiempo semejanzas y diferencias. ¿Contribuyeron esas diferencias a que los judíos de la Europa medieval se introdujesen y después se especializasen en la actividad crediticia?

### *Las actitudes judías hacia el préstamo de dinero*

¿Alguna vez los judíos consideraron pecaminoso prestar dinero a interés? ¿Había en el judaísmo alguna ley religiosa o norma social que proscribiese prestar dinero a judíos y gentiles? ¿La actitud y las resoluciones de generaciones sucesivas de ilustres rabinos y eruditos en relación con el préstamo a interés tuvieron algún efecto sobre la decisión de los judíos residentes en la Europa medieval de dedicarse a esa actividad y especializarse en ella?

La prohibición de la usura entre los judíos (y también entre los cristianos y musulmanes) procede del pasaje del Deuteronomio (23: 20-21) que afirma: "No cobres interés a tu hermano, ni por dinero ni por alimentos ni por ninguna otra cosa. Cobra interés al extranjero [gentil], pero no a tu hermano". Rara es la referencia al préstamo pecuniario en el resto de la Biblia.

En el período talmúdico los eruditos de las academias de la Tierra de Israel y Mesopotamia discrepaban sobre el préstamo de dinero a interés. Algunos rabinos se oponían al cobro de intereses fuese cual fuese el prestatario, mientras que otros permitían aplicarlos a los gentiles. En un pasaje muy citado del Baba Metzia, un tratado talmúdico, la cuestión del préstamo a los gentiles se deja abierta. Lo interesante es que en un Talmud repleto de normas que regulaban todos los aspectos de la vida económica, social y religiosa de las comunidades judías no hubiese una disposición definitiva y aceptada que prohibiese prestar dinero a interés[62].

Algunas fuentes del período gaónico (del siglo VII al XI) mencionan que los judíos de Mesopotamia se dedicaban a prestar dinero. El Corán (4:160) es la primera fuente que acusa a los judíos de usura. También hay algunas referencias en los *responsa* rabínicos. Por ejemplo, un *responsum* de Amram ben Sheshna Gaón, el ilustre director de la academia judía de Sura, en Mesopotamia, a mediados del siglo IX, prohibía a los judíos aceptar intereses de un gentil aunque fuese económicamente necesario. En el siglo X un judío preguntaba si aceptar intereses de un gentil debería ser motivo de excomunicación. La respuesta, escrita en la época en que los judíos eran los banqueros de corte del califato abasí, fue: "Se trata de una cuestión de poca monta, pues Dios nunca ha prohibido cobrar intereses a un gentil. No obstante, a fuer de rigurosos, deberíamos abstenernos de cobrarlos".

En general, los *gueonim* mantenían una actitud ambivalente hacia el préstamo a interés. Por un lado parecían favorables a la idea de que "aunque un judío tenga ocasión de prestar dinero a interés a un gentil, debería dar preferencia a otro judío que tenga necesidad de dinero y no cobrarle interés"[63]. Por otro lado, permitían a los eruditos judíos aceptar intereses de los gentiles, pues consideraban que un erudito, aunque entrase en contacto con ellos, no se vería influido por sus prácticas.

En los siglos XI y XII, mientras los judíos se convertían en los principales prestamistas de dinero en Inglaterra, Francia y, después, Alemania, los rabinos y eruditos más destacados del continente reconfiguraron y ajustaron el derecho judío en relación con el cobro de intereses a los gentiles para adaptarlo a la práctica del préstamo pecuniario. La primera figura influyente que adoptó una postura al respecto fue Rabenu Guershon ben Judá (960-1040) de Maguncia, que abordó la cuestión de los préstamos concedidos a los gentiles mediante un intermediario judío. Dado que el judaísmo prohibía hacer de inter-

[62] Sobre la actitud de los judíos hacia el préstamo de dinero, véanse Stein (1955, 2007); Soloveitchik (1985, 2005); J. Katz (1995).

[63] Stein (2007).

mediario para un gentil, la tesitura podía resultar problemática por cuanto la norma bíblica prohibía prestar dinero con interés a otro judío. Rabenu Guershon resolvió el problema cambiando el papel del socio judío por el de "mediador", dando así el primer paso hacia la autorización del préstamo a interés entre judíos.

Pocas décadas después Rashi (1040-1105), el más influyente de los eruditos asquenazíes, se mostró realista: "Los judíos no podemos sustentarnos a menos que hagamos negocios con los gentiles, pues vivimos entre ellos". En su época, los judíos europeos ya se dedicaban de lleno al préstamo, la transacción de deudas, las hipotecas y otras formas de intercambios y pagos intertemporales.

Muchos de los cientos de *responsa* que escribió Rashi tratan cuestiones relativas a las transacciones crediticias y el préstamo de dinero a interés[64]. El principal problema era que a los judíos se les permitía cobrar intereses a los gentiles, pero no a otros judíos. Para resolver el problema, Rashi decretó que un gentil podía servir de "hombre de paja" en una transacción crediticia entre dos judíos. La norma causó inquietud entre muchos rabinos coetáneos de Rashi, pero la necesidad de ganarse el sustento en la Europa medieval los obligó a aceptarla y ponerla en práctica.

Quedaba por resolver un asunto y era que el prestamista, según la norma de Rashi, no debía saber que el gentil era un mero intermediario, requisito imposible de cumplir en las comunidades pequeñas. Además, cuando dos judíos tenían la oportunidad de hacer un trato, debían esperar hasta encontrar un intermediario gentil. Para evitar este retraso oneroso los prestamistas judíos violaban la regla de Rashi.

La resolución definitiva que abrió las puertas a la participación plena de los judíos en los mercados crediticios fue obra de Rabí Yacob ben Meir (1100-1171). Este nieto de Rashi, conocido como Rabenu Tam, fue uno de los primeros *baalei tosafot* –rabinos asquenazíes que prescribían reglas entre los siglos XII y XIV que alcanzó renombre (tanta fue su influencia que aun hoy sus comentarios figuran junto a los de Rashi en cada página del Talmud). Rabenu Tam decretó que no era necesario que los prestamistas judíos supiesen que el gentil hacía de intermediario en la transacción crediticia. Esta disposición puso formalmente fin al retraso que sufrían las operaciones de prés-

[64] H. Ben-Sasson (1976, pp. 398-400).

tamos entre los judíos y les permitió prestarse dinero entre ellos sin vulnerar el derecho judío. La norma no hizo sino legitimar prácticas ya en uso: en la época en que se dictó, los principales prestamistas judíos disponían de redes de intermediarios judíos en varias ciudades. Los más famosos eran Aarón de Lincoln (Inglaterra), Karslin de Provin (Francia), Wiwilin de Estrasburgo (Alemania) y la familia Al Constantini (España).

La resolución de Rabenu Tam sobre la transferencia de prendas y deudas entre judíos allanó el camino a todas las transacciones de préstamo entre judíos y gentiles. Un factor que contribuyó a que se aceptase la norma fueron los escritos de otro rabino (Rabí Yitzhak), en los que declaraba que él y Rabenu Tam se intercambiaban prendas y deudas y se prestaban dinero a interés.

Hacia 1100 el préstamo de dinero ya era la principal ocupación de los judíos en Inglaterra; las normas de Rashi y Rabenu Tam contribuyeron a la difusión de esa actividad entre los judíos de Francia y Alemania. Pese a las críticas de varios rabinos, los mercaderes y los prestamistas aceptaron las resoluciones, y también otros rabinos importantes de toda Europa, incluida la Península Ibérica. Una cita del ilustre erudito Menahem ben Salomón Meiri, relativa a la situación en la Provenza del siglo XIII, demuestra que los judíos hacían caso omiso de cualquier restricción religiosa a las transacciones financieras[65]:

> Hoy nadie se abstiene de hacer negocios con los gentiles ni concederles préstamos, ni siquiera en las festividades: ni los gaones, ni los rabinos, ni los eruditos, ni los estudiantes, ni los hasideos ni quienes fingen serlo. Todas estas leyes se refieren solo a los idólatras y a sus imágenes, pero todas las transacciones con los cristianos son perfectamente lícitas.

Por lo general, las leyes y las normas siguen a las prácticas consolidadas. Dado que en los siglos XI y XII casi todos los eruditos y rabinos ilustres debatían sobre el préstamo a interés a los gentiles y formulaban resoluciones al respecto, es razonable sostener que los préstamos entre judíos y de judíos a gentiles ya estaban a la orden del día antes incluso de que la Iglesia prohibiese la usura a los cristianos.

---

[65] J. Katz (1961, cap. 10).

**TABLA 8.9.** Prohibiciones de la usura impuestas a los cristianos, 300-1500.

| **Período** | **Bula papal o concilio episcopal** | **Tipo de restricción** |
|---|---|---|
| 300-1050 | | |
| Prohibiciones impuestas principalmente a clérigos; definición imprecisa de la usura | Concilio de Nicea (325) | Se prohíbe al clero cobrar intereses |
| | *Nec hoc quoque* del papa León el Grande (*ca.* 450) | Se prohíbe a los cristianos cobrar intereses |
| 1050-1175 | | |
| La usura se declara pecado | | Se prohíbe formalmente la usura a todos los cristianos, pero no se aplica la prohibición |
| 1175-1350 | | |
| Especial atención de la Iglesia a la usura; se prohíben los préstamos destinados al consumo, no los destinados a la inversión | Tercer concilio de Letrán (1179) | La usura se declara pecado, prohibida tanto en el Antiguo Testamento como en el Nuevo; se consideran usurarios los tipos de interés superiores al cero; se castiga la usura con la denegación de confesión y la anulación de testamentos; excomunión de los soberanos y las comunidades que permitan la usura |
| | Segundo concilio de Lyon (1274) | Se prohíbe a los usureros alquilar casas, se les expulsa a perpetuidad en cuestión de tres meses |
| | Concilio de Viena (1311-1312) | La censura eclesiástica obliga a los prestamistas a mostrar sus libros de contabilidad en caso de procedimiento por usura; se castiga por herejes a quienes afirmen que la usura no es pecado |
| 1400-1500 | | |
| Las prohibiciones se relajan en varios sentidos | Fines del siglo XV | Se permite a los usureros profesionales participar en los servicios religiosos y recibir sepultura en los cementerios de las iglesias; se declara expresamente que muchos tipos de contratos no son usurarios; el pecado de usura se restringe cada vez más a la aplicación de intereses abusivos; la Iglesia contribuye a la creación de montes de piedad y declara que esas instituciones crediticias no incitan al pecado si, además del capital, reciben una suma moderada para cubrir gastos y a modo de compensación |

*Fuente:* Noonan (1957), Todeschini (1989), Glaeser y Scheinkman (1998), Munro (2003) y Reed y Bekar (2003).

*Las actitudes cristianas hacia el préstamo de dinero*

Por lo que respecta al cristianismo, la prohibición del préstamo a interés procede del citado pasaje del Deuteronomio y también del evangelio de Lucas (Lucas 6:35, "Prestad sin esperar nada a cambio"). En la Europa medieval la Iglesia regulaba muchos aspectos de la vida cotidiana de millones de personas. El principal instrumento de la Iglesia para controlar las transacciones financieras era la prohibición del préstamo a intereses usurarios.

Hasta 1050 no hubo ninguna prohibición formal del préstamo a interés: el concepto de usura no estaba bien definido y la misma Iglesia participaba intensamente en operaciones activas y pasivas de préstamo hipotecario (tabla 8.9)[66]. Entre 1050 y 1175 la Iglesia declaró pecado la usura y decretó las primeras prohibiciones formales contra la aplicación de intereses a los préstamos destinados al consumo, aunque no las impuso de inmediato. Hacia 1200 empezaron a aplicarse las prohibiciones, con la consiguiente condena de los usureros por pecadores en los tribunales religiosos. La proscripción de la usura en los préstamos destinados al consumo se aplicó con sumo rigor entre 1200 y 1400, sobre todo en épocas de penuria económica, como las que precedieron y siguieron a la peste negra de 1348. En el siglo XV estas prohibiciones fueron relajándose en diversos sentidos.

## Hechos e hipótesis contrapuestas

¿Los judíos residentes en la Europa medieval se dedicaban a prestar dinero porque se les excluyó de las demás profesiones? ¿Se especializaron en esa actividad a consecuencia de las prohibiciones de la usura impuestas a los musulmanes y los cristianos? ¿El miedo a sufrir ataques durante las cruzadas o los episodios de expulsión fueron el motivo por el que prefirieron invertir en capital humano y no en capital fijo (por ejemplo, tierras)? ¿Fue esa circunstancia la que a su vez los llevó a introducirse y después especializarse en el sector crediticio? ¿Los judíos se convirtieron en prestamistas consumados en

---

[66] Existe una amplia bibliografía sobre la actitud de la Iglesia hacia el préstamo de dinero a interés y las prohibiciones impuestas a los cristianos en relación con la usura. Véanse, entre otros, Noonan (1957); Nelson (1969); Todeschini (1989); Glaeser y Scheinkman (1998); Munro (2003); Reed y Bekar (2003).

la Europa medieval gracias a su experiencia previa en la elaboración y el comercio del vino? Como se muestra en esta sección, los datos históricos no refrendan ninguna de estas hipótesis.

*La exclusión de los gremios*

Teniendo en cuenta la época en que surgieron y se expandieron los gremios artesanales y comerciales es evidente que no pueden explicar la especialización de los judíos en el préstamo de dinero, pues cuando los gremios se hicieron con el dominio de la industria y el comercio hacía ya al menos dos siglos que los judíos se dedicaban con éxito a prestar dinero (tabla 8.10). En Inglaterra, Francia y Alemania los judíos ya prestaban dinero en los siglos XI, XII y XIII, mientras que los gremios artesanales y comerciales no se difundieron ni adquirieron poder en las ciudades y centros urbanos europeos hasta el siglo XIII, cuando los judíos ya se habían especializado en el préstamo[67].

Los gremios comerciales aparecieron en muchas ciudades italianas en el siglo XII, mientras que los artesanales se difundieron por doquier en el siglo siguiente. En Europa el número de gremios siguió aumentando tras la peste negra de 1348. Durante casi dos siglos los gremios dominaron la vida de las ciudades medievales: controlaban y regulaban la entrada en la industria y el comercio, la calidad y los estándares de producción y los precios. También dominaban la política local e influían en los asuntos nacionales e internacionales.

Solo los habitantes de la ciudad podían pertenecer a los gremios locales. Los judíos estaba excluidos porque en la mayoría de localidades se les consideraba extranjeros que gozaban de la protección especial de los soberanos. Pero la exclusión fue irrelevante ya que cuando los gremios se hicieron poderosos hacía al menos dos siglos que los

[67] López (1976); Gustaffson (1987); Mokyr (1990); S. A. Epstein (1991); S. R. Epstein (1998); Richardson (2004). Son pocos los documentos escritos en el siglo XII o antes que han llegado a nuestros días. En su mayor parte consisten en los archivos de reyes, príncipes e iglesias, que cobraban impuestos, promulgaban fueros y concedían privilegios a organizaciones. También pueden deducirse algunos datos de las actas notariales y judiciales, que registraban y hacían cumplir los contratos entre los maestros de los gremios y los individuos ajenos, como los padres de los aprendices. Más enjundia tiene la documentación que sobrevive de los siglos XIV y XV, en la que figuran libros de estatutos y otros documentos que describen el funcionamiento y la organización interna de los gremios.

judíos residentes en la Europa occidental se habían especializado en el préstamo de dinero y dominaban el sector.

**TABLA 8.10.** Cronología del desarrollo de los gremios artesanales y mercantiles y de la actividad crediticia de los judíos en Europa, 850-1500

| Año | Acontecimiento |
|---|---|
| 850-1250 | Los judíos emigran hacia y desde los califatos musulmanes, el Imperio bizantino y Europa, y dentro de esas regiones, y se asientan en las ciudades como trabajadores especializados en la artesanía, el comercio, el préstamo pecuniario y la medicina |
| A partir de 1000 | Los judíos residentes en Europa empiezan a especializarse y destacar en el préstamo. En los siglos XI y XII los eruditos judíos dictan muchas normas para regular esa actividad |
| 1200-1350 | Empiezan a crecer los gremios artesanales y comerciales |
| 1350-1550 | Los gremios dominan la manufactura y el comercio en muchas ciudades europeas |

*Fuente:* Véase el texto.

La hipótesis de que los judíos optaron por dedicarse al préstamo de dinero al verse excluidos de los gremios artesanales y comerciales también queda en entredicho cuando se repara en otro dato: en la alta Edad Media los judíos del Imperio bizantino no se especializaron ni destacaron en el préstamo, aunque los gremios artesanales y comerciales excluían a todos los extranjeros de las ocupaciones sujetas a su regulación y control[68].

*Las prohibiciones de la usura impuestas a musulmanes y cristianos*

Para que el otro argumento famoso –que las prohibiciones de la usura impuestas a musulmanes y cristianos crearon un vacío que vinieron a colmar los judíos– sea compatible con los datos históricos es preciso satisfacer tres condiciones:

- Que las prohibiciones de la usura impuestas a musulmanes y cristianos hubiesen entrado en vigor antes de que los judíos se introdujesen y se especializasen en el ámbito del préstamo de dinero.
- Que las prohibiciones no fuesen meros principios jurídicos, sino que se aplicasen y se hiciesen cumplir.
- Que los judíos ejerciesen de facto el monopolio del préstamo de dinero a interés.

[68] Holo (2009, cap. 6).

**TABLA 8.11.** Cronología de las prohibiciones de la usura y de la especialización de los judíos en el préstamo pecuniario en Europa, 300-1500.

| Año | Lugar | Acontecimiento |
|---|---|---|
| 325 | Imperio romano | La Iglesia prohíbe a los clérigos cargar intereses a los préstamos |
| 500-1100 | Europa | La Iglesia extiende a los seglares la prohibición de la usura (pero no la aplica) |
| 650-1250 | Califatos musulmanes | El Corán prohíbe a los musulmanes cargar intereses a los préstamos |
| 750-900 | Mesopotamia y Persia | Los judíos abandonan la agricultura, se trasladan a los centros urbanos y empiezan a dedicarse a unas 450 ocupaciones, entre ellas los oficios artesanales especializados, el comercio, la medicina y el préstamo pecuniario |
| 850-1250 | Califatos musulmanes, Imperio bizantino, Europa | Los judíos emigran hacia y desde los califatos musulmanes, el Imperio bizantino y Europa, y dentro de esas regiones; y se asientan en las ciudades como trabajadores especializados en la artesanía, el comercio, el préstamo pecuniario y la medicina |
| A partir de 1000 | Europa | Los judíos residentes en Europa empiezan a especializarse y destacar en el préstamo pecuniario. En los siglos XI y XII los eruditos judíos dictan muchas normas para regular esa actividad |
| 1200-1400 | Europa | La Iglesia aplica con rigor la prohibición de la usura impuesta a los cristianos |

*Fuente:* Véase el texto.

La línea cronológica de los acontecimientos fundamentales, expuesta en la tabla 8.11., indica que no se daba ninguna de esas tres condiciones ni en los califatos musulmanes ni, después, en la Europa medieval.

Dado que el préstamo de dinero solo es una de las muchas ocupaciones especializadas que cabe englobar en la categoría de "comercio", la prohibición de la usura impuesta a los musulmanes podría explicar por qué los judíos, una vez insertos en el ámbito de las actividades integradas en esa categoría, terminaron especializándose en el préstamo. Pero el préstamo no era sino una de las muchas actividades (cientos, según los documentos de la guenizá de El Cairo) con que se ganaba la vida la gran comunidad judía residente en los vastos dominios califales (véanse los capítulos 6 y 7).

En cuanto a las prohibiciones impuestas por la Iglesia a los cristianos de la Europa medieval, como se desprende de las cronologías expuestas en las tablas 8.9 y 8.11, los judíos que a partir del siglo IX llegaron a Europa desde el Imperio bizantino y el norte de África ya estaban especializados en un sinfín de profesiones urbanas, una de las cuales era el préstamo de dinero. En la Europa de los siglos XI y XII, los rabinos y eruditos más destacados examinaban y regulaban con sus *responsa* y sus disposiciones el préstamo de dinero a interés. El hecho de que eruditos judíos de renombre dedicasen tanto tiempo a debatir y regular el asunto indica que por entonces los judíos ya desplegaban una actividad intensa en el campo del préstamo pecuniario.

En el Concilio de Nicea, celebrado en 325, la Iglesia prohibió al clero recibir intereses, prohibición que en los siglos siguientes se hizo extensiva a los seglares (véase la tabla 8.9). Pero hasta mediados del siglo XII las autoridades eclesiásticas se mostraron más proclives a condenar que a prohibir expresamente el préstamo a interés. El movimiento contra la usura empezó a ganar ímpetu en 1175 y llegó a su apogeo en 1311-1313, cuando el papa Clemente V hizo absoluta la prohibición de la usura y declaró nula e inválida toda la legislación secular que se hubiese promulgado a favor de la práctica. Así pues, las prohibiciones de la usura se impusieron a los cristianos de la Europa medieval al menos dos siglos después de que los judíos de Inglaterra, Francia y Alemania se especializasen en el préstamo de dinero.

Por último, según sostiene Toch de manera convincente, los judíos europeos casi nunca ostentaron el monopolio del préstamo de dinero[69]. Como se deduce de los abundantes microdatos presentados más arriba sobre los mercados crediticios toscanos de comienzos del Renacimiento, solo una parte de los préstamos concedidos a las familias toscanas procedían de los prestamistas judíos. En Inglaterra no vivieron judíos durante al menos cuatro siglos a partir de 1290, ni en Francia desde fines del siglo XIV; en los siglos XIV y XV fueron expulsados de muchas ciudades alemanas e italianas (que los invitaron a regresar). A falta de prestamistas judíos, ¿quién prestaba dinero a los campesinos para que pudiesen adquirir bienes de consumo mientras esperaban a la cosecha? ¿Quién adelantaba los fondos necesarios para construir puentes o iglesias o costear las guerras? Incluso en los siglos XIII y XIV, cuando las prohibiciones de la usura se impusieron con sumo rigor a los cristianos, los principales competidores de los

[69] Toch (2005, p. 11; 2011, 2012).

judíos en el campo de la venta a crédito y el préstamo de dinero fueron los mercaderes locales y los banqueros extranjeros (por ejemplo, los prestamistas lombardos y los banqueros toscanos).

*Las persecuciones y el capital humano móvil*

El argumento según el cual los judíos se introdujeron y se especializaron en el sector crediticio porque las persecuciones a que se veían sometidos (como otras minorías religiosas y étnicas) hacían de la movilidad y de la consiguiente inversión en capital humano dos recursos valiosos, es erróneo por tres razones.

En primer lugar, como ha mostrado en el capítulo 5, la norma religiosa que obligaba a los padres a educar a los hijos varones entró en vigor en la época talmúdica (entre los siglos III y VI), esto es, siglos antes de que los judíos empezasen a emigrar hacia y desde los califatos musulmanes, el Imperio bizantino y Europa, y en el interior de esas regiones. Por tanto, el nexo de causa y efecto va desde la inversión en alfabetización y educación hasta la inserción en los oficios artesanales y el comercio, y después a la inserción y la especialización en la profesión donde más provechosas resultaban la alfabetización y la educación (el préstamo pecuniario), y de ahí a la emigración en busca de oportunidades económicas; y no viceversa.

En segundo lugar, un prestamista, para tener éxito, debe residir en una comunidad el tiempo suficiente para evaluar la fiabilidad crediticia de los prestatarios y recuperar el dinero prestado. La movilidad no ayuda a prosperar en el ámbito del préstamo (al contrario que las redes de contactos profesionales).

En tercer lugar, las persecuciones y las expulsiones de los judíos, temporales o permanentes, tuvieron lugar más adelante, como consecuencia de la especialización en el préstamo. Los judíos se vieron obligados a dejar de prestar dinero a interés cuando las poblaciones autóctonas o los soberanos se negaron a reconocer sus deudas en los períodos de penuria económica. También en ese caso el nexo de causa y efecto sigue la dirección opuesta: desde el préstamo hasta las persecuciones.

*La participación en el comercio del vino*

La hipótesis más reciente –según la cual las leyes religiosas judías sobre la producción y el comercio del vino serían el eslabón perdido que puede explicar la especialización de los judíos alemanes en el préstamo de dinero– no se sostiene en relación con otras regiones europeas. Los judíos de Inglaterra y Francia se especializaron en la actividad crediticia cuando menos uno o dos siglos antes que los judíos alemanes. El vino apenas tenía peso en las operaciones comerciales y crediticias de los judíos ingleses y franceses, luego mal puede explicar esta hipótesis por qué se dedicaron a prestar dinero y descollaron con tanta rapidez en esa actividad[70].

## De mercaderes a prestamistas: la ventaja comparativa en la intermediación compleja

Si ninguna de las hipótesis anteriores –el auge de los gremios artesanales y comerciales, las prohibiciones de la usura impuestas a musulmanes y cristianos, las persecuciones de judíos y la participación de los judíos en la elaboración y el comercio de vino– sirven para explicar por qué los judíos se dedicaron al préstamo de dinero en la Europa medieval y después se especializaron y destacaron en esa actividad, ¿a qué cabe achacar esa peculiaridad de su historia? Demostraremos que la inserción y posterior especialización de los judíos en el campo del préstamo a interés se explican por la ventaja comparativa de que gozaban en los cuatro activos fundamentales de la intermediación financiera (de entonces y de hoy): el capital, las redes de contactos profesionales, la alfabetización y el conocimiento de la aritmética, y las instituciones capaces de imponer el cumplimiento de los contratos.

Nuestra sencilla teoría de la elección ocupacional, basada en el modelo de Roy que expusimos en el capítulo 6, predice que los individuos escogen una ocupación basándose en dos factores: la ventaja que posean en las aptitudes específicas requeridas por la actividad en cuestión y las ganancias que esperen obtener de esa ocupación frente a las demás opciones disponibles. En comparación con la agricultura, el comercio y el préstamo de dinero (y la intermediación financiera en general) requieren más capital, una red más amplia de contactos profesionales, un nivel más alto de alfabetización y conocimientos

[70] En las fuentes no judías se habla de judíos que comerciaban con cereales, pimienta, reses y ovejas, pero no vino.

de aritmética e instituciones capaces de hacer cumplir los contratos más sólidas. Un individuo dotado de esos cuatro activos goza de una ventaja comparativa en el ejercicio de actividades comerciales y crediticias, profesiones mucho más lucrativas que la agricultura.

La teoría de la elección ocupacional, cuando se aplica a la historia de los judíos, predice que, de no mediar restricciones jurídicas, las personas con una ventaja comparativa en el área del préstamo de dinero optarán por dedicarse a esta profesión, que es exactamente lo que sucedió con los judíos europeos en la Edad Media por varias razones.

En primer lugar, entre los siglos VIII y X muchos judíos habían acumulado capital trabajando de artesanos y mercaderes locales y a larga distancia en centros urbanos del Imperio bizantino y del Oriente Próximo y el norte de África musulmanes. Los artesanos y mercaderes judíos que a partir del siglo IX empezaron a emigrar del Imperio bizantino y el norte de África a las costas septentrionales del Mediterráneo contaban con el capital necesario para convertirse en prestamistas y, después, banqueros y financieros eminentes. Las oportunidades empresariales cada vez mayores que brindaba la expansión del proceso urbanizador y el resurgir comercial de Europa dieron impulso a esas emigraciones judías. Con la expansión del comercio, unida a la práctica generalizada de vender a crédito, los artesanos, los tenderos, los mercaderes y los intermediarios necesitaban cantidades cada vez mayores de capital inicial que pudiesen obtenerse mediante préstamo. Los individuos que, como los judíos, hubiesen acumulado riqueza disfrutaban de una ventaja patente en el ámbito crediticio[71].

En segundo lugar, como refleja el libro de viajes de Benjamín de Tudela (*ca.* 1165-1173), en la Edad Media los judíos vivían en una miríada de localidades dispersas por un extenso territorio que iba de la Península Ibérica a la India. Dondequiera que viviesen, podían contar con las academias y los tribunales rabínicos, que usaban una lengua escrita común (el hebreo) y un derecho común (la halajá), basado en el Talmud. En la Europa medieval las rutas comerciales de

[71] El derecho sucesorio estipulado en el Talmud –según el cual el patrimonio pasaba de padre a hijo varón sin fragmentarse en partes minúsculas y distribuidas con rigidez entre los numerosos miembros del clan familiar, como ocurría entre los musulmanes– pudo haber ayudado a los judíos a acumular capital y transmitirlo de generación en generación.

los mercaderes judíos correspondían a las redes de contactos tejidas por los *responsa* rabínicos. En algunos de esos *responsa* hay constancia de las numerosas sociedades formadas por mercaderes y prestamistas judíos residentes en distintas localidades. Una de las redes más tupidas de transacciones comerciales y flujos de información era la de Inglaterra, donde muchos judíos trabajaban de agentes para Aarón de Lincoln, un prestamista sumamente rico e influyente[72]. Gracias a la dispersión de las comunidades judías y a los consiguientes flujos de información generados por la actividad de las academias y los tribunales rabínicos, los judíos residentes en localidades distantes podían comunicarse e intercambiar información con facilidad, en especial la relativa a las condiciones de los mercados locales, los precios de las mercancías, la demanda de dinero y crédito, los tipos de interés máximos, etcétera. Gracias a esas redes de contactos, los judíos podían aprovechar las oportunidades de arbitraje en el comercio y, después, en el préstamo de dinero.

En tercer lugar, los judíos eran en su mayoría muy instruidos. En una Europa medieval poblada en gran medida de analfabetos –a excepción de mercaderes, prestamistas, sacerdotes y monjes–, los judíos disfrutaban de una ventaja comparativa en la lectura y redacción de contratos, cartas comerciales y libros de contabilidad. En cuanto mercaderes, ya estaban acostumbrados a hacer negocios mediante acuerdos formalizados en documentos y cartas, y poseían asimismo los conocimientos aritméticos necesarios para calcular los intereses y los tipos de cambio[73].

En cuarto lugar, los prestamistas judíos de la Europa medieval contaban con dos instituciones que obligaban a respetar los contratos. Los tribunales rabínicos locales se encargaban de que en las comunidades judías de cualquier localidad se observasen las leyes talmúdicas relativas a cualquier aspecto de la vida económica, incluidas las sociedades comerciales y los préstamos entre judíos y de judíos a cristianos. Además, los fueros que los soberanos locales concedían a los judíos brindaban protección a las actividades empresariales e imponían la obligación de devolver los préstamos, como se ha visto más arriba al describir la actividad crediticia de los judíos en los países de

[72] Goldin (1996).
[73] H. Ben-Sasson (1976, p. 398).

la Europa medieval. Vinculantes para ambas partes por un período de entre uno y veinte años, los fueros regulaban y tutelaban jurídicamente todos los detalles de los préstamos concedidos por los judíos, como el tipo de garantía, los tribunales competentes para dirimir los posibles litigios y los tipos de interés máximo.

En la Europa altomedieval, ninguna restricción jurídica ni religiosa impedía a los judíos prestar dinero a interés a los gentiles; el préstamo a interés entre judíos era terreno abonado para las prohibiciones religiosas, pero Rabenu Guershon conjuró parcialmente ese riesgo a comienzos del siglo XI, y el ilustre Rabenu Tam abundó en la misma línea a mediados del siglo XII, cuando los judíos de Inglaterra y Francia –y poco después Alemania– ya se dedicaban de lleno a prestar dinero a interés. Esta actividad se inició mucho antes de que se fundasen los gremios artesanales y comerciales, y de que la Iglesia católica impusiese con rigor a los cristianos la prohibición de la usura.

Los datos pormenorizados a nivel micro sobre los mercados crediticios y la actividad de los prestamistas judíos –cuando se dispone de ellos, como en el caso de la Toscana de fines de la Edad Media y comienzos del Renacimiento– revelan con nitidez que los judíos competían con gentiles y se especializaban en los segmentos del mercado en que disfrutaban de una ventaja comparativa. Las restricciones jurídicas a la posesión de tierra por parte de los judíos en la Europa bajomedieval se impusieron para limitar la clase de prenda que podían recibir e impedir así que adquiriesen demasiados bienes raíces a través de su actividad crediticia. Esas restricciones no fueron, pues, el motivo por el cual los judíos se introdujeron y especializaron en el préstamo de dinero y prosperaron en tan lucrativo sector.

En la Europa medieval, como en nuestros días, la intermediación financiera requería un alto nivel de instrucción y de aptitudes y reportaba más réditos que otras ocupaciones. Los judíos europeos del medievo y después sus descendientes en todo el mundo dominaron esa profesión durante más de mil años gracias a la ventaja comparativa en los cuatro activos indispensables para el éxito: capital, redes de contactos profesionales, alfabetización y conocimientos aritméticos, e instituciones capaces de hacer valer los contratos.

## ANEXO 8.A: El fuero concedido a los judíos de Viena

He aquí el texto del fuero que en 1244 concedió el duque Federico II de Austria a los judíos de su país[74]:

> Federico, duque de Austria y Estiria y señor de Carniola por la gracia de Dios, saluda a todos los que en el futuro lean esta carta. Siendo nuestro deseo que los hombres de toda clase que viven en nuestra tierra gocen de nuestro favor y buena voluntad, decretamos que estas leyes, concebidas para todos los judíos residentes en la tierra de Austria, sean escrupulosamente observadas por todos.
>
> I. Decretamos, pues, que en las causas que tengan por objeto dinero, propiedades inmuebles o demandas penales relativas a la persona o propiedad de un judío, no se admita un testigo cristiano contra el judío a menos que vaya acompañado de un testigo judío.
>
> II. Otrosí, si un cristiano lleva a juicio a un judío afirmando que le había entregado un objeto en prenda y el judío lo niega, y si después el cristiano desmiente a su vez al judío, este podrá probar cuanto afirma prestando juramento sobre un objeto de valor equivalente al empeñado, y podrá marchar en libertad.
>
> III. Otrosí, si un cristiano ha entregado un objeto en prenda a un judío afirmando que lo había empeñado por una suma menor de la que declara el judío, este podrá prestar juramento sobre el objeto empeñado, y el cristiano no podrá negarse a pagar el importe cuya veracidad haya demostrado el judío con su juramento.
>
> IV. Otrosí, si un judío afirma haber devuelto al cristiano la prenda que recibió en garantía de un préstamo, en ausencia, empero, de testigos, y el cristiano lo niega, bastará con que el cristiano preste juramento para que se le dé la razón.
>
> V. Otrosí, se permite a un judío recibir en prenda cualquier objeto que pueda entregársele en garantía, sea cual sea su nombre y sin indagar en ellos, a excepción de ropas húmedas y ensangrentadas, que no deberá aceptar en ninguna circunstancia.
>
> VI. Otrosí, si un cristiano afirma que un objeto empeñado a un judío le fue sustraído contra su voluntad, el judío deberá jurar sobre esa prenda que en el momento de recibirla no sabía que era fruto de robo o hurto.

[74] Marcus (1938, pp. 31-35).

En este juramento debe incluirse el valor por que se empeñó el objeto. En la medida en que el judío aporte su prueba, el cristiano deberá pagarle el capital y el interés devengado en el ínterin.

VII. Otrosí, si un judío, a causa de un incendio, o de un hurto, o de un robo con violencia, pierde sus [propios] bienes, junto con las prendas que recibió en garantía, y esta circunstancia queda demostrada, y aun así el cristiano que le entregó algo en prenda lo lleva a juicio, el judío quedará exonerado mediante un simple juramento.

VIII. Otrosí, en caso de riña o pendencia entre judíos, el juez de nuestra ciudad no tendrá competencia para juzgarlos; el caso será de jurisdicción exclusiva del duque o del funcionario jefe del territorio. En cambio, si la acusación atañe a la persona, el caso se reservará al juicio exclusivo del duque.

IX. Otrosí, si un cristiano inflige cualquier herida a un judío, el acusado deberá pagar al duque doce marcos de oro, que se destinarán al Tesoro. Asimismo, el acusado deberá pagar al herido doce marcos de plata y los gastos de la medicina utilizada para la cura.

X. Otrosí, si un cristiano asesina a un judío se le castigará con la sentencia apropiada, la pena de muerte, y todos sus bienes muebles e inmuebles pasarán a disposición del duque.

XI. Otrosí, si un cristiano golpea a un judío, sin derramar su sangre, deberá pagar cuatro marcos de oro al duque y cuatro marcos de plata al golpeado. Si no tiene dinero, se le cortará la mano para reparar el delito cometido.

XII. Otrosí, dondequiera que un judío pase por nuestro territorio, nadie deberá obstaculizarlo, molestarlo ni importunarlo. Si el judío porta consigo mercancías o cualquier otro bien por el que deba pagar aranceles en todas las aduanas, pagará solo el importe que pagan los habitantes de la ciudad en que se halle.

XIII. Otrosí, si los judíos, como es costumbre entre ellos, transportan a uno de sus muertos de una ciudad a otra, de una provincia a otra o de Austria a otro país, no queremos que los aduaneros les pidan nada. Si, empero, un aduanero los extorsiona, se le castigará por *praedatio mortui,* que en lengua llana significa robar a los muertos.

XIV. Otrosí, si un cristiano, movido por la insolencia, entra en el cementerio judío, se le dará muerte en la forma que disponga el tribunal, y todas sus propiedades, sean las que sean, pasarán al tesoro ducal.

XV. Otrosí, quien arroje malignamente algo contra la sinagoga de los judíos deberá pagar dos talentos al juez de los judíos.

XVI. Otrosí, si un judío es condenado por su juez a una pena pecuniaria, que se denomina *wandel* ('multa'), solo le pagará doce dinares.

XVII. Otrosí, si un judío es citado ante el tribunal por su juez pero no se presenta a la primera o a la segunda vez, deberá pagar al juez cuatro dinares por cada incomparecencia. Si no se presenta a la tercera citación, deberá pagar treinta y seis dinares al susodicho juez.

XVIII. Otrosí, si un judío hiere a otro judío, no podrá negarse a pagar a su juez una multa de dos talentos, llamada *wandel*.

XIX. Otrosí, decretamos que ningún judío podrá prestar juramento sobre la Torá, salvo que se le haya emplazado ante nos [el duque].

XX. Otrosí, si un judío ha sido asesinado en secreto y si sus amigos no pueden establecer mediante testimonio quién sea el asesino, pero tras una investigación los judíos empiezan a sospechar de alguien, estamos dispuestos a suministrarles un defensor que se enfrente a ese sospechoso en un tribunal.

XXI. Otrosí, si un cristiano alza la mano con violencia contra un judío, ordenamos que se le corte la mano.

XXII. Otrosí, el juez [cristiano] de los judíos no debe llevar ante su tribunal un caso surgido entre los judíos, a menos que se le requiera mediante una denuncia.

XXIII. Otrosí, si un cristiano ha recuperado su prenda de manos de un judío pero no ha pagado el interés, este devendrá compuesto si no se paga antes de un mes.

XXIV. Otrosí, nadie debe buscar alojamiento en una casa judía.

XXV. Otrosí, si un judío ha prestado a un magnate del país dinero garantizado con sus posesiones o con una nota escrita y lo demuestra documentalmente, adjudicamos al judío las posesiones empeñadas y se las defendemos de cualquier acto de violencia.

XXVI. Otrosí, decretamos que cualquier hombre o mujer que rapte a un niño judío será castigado como un ladrón [con la pena de muerte].

XXVII. Otrosí, si un judío ha tenido en su poder, durante un año, un bien empeñado por un cristiano y si el valor de dicho bien no supera la suma prestada más los intereses, el judío puede mostrar la prenda a su juez, tras lo cual tendrá derecho a venderla. Si una prenda permanece durante un año y un día en poder de un judío, en lo sucesivo este no tendrá que rendir cuentas sobre ella a nadie.

XXVIII. Otrosí, el cristiano, sea quien sea, que sustraiga por la fuerza a un judío la prenda que había empeñado, o cometa actos de violencia en la casa del judío, será castigado severamente como saqueador de nuestro tesoro.

XXIX. Otrosí, solo se podrá instruir un juicio contra un judío enfrente de sus sinagogas, salvo nos [el duque], que tenemos el poder de emplazarlos ante nuestra presencia.

XXX. Otrosí, decretamos que los judíos solo recibirán un interés de ocho dinares por talento a la semana [lo que equivalía a un interés anual del 173,33 por ciento. Un tipo de interés tan elevado no era insólito dada la inseguridad de la época].

Firmado en Starkenberg, en el primero de julio del año 1244 de la encarnación de nuestro Señor.

Capítulo 9

# El impacto de las invasiones mongolas ¿Puede sobrevivir el judaísmo al hundimiento de la economía mercantil y urbana?

> No preguntes [...] qué le sucedió a vuestro servidor al llegar a este país, tras haber estado tres veces en peligro de morir a manos de los tártaros. La última vez fue cuando llegaron la mañana del día de ayuno, mientras estábamos en Imrania. Se quedaron fuera de la ciudad y mataron a todo el que salía o entraba en ella, mientras nosotros permanecíamos en la sinagoga esperando durante horas a ver qué hacía el enemigo [...]. Por fin salimos y encontramos el país sembrado de cadáveres.
>
> *Correspondencia entre un judío de Mesopotamia y uno de Egipto, 1236*

Reanudando nuestro viaje al pasado abandonamos la Europa medieval y nos dirigimos a Oriente Próximo y el norte de África durante la dominación islámica, hacia 1170, la época del viaje de Benjamín de Tudela. La mayor parte de la población judía mundial residía en el inmenso territorio dominado por los musulmanes, que se extendía desde Persia hasta Marruecos y albergaba comunidades judías en las ciudades de Samarcanda, Isfahán, Bagdad, Basora, Mosul, Kufa, Adén, Damasco, El Cairo y Alejandría. Los judíos se dedicaban en su mayoría a las actividades artesanales, el comercio local y a larga distancia, el préstamo de dinero, la labor de banqueros áulicos, la medicina y una larga serie de profesiones urbanas especializadas.

A mediados del siglo X el Imperio abasí ya se había fragmentado en muchas provincias autónomas, gobernadas por soberanos casi independientes, con sus propios ejércitos y sistemas tributarios; el poder del califa de Bagdad se había debilitado. Tanto los soberanos locales como los persas trataron de hacerse con el control de Mesopotamia, pero la dinastía abasí logró sobrevivir y mantener Bagdad como centro del fragmentado imperio. La civilización islámica alcanzó nuevas cotas, el islam se expandió por África y Asia y el comercio siguió prosperando, gracias a que la movilidad dentro del imperio era relativamente fácil y segura. Asimismo, Egipto y el Magreb, dominados por el califato fatimí en los siglos X y XI, y por el sultanato ayubí entre fines del siglo XII y comienzos del XIII, eran boyantes economías urbanas, gracias a su condición de encrucijadas de las rutas comerciales que conectaban toda la cuenca mediterránea con el océano Índico[1].

La situación cambió radicalmente a comienzos del siglo XIII. En 1206, Gengis Jan lanzó la primera de las varias oleadas de invasiones mongolas que asolarían la mayor parte de Asia y Oriente Próximo durante los dos siglos siguientes, y creó uno de los mayores imperios de la historia. A su muerte, en 1227, el Imperio mongol abarcaba un inmenso territorio que se extendía desde el norte de China hasta el mar Caspio y desde el norte de Persia y Pakistán hasta Polonia.

Una de las consecuencias económicas más importantes de esas invasiones fue la perturbación de las rutas comerciales que iban de China y otras partes de Asia a Europa. El declive del comercio desestabilizó la economía en todo el califato abasí. En la década de 1220 el miedo a las imparables hordas mongolas, cuyo impacto era devastador, atenazaba tanto a los soberanos como a las poblaciones de los califatos musulmanes. ¿Cómo repercutió ese terremoto geopolítico en las nutridas y prósperas comunidades judías de Oriente Próximo y el norte de África, descritas tan solo cincuenta años antes por Benjamín de Tudela en su libro de viajes?

[1] Goitein (1967-1988, vol. 1); Greif (1989); Lewis (2002); Gil (2004); Goitein y Friedman (2007); Kuran (2010b).

## La conquista mongola del Oriente Próximo musulmán

En 1219, tras conquistar casi todo el Asia central, Gengis Jan invadió el norte de Persia y Armenia. En su avance hacia Oriente Próximo saqueó muchas ciudades, entre ellas Samarcanda, uno de los núcleos urbanos y comerciales más importantes de la ruta de la seda que unía Europa y China, donde residía una rica comunidad judía. (En su libro de viajes, Benjamín de Tudela cifra en 50.000 el número de judíos residentes en Samarcanda. Dado que el viajero no estuvo en la ciudad, lo más probable es que hablase de oídas; pero aunque la verdadera cantidad no fuese la que él indica, otras fuentes históricas confirman la existencia de comunidades judías de tamaño considerable a lo largo de la ruta de la seda, que atravesaba Asia central.) Gengis Jan se valía de su gran ejército tanto para invadir nuevos territorios como para controlar los que iba incorporando a su recién creado imperio. La estrategia militar de los soberanos mongoles consistía en aterrorizar, saquear, expoliar objetos de valor y alimentos para consumo de los ejércitos y la población mongola, e imponer toda clase de tributos abusivos[2]. El resultado fue que los centros urbanos se hundieron, la producción agrícola cayó en picado y la población de los territorios invadidos se redujo drásticamente a causa de las masacres, las epidemias y las hambrunas.

Benjamín de Tudela y otras fuentes medievales refieren que a fines del siglo XII, en casi todos los centros urbanos del norte de Persia posteriormente conquistados por el ejército mongol, había comunidades judías de tamaño considerable. Ni en los relatos de los viajeros medievales, ni en el copioso acervo de los *responsa*, ni en la enorme cantidad de documentos almacenados en la guenizá cairota existe la menor referencia a emigraciones en masa de judíos desde Persia a Europa. Así, cuando en 1219 las hordas de Gengis Jan empezaron la conquista de Persia, es muy posible que los judíos de Persia fuesen

---

[2] La mayoría de la información ofrecida en este apartado sobre las condiciones en Persia y Mesopotamia durante la conquista mongola y después, procede de Ashtor (1939, 1959a, 1959b, 1972, 1976), Baron (1952, vol. 17, cap. 73), Petrushevsky (1968), Bausani (1971) y Gil (2004, pp. 431-433), que estudiaron muchas fuentes directas, como crónicas de visires, compendios de burocracia estatal y relatos de viajeros, como los de Ibn Batuta y Hamdulá Mustaufi bin Abu Bakr al Qazuini.

tan numerosos e influyentes como lo eran cincuenta años antes. No es probable que esos judíos tratasen de escapar de la amenaza de las invasiones mongolas huyendo a Europa, pues el ejército mongol, en prevención de posibles ataques del ejército musulmán, controlaba todas las vías principales de comunicación con Occidente.

Al morir Gengis Jan, su hijo Ogodei prosiguió la conquista de Persia y Mesopotamia. Los documentos de la guenizá cairota ofrecen algunos testimonios interesantes de esa campaña militar, observada desde el punto de vista de las comunidades judías de Oriente Próximo. Una carta escrita en diciembre de 1236 por un miembro destacado de la gran comunidad judía de la ciudad de Mosul (situada a orillas del Tigris, en el norte de Mesopotamia) –de donde se ha extraído la cita que encabeza el presente capítulo– ofrece una descripción de primera mano de la devastación causada por los mongoles. La carta iba dirigida al *nasi*, el jefe de la comunidad judía de Egipto, a la sazón residente en Fustat (El Cairo), y en ella relata el autor cómo logró huir de un ataque mongol en compañía de otros judíos con los que se encontraba en la sinagoga de Imrania. Esta ciudad era un gran centro comercial, situado a unos 100 kilómetros al este de Mosul, junto a un castillo importante llamado Irbil, que también aparece mencionado en el libro de viajes de Benjamín de Tudela. Los mongoles no atacaron la sinagoga; por la noche varios hombres subieron la montaña escondiéndose entre los árboles y vieron cerca de 50 jinetes mongoles. Permanecieron ocho días escondidos y al volver a la ciudad se la encontraron llena de cadáveres[3].

Esta carta y otros documentos históricos arrojan luz sobre la situación geopolítica y las condiciones económicas imperantes en Persia y Mesopotamia bajo la amenaza de las invasiones mongolas, poniendo de relieve sobre todo tres puntos importantes. Primero, los judíos que vivían en Oriente Próximo y el norte de África eran plenamente conscientes de las consecuencias devastadoras de la invasión mongola de Persia y de las sombrías perspectivas que se presentarían si los mongoles extendiesen su campaña militar hasta Mesopotamia. Segundo, la táctica militar mongola incluía ataques repentinos para sorprender y aterrorizar al ejército enemigo y a la población local, con el resultado de que, cuando el ejército mongol decidía conquis-

[3] Goitein (1956); Gil (2004, p. 432).

tar una ciudad o una aldea, pocos lograban escapar con vida. Tercero, los judíos residentes en Mesopotamia no tenían previsto emigrar a Europa, aunque tenían muy presente la amenaza que suponían los mongoles para todo el Imperio abasí.

Mientras tanto el espectro de la amenaza mongola comenzó a cernerse sobre Europa. En 1236, Ogodei amplió su campaña militar hacia el este del continente. Sus hordas tomaron Moscú en 1238 y Kiev en diciembre de 1240. Los mongoles gobernarían Rusia hasta mediados del siglo XV. A comienzos de diciembre de 1241, tras derrotar en varias batallas a los ejércitos húngaro y polaco, las tropas mongolas marcharon hacia Viena, amenazando con desplegar toda su potencia devastadora en el resto de Europa. La muerte de Ogodei, acaecida el 11 de diciembre, obligó al ejército mongol a retirarse y renunciar al plan de invadir Europa occidental. Tras varios años de disputas familiares, Mongke, nieto de Gengis Jan, se convirtió en el Gran Jan. A comienzos de la década de 1250, los monarcas europeos y el papa trataron de negociar acuerdos con los mongoles para impedir que invadiesen el continente y desviar la expansión militar mongola hacia el Oriente Próximo musulmán.

Mientras se sucedían esos acontecimientos los judíos de Mesopotamia representaban la mayor comunidad judía del mundo. La posibilidad de una invasión mongola de Mesopotamia suponía una amenaza para la economía urbana y mercantil de la región y para los muchos judíos que se dedicaban a la artesanía, el comercio al por menor y a larga distancia, la medicina, el cambio de divisas y el préstamo de dinero.

En 1252, Mongke Jan confió a su hermano Hulagu el mando del ejército con el encargo de conquistar Oriente Próximo y someter todos los territorios dominados por los musulmanes. Las tropas mongolas volvieron a entrar en Persia, masacraron a la secta musulmana de los ismailíes (conocidos en Europa como los "asesinos") y se abrieron camino hasta Bagdad, donde entraron en febrero de 1258. Cuando el califa abasí, rechazando el ultimátum de Hulagu, se negó a rendirse, los mongoles arrasaron la ciudad, una de las más grandes del mundo. Según numerosas descripciones, casi todos los musulmanes suníes fueron masacrados. En cambio, los mongoles perdonaron la vida a la mayoría de cristianos, judíos y musulmanes chiíes, pues los consideraban opositores del régimen abasí[44]. Varios cientos de miles de habitantes (algunas fuentes hablan de 800.000) fueron asesinados o murieron de hambre o enfermedad. Bagdad perdió su posición de capital religiosa y cultural del islam, y su destrucción marcó el fin del califato abasí[5].

En 1259, las tropas de Hulagu entraron en Damasco, donde la población cristiana las recibió con beneplácito por considerar que la invasión formaba parte de la tentativa de los cristianos europeos de formar con los mongoles una coalición contra el Imperio abasí. Después los mongoles se dirigieron a Egipto, dejando intactas las ciudades de la costa mediterránea dominadas por los cruzados, como Acre, en la Tierra de Israel, y Tiro y Trípoli, en el Líbano. El 3 de septiembre de 1260, los mamelucos que gobernaban en Egipto frenaron la campaña militar mongola en la batalla de Ain Yalut (Galilea oriental)[6].

Esta batalla supuso un punto de inflexión, pues era la primera vez que los mongoles, desde el inicio de su expansión hacia el oeste, sufrían una derrota decisiva, al punto de que abandonaron para siempre su intento de conquistar Oriente Próximo, el norte de África y Europa. Uno de los motivos de la derrota fue que Hulagu regresó a Asia con el grueso de sus tropas en una tentativa de suceder a Mongke, que había muerto. Con todo, el ejército mongol que quedó encargado de hacer frente a los mamelucos en Ain Yalut no era menor que el de estos. Pero la táctica de los generales mamelucos obligó a los invasores a retirarse; los mongoles sufrieron muchas bajas y el segundo de Hulagu, Ket Buqa Noyan, fue capturado y ejecutado. En el camino de regreso a Mesopotamia, las tropas mongolas que habían sobrevivido a la derrota de Ain Yalut causaron más estragos y masacres. Hulagu Jan trasladó la capital del Iljanato desde Bagdad

---

[4] Puede que a los cristianos se les perdonase la vida gracias a las misiones diplomáticas enviadas por el papa y algunos soberanos de Europa occidental a los jefes mongoles para tratar de frenar el avance de los asiáticos hacia Europa.

[5] Baron (1952, vol. 17, cap. 73).

[6] Véase Ashtor y Amitai (2007). Los mamelucos eran niños y jóvenes esclavos procedentes del Asia central, a quienes se impartía educación musulmana e instrucción militar con miras a convertirlos en fieles soldados de los soberanos abasíes y fatimíes en los siglos X y XI. Durante los siglos XII y XIII sirvieron en el ejército de la dinastía ayubí que gobernaba Egipto, Siria, el Líbano y la Tierra de Israel, hasta hacerse con el poder de Egipto en 1250, cuando murió el último sultán. Después extendieron su dominio a Siria y otras partes de Oriente Próximo.

a Tabriz, en el noroeste de Persia, reduciendo más si cabe el papel preponderante que había desempeñado Mesopotamia en el período abasí.

En 1291, los mamelucos regresaron a la Tierra de Israel y derrotaron a los últimos cruzados que permanecían en las ciudades del litoral. De fines de la década de 1290 hasta 1517, cuando el Imperio otomano se apoderó de la región, el sultanato mameluco, con capital en Damasco, gobernó la Tierra de Israel, Siria, el Líbano, Egipto y la mayor parte del norte de África. Más o menos en el mismo período el Iljanato mongol dominó Persia, Mesopotamia, Armenia y Asia Menor, poniendo prácticamente fin a la otrora vigorosa economía urbana y mercantil de Oriente Próximo.

### Las condiciones socioeconómicas de Oriente Próximo bajo el dominio mongol

El apogeo del dominio musulmán, de comienzos del siglo VIII a fines del XI, fue un período de gran prosperidad para las economías de Oriente Próximo y el norte de África. Los avances científicos y tecnológicos, el crecimiento de la productividad agrícola y la actividad manufacturera, una economía comercial pujante cuyas relaciones comerciales se extendían desde la Península Ibérica hasta Extremo Oriente, y un proceso de urbanización espectacular se dieron la mano para hacer de Mesopotamia, Persia, el Yemen, Siria, el Líbano, Egipto, el Magreb, la Península Ibérica y Sicilia bajo los califatos omeya, abasí y fatimí, una de las regiones más ricas, más urbanizadas y culturalmente más prominentes de la historia universal. En ese período las ciudades de Oriente Próximo, el norte de África, la Península Ibérica y Sicilia eran mucho más grandes que los centros urbanos europeos (véase la tabla 1.4). Benjamín de Tudela y otros viajeros constataron con asombro la riqueza y el alto nivel de vida de los cristianos, judíos y musulmanes que vivían en las ciudades, pueblos y aldeas de esas regiones.

El panorama cambió drásticamente con las invasiones mongolas. Mesopotamia y Persia experimentaron una transformación socioeconómica radical y un traumático hundimiento demográfico y económico. Grandes centros urbanos como Bagdad, Mosul y Basora se convirtieron en ciudades mucho más pequeñas. A mediados del siglo XIV, por ejemplo, Bagdad tenía unos 60.000 habitantes, una cifra considerable al lado de las ciudades europeas de la época, pero muy inferior a la que había alcanzado en los siglos IX y X, cuando el número de habitantes oscilaba entre 600.000 y un millón[7].

Hasta la década de 1290 aproximadamente, los janes mongoles impusieron su estilo de vida nómada en las zonas recién conquistadas, y también gravosos impuestos y tributos. Muchos campesinos insolventes, cada vez más numerosos, se convirtieron en siervos de la gleba, una condición hasta entonces desconocida en el mundo islámico, donde los campesinos y jornaleros eran considerados hombres libres. Entre el 50 y el 90 por ciento de las aldeas de las principales provincias de Persia y Mesopotamia quedaron abandonadas y, según la detallada descripción de Rashid ad Din Hamadani, la tierra cultivada se redujo a una décima parte en Persia y a la mitad en Mesopotamia[8].

Entre fines del siglo XIII y la conclusión del dominio mongol, en el siglo XIV, los ingresos tributarios de todas las provincias persas y mesopotámicas se redujeron casi un 90 por ciento. Dado que los tipos impositivos aumentaron, el hecho de que la recaudación cayese hasta ese punto indica que la base imponible debió de reducirse mucho más de un 90 por ciento. La artesanía y el comercio no escaparon al cataclismo. Los artesanos y otros trabajadores urbanos desarrollaban su labor en condiciones de semiesclavitud y cobraban su salario en determinadas especies que los soberanos mongoles fijaban por decreto. Los tenderos, los comerciantes y los mercaderes tenían que pagar impuestos elevados (entre el 30 y el 70 por ciento de sus ventas). La exacción abusiva, unida al hundimiento demográfico, asestó un golpe devastador a las economías urbanas y mercantiles de Mesopotamia y Persia.

A fines del siglo XIII, en respuesta al desplome de los ingresos tributarios y el vacío casi total de las arcas del Iljanato, los soberanos

[7] Los datos ofrecidos en este apartado proceden de Baron (1952, vol. 17, cap. 73); Ashtor (1959a,1959b, 1972, 1976); Petrushevsky (1968); Bausani (1971); Lapidus (1981); Watson (1981); Gil (2004, pp. 431-433).

[8] Una de las crónicas más importantes de las invasiones mongolas es la de Rashid ad Din Hamadani, el visir de Ghazan Jan, soberano del Iljanato. Sus *Yami at tawarij* (*Crónicas reunidas*), escritas en persa, cuentan la historia de los pueblos turco y mongol, la ascensión de Gengis Jan y las conquistas mongolas, además de las historias de otras naciones, como los persas, los árabes, los griegos, los chinos, los indios y los francos (europeos).

mongoles introdujeron el papel moneda para las transacciones comerciales realizadas en Mesopotamia y Persia, como ya habían hecho en China, con la finalidad de retener todas las monedas en el tesoro. Los billetes se emitían en la capital del Iljanato, Tabriz. La población trataba de evitar el uso del papel moneda a causa de la continua pérdida de valor (inflación), pero las autoridades obligaban a aceptar y usar los billetes bajo amenaza de muerte. Las consecuencias de esta política fueron desastrosas para la artesanía y el comercio: las tiendas y los bazares cerraban uno tras otro y las familias pasaban enormes dificultades para encontrar mercancías y artículos de primera necesidad.

### La demografía judía bajo el domínio de los mongoles y los mamelucos: un experimento

Hacia 1170, en Mesopotamia, Persia y la península arábiga (sobre todo el Yemen), bajo el califato abasí, vivían entre 800.000 y un millón de judíos, mientras que en el norte de África y en Siria y el Líbano, bajo el califato ayubí, vivían unos 70.000 y 50.000 respectivamente (véanse la tabla 1.7 y, en el apéndice, las tablas A.1 y A.2). A comienzos del siglo XVI, cuando los sultanes otomanos se apoderaron de esa vasta región, solo quedaban entre 250.000 y 350.000 judíos en Mesopotamia y Persia, unos 5.000 en Egipto y 7.000 en Siria y el Líbano. Este descenso, que se produjo en el espacio de trescientos años, representa uno de los mayores cambios jamás registrados en la demografía judía. La mayor parte de la caída ocurrió en un lapso aún más reducido, entre el final del siglo XIII y la mitad del XIV. Comparada con el declive que sufrió la población judía en la época talmúdica, esta reducción fue mayor en términos porcentuales y mucho más rápida. Resulta, pues, sorprendente que casi ninguno de los principales especialistas en historia judía se haya ocupado del asunto (con las excepciones de Eliyahu Ashtor y Salo Baron)[9].

¿Qué sucedió a las grandes, ricas y prominentes comunidades judías urbanas de Oriente Próximo y el norte de África? ¿El abrupto descenso de la población judía se debió a las masacres, las hambru-

[9] Ashtor (1939, 1959a, 1959b, 1967, 1968, 1972, 1976); Baron (1952, vol. 17, cap. 73).

nas y las epidemias que azotaron a Mesopotamia y Persia durante las conquistas mongolas y después de estas? ¿Fueron las migraciones en masa de los judíos a Europa las que hicieron de Occidente el nuevo centro del judaísmo mundial? ¿La conversión de los janes mongoles al islam y su intento de convertir a las minorías religiosas no musulmanas fue la causa de la brusca reducción de la población judía en Oriente Próximo y el norte de África?[10] ¿O el enorme descenso del número de judíos egipcios, mesopotámicos, persas y sirios que tuvo lugar en los siglos XIII y XIV podría achacarse en parte a las conversiones voluntarias de los judíos al islam, fenómeno análogo al de las conversiones de los judíos al cristianismo durante la época talmúdica, descritas en el capítulo 5?

*Persia*

Si las academias mesopotámicas empezaron a perder importancia en la segunda mitad del siglo XI y todo el XII, la población judía de Persia creció en tamaño y patrimonio. Según los datos de Benjamín de Tudela, hacia 1170 esa población oscilaba entre 250.000 y 350.000 individuos (véanse el apéndice y las tablas A.1 y A.2), cifra a la que hemos llegado tomando los datos del viajero como el número de habitantes de las ciudades que no visitó efectivamente pero de las que oyó hablar, y añadiendo los judíos que, según revelan otras fuentes históricas, vivían en determinadas localidades que Benjamín o bien no mencionó o no ofreció ningún dato sobre ellas, pese a señalar su existencia.

A mediados de la década de 1230 los mongoles habían completado la conquista de Persia y el número de judíos persas se había reducido de forma considerable. Según el cálculo más fiable, hacia 1490 no había en Persia más de 100.000 o 150.000 judíos[11]. Entre 1170 y 1490 la población total de Persia (y de Mesopotamia) disminuyó

---

[10] Los mongoles eran una sociedad nómada y tribal sin una religión establecida. Cuando invadieron Mesopotamia y Persia su objetivo era derrocar el Imperio abasí, cuyo liderazgo religioso ostentaba la secta suní. Para obtener apoyos contra el califato abasí, introdujeron a musulmanes chiíes, y a miembros de otras minorías religiosas, sobre todo cristianos y judíos, en el nuevo aparato burocrático administrativo y estatal. La influencia de la cultura y la religión dominantes llevó al soberano del Iljanato, Ghazan, a convertirse al islam, en 1295.

[11] Ashtor (1939, 1959a, 1959b, 1976); Clark (1968); Baron (1952, vol. 17, cap. 73; 1971b); McEvedy y Jones (1978).

cerca de un 35 por ciento (tabla 1.7) frente a la reducción del 58 por ciento que experimentó la población judía.

¿Qué les sucedió a los judíos persas? ¿Por qué disminuyeron más que el resto de la población? Las hambrunas y las epidemias (como la peste negra de 1348 y las sucesivas plagas que se desataron a fines del siglo XIV y durante el XV) hicieron estragos en toda la población de Oriente Próximo, y los judíos no fueron una excepción. No obstante, como se dijo más arriba, las minorías religiosas (como los cristianos y los judíos) se libraron de las masacres perpetradas por los soberanos mongoles contra la población musulmana suní; luego, desde este punto de vista, la población judía debería haber menguado menos que la población en general.

Tampoco hay ninguna prueba de que los judíos persas huyesen a Bagdad ni a cualquier otra ciudad mesopotámica o localidad al oeste de Persia antes de 1260, probablemente por las dificultades que entrañaba emigrar a la Europa del Este o a los Balcanes. Entre 1230 y 1241 los mongoles estaban combatiendo contra los ejércitos ruso, polaco y húngaro; en Armenia, Anatolia y el norte de Persia controlaban totalmente las principales rutas de comunicación entre Oriente y Occidente. En ninguna fuente histórica se mencionan grandes migraciones de judíos de Persia a la Europa meridional y occidental (véase el capítulo 7). Debe de haber otra explicación al hecho de que los judíos de Persia se redujesen más que el resto de la población.

Los mongoles perdonaron la vida a los cristianos y a los judíos, y también a los musulmanes chiíes, pero causaron muchos daños económicos a estas minorías religiosas. Dados los impuestos tan elevados con que los janes mongoles gravaron todas las actividades económicas, puede que desde el punto de vista crematístico los judíos persas corriesen aún peor suerte que la población musulmana local. La explicación es la siguiente. Antes de las invasiones mongolas los judíos se dedicaban en su mayoría a actividades urbanas especializadas, como la artesanía y el comercio al por menor y a larga distancia, con las cuales obtenían unos ingresos medios superiores a los del resto de la población, compuesta sobre todo por agricultores. Con el revés económico causado por la conquista mongola es probable que los ingresos y el nivel de vida de los judíos persas mermasen en mayor medida. Al verse en una economía de subsistencia agrícola y pastoral, que apenas ofrecía oportunidades de desarrollar actividades comerciales o urbanas, los judíos de la región iniciaron un largo período de asimilación y conversión al islam, lo que podría explicar parte del declive demográfico que sufrieron en Persia[12].

*Mesopotamia*

Al igual que en Persia, entre 1170 y 1490 la población total de Mesopotamia se redujo alrededor de un 35 por ciento (tabla 1.7). En la época del viaje de Benjamín de Tudela, hacia 1170, vivían en Mesopotamia unos 600.000 judíos (véanse la tabla 1.7 y, en el apéndice, las tablas A.1 y A.2); Bagdad y las inmediaciones albergaban a 40.000 familias judías, muchas sinagogas y diez academias de estudios superiores. En 1490 quedaban en Mesopotamia entre 100.000 y 150.000 judíos –una caída del 80 por ciento más o menos–, de los cuales probablemente no más de uno o dos millares vivían en Bagdad[13].

¿Qué le sucedió a la población judía de Mesopotamia, en su día numerosa y prominente? Al igual que sus correligionarios persas, parece que los judíos mesopotámicos se libraron de las matanzas que diezmaron sobre todo a la población suní durante la conquista mongola: ninguna fuente primaria, ni judía ni gentil, hace referencia a masacres de judíos por parte de los mongoles. En 1285 y 1291 hubo algunas persecuciones y ataques organizados de musulmanes contra judíos, cuando regresaron a Bagdad los musulmanes que habían abandonado la ciudad a raíz de las invasiones mongolas. Fueron destruidas casi todas las sinagogas, y un visir judío, alto funcionario de la administración del Iljanato, murió asesinado.

Las hambrunas y las epidemias (como la peste negra de 1348 y las posteriores plagas) hicieron estragos entre los judíos, al igual que en el resto de la población. No hay constancia alguna de emigraciones masivas de judíos desde Mesopotamia a Europa en los dos siglos y

---

[12] Baron (1952, cap. 73, pp. 165, 181-183; 1971b) y Ashtor (1959a) documentan el proceso voluntario de conversión y asimilación que emprendieron los judíos de Oriente Próximo tras la conquista mongola.

[13] Ashtor (1939, 1959a, 1976); Baron (1952, vol. 17, cap. 73; 1971b); Clark (1968); McEvedy y Jones (1978); Gil (2004, pp. 491-496). Dado que Benjamín de Tudela visitó y describió con detalle varias ciudades grandes y pequeñas de Mesopotamia hacia 1170, hemos considerado que sus cifras se refieren al número de familias residentes en cada localidad y las hemos multiplicado por cinco, presuponiendo que las familias tuviesen de media cinco miembros. Para más detalles véase el apéndice.

medio siguientes a la conquista mongola. Así pues, ni guerras ni epidemias ni emigraciones sirven por sí solas para explicar el abrupto descenso de la población judía de Mesopotamia, en su día numerosa. Parte de la mengua se debió probablemente a la conversión al islam de un amplio sector de los judíos mesopotámicos[14].

Estas conversiones se produjeron en una época en que las condiciones económicas de los judíos de Mesopotamia sufrieron un deterioro. El hundimiento económico que experimentó la región bajo el Iljanato –reverso del crecimiento urbano y económico alcanzado durante el califato abasí– hizo mella en los judíos, que en la edad dorada del Imperio abasí se habían dedicado a las actividades más urbanas y especializadas. En esa economía en declive la estructura urbana de la vida judía, basada en sinagogas, escuelas y academias, no podía sobrevivir. La desaparición total de las academias mesopotámicas y de la adinerada "estirpe de David", aún ensalzada por Benjamín de Tudela en 1170, es una señal evidente de las penurias que pasaron los judíos mesopotámicos en los dos siglos y medio posteriores a la conquista mongola.

*Egipto y Siria*

Entre 1170 y 1490 la población de Egipto y del resto del norte de África se contrajo en un 6 por ciento, mientras que la de Siria y el Líbano se mantuvo relativamente estable (tabla 1.7). Hacia 1170 había unos 40.000 judíos en Egipto, unos 30.000 en el resto del norte de África y aproximadamente 55.000 en Siria y el Líbano. Pese a algunas emigraciones de judíos desde Mesopotamia y Persia hacia Siria y el norte de África que tuvieron lugar a raíz de la conquista mongola, en 1490 ya no había más de 5.000 judíos en Egipto y 7.000 en Siria[15].

---

[14] Baron (1952, vol. 17, cap. 73, pp. 165, 181-183) y Ashtor (1959a, pp. 65-66) documentan el proceso de conversión y asimilación al islam que emprendieron los judíos de Oriente Próximo tras la conquista mongola.

[15] Ashtor (1959a, 1967, 1968, 1976); Baron (1952, vol. 17, cap. 73; 1971b); Clark (1968); McEvedy y Jones (1978). Los datos sobre la población judía y su estructura ocupacional a fines del siglo XII se han obtenido comparando las cifras de Benjamín de Tudela con las de otras fuentes, como las descripciones de Maimónides. En cuanto al siglo XV, los datos se basan sobre todo en las crónicas de viajeros como Joseph Montagna (*ca.* 1480), Meshulam de Volterra (*ca.* 1481), Obadia de Bertinoro (*ca.* 1488) y un alumno anónimo de este último (*ca.* 1495). Véase el apéndice para una discusión más detallada de las cifras de población judía que da Benjamín de Tudela.

¿Por qué el número de judíos egipcios y sirios se redujo mucho más que el resto de la población de ambas regiones? En 1201-1202 hubo en Egipto una plaga y una hambruna terribles que se cobraron una cantidad inmensa de víctimas. En los siglos XIV y XV, una sucesión de plagas –iniciada por la más famosa de todas, la peste negra de 1348– hizo estragos en las poblaciones del norte de África y del Levante, incluidos los judíos. Además de estos factores, que explican el descenso demográfico general y el judío en particular, las conversiones pueden ser otro motivo por el cual los judíos del norte de África y Siria disminuyeron más que el resto de la población. Según los *responsa* rabínicos producidos por los discípulos de Maimónides, parte de los judíos del norte de África y Siria fue asimilada o se convirtió voluntariamente al islam, tal como habían hecho sus correligionarios persas y mesopotámicos[16].

**Por qué el judaísmo no puede sobrevivir al hundimiento de las economías mercantil y urbana**

La conversión al islam de gran parte de los judíos de Oriente Próximo en los dos siglos siguientes a las invasiones mongolas no formó parte del proceso de conversión general de los habitantes de la región. Las conversiones en masa, voluntarias o forzosas, de las poblaciones locales al islam se habían producido mucho antes, desde el siglo VIII hasta fines del XI[17]. En cambio, la conversión al islam de una parte de los judíos fue un reflejo del derrumbe económico de Oriente Próximo.

En las economías empobrecidas de la Mesopotamia y la Persia gobernadas por los mongoles y del norte de África y Siria bajo dominio mameluco, el cumplimiento de las numerosas leyes y normas de la religión judía era una carga onerosa para buena parte de la población judía, en especial la obligación de mantener las sinagogas y las escuelas, pagar el salario de los maestros, comprar los libros para los

[16] Baron (1952, vol. 17, cap. 73, pp. 165, 181-183) y Ahstor (1959a, pp. 65-66) documentan el proceso de conversión y asimilación al islam de los judíos de Egipto y Siria.

[17] Bulliet (1979a, 1979b) ofrece un cálculo aproximado de las conversiones al islam en Persia, Mesopotamia, el norte de África, Siria, el Líbano, la Tierra de Israel y la Península Ibérica.

niños y sacrificar los ingresos que habrían podido obtener los hijos varones trabajando en lugar de ir a la escuela. Una gran proporción de judíos podría, pues, haber optado por no enviar a los hijos a las escuelas ni a las sinagogas para que adquiriesen la educación religiosa en hebreo que exigía la religión judaica. Además, la crisis en que se sumieron las actividades artesanales, comerciales y crediticias a causa del desplome económico ocurrido bajo el Iljanato mongol y el sultanato mameluco fue tan grave que muchos judíos tuvieron dificultades para encontrar trabajos que recompensasen con rendimientos elevados la inversión realizada en alfabetización y educación. Lo único que podían hacer era dedicarse a la agricultura o vivir en las ciudades trabajando de jornaleros o tenderos con magros salarios, como el resto de la población.

Al convertirse al islam se libraban de la obligación religiosa de educar a los hijos: una inversión costosa que no reportaba ningún beneficio en economías que ya no eran las de los boyantes centros urbanos y comerciales de la época de los califatos omeya, abasí y fatimí. Por supuesto, algunas conversiones podían obedecer a motivos que no tenían nada que ver con el coste de educar a los hijos según lo prescrito por el judaísmo. Pero es interesante señalar que la asimilación o conversión al islam de una proporción de los judíos de Oriente Próximo, el norte de África y Siria no se produjo cuando estas regiones eran ricas economías comerciales. Al contrario, una parte de los judíos abandonó su confesión cuando esas regiones volvieron a ser economías agrícolas y pastorales de subsistencia, como lo habían sido en la primera mitad del primer milenio (el otro período de la historia judía en que los judíos renegaron de su credo, en esa ocasión a favor del cristianismo).

Estos hechos históricos son compatibles con la predicción de nuestra teoría, expuesta en el capítulo 4, según la cual en el curso de cada generación una parte de los judíos se convierte a otra religión porque el coste de seguir siendo judío anula los beneficios. El judaísmo prospera en las sociedades urbanas y mercantiles y está condenado a desaparecer cuando las economías comerciales y urbanas se van al traste.

## Resumen

La conquista mongola tuvo consecuencias traumáticas para la demografía y la economía de Oriente Próximo. Hacia 1260, la Persia y la Mesopotamia dominadas por el Iljanato y el norte de África y el Levante sometidos a los mamelucos ya no eran las populosas regiones salpicadas de prósperos centros urbanos y comerciales que habían sido en el apogeo de los califatos omeya, abasí y fatimí (del siglo VIII a fines del XI). La agricultura de subsistencia y las actividades pastorales nómadas se convirtieron en el medio de vida de la mayoría de las familias, incluidas las judías. Tanto los ingresos agrícolas como las ganancias de los habitantes de las ciudades se redujeron a causa de los impuestos desmesurados. El esplendor cultural e intelectual que había caracterizado a las ciudades y centros urbanos durante los califatos musulmanes se esfumó por completo.

La mayoría de judíos de esas regiones, que cada vez tenían más difícil seguir dedicándose a actividades urbanas especializadas y no podían emigrar a Europa, tuvo que dedicarse a la agricultura o a otras ocupaciones poco lucrativas. La inversión en la alfabetización y la educación de los hijos, según lo prescrito por la religión judaica, se tornó demasiado costosa. En consecuencia, muchos judíos se asimilaron o se convirtieron al islam, el credo dominante en toda la región, evitando así tanto el impuesto de capitación impuesto a las minorías religiosas como la obligación de invertir en la alfabetización e instrucción religiosa de los hijos.

Mientras las conversiones (sumadas a las epidemias y, en menor medida, a las masacres causadas por las invasiones mongolas) provocaban que la población judía de Oriente Próximo, el norte de África y Siria disminuyese en los dos siglos y medio siguientes a la década de 1250, los que optaron por mantenerse fieles al judaísmo siguieron invirtiendo en la educación religiosa y general de los hijos y desarrollando actividades urbanas especializadas, lo que concuerda con las predicciones de nuestra teoría, descrita en el capítulo 6, y también con las descripciones de las comunidades judías de Oriente Próximo y el norte de África de la década de 1480 que figuran en las crónicas de los viajeros judíos, como se muestra en el capítulo siguiente.

Capítulo 10

# De 1492 a hoy Preguntas en el aire

> No hay en el mundo ciudad tan hermosa como Damasco [...] Viven allí 450 familias judías, todas ellas de mercaderes ricos y honorables, cuyo jefe es un judío sabio, honorable y devoto, el médico R. Yosef.
>
> *Rabí Meshulam ben. R. Menahem, 1481*

> La era moderna es la era de los judíos, y el siglo XX en particular, el siglo de los judíos. La modernización consiste en que todos nos hacemos urbanos, móviles, alfabetizados, capaces de expresarnos con claridad, complejos en lo intelectual, escrupulosos en lo físico y flexibles en lo ocupacional. La modernización consiste en cultivar personas y símbolos, no campos y rebaños.
>
> *Yuri Slezkine, El siglo de los judíos, 2004*

Nuestro viaje al pasado histórico comenzó en 70 d.C., cuando el segundo templo de Jerusalén fue incendiado y quedó destruido para siempre, y terminó en 1492, con el edicto de expulsión de los judíos españoles. Entre esos dos acontecimientos traumáticos la historia de los judíos estuvo marcada por algunas peculiaridades únicas que hemos explicado desde el prisma de la teoría económica. Antes de resumir lo que hemos aprendido, dejaremos que dos famosos viajeros judíos nos trasladen a las comunidades judías de Egipto y el Levante en la década de 1480, para constatar cuán diferentes eran los miembros de esas comunidades de los judíos que habían vivido en las mismas localidades quince siglos antes.

## Retrato del mundo judío hacia 1492

El 4 de mayo de 1481, Rabí Meshulam ben R. Menahem de Volterra, en su viaje a Egipto, la Tierra de Israel y Siria[1], recaló en la isla de Rodas. Un mes después llegó a Alejandría, donde, nos cuenta, vivían 60 familias judías. Estas familias recordaban que unos decenios antes eran 4.000 los hogares judíos existentes en la ciudad. Tras una navegación relativamente tranquila desde Alejandría hasta Misr (El Cairo) con escala en Roseta, Meshulam dejó escrito que "en Misr [había] 650 familias judías, además de 150 familias caraítas y 50 samaritanas". Cada comunidad tenía su propio barrio y su propia sinagoga. El rabino visitó al sultán mameluco, que había "colocado a la cabeza de los judíos, los caraítas y los samaritanos a un señor judío, rico, culto y muy honorable". Se trataba del *naguid*, que ostentaba plenos poderes en materia penal y civil dentro de la comunidad judía. En El Cairo Meshulam conocía a un destacado mercader de piedras preciosas, que veintidós años antes lo había visitado en su casa de Florencia. Gracias a ese contacto y a su propia riqueza, Meshulam fue bien acogido y respetado por la comunidad judía cairota.

Meshulam partió de El Cairo con rumbo este, llegó a Gaza y desde allí viajó a Hebrón y Jerusalén. Según su relato, esa parte del viaje fue tan peligrosa que tuvo que contratar escolta y pagar para escapar de los beduinos, que en varias ocasiones trataron de secuestrarlos a él y a sus acompañantes para pedir un rescate. De Yafa se dirigió a Beirut, desde donde llegó a Damasco. Meshulam alabó la belleza y riqueza de esa ciudad, a su juicio superiores a las de El Cairo o cualquier ciudad italiana. Completó el periplo al regresar a Venecia en octubre de 1481.

Siete años después, otro rabino judío y comentarista de la Misná, Obadia ben Abraham di Bertinoro (una ciudad italiana cercana a

[1] Adler (1987, pp. 156-250) editó las cartas y relatos de viajes de Rabí Meshulam y Rabí Obadia resumidos en este capítulo.

Forlì), zarpó rumbo a Jerusalén. A diferencia de Meshulam, que regresó a Italia, Obadia se afincó en Jerusalén, donde se convirtió en el líder intelectual de la comunidad judía de la ciudad.

Tanto Meshulam como Obadia necesitaron el permiso del sultán mameluco para viajar a Egipto y de allí a Jerusalén. Obadia refiere un número menor de familias judías residentes en El Cairo (500), entre ellas un pequeño grupo de judíos que habían abandonado la Península Ibérica para evitar la conversión forzosa al cristianismo; pero también menciona las comunidades de 150 familias caraítas y 50 samaritanas. El viajero consignó la presencia de 60 familias judías en Alejandría, 50 en Bilbeis y 20 en Al Janqa. Alejandría, según su descripción, era una ciudad del tamaño de Florencia, con grandes edificios, aunque muchos de ellos en ruinas. Parece ser que a fines del siglo XV, por lo que invitan a pensar estos diarios de viaje, no había en Egipto más de 5.000 judíos, en su mayoría mercaderes y artesanos, que vivían en pequeñas comunidades repartidas entre muchas ciudades.

Como Benjamín de Tudela tres siglos antes, Meshulam y Obadia registraron el número de familias judías residentes en cada localidad que visitaban y el nombre de los líderes judíos del lugar. Obadia menciona al rabino asquenazí de Gaza y la existencia de una pequeña comunidad judía en Hebrón. Asimismo, confirma la información, suministrada por Meshulam, sobre los judíos de Damasco, de quienes alaba la riqueza y la belleza de sus casas y jardines.

La Jerusalén descrita por Obadia estaba en su mayor parte en ruinas, sin murallas que la rodeasen, y tenía una población de unas 4.000 familias, de las cuales solo 40 eran judías. Los judíos no estaban oprimidos y podían practicar su religión con libertad bajo el dominio de los mamelucos, que nombraban a un *naguid* encargado de recaudar el impuesto que se cobraba a todos los judíos adultos. La pequeña comunidad se dividía en asquenazíes y sefardíes, y cada grupo tenía sus propias sinagogas y sus propios ambientes culturales. Los judíos de Damasco, El Cairo, el Yemen visitaban Jerusalén. Señala Obadia que los judíos sefardíes no conocían el Talmud, sino que se ceñían rigurosamente a las obras de Maimónides.

¿Qué nos enseñan las narraciones de esos viajeros judíos de la Baja Edad Media? En primer lugar, El Cairo y Damasco en la época del sultanato mameluco eran grandes urbes comparadas con las ciudades europeas. Los judíos que vivían en El Cairo y Damasco disfrutaban, por término medio, de un nivel de vida superior al de la población local, agricultores en su mayoría. Otras ciudades estaban en ruinas y eran pequeñas en comparación con épocas pasadas.

En segundo lugar, las comunidades judías de Egipto, la Tierra de Israel y Siria era mucho más pequeñas que las que Benjamín de Tudela había descrito tres siglos antes. Las comunidades judías residían sobre todo en las ciudades y, pese a su escaso tamaño, contaban con sinagogas, escuelas, tribunales rabínicos y otras instituciones comunitarias.

En tercer lugar, los judíos de Asia Menor, los Balcanes, Egipto, Alemania, la Península Ibérica, Italia, Siria y el Yemen visitaban Jerusalén o se establecían allí, pero en las cartas de Meshulam y Obadia no hay mención alguna a visitantes judíos a Jerusalén procedentes de Mesopotamia y Persia. Una breve carta enviada desde Jerusalén, en 1438, por un rabino y viajero italiano, Elías de Ferrara, hace referencia a judíos de Etiopía y la India.

En cuarto lugar, en las cartas y las crónicas de viaje escritas por rabinos judíos de la baja Edad Media no se dedica ni un solo renglón a la existencia de grandes y ricas comunidades judías en Mesopotamia y Persia. Un manto de silencio cubre las comunidades judías que a fines del siglo XII Benjamín de Tudela y otras fuentes habían descrito como las más grandes e importantes del mundo.

Las descripciones de las economías locales que figuran en las crónicas de los viajes de Obadia y Meshulam concuerdan con las condiciones económicas generales de Egipto, la Tierra de Israel, Mesopotamia, Persia y Siria que expusimos en el capítulo 9. Tras la caída del Imperio abasí como consecuencia de la conquista mongola se inició un largo período de deterioro de las condiciones económicas y de descenso demográfico generalizado, y una reducción sustancial y desproporcionada de la población judía. El comercio decayó por la inseguridad de las vías de comunicación, y las ciudades se hicieron más pequeñas. Pero en las crónicas de los viajeros judíos tardo- medievales hay constancia de que las pequeñas comunidades judías supervivientes mantenían el compromiso de dar educación a todos los varones, como prescribía el judaísmo. No hay ninguna prueba de que hubiese grandes academias en esas localidades, pero los citados viajeros subrayan que ni siquiera en las comunidades pobres, como la de Rodas, había judíos analfabetos. Las comunidades veían recompensada su inversión en alfabetización con la posibilidad de escoger ocupaciones urbanas especializadas. Estos hechos concuerdan con las predicciones de nuestra teoría, expuestas en el capítulo 6.

## La historia judía de 70 d.C. a 1492: epílogo

Esta galopada a través de tantos siglos de historia judía ha suscitado varias preguntas fascinantes, que hemos respondido mediante una interpretación novedosa de la historia de los judíos. La primera serie de interrogantes se refiere al peculiar cambio experimentado por la estructura ocupacional de los judíos, que transformó a un pueblo de campesinos analfabetos del siglo I d.C. en una población de individuos sumamente instruidos del siglo XXI, que se dedican sobre todo al comercio, la banca, las finanzas, el derecho y la medicina. El segundo conjunto de preguntas gira en torno al motivo por el cual los judíos, a partir del siglo IX, generaron una diáspora de pequeñas comunidades urbanas dispersas por todo el mundo. La tercera serie de cuestiones se refiere a la historia demográfica de los judíos: nos hemos preguntado cuáles fueron los factores determinantes del asombroso desplome demográfico que sacudió al mundo judío desde la época de Jesucristo hasta la de Mahoma y, después, tras la conquista mongola en la baja Edad Media.

Hemos demostrado que ninguna de las teorías al uso sirve para explicar por qué los judíos abandonaron la agricultura, ni por qué se dispersaron por todo el mundo. Después hemos documentado que las características peculiares del pueblo judío fueron el resultado de la profunda transformación que experimentó el judaísmo tras la destrucción del segundo templo. Este cambio provocó el desplazamiento del liderazgo religioso de un grupo a otro en el seno de la comunidad judía y transformó el judaísmo, que dejó de ser un culto basado en los sacrificios realizados en el templo para convertirse en una religión cuya norma principal obligaba a todos los varones judíos a leer y estudiar la Torá en hebreo y enviar a sus hijos a la escuela o a la sinagoga, desde los seis o siete años, para que aprendiesen a hacer otro tanto. Los datos procedentes del Talmud, de los primeros *responsa* gaónicos y de los restos arqueológicos de las sinagogas indican que en el período talmúdico (del siglo III al VI) cada vez más judíos obedecían el nuevo precepto religioso.

El aumento de la alfabetización –tanto religiosa como general– entre la población judía, por entonces predominantemente rural, se produjo en una época en que el número de judíos se reducía en todo el mundo. Este descenso demográfico, debido en parte a las conversiones voluntarias al cristianismo en las economías agrarias del período talmúdico, condice con las predicciones de nuestra teoría acerca de las dinámicas de la religión judía: a la larga el judaísmo rabínico no puede sobrevivir en sociedades basadas en la agricultura de subsistencia, pues los costes elevados que impone la obediencia de las normas religiosas, en especial la costosa obligación de educar a los hijos y los nulos réditos que reporta esa inversión en alfabetización, inducirán a parte de los judíos a abandonar el judaísmo y abrazar otras religiones de normas menos exigentes.

Con todo, el mayor nivel educativo de la población judía, sumado a un conjunto de instituciones que imponían el cumplimiento de los contratos, otorgó a los judíos una ventaja comparativa en los oficios artesanales especializados, el comercio al por menor y a larga distancia y el préstamo pecuniario que se hizo efectiva tan pronto como el espectacular proceso de urbanización, el auge de las manufacturas y el crecimiento del comercio local y a larga distancia en el recién creado califato abasí durante los siglos VIII y IX crearon una enorme demanda de esas profesiones. El proceso urbanizador y la expansión comercial también contribuyeron a la estabilización de la población judía entre los siglos VIII y XII, pues los judíos, una vez completa la transición que los convirtió en instruidos urbanitas dedicados a un sinfín de actividades artesanales y comerciales, y amparados, en cuanto miembros de la misma comunidad religiosa, por instituciones capaces de hacer respetar los contratos, poco interés podían tener en convertirse voluntariamente a otras confesiones. El período comprendido entre el siglo VIII y el XII representó asimismo la edad de oro intelectual de las comunidades judías de Oriente Próximo y la cuenca mediterránea.

Una vez en marcha, esa transición ocupacional y residencial se hizo irreversible y siguió consolidándose. A partir de entonces los judíos se convirtieron en una pequeña población de individuos muy instruidos, que no dejaban de buscar la oportunidad de cosechar los frutos de su inversión en educación y en instituciones capaces de hacer cumplir los contratos. Hemos documentado que la diáspora judía altomedieval estuvo relacionada con la especialización de los judíos en las actividades urbanas más cualificadas, como los oficios artesanales, el comercio, el préstamo pecuniario y la medicina. La demanda de trabajadores especializados y el estado de las economías locales incentivaron la movilidad de los judíos y sus migraciones en busca de lugares que ofreciesen la posibilidad de dedicarse con provecho a actividades como la artesanía, el comercio y, después, la más especializada y lucrativa, el préstamo de dinero.

Hemos demostrado que ninguna de las explicaciones habituales –el auge de los gremios artesanales y comerciales, las prohibiciones de la usura impuestas a cristianos y musulmanes, las persecuciones perpetradas contra los judíos y la participación de estos en la elaboración y el comercio del vino– sirven para explicar la especialización ni la preponderancia de los judíos en el préstamo de dinero en la Europa medieval. Hemos aportado pruebas de que esa especialización puede atribuirse a la ventaja comparativa de los judíos en los cuatro activos fundamentales de la intermediación financiera: el capital, las redes de contactos profesionales, la alfabetización y conocimientos aritméticos, y las instituciones capaces de imponer el cumplimiento de los contratos.

Por último, hemos abordado la historia de los judíos en Oriente Próximo y el norte de África durante y tras la conquista mongola, que sumió a esas regiones en un traumático caos geopolítico. Hemos propuesto la misma explicación para el hundimiento demográfico de los judíos en el período talmúdico y para el que tuvo lugar en Oriente Próximo y el norte de África en los dos siglos y medio posteriores a las invasiones mongolas, a saber: en las economías rurales de subsistencia, donde la alfabetización no producía ningún rédito y las ocupaciones urbanas especializadas que se beneficiaban de la alfabetización eran prácticamente inexistentes, muchos judíos se encontraron con que les resultaba más costoso y menos lucrativo seguir obedeciendo las normas de su religión, en particular el gravoso precepto que obligaba a los padres a dar una educación a los hijos. En consecuencia, algunos de ellos se convirtieron a otra fe.

Una de las principales enseñanzas que cabe extraer de los quince siglos de historia judía examinados en estas páginas es que tanto el judaísmo rabínico, con su peculiar norma religiosa que obligaba a los padres a educar a los hijos, como los judíos que decidieron observarla, prosperaron en las sociedades urbanas y comerciales, y que ambos estaban condenados a desaparecer cuando esas economías se iban al traste. Lo que aporta el presente libro a la bibliografía que investiga el nexo entre religión y resultados económicos, cada vez más abundante, y a la que analiza las interacciones entre valores culturales, normas sociales, instituciones y resultados económicos (véase la introducción) es la idea de que las características prominentes y distintivas de la historia demográfica y económica de los judíos de 70 d.C. a 1492 vinieron determinadas por las normas sociales y las instituciones capaces de imponer el cumplimiento de los contratos que la religión judía creó hace dos milenios.

## La trayectoria del pueblo judío en los últimos quinientos años

Este libro termina con la historia de los judíos en 1492. La historia del pueblo judío después de 1492 será el objeto de nuestro próximo viaje de aprendizaje y el tema de nuestro próximo libro. En las pocas páginas que restan nos proponemos resaltar algunas incógnitas e interrogantes que surgen al estudiar la historia de los judíos en los últimos quinientos años. El resumen y el análisis siguientes no son pormenorizados ni exhaustivos, pero confiamos en que puedan suscitar cierta curiosidad y el deseo de conocer la historia de los judíos desde los inicios de la era moderna hasta nuestros días.

En 1500 los judíos habían alcanzado el nivel demográfico más bajo desde el inicio del primer milenio. Las comunidades de Mesopotamia, Persia, Egipto y Siria, en su día grandes e importantes, que durante la edad de oro de la historia judía (del siglo IX al XII) habían sido los ejes económicos, religiosos y culturales de la vida judía, estaban menguando y empobreciéndose. Las comunidades de prestamistas judíos, pequeñas pero ricas, habían sido expulsadas de Inglaterra y Francia. Los judíos alemanes sufrían persecuciones recurrentes y expulsiones temporales de muchas ciudades y centros urbanos.

**TABLA 10.1.** Población judía por región, *ca.* 1490-1939 (millones)

| **Región** | ***ca.* 1490** | **1939** |
|---|---|---|
| Europa del Este y los Balcanes | 0,09 | 8,15 |
| América | 0 | 5,4 |
| Oriente Próximo, África y Asia | 0,27-0,37 | 1,6 |
| Europa occidental | 0,51 | 1,35 |
| Todas las regiones | 0,8-1 | 16,5 |

*Fuentes:* Datos sobre población judía de Baron (1971b) y DellaPergola (2001, tabla 2).

*Nota:* DellaPergola (2001, tabla 2) da una cifra de 1,3 millones de judíos en 1490. Véase el apéndice, nota a las tablas 1.6 y 1.7, para la explicación de por qué nuestras cifras de la población judía en 1490 son más bajas que las de DellaPergola.

A fines del siglo xv había menos de un millón de judíos en el mundo[2]. La mitad más o menos eran judíos sefardíes, que vivían sobre todo en Asia Menor, los Balcanes, Egipto y el Magreb, la Península Ibérica, Italia, la Tierra de Israel, Mesopotamia, Persia, Siria y el Yemen. La otra mitad eran judíos asquenazíes, que vivían en Austria, Alemania, Hungría, Italia, los Países Bajos, Polonia, Rumanía, Rusia y Ucrania. No había judíos en Inglaterra, Francia ni Escandinavia. En aquella época tanto los sefardíes como los asquenazíes eran prestamistas, comerciantes, mercaderes, tenderos, artesanos especializados, médicos y eruditos, que vivían en ciudades y centros urbanos. En general, disfrutaban de un nivel de vida parecido en todas las localidades, como reflejan las crónicas de los viajeros judíos de las postrimerías del medievo.

¿En qué cambiaron las dimensiones y la distribución geográfica de las comunidades sefardíes y asquenazíes en los quinientos años siguientes? En 1939 había cerca de 16,5 millones de judíos en el mundo (tabla 10.1): 8,15 millones en Europa del Este y los Balcanes, 5,4 millones en América, 1,6 millones en Oriente Próximo, África y Asia, y 1,35 millones en Europa occidental. De esos 16,5 millones de judíos, unos 2,2 eran sefardíes y unos 14,3 asquenazíes. Los judíos representaban cerca del 1 por ciento de la población de las regiones en que vivían en 1490 y cerca del 2 por ciento en 1939. La distribución geográfica y el número total de judíos residentes en Europa coincide aproximadamente con los datos de los tristemente célebres protocolos de Wannsee redactados por los nazis en 1942[3].

[2] Baron (1971b); DellaPergola (1992, 2001).

[3] El protocolo de Wannsee, también conocido como *La solución final de la cuestión judía*, es el nombre de las actas de una conferencia celebrada en Berlín el

En 1492-1497, cuando los judíos fueron expulsados de la Península Ibérica, había prácticamente tantos sefardíes como asquenazíes; unos cuatrocientos cincuenta años después los segundos eran siete veces más numerosos que los primeros. Esta variación se debió al espectacular crecimiento demográfico de los judíos de Europa del Este durante los siglos XVIII y XIX, que disparó el número de judíos residentes en Bielorrusia, Checoslovaquia, Alemania, Hungría, Polonia, Rumanía, Rusia y Ucrania a más de ocho millones en vísperas de la Segunda Guerra Mundial.

¿Cómo se explica este cambio?[4] Lo primero que hace falta para responder esta pregunta es documentar con cuidado las principales tendencias de la historia demográfica de los judíos después de 1500 y los principales acontecimientos políticos, económicos y culturales que han marcado la historia de los numerosos escenarios de la diáspora judía en los últimos quinientos años. En nuestro próximo proyecto de investigación trataremos de averiguar si la teoría económica con la que hemos explicado la historia demográfica de los judíos en-

20 de enero de 1942, a la que asistió la plana mayor del aparato militar y político alemán.

[4] Dos trabajos recientes aventuran una hipótesis parecida para explicar este enigma demográfico. Sand (2008) sostiene que el aumento demográfico de la población judía de Europa del Este está vinculada a la supuesta conversión al judaísmo del reino de Jazaria –situado entre los mares Negro y Caspio, en la ruta de la seda que unía Europa y China– entre los siglos VII y VIII. Brook (2006) arguye que en Jazaria había unos 30.000 judíos antes de la conquista mongola, tras la cual algunos de ellos emigraron al norte y se asentaron en Polonia, Rusia y Ucrania. Benjamín de Tudela dejó constancia en su libro de viajes de la presencia de comunidades judías relativamente grandes en esa región. Hay al menos dos motivos para contemplar con escepticismo esta hipótesis. En primer lugar, como señalamos en el capítulo 9, los mongoles invadieron esas regiones en la década de 1220, perturbando el comercio y masacrando a buena parte de la población local. Es probable que a fines del siglo XIV no quedasen en la región más que unos pocos miles de judíos. Se antoja inverosímil que esa población judía menguante pudiese desencadenar el espectacular crecimiento demográfico que experimentó la población judía de Europa del Este en los siglos XVIII y XIX. En segundo lugar, los judíos de Europa del Este seguían la tradición cultural y religiosa asquenazí y hablaban yidis, mientras que los judíos de Jazaria estaban ligados al judaísmo mesopotámico y persa, que se adhería a la tradición sefardí. Por ejemplo, Eckstein, Epstein y Landau –apellidos comunes entre los judíos de Europa del Este– son nombres de ciudades y pueblos de Alemania. A los inmigrantes judíos en Polonia y Ucrania les pusieron esos apellidos probablemente por proceder de esas localidades alemanas.

tre 70 d.C. y 1492 puede ayudar a desentrañar la historia demográfica de los judíos posterior a 1500.

## La persistencia de la estructura ocupacional judía

La mayoría de los artesanos, mercaderes, prestamistas y médicos judíos que salieron de España tras el edicto de expulsión de 1492 se dirigió primero a Portugal, de donde no tardaron en ser expulsados de nuevo, en 1496-1497. Los que permanecieron en la Península Ibérica y abrazaron el cristianismo pero se mantuvieron secretamente fieles a las tradiciones religiosas y culturales judías, se convirtieron en un grupo diferenciado: los denominados "marranos"[5]. Del siglo XVI al XVIII muchos de esos marranos y sus descendientes despuntaron como mercaderes y comerciantes en todo el mundo. Algunos mercaderes marranos importaban especias, artículos de lujo, tejidos y piedras preciosas de las Indias orientales y América, y los vendían en Europa. Otros desarrollaban actividades comerciales y mercantiles en África, Brasil y las Antillas. Además de la Península Ibérica, donde el comercio de las especias tenía un peso fundamental en los negocios de los marranos, los principales centros europeos en que estos comerciantes establecieron sus negocios en el siglo XVI y comienzos del XVII fueron Ámsterdam, Amberes, Hamburgo, Livorno y Venecia[6].

Los judíos del Imperio otomano desempeñaron un papel muy importante en el comercio de la seda, las especias y las joyas, ejerciendo de nexo entre Europa y el Asia oriental y meridional. Muchos de los judíos expulsados de Portugal en 1496-1497 eran consumados fabricantes de armas de fuego y cañones, pericia que llevarían consigo a Constantinopla.

En la segunda mitad del siglo XVII y durante el XVIII Ámsterdam, Londres, Polonia y Lituania se convirtieron en los focos principales de los mercaderes judíos. La comunidad de judíos portugueses de

---

[5] No hay consenso entre los especialistas sobre la etimología del término (véase M. A. Cohen 2007).

[6] Este resumen, sumamente breve y somero, de los principales hechos de la historia económica de los judíos desde comienzos de la Edad Moderna está basado en Reich (1949); Halpern (1960); Roth (1960a, 1960b); Baron, Kahan y Gross (1975); Ettinger (1976); y Trivellato (2009).

Ámsterdam, además de comerciar con las colonias, especulaba con materias primas y acciones de compañías. Los judíos sefardíes de Londres participaban activamente en el comercio a larga distancia con el África occidental y las Indias, mientras los judíos asquenazíes de Polonia y Lituania conectaban comercialmente Europa con el resto del mundo.

Entre los diversos géneros con que trabajaban los mercaderes y comerciantes judíos, los diamantes ocupan un lugar especial. A comienzos de la Edad Moderna, los judíos conquistaron una posición de predominio en la fabricación y comercio de diamantes que han mantenido hasta hoy. Primero Ámsterdam, después Hamburgo y más adelante Londres se convirtieron en los cuarteles generales de los mercaderes sefardíes de origen portugués, y luego asquenazíes, que importaban diamantes de la India. Los registros y libros de contabilidad de la Compañía Británica de las Indias Orientales indican que los mercaderes dedicados al comercio de diamantes indios en el siglo XVIII eran en su mayoría judíos. El predominio de los judíos en la industria y el comercio de diamantes prosiguió cuando Brasil, a mediados del siglo XVIII, y Sudáfrica, a fines del XIX, se convirtieron en los principales suministradores de diamantes en bruto[7].

Los judíos asquenazíes de Europa del Este tuvieron un papel preponderante en la creación y gestión de casas de la moneda, sobre todo en Hamburgo y Praga. A fines del siglo XVII y en el XVIII los judíos de Bohemia, Galitzia, Alemania, Hungría, Moravia, Polonia y Rusia producían y vendían muchos bienes y servicios a las poblaciones locales. En las ciudades alemanas y rusas los empresarios y comerciantes judíos se dedicaban sobre todo a la industria de la extracción y elaboración de metales. También fueron judíos los primeros en explotar minas de carbón en la Europa oriental y central y en exportarlo a Inglaterra en los siglos XVIII y XIX[8].

Muchos judíos asquenazíes desempeñaron un papel destacado en las economías de la Europa oriental y central, pero la mayoría de la población judía de esas regiones era pobre y estaba dispersa en pequeñas localidades semiurbanas de zonas rurales, en particular en los llamados *shtetl*. Los autores de los siglos XIX y XX, y los censos y

---

[7] Richman (2006).

[8] En los siglos XIX y XX los judíos también desarrollaron actividades especializadas y de alta remuneración en Irlanda (Ó Gráda [2006]).

registros tributarios anteriores a 1939, describen una población judía relativamente pobre, que en su mayoría ejercía una gran variedad de oficios. La estructura ocupacional de los judíos hacia 1930, reconstruida y analizada por Kutznets, indica que entre la mano de obra judía de la Europa central y oriental los agricultores tenían un peso insignificante (entre el 1 y el 9 por ciento) (véase la tabla 2.4).

La historia del regreso de los judíos a Inglaterra en el siglo XVII, casi cuatrocientos años después de haber sido expulsados (1290), es un ejemplo paradigmático del éxito que alcanzaron muchos mercaderes, financieros, científicos y eruditos judíos después de 1500. Hacia 1656, Oliver Cromwell, el Lord Protector de Inglaterra, aceptó la petición de Rabí Manasés ben Israel, uno de los líderes de la comunidad judía de Ámsterdam, de readmitir a los judíos en Londres con la promesa de garantizarles libertad económica y religiosa. Cromwell estaba convencido de que los judíos, gracias a las redes de contactos comerciales y profesionales que los unían al Nuevo Mundo, podrían hacer de Londres un centro comercial tan importante como Ámsterdam. Por su parte, los agentes y comerciantes judíos de Ámsterdam preveían que Inglaterra podía convertirse en el principal centro comercial y financiero del mundo. Uno de los judíos más destacados de esa nueva oleada de inmigrantes que se asentaron en Inglaterra figuraba David Ricardo, uno de los pioneros de la economía y el padre de la teoría de la ventaja comparativa. Ricardo personifica la historia de una minoría de judíos que se convirtieron en líderes de la cultura y la ciencia a comienzos de la era moderna y durante toda ella[9].

Judíos como el filósofo Baruch Spinoza (1632-1677), el economista David Ricardo (1772-1823) y el estadista Benjamin Disraeli (1804-1881) son una excepción en la historia judía anterior a mediados del siglo XIX. Como documenta Joel Mokyr, los judíos aportaron muy poco al desarrollo de ideas, tecnologías o instituciones durante la

[9] Heertje (2004). Nacido en Londres en 1772, Ricardo era hijo de una familia judía que tras unos años en Ámsterdam se mudó a Londres. El padre de Ricardo era un corredor de bolsa que amasó una fortuna en el mercado de valores londinense. Tras estudiar en Londres y pasar una breve temporada en Ámsterdam, Ricardo empezó a trabajar con su padre a la edad de catorce años. Después se hizo corredor de bolsa por su cuenta y en pocos años reunió una fortuna fabulosa. Con veintiún años de edad se casó con Priscilla Anne Wilkinson, una cuáquera, y se convirtió al unitarismo.

revolución científica, la Ilustración o la Revolución industrial[10]. Hay un contraste llamativo entre el papel secundario de los judíos en esos campos y el protagonismo que ejercieron en los sectores comercial y financiero desde el siglo XVII al XIX. La eminencia de los judíos no se extendería a los ámbitos científico, tecnológico, filosófico y literario hasta la segunda mitad del siglo XIX[11]. ¿Por qué?

El extraordinario éxito de los judíos en Estados Unidos tipifica la trayectoria histórica de este pueblo[12]. En 1776 vivían en las colonias unos 2.000 judíos –en su mayoría sefardíes–, sobre todo en los puertos de la costa atlántica, donde trabajaban de tenderos y mercaderes, importando tejidos, vino, té y herramientas de Europa y exportando grano, pieles, pescado y madera. También se dedicaban a las finanzas internacionales. Con la expansión de la frontera hacia el oeste los judíos gozaron de muchas más oportunidades de introducirse en otros ramos de la industria y el comercio, como los seguros, la banca, la minería, el transporte marítimo, la construcción de vías férreas e inversión en el ferrocarril, y el desarrollo urbanístico. A mediados del siglo XIX se establecieron por todo el país inmigrantes judíos alemanes, que solían empezar de vendedores ambulantes, antes de convertirse en pequeños empresarios; algunos llegaron a crear empresas a gran escala de comercio al por menor. A fines del siglo XIX algunos empresarios judíos fundaron las cadenas de grandes almacenes de mayor éxito de Estados Unidos. En 1880, los inmigrantes judíos ale-

---

[10] Mokyr (2011). Moses Mendelsohn, el filósofo judeoalemán, realizó aportaciones notables a la Ilustración, pero los judíos en su mayoría se opusieron a ese movimiento filosófico e intelectual.

[11] Algunas cifras dan una idea de los impresionantes logros de los judíos contemporáneos. En Estados Unidos, por ejemplo, los judíos son el 2 por ciento de la población, pero representan el 21 por ciento de los estudiantes matriculados en las universidades de la Ivy League (las más prestigiosas del país), el 26 por ciento de los galardonados con el premio Kennedy, el 38 por ciento de los filántropos más destacados y el 51 por ciento de los ganadores del premio Pulitzer en la categoría de obras no literarias (Pease [2009]; Brooks [2010]). Cochran, Hardy y Harpending (2005) han abierto un animado debate sobre la hipótesis de que los judíos, en particular los asquenazíes, poseen un cociente intelectual más alto que el resto de la población y, de ser así, sobre las causas. Véase Murray (2007) para un análisis de este debate.

[12] B. Chiswick (2007, 2010) documenta con rigor la historia económica, la estructura ocupacional y las ganancias de los judíos estadounidenses. Los datos del presente párrafo son un resumen de sus principales hallazgos.

manes y sus descendientes representaban casi el 55 por ciento de los 250.000 judíos residentes en Estados Unidos.

La mayor oleada de inmigrantes judíos se produjo entre 1880 y 1920, cuando cerca de un millón y medio de judíos procedentes de Europa del Este y Rusia, que hablaban yidis, se establecieron en Estados Unidos. Casi todos llegaron desprovistos de todo capital, directamente desde los *shtetl*. Esos emigrantes, pobres pero alfabetizados, son los antepasados de la mayoría de los judíos estadounidenses contemporáneos. Empezaron trabajando en el comercio y la artesanía, o como mano de obra no cualificada en pequeñas empresas manufactureras o minoristas de las ciudades industriales del norte y medio oeste del país, y no tardaron en alcanzar el nivel socioeconómico propio de las clases media y media alta.

A lo largo del siglo XX, sus descendientes realizaron extraordinarios progresos económicos. En 2000 el 53 por ciento de los varones judíos ejercía profesiones liberales (frente al 20 por ciento de todos los varones blancos no judíos); en el caso de las mujeres trabajadoras, el porcentaje de judías en profesiones liberales era del 51 por ciento (frente al 28 por ciento de las mujeres blancas no judías). A igualdad de factores de capital humano determinantes de los ingresos, como el nivel de escolaridad, los varones estadounidenses judíos ganaban cerca del 16 por ciento más que los demás varones blancos. Incluso a igualdad de ocupación, los judíos ganaban cerca del 8 por ciento más. Manteniendo constantes otras variables, entre ellas el nivel de escolaridad, los judíos son más ricos y poseen más patrimonio que otros grupos.

Nunca hubo una restricción jurídica que impidiese a los judíos estadounidenses trabajar en la agricultura. Sin embargo, rara vez se dedicaron a ello, pues elegían las mismas actividades urbanas, sumamente especializadas y lucrativas, que mil años antes desarrollaban los judíos de Oriente Próximo.

¿Sirve esta persistencia de la estructura ocupacional judía para explicar algunas peculiaridades desconcertantes de las emigraciones de judíos en los tiempos modernos? ¿Fue la estructura ocupacional de los judíos lo que les permitió mantener un nivel de vida superior al de las poblaciones autóctonas de América, Polonia, Rusia y Ucrania? ¿Cómo lograron ese asombroso éxito económico e intelectual en Estados Unidos, si casi todo el crecimiento de la población judía se registró entre los judíos asquenazíes, que procedían de los regímenes represivos de Europa del Este? ¿Es compatible el rápido crecimiento de la población asquenazí en esa región de Europa, que prosiguió hasta la Segunda Guerra Mundial, con la pobreza y las persecuciones que caracterizaron la vida de muchos judíos europeos?

Los judíos, teniendo en cuenta los regímenes represivos en que vivían, podrían haber emigrado a Oriente Próximo y establecerse allí, pero no lo hicieron hasta fines del siglo XIX, cuando comenzó la emigración a América. Las comunidades judías de Oriente Próximo y el norte de África estaban creciendo, pero no al mismo ritmo que las de Europa del Este. ¿Por qué?

Las oleadas migratorias judías hacia el Nuevo Mundo experimentaron una fuerte aceleración a fines del siglo XIX y principios del XX. Los inmigrantes procedían casi exclusivamente de Europa del Este. ¿Por qué empezaron a emigrar justo entonces y no antes? ¿Por las represiones y los pogromos, o por motivos económicos? Dado que en Estados Unidos la alfabetización estaba relativamente extendida cuando llegaron los judíos, ¿cómo se explica la rapidez de su éxito económico? ¿Por qué apenas emigraron judíos de Oriente Próximo y el norte de África al Canadá, Estados Unidos y Sudamérica?

Al comparar los judíos que hoy viven en Israel con los de la diáspora surgen más interrogantes. De los 13 millones de judíos existentes en el mundo, cerca del 40 por ciento vive en Estados Unidos, más o menos el 15 por ciento en Europa occidental y el 5 por ciento en el resto del mundo, sin contar Israel[13]. Los judíos de la diáspora que no viven en Estados Unidos presentan la misma estructura ocupacional (trabajos muy especializados) y la misma distribución de ingresos (más elevados que el resto de la población) que los judíos estadounidenses. En cambio, los 5,8 millones de judíos que viven en Israel tienen una estructura ocupacional parecida a la de cualquier país europeo pequeño o a la de la población general de Estados Unidos. Cerca del 80 por ciento de los judíos residentes en Estados Unidos tiene un título universitario, frente al 40 por ciento escaso de los judíos de Israel. ¿Puede mantenerse esa brecha? ¿La teoría basada en la elección ocupacional es compatible con el enorme éxito que está cosechando Israel en el sector de la alta tecnología?

---

[13] DellaPergola (1992, 2001).

Los numerosos interrogantes que plantea la historia económica de los judíos a partir de 1500 requieren un estudio más amplio y profundo, que será el tema de nuestro próximo viaje a través de la historia judía. En nuestro próximo proyecto de investigación trataremos de averiguar si la teoría económica con que hemos explicado la historia económica de los judíos de 70 d.C. a 1492 puede ayudarnos a entender la historia económica de los judíos posterior a 1500.

# Apéndice

En este apéndice se enumeran las fuentes secundarias que hemos leído y evaluado críticamente para reconstruir las cifras expuestas en las tablas 1.1, 1.2, 1.3, 1.5, 1.6 y 1.7, y en el gráfico 1.1. Asimismo, se presentan y analizan las tablas A.1 y A.2, donde se recogen las cifras de la población judía hacia 1170 calculadas por Benjamín de Tudela. Por último, se aclara cómo se han calculado las cifras de algunas tablas y por qué a veces difieren de las ofrecidas por otros autores.

## CAPÍTULO 1

- Tabla 1.1 Población judía y total, 65 d.C.-650, por región

y

- Tabla 1.2 Efecto de las guerras en la población judía, 65 d.C. -650, por región

*Fuentes*: Para LA TIERRA DE ISRAEL: Baron (1971b), Broshi (1979, 1982, 2001), Hamel (1990, pp. 137-140), Herr y Oppenheimer (1990, pp. 108-109), DellaPergola (1992, 2001), S. Schwartz (2001, pp. 10-11; 2006, pp. 23, 36). Para MESOPOTAMIA y PERSIA: Neusner (1965-1970, vol. 1, pp. 14-15, vol. 2, pp. 246-248), Baron (1971b), Issawi (1981, pp. 376, 381) y DellaPergola (1992, 2001). Para el NORTE DE ÁFRICA: Baron (1971b), Issawi (1981, pp. 376, 381), Musallam (1981, p. 432) y DellaPergola (1992, 2001). Para los datos sobre la población judía en todos los lugares: Engleman (1960), Baron (1971b) y DellaPergola (1992, 2001). Para los datos sobre la población total: Russell (1958), Clark (1968), Durand (1977, tabla 1), McEvedy y Jones (1978), Biraben (1979) y Kremer (1993).

*Notas*: La cifra de Baron, ocho millones de judíos en el siglo I d.C., se obtiene sumando los siguientes datos: 2,5 millones para la Tierra de Israel, un millón para Mesopotamia y Persia, un millón para Egipto, un millón para Siria y el Líbano, un millón para Asia Menor y los 1,5 millones restantes para la Europa occidental y meridional bajo dominio romano.

La cifra de DellaPergola, 4,5 millones de judíos en el siglo I a.C., se obtiene considerando una población judía mucho más reducida para Siria, Asia Menor y Europa occidental.

Las cifras de Broshi, Hamel y Schwartz, 2,5 millones de judíos en todo el mundo antes de 70 d.C. (de los cuales no más de un millón vivían en la Tierra de Israel y los 1,5 millones restantes en la diáspora) se basan en el argumento de que, teniendo en cuenta la superficie de la Tierra de Israel y la probable densidad demográfica de la época, la cifra de Baron –2,5 millones de judíos solo en la Tierra de Israel– no se sostiene en absoluto.

Nuestra cifra de entre 5 y 5,5 millones de judíos en vísperas de la Primera Guerra Judeorromana se obtiene partiendo de los 4,5 millones de judíos calculados por DellaPergola para el siglo I a.C. y sumándoles de medio millón a un millón de judíos, cifra esta resultante, según los cálculos, del crecimiento natural y de las conversiones documentadas de paganos al judaísmo que se produjeron en los dos siglos anteriores a la destrucción del segundo templo.

- Gráfico 1.1 Población judía y población total, *ca.* 65 d.C., 650, 1170 y 1490.

*Fuentes*: Véanse las fuentes de las tablas 1.1, 1.6 y 1.7 en el presente apéndice.

- Tabla 1.3: Porcentaje de mano de obra judía dedicada a la agricultura y a actividades especializadas, 1 d.C. -650, por región

*Fuentes*: Para la TIERRA DE ISRAEL en 1-400 d.C.: Baron (1937, vol. 1; 1952, vol. 1 y 2; 1971a), Applebaum (1976a), S. Safrai (1976b), M. Stern (1976); Avi-Yonah (1984), Hamel (1990), L. Jacobs (1990) y Z. Safrai (1994). Para MESOPOTAMIA Y PERSIA en 1-400 d.C.: Newman (1932), Baron (1937, vol. 1; 1952, vols. 1 y 2; 1971a), Neusner

(1965-1970, vol. 1, pp. 94-99; vol. 2, p. 14; vol. 3, pp. 24-25; 1990c; 1990e), M. Stern (1974), Applebaum (1976b), L. Jacobs (1990), y Goodblatt (2006b). Para el NORTE DE ÁFRICA en 1-400 d.C.: Baron (1937, vol. 1; 1952, vols. 1 y 2; 1971a), Tcherikover (1945, 1961), M. Stern (1974), Applebaum (1976b), S. Safrai (1976b) y Kasher (1985). Para el IMPERIO ROMANO en 1-400 d.C.: Juster (1914), Baron (1937, vol. 1; 1952, vols. 1 y 2; 1971a), Frank (1938), A. Jones (1964), M. Stern (1974), Applebaum (1976b), S. Safrai (1976b) y Goodman (1998). Para la TIERRA DE ISRAEL en 400-650: Baron (1971a), S. Safrai (1976b), Avi-Yonah (1984), Dan (1990), Herr y Oppenheimer (1990) y L. Jacobs (1990). Para MESOPOTAMIA Y PERSIA en 400-650: Newman (1932), Neusner (1965-1970, vol. 5), Baron (1971a), Beer (1974), S. Safrai (1976b) y L. Jacobs (1990). Para los IMPERIOS ROMANO Y BIZANTINO en 400-650: Juster (1912, 1914), Sharf (1966, 1971), Baron (1971a) y Jacoby (2011).

- Tabla 1.5 Porcentaje de mano de obra judía dedicada a la agricultura y a actividades especializadas, 400-1250, por región

*Fuentes*: Para la TIERRA DE ISRAEL en 400-650: Baron (1971a), S. Safrai (1976b), Avi-Yonah (1984), Dan (1990), Herr y Oppenheimer (1990) y L. Jacobs (1990). Para MESOPOTAMIA Y PERSIA en 400-650: Newman (1932), Neusner (1965-1970, vol. 5), Baron (1971a), Beer (1974), S. Safrai (1976b) y L. Jacobs (1990). Para los IMPERIOS ROMANO Y BIZANTINO en 400-650: Juster (1912-1914), Sharf (1966, 1971), Baron (1971a) y Jacoby (2011). Para la TIERRA DE ISRAEL, SIRIA, EL LÍBANO, MESOPOTAMIA, PERSIA Y EL NORTE DE ÁFRICA en 650-1250: Mann (1920-1922), Baron (1952, vol. 3; 1971a), Goitein (1967-1988, vol. 1), Ashtor (1976), H. Ben-Sasson (1976), Morony (1981), Udovitch (1981), Lewis (1984, 2002), Benjamín de Tudela ([1170] 1983), Raphael (1985), Gil (1992, 2004), M. R. Cohen (1994), Ashtor y Sagiv (2007), Ashtor, Yaari y Cohen (2007), Assis y Beinart (2007), Ben-Yaacob *et al.* (2007), Corcos (2007), Fischel (2007), Fischel, Cohen y Netzer (2007) y Haim (2007). Para el IMPERIO BIZANTINO después de 650: Jacoby (2008, 2011) y Holo (2009). Para EUROPA OCCIDENTAL en 650-1250: Abrahams (1896, caps. 11 y 12, y pp. 245-249), Roth (1938, 1960a), Agus (1965), Cantera Burgos (1966), Baron (1971a), Benjamín de Tudela ([1170]

1983), Baron, Kahan y Gross (1975) y Toch (2003, 2005, 2008, 2011, 2012).

- Tabla 1.6 Población judía y población total, *ca.* 650 y *ca.* 1170, por región

y

- Tabla 1.7 Población judía y población total, *ca.* 1170-1490, por región

*Fuentes*: Para la TIERRA DE ISRAEL: Baron (1971b), Broshi (1979, 1982, 2001), Hamel (1990, pp. 137-140), Herr y Oppenheimer (1990, pp. 108-109), DellaPergola (1992, 2001) y S. Schwart (2001, pp. 10-11; 2006, pp. 23, 36). Para MESOPOTAMIA Y PERSIA: Neusner (1965-1970, vol. 1, pp. 14-15; vol. 2, pp. 246-248), Baron (1971b), Issawi (1981, pp. 376-381) y DellaPergola (1992, 2001). Para el NORTE DE ÁFRICA: Ashtor (1959a; 1967; 1968, p. 13, cap. 7), Baron (1971b), Issawi (1981, pp. 376-381), Musallam (1981, p. 432), Dols (1981, p.p. 400-404) y DellaPergola (1992, 2001). Para el IMPERIO BIZANTINO: Baron (1971b), Jacoby (2008, 2011) y Holo (2009). Para EUROPA: Baron (1971b), DellaPergola (1992, 2001) y Toch (2005, 2012). Para los datos sobre la población judía de todas las localidades: Ashtor (1959a; 1967; 1968; 1976, cap. 7), Roth (1960a), Engleman (1960), Baron (1971b), Dols (1981, pp. 400-404) y DellaPergola (1992, 2001). Para los datos sobre la población total: Russell (1958), Clark (1968), Durand (1977, tabla 1), McEvedy y Jones (1978) y Kremer (1993).

*Notas*: Véase la tabla A.2 del presente apéndice para la lista completa de las ciudades mencionadas en el libro de viajes de Benjamín de Tudela. Nuestra cifra de la población judía de Mesopotamia, Persia y la península arábiga hacia 1170 difiere de la calculada por DellaPergola (2001, tablas 1 y 2) por dos razones. En primer lugar, hemos reducido considerablemente las cifras de Benjamín de Tudela relativas a los judíos que vivían en la península arábiga (sobre todo en el Yemen), pues el viajero no visitó esos lugares y sus cifras, según algunos especialistas, son exageraciones desmesuradas.

En segundo lugar, coincidimos con Ashtor (1959a; 1967; 1968; 1976, cap. 6) y Gil (2004, pp. 491-532), que proponen interpretar como número de individuos las cifras que ofrece Benjamín para las regiones que no visitó y de las que simplemente oyó hablar (esto es, Persia, Asia central, la India, China y algunas localidades de Egipto) y como número de familias las cifras que ofrece para los lugares que visitó realmente (esto es, Europa, los Balcanes, Asia Menor, el Líbano, Siria, la Tierra de Israel, Mesopotamia y algunas localidades de Egipto). Esta interpretación también encuentra respaldo en los datos extraídos de los registros tributarios de Mesopotamia y Egipto de la época estudiados por Gil (por ejemplo, Benjamín de Tudela consigna 40.000 familias judías residentes en Bagdad y en la región circundante, y en un censo fiscal elaborado unos pocos decenios después figuran 36.000 contribuyentes judíos, o sea, cabezas de familia). Por tanto, en el caso de las localidades para las que las cifras de Benjamín deben considerarse número de familias, hemos multiplicado esas cifras por cinco, basándonos en el supuesto de que este era el número de miembros de la familia media.

## CAPÍTULO 7

A continuación explicaremos cómo hemos interpretado las cifras de población judía ofrecidas por Benjamín de Tudela para construir las tablas A.1 y A.2.

Los historiadores y demógrafos han analizado la fiabilidad de los datos de Benjamín. Dos cuestiones parecen especialmente controvertidas: en primer lugar, algunas de las cifras que da el viajero en relación con las localidades que solo conoció de oídas se antojan muy exageradas (por ejemplo, el número de judíos en el Yemen), mientras que no menciona comunidades judías cuya existencia consta en otras fuentes. Así, en las tablas A.1 y A.2 hemos reducido sensiblemente las cifras de Benjamín relativas a las localidades del Yemen y de otras zonas de la península arábiga que no llegó a visitar (en algunos casos el tudelano confundió incluso localidades yemeníes con localidades indias, afirmó que Basora estaba en el Yemen, o señaló algunos lugares, como Tilmas, que no se encuentran en ninguna otra fuente, ni siquiera en los archivos contemporáneos de la guenizá cairota). Remitimos al lector a la introducción de Marcus Nathan Adler al libro de viajes de Benjamín de Tudela ([*ca.* 1170] 1983), en la que se analizan a fondo los problemas relacionados con la identificación de las localidades situadas en el Yemen.

La segunda cuestión es cómo interpretar las cifras de Benjamín: como individuos o como familias. Tras cruzar los datos demográficos extraídos de otras fuentes (por ejemplo, de registros tributarios), Ashtor (1967, 1968, 1976) y Gil (1992, 2004) sostienen que, por lo que respecta a las regiones mejor documentadas –como Europa, los Balcanes, Asia Menor, Siria, el Líbano, la Tierra de Israel, Mesopotamia y algunas localidades egipcias (por ejemplo, Alejandría y El Cairo)–, debería interpretarse que los datos de Benjamín se refieren al número de familias, con lo cual, al multiplicarlos por un factor de cinco individuos por familia, se obtendrían las cifras de la población total de cada localidad. En el caso de otras regiones que Benjamín solo conoció de oídas (Persia, la península arábiga incluido el Yemen, el Asia central, la India, China y algunas localidades egipcias), habría que interpretar que sus cifras se refieren a número de individuos (o sea, que son cifras de población total).

Coincidimos con el argumento de Ashtor y Gil, y en las tablas A.1 y A.2 hemos ajustado los datos de Benjamín de Tudela teniendo presentes todas las advertencias anteriores. En particular:

- Para la tabla A.1: Las cifras de población se han calculado usando los datos demográficos de la tabla A.2. En la columna de CIFRAS EN BRUTO figuran las cifras recogidas en el libro de viajes de Benjamín. En la columna de CIFRAS AJUSTADAS las cifras en bruto se corrigen así:

  - Para MESOPOTAMIA, cuyas localidades Benjamín visitó y describió con detalle, interpretamos sus cifras como relativas al número de familias; por tanto, las multiplicamos por cinco, partiendo del supuesto de que la familia media contaban con cinco miembros.
  - Para PERSIA, donde Benjamín no estuvo, interpretamos sus datos como cifras de población; por tanto, los reproducimos tal cual en la columna 3.
  - Para PERSIA + LAS CIUDADES QUE FALTAN, añadimos la cifra de unos 100.000 individuos para las localidades en las que se sabe que existían grandes comunidades judías, aunque Benjamín no las mencionase en su libro de viajes.
  - Para la PENÍNSULA ARÁBIGA, reducimos considerablemente las cifras de Benjamín (de 463.000 a 83.000), ya que no visitó el Yemen ni otras zonas de la península.
  - Para la PENÍNSULA ARÁBIGA + LAS CIUDADES QUE FALTAN, añadimos la cifra de entre 17.000 y 67.000 individuos (obteniendo un total de entre 100.000 y 150.000 judíos) para tener en cuenta el hecho de que Benjamín no mencionó algunas localidades del Yemen (por

ejemplo, Adén) en las que se sabe, por muchas otras fuentes, que vivían judíos.

- Para la tabla A.2: En la columna de CIFRAS EN BRUTO figuran las cifras recogidas en el libro de viajes de Benjamín. Los valores de la columna de las CIFRAS AJUSTADAS se obtienen así:

  - Para todas las ciudades y núcleos urbanos de Europa, los Balcanes, Asia Menor, el Líbano, la Tierra de Israel, Siria, Mesopotamia, El Cairo y Alejandría, que Benjamín visitó, interpretamos sus cifras como el número de familias y las multiplicamos por cinco, partiendo del supuesto de que la familia media tenía cinco miembros.
  - Para Persia, Asia central, India, China y las demás ciudades egipcias que Benjamín solo conoció de oídas, consideramos que sus cifras se refieren al número de individuos y las dejamos tal cual las consignó el viajero.
  - Para las localidades del Yemen y la Península Ibérica que Benjamín no visitó, o para las cuales dio nombres imposibles de encontrar en ninguna otra fuente (por ejemplo, Tilmas), hemos reducido las cifras manteniendo al mismo tiempo las dimensiones relativas de las localidades.

**TABLA A.1.** Cálculo aproximado de la población judía en Oriente Próximo, basado en el libro de viajes de Benjamín de Tudela, por región, *ca.* 1170

| Región/país | Cifras en bruto | Cifras ajustadas |
|---|---|---|
| Mesopotamia | 120.420 | 592.100 |
| Persia | 245.000 | 245.000 |
| Persia + ciudades que faltan | — | 345.000 |
| Península arábiga | 463.000 | 83.000 |
| Península arábiga + ciudades que faltan | — | 100.000-150.000 |
| Total =<br>Mesopotamia + Persia + península arábiga | 828.420 | 920.100 |
| Total =<br>Mesopotamia + (Persia + ciudades que faltan)<br>+ península arábiga | — | 1.020.100 |
| Total =<br>Mesopotamia + (Persia + ciudades que faltan)<br>+ (península arábiga + ciudades que faltan) | — | 1.037.100-1.087.100 |

*Fuente*: Benjamín de Tudela ([*ca.* 1170] 1983).
– No disponible.

**TABLA A.2.** Lista de localidades y cifras de población judía mencionadas en el libro de viajes de Benjamín de Tudela, *ca.* 1170

| Región/país | Ciudad | Cifras en bruto | Cifras ajustadas |
|---|---|---|---|
| *Europa* | | | |
| España | Tudela | | |
| | Zaragoza | | |
| | Tortosa | | |
| | Tarragona | | |
| | Barcelona | | |
| | Gerona | | |
| Francia | Narbona | 300 | 1.500 |
| | Béziers | | |
| | Montpellier | | |
| | Lunel | 300 | 1.500 |
| | Posquières | 40 | 200 |
| | Bourg de St. Gilles | 100 | 500 |
| | Arlés | 200 | 1.000 |
| | Marsella | 300 | 1.500 |
| Italia | Génova | 2 | 10 |
| | Pisa | 20 | 100 |
| | Lucca | 40 | 200 |
| | Roma | 200 | 1.000 |
| | Capua | 300 | 1.500 |
| | Pozzuoli | | |
| | Nápoles | 500 | 2.500 |
| | Salerno | 600 | 3.000 |
| | Amalfi | 20 | 100 |
| | Benevento | 200 | 1.000 |
| | Melfi | 200 | 1.000 |
| | Áscoli | 40 | 200 |
| | Trani | 200 | 1.000 |
| | Bari | 0 | 0 |
| | Tarento | 300 | 1.500 |
| | Bríndisi | 10 | 50 |
| | Otranto | 500 | 2.500 |
| Balcanes | Corfú | 1 | 5 |
| | Larta | 100 | 500 |
| | Aphilon | 30 | 150 |
| | Anatólica | | |
| | Patras | 50 | 250 |
| | Lepanto | 100 | 500 |
| | Crissa | 200 | 1.000 |
| | Corinto | 300 | 1.500 |
| | Tebas | 2.000 | 10.000 |
| | Egripo | 200 | 1.000 |
| | Jabustrisa | 100 | 500 |
| | Rabónica | 100 | 500 |
| | Sinon Potamo | 50 | 250 |

TABLA A.2. *(continuación)*

| Región/país | Ciudad | Cifras en bruto | Cifras ajustadas |
|---|---|---|---|
| *Europa* | | | |
| Balcanes | Región de Valaquia | | |
| | Gardiki | | |
| Asia Menor | Armiro | 400 | 2.000 |
| | Visena | 100 | 500 |
| | Salónica | 500 | 2.500 |
| | Demetrizi | 50 | 250 |
| | Drama | 140 | 700 |
| | Cristópoli | 20 | 100 |
| | Abidos | | |
| | Constantinopla | 2.500 | 12.500 |
| | Rodosto | 400 | 2.000 |
| | Galípoli | 200 | 1.000 |
| | Kales | 50 | 250 |
| | Mitilene | | |
| | Quíos | 400 | 2.000 |
| | Samos | 300 | 1.500 |
| | Rodas | 400 | 2.000 |
| *En el viaje de regreso desde Oriente Próximo y el norte de África* | | | |
| Italia | Mesina | 200 | 1.000 |
| | Palermo | 1.500 | 7.500 |
| | Siracusa | | |
| | Marsala | | |
| | Catania | | |
| | Petralia | | |
| | Trapani | | |
| | Roma | | |
| | Lucca | | |
| Alemania | Verdún | | |
| | Colonia | | |
| | Ratisbona | | |
| | Metz | | |
| | Tréveris | | |
| | Coblenza | | |
| | Andernach | | |
| | Bonn | | |
| | Colonia | | |
| | Bingen | | |
| | Münster | | |
| | Worms | | |
| | Estrasburgo | | |
| | Wurzburgo | | |
| | Mantern | | |
| | Bamberga | | |

**TABLA A.2.** *(continuación)*

| Región/país | Ciudad | Cifras en bruto | Cifras ajustadas |
|---|---|---|---|
| *En el viaje de regreso desde Oriente Próximo y el norte de África* | | | |
| Alemania | Frisinga | | |
| | Ratisbona | | |
| Bohemia | Praga | | |
| Francia | Auxerre | | |
| | París | | |
| | Demetrizi | | |
| *Asia* | | | |
| | Chipre | | |
| Armenia | Coricos | | |
| Asia Menor | Malmistras | | |
| | Antioquía la Grande | 10 | 50 |
| | Ladikya | 100 | 500 |
| Jordania | Gebal | | |
| | Kadmus | | |
| Líbano | Tarabulus (Trípoli) | | |
| | Gubail (Biblos) | 150 | 750 |
| | Beirut | 50 | 250 |
| | Sidón | 20 | 100 |
| | Zona con drusos | 0 | 0 |
| | Sarepta | | |
| | Tiro | 500 | 2.500 |
| Tierra de Israel | Acre | | |
| | Haifa | | |
| | Carmel | | |
| | Cafarnaúm | | |
| | Cesárea | 200 | 1.000 |
| | Keilat | 0 | 0 |
| | Lod | 1 | 5 |
| | Sebastiya | 0 | 0 |
| | Naplusia | 0 | 0 |
| | Gilboa | | |
| | Aldea sin nombre | 0 | 0 |
| | Gabaón | 0 | 0 |
| | Jerusalén | 200 | 1.000 |
| | Belén | 2 | 10 |
| | Hebrón | | |
| | Bet Yibrín | 3 | 15 |
| | Silo | | |
| | Guibeá | 0 | 0 |
| | Nob | 2 | 10 |
| | Ramala | 300 | 1.500 |
| | Yafa | 1 | 5 |
| | Yavne | 0 | 0 |
| | Asdod | 0 | 0 |
| | Ascalón | 240 | 1.200 |

TABLA A.2. *(continuación)*

| Región/país | Ciudad | Cifras en bruto | Cifras ajustadas |
|---|---|---|---|
| *Asia* | | | |
| Israel | Lod | | |
| | Esdrelón | 1 | 5 |
| | Séforis | | |
| | Tiberíades | 50 | 250 |
| | Timnatha | | |
| | Merón | | |
| | Alma | 50 | 250 |
| | Kadesh | 0 | 0 |
| | Banias | | |
| Siria | Damasco | 3.000 | 15.000 |
| | Galid | 60 | 300 |
| | Salca | | |
| | Baalbek | | |
| | Tadmor (Palmira) | 2.000 | 10.000 |
| | Kariatín | 1 | 5 |
| | Emesa | 20 | 100 |
| | Hamat | 70 | 350 |
| | Sheizar | | |
| | Dimin | | |
| | Alepo | 5.000 | 25.000 |
| | Balis | 10 | 50 |
| | Calat Yabar | 2.000 | 10.000 |
| Mesopotamia | Rakka | 700 | 3.500 |
| | Harrán | 20 | 100 |
| | Ras el Ain | 200 | 1.000 |
| | Nísibis | 1.000 | 5.000 |
| | Geziret Ibn Omar | 4.000 | 20.000 |
| | Mosul | 7.000 | 35.000 |
| | Nínive | | |
| | Arbel | | |
| | Rahbah | 2.000 | 10.000 |
| | Karkisia | 500 | 2.500 |
| | Pumbedita (El Hanbar) | 3.000 | 15.000 |
| | Hadara | 15.000 | 75.000 |
| | Okbara | 10.000 | 50.000 |
| | Bagdad | 40.000 | 200.000 |
| | Gazigan | 5.000 | 25.000 |
| | Babilonia | 3.000 | 15.000 |
| | Al Hila | 10.000 | 40.000 |
| | Torre de Babel | | |
| | Kafri | 200 | 1.000 |
| | Sinagoga de Ezequiel | | |
| | Kotsonat | 300 | 1.500 |
| | Ain Siftha | | |
| | Cafar al Keram | | |

**TABLA A.2.** *(continuación)*

| Región/país | Ciudad | Cifras en bruto | Cifras ajustadas |
|---|---|---|---|
| *Asia* | | | |
| Mesopotamia | Aldea sin nombre | | |
| | Aldea sin nombre | | |
| | Kufa | 7.000 | 35.000 |
| | Sura | | |
| | Safyatib | | |
| | Pumbedita (Al Anbar) | | |
| Península arábiga | Al Hila | | |
| | Jeibar | 50.000 | 10.000 |
| | Teima | | |
| | Tilmas | 100.000 | 20.000 |
| | Tanai | 300.000 | 50.000 |
| | Localidad en el Yemen | 3.000 | 3.000 |
| Mesopotamia | Basora | 10.000 | 50.000 |
| | Sepulcro de Esdras | 1.500 | 7.500 |
| Persia | Susa | 7.000 | 7.000 |
| | Sepulcro de Daniel | | |
| | Rudbar | 20.000 | 20.000 |
| | Nahavand | 4.000 | 4.000 |
| | Tierra de Mulahid | | |
| | Amadia | 25.000 | 25.000 |
| | Hamadán | 30.000 | 30.000 |
| | Tabaristán | 4.000 | 4.000 |
| | Isfahán | 15.000 | 15.000 |
| | Shiraz | 10.000 | 10.000 |
| | Gazni | 80.000 | 80.000 |
| | Samarcanda | 50.000 | 50.000 |
| Asia central | Tíbet | | |
| | Nisapur | | |
| | Juzestán | | |
| | Isla de Kish | 500 | 500 |
| Arabia | Katifa | 5.000 | 5.000 |
| India | Kolam (Quilon) | | |
| | Ibrig | 3.000 | 3.000 |
| China | China | | |
| | Al-Gingaleh | 1.000 | 1.000 |
| | Chulan | 0 | 0 |
| Yemen | Zabid | | |
| | Adén | | |
| | Al Hila | 10.000 | 40.000 |
| | Torre de Babel | | |
| *Norte de África* | | | |
| Egipto | Abisinia | | |
| | Asuán | | |
| | Seba | | |
| | Heluam | 300 | 300 |

**TABLA A.2.** *(continuación)*

| Región/país | Ciudad | Cifras en bruto | Cifras ajustadas |
|---|---|---|---|
| *Norte de África* | | | |
| Egipto | Tierra de Zawila | | |
| | Desierto del Sahara | | |
| | Cus | 300 | 300 |
| | Fayum | 200 | 200 |
| | El Cairo | 7.000 | 35.000 |
| | Bilbais | 300 | 300 |
| | Ramsés | | |
| | Albubizig | 200 | 200 |
| | Benha | 60 | 60 |
| | Muneh Sifte | 500 | 500 |
| | Samun | 200 | 200 |
| | Damira | 700 | 700 |
| | Lammanah | 500 | 500 |
| | Alejandría | 3.000 | 15.000 |
| | Damieta | 200 | 200 |
| | Simasin | 100 | 100 |
| | Sunbat | | |
| | Ailam | | |
| | Refidim | 0 | 0 |
| | Monte Sinaí | | |
| | Tur Sinaí | | |
| | Damieta | | |
| | Tanis | 40 | 40 |

*Fuente:* Benjamín de Tudela ([c. 1170] 1983).
*Nota:* Las localidades de la tabla figuran en el mismo orden en que aparecen mencionadas en el relato de Benjamín de Tudela. Para la interpretación de las cifras de las columnas 3 y 4 véase la explicación ofrecida en este mismo apéndice.

# Bibliografía

FUENTES PRIMARIAS


Cortona, Archivio Storico del Comune, manuscrito F.

Cortona, Biblioteca dell'Accademia Etrusca, *Codice Cortonese*, manuscrito 520, *Capitoli del Monte Pio.*

Florencia, Archivos del Estado, *Catasto,* 207, 208, 213, 214, 215, 216, 219, 233, 234, 235, 236, 248, 249, 252, 253, 254, 257, 258, 266, 269.

Florencia, Archivos del Estado, *Statuti delle Comunità Autonome e Soggette*, 201, fol. 482; 280, fol. 251; 501, fol. 158; 759, fol. 201.

Pisa, Archivos del Estado, *Archivio Fiumi e Fossi, Serie Catasto* 532, 533, 535, 552, 557, 558.


FUENTES SECUNDARIAS


Aberbach, Moisés, *Jewish Education in the Mishna and Talmud*, Reuven Mas, Jerusalén, 1982 (en hebreo).

Abrahams, Israel, *Jewish Life in the Middle Ages*, Macmillan, Londres, 1896.

Abramitsky, Ran, "The Limits of Equality: Insights from the Israeli Kibbutz", *Quarterly Journal of Economics* 123, nº 3 (2008), 1111–1159.

—— "Lessons from the Kibbutz on the Equality- Incentives Trade- off", *Journal of Economic Perspectives* 25, nº 1 (2011a), 185–208.

—— "On the (Lack of) Stability of Communes: An Economic Perspective", en McCleary, Rachel, ed., *Oxford Handbook of the Economics of Religion*, Oxford University Press, Oxford, 2011b, 169–189.

Abulafia, David, *The Western Mediterranean Kingdoms, 1200– 1500: The Struggle for Dominion*, Longman, Londres 1997.

—— *Mediterranean Encounters, Economic, Religious, Political, 1100– 1550*, Ashgate, Burlington (Vermont), 2000.

—— "The Jews of Sicily and Southern Italy: Economic Activity", en Michael Torch, ed., *Wirtschaftsgeschichte der mittelalterlichen Juden. Fragen und Einschtzungen*, 49-62, Oldebourg, Múnich, 2008.

Acemoglu, Daron, Tarek A. Hassan y James A. Robinson, "Social Structure and Development: A Legacy of the Holocaust in Russia", *Quarterly Journal of Eco-*

*nomics* 126, nº 2 (2011), 895–946.

Acemoglu, Daron y Simon Johnson, "Unbundling Institutions", *Journal of Political Economy* 113, nº 5 (2005), 949–995.

Acemoglu, Daron, Simon Johnson y James Robinson, "The Colonial Origins of Comparative Development: An Empirical Investigation", *American Economic Review* 91, nº 5 (2001), 1369–1401.

—— "Reversal of Fortune: Geography and Institutions in the Making of the Modern World Income Distribution", *Quarterly Journal of Economics* 117, nº 4 (2002), 1231–1294.

—— "The Rise of Europe: Atlantic Trade, Institutional Change, and Economic Growth", *American Economic Review* 95, nº 3 (2005), 546–579.

Adler, Elkan Nathan, *Jewish Travellers in the Middle Ages: 19 Firsthand Accounts*, Dover, Nueva York, 1987.

Agus, Irving A., *Urban Civilization in Pre- Crusade Europe: A Study of Organized Town-Life in Northwestern Europe during the Tenth and Eleventh Centuries Based on the Responsa Literature*, 2 vols., Brill, Leiden, 1965.

Aharoni, Yohanan, Michael Avi-Yonah, Anson F. Rainey y Zeev Safrai, *The Carta Bible Atlas*, Jerusalén, Carta, 2002.

Alesina, Alberto y Eliana La Ferrara, "Participation in Heterogeneous Communities", *Quarterly Journal of Economics* 115, nº 3 (2000), 847–904.

—— "Who Trusts Others?", *Journal of Public Economics* 85, nº 2 (2002), 207–234.

Allen, Robert C., "The Great Divergence in European Wages and Prices from the Middle Ages to the First World War," *Explorations in Economic History* 38, nº 4 (2001), 411–447.

—— "Real Wages in Europe and Asia: A First Look at the Long- Term Patterns", en Allen, Robert C., Tommy Bengtsson y Martin Dribe, eds., *Living Standards in the Past: New Perspectives on Well-Being in Asia*, cap. 5, Oxford University Press, Oxford, 2005.

Alon, Gedaliah, *The Jews in their Land in the Talmudic Age (70–640 C.E.)*, 2 vols., Hebrew University Magnes Press, Jerusalén, 1980–1984.

Applebaum, Shimon, "Economic Life in Palestine", en Safrai, Shmuel y Me nahem Stern, eds., *The Jewish People in the First Century: Historical Geography, Political History, Social, Cultural, and Religious Life and Institutions*, vol. 2, Van Gorcum, Assen, 1976a, 631–700.

—— "The Social and Economic Status of the Jews in the Diaspora", en Safrai, Shmuel y Menahem Stern, eds., *The Jewish People in the First Century: Historical Geography, Political History, Social, Cultural, and Religious Life and Institutions*, vol. 2, Van Gorcum, Assen, 1976b, 701–727.

Armstrong, John A., "Mobilized and Proletarian Diasporas", *American Political Science Review* 70, nº 2 (1976), 393–408.

Ashtor, Eliyahu, "The Mongol Storm and the Jews: A Contribution to the History of Oriental Jewry from the Arabic Sources", *Zion* 4 (1939), 51–70.

—— "Documents Pertaining to the Study of the Economic and Social History of the Jews in the Near East", *Zion* 7 (1942),140–155.

—— "Prolegomena to the Medieval History of Oriental Jewry", *Jewish Quarterly Review* 50, nº 1 (1959a), 55–68.

—— "Prolegomena to the Medieval History of Oriental Jewry", *Jewish Quarterly Review* 50, nº 2 (1959b), 147–166.

—— "The Number of Jews in Medieval Egypt", *Journal of Jewish Studies* 18 (1967), 9–42.

—— "The Number of Jews in Medieval Egypt", *Journal of Jewish Studies* 19 (1968), 1–22.

—— "Un mouvement migratoire au haut moyen âge: migrations de l'Irak vers les pays méditerranées", *Annales ESC* 27 (1972), 185–214.

—— *The Jews of Moslem Spain*, 3 vols, *Jewish Publication Society of America*, Filadelfia, 1973–1984.

—— *A Social and Economic History of the Near East*, University of California Press, Berkeley, 1976.

—— "Fatimids", en Berenbaum, Michael y Fred Skolnik, *Encyclopaedia Judaica*, 2ª ed., vol. 6, Macmillan Reference USA, Detroit, 2007, 723–724.

Ashtor, Eliyahu y Reuven Amitai, "Mamluks", en Berenbaum, Michael y Fred Skolnik, *Encyclopaedia Judaica*, 2ª ed., vol. 13, Macmillan Reference USA, Detroit, 2007, 438–441.

Ashtor, Eliyahu y David M. Sagiv, "Basora", Berenbaum, Michael y Fred Skolnik, *Encyclopaedia Judaica*, 2ª ed., vol. 3, Macmillan Reference USA, Detroit, 2007, 205–206.

Ashtor, Eliyahu, Avraham Yaari y Haim J. Cohen, "Cairo", en Berenbaum, Michael y Fred Skolnik, *Encyclopaedia Judaica*, 2ª ed., vol. 4, Macmillan Reference USA, Detroit, 2007, 342–346.

Ashtor, Eliyahu, Simon R. Schwarzfuchs, Jeonathan Prato y Haim Avni, "Spain", Berenbaum, Michael y Fred Skolnik, *Encyclopaedia Judaica*, 2ª ed., vol. 19, Macmillan Reference USA, Detroit, 2007, 67–83.

Assaf, Simha, *A Source Book for the History of Jewish Education from the Beginning of the Middle Ages to the Period of the Haskalah, con notas añadidas y suplementos*, Shmuel Glick, ed., 5 vols., Jewish Theological Seminary of America, Nueva York, 2002–2006 (en hebreo).

Assis, Yom Tov y Haim Beinart, "Seville", en Berenbaum, Michael y Fred Skolnik, *Encyclopaedia Judaica*, 2ª ed., vol. 18, Macmillan Reference USA, Detroit, 2007, 325–329.

Avi-Yonah, Michael, *The Jews of Palestine. A Political History from the Bar Kokhba War to the Arab Conquest*, Basil Blackwell, Oxford, 1976.

—— *The Jews under Roman and Byzantine Rule*, 2ª ed., Hebrew University Magnes Press, Jerusalén, 1984.

Ayal, Eliezer B. y Barry R. Chiswick, "The Economics of the Diaspora Revisited", *Economic Development and Cultural Change* 31, nº 4 (1983), 861–875.

Bachrach, Bernard S., *Early Medieval Jewish Policy in Western Europe*, University of Minnesota Press, Minneapolis, 1977.

Baer, Yitzhak, *A History of the Jews in Christian Spain*, vol. 1, Jewish Publication Society of America, Filadelfia, 1961.

Bar, Doron, "Third- Century Crisis in the Roman Empire and Its Validity in Palestine", *Zion* 66, nº 2 (2001), 143–170.

—— "Was There a Third- Century Economic Crisis in Palestine?", en Humphrey, John H., *The Roman and Byzantine Near East: Some Recent Archaeological Research*, vol. 3, *Journal of Roman Archaeology*, Supplementary Series 49, Journal of Roman Archaeology, Portsmouth (Rhode Island), 2002.

——— "The Christianization of Rural Palestine during Late Antiquity", *Journal of Ecclesiastical History* 54, nº 3 (2003a): 401–421.

——— "Settlement and Economy in Late Roman and Byzantine Palestine", *Cathedra* 107 (2003b), 1–16.

Barclay, John M. G., *Jews in the Mediterranean Diaspora: From Alexander to Trajan (323 BCE– 117 CE)*, T&T Clark, Edimburgo, 1996.

——— "Who Was Considered an Apostate in the Jewish Diaspora?", en Stanton, Graham N. y Guy G. Stroumsa, eds., *Tolerance and Intolerance in Early Judaism and Christianity*, 80–98, Cambridge University Press, Cambridge, 1998.

Bareket, Elinoar, "Radhanites", en Roth, N., ed., *Jewish Civilization: An Encyclopedia*, Routledge, Londres, 2002, 558–561.

Bar-Ilan, Meir, "Illiteracy in the Land of Israel in the First Centuries C.E.", en Fishbane, Simcha, Stuart Schoenfeld y Alain Goldschleger, eds., *Essays in the Social Scientific Study of Judaism and Jewish Society*, vol. 2, Ktav, Hoboken (Nueva Jersey), 1992.

Baron, Salo Wittmayer, "Ghetto and Emancipation: Shall We Revise the Traditional View?", *Menorah Journal* 14 (1928), 515–526.

——— *A Social and Religious History of the Jews*, 1ª ed., 3 vols., Columbia University Press, Nueva York, 1937.

——— *A Social and Religious History of the Jews*, 2ª ed., 18 vols., Columbia University Press, Nueva York, 1952.

——— "Economic History", en Roth, Cecil, ed., *Encyclopedia Judaica*, vol. 6, 95–117, Macmillan, Nueva York, 1971a.

——— "Population", en Roth, Cecil, ed., *Encyclopedia Judaica*, vol. 13, 866–903, Nueva York, Macmillan, 1971b.

Baron, Salo W., Arkadius Kahan y Nachum Gross, *Economic History of the Jews*, Keter, Jerusalén, 1975.

Barro, Robert J. y Rachel M. McCleary, "Which Countries Have State Religions?", *Quarterly Journal of Economics* 120, nº 4 (2005), 1331–1370.

——— "Religion and Political Economy in an International Panel", *Journal for the Scientific Study of Religion* 45, nº 2 (2006), 149–175.

Barzel, Yoram, "Confiscation by the Ruler: The Rise and Fall of Jewish Lending in the Middle Ages", *Journal of Law and Economics* 35, nº 1 (1992), 1–13.

Bashan, Eliezer y Elinoar Bareket, "Nagid", en Berenbaum, Michael y Fred Skolnik, eds. *Encyclopedia Judaica*, 2ª ed., vol. 14, Macmillan Reference USA, Detroit, 2007, 729–733.

Bato, Yomtov Ludwig, Evelyn Adunka e Israel O. Lehman, "Vienna", en Berenbaum, Michael y Fred Skolnik, eds. *Encyclopedia Judaica*, 2ª ed., vol. 20, Macmillan Reference USA, 2007, 518-523.

Baumgarten, Albert, *The Flourishing of Jewish Sects in the Maccabean Era: An Interpretation*. Brill, Leiden, 1997.

Bausani, Alessandro, *The Persians, from the Earliest Days to the Twentieth Century*. St. Martin's, Londres, 1971.

Becker, Gary S. y H. Gregg Lewis, "On the Interaction between the Quantity and Quality of Children", *Journal of Political Economy* 81, nº S2 (1973), S279–288.

Becker, Sascha O., y Ludger Woessmann, "Was Weber Wrong? A Human Capital Theory of Protestant Economic History", *Quarterly Journal of Economics* 124, nº 2 (2009), 531–596.

Beek, Martin A., *Atlas of Mesopotamia: A Survey of the History and Civilisation of Mesopotamia from the Stone Age to the Fall of Babylon.* Nelson, Londres, 1962.

Beer, Moshe, *The Babylonian Amoraim: Aspects of Economic Life,* Bar Ilan University Press, Ramat Gan, 1974 (en hebreo).

Bein, Alex, *The Jewish Question: Biography of a World Problem,* Harry Zohn, trad., Fairleigh Dickinson University Press, Rutherford (Nueva Jersey), 1990.

Beinart, Haim, ed., *The Sephardi Legacy,* 2 vols., Hebrew University Magnes Press, Jerusalén, 1992–1993.

—— "Order of the Expulsion from Spain: Antecedents, Causes, and Textual Analysis", en Gampel, Benjamin, *Crisis and Creativity in the Sephardic World, 1391–1648,* Columbia University Press, Nueva York, 1998, 79–94.

—— "Córdoba", en Berenbaum, Michael y Fred Skolnik, eds. *Encyclopedia Judaica,* 2ª ed., vol. 5, 218–219, Macmillan Reference USA, Detroit, 2007a.

—— "Granada", en Berenbaum, Michael y Fred Skolnik, eds. *Encyclopedia Judaica,* 2ª ed., vol. 8, Macmillan Reference USA, Detroit, 2007b, 32.

Benbassa, Esther, *The Jews of France: A History from Antiquity to the Present,* M. B. DeBevoise, trad., Princeton University Press, Princeton (Nueva Jersey), 1999.

Benjamín de Tudela [¿1170?], *The Itinerary of Benjamin of Tudela: Travels in the Middle Ages,* Marcus Nathan Adler, ed. y trad., con introducciones de Michael A. Signer, Marcus Nathan Adler y Adolf Asher, Joseph Simon, Malibú (California), 1983. [Edición en castellano: *Libro de viajes de Benjamín de Tudela,* 2ª ed., Riopiedras Ediciones, Pamplona, 1982.]

Ben-Sasson, Haim Hillel, "The Middle Ages", en Haim Hillel Ben-Sasson, ed., *A History of the Jewish People,* Harvard University Press, Cambridge (Massachusetts), 1976, 393-723.

Ben-Sasson, Haim Hillel, Samuel Miklos Stern, Robert Weltsch, Michael Berenbaum, Jacob S. Levinger y Chaim Yahil, "Germany", en Berenbaum, Michael y Fred Skolnik, eds. *Encyclopedia Judaica,* 2ª ed., vol. 7, Macmillan Reference USA, Detroit, 2007, 518–546.

Ben-Sasson, Menahem, *The Jews of Sicily, 825–1068: Documents and Sources,* Ben Zvi Institute, Jerusalén, 1991.

—— "The History of the Jews in Muslim Lands during the Middle Ages", en Barnavi, Eli, ed., *A Historical Atlas of the Jewish People: From the Time of Patriarchs to the Present,* 74–75, 80–83, 86–93, 116–117, Schocken Books, Nueva York, 1992.

—— *The Emergence of the Local Jewish Community in the Muslim World (Qayrawan, 800–1057),* Hebrew University Magnes Press, Jerusalén, 1996.

Ben-Yaacob, Abraham, Nissim Kazzaz, Hayyim J. Cohen y Avraham Yaari, "Baghdad", en Berenbaum, Michael y Fred Skolnik, eds. *Encyclopedia Judaica,* 2ª ed., vol. 3, Macmillan Reference USA, Detroit, 2007, 55-59.

Berenbaum, Michael, y Alexander Carlebach. "Cologne", en Berenbaum, Michael y Fred Skolnik, eds. *Encyclopedia Judaica,* 2ª ed., vol. 5, Macmillan Reference USA, Detroit, 2007, 59-62.

Berman, Eli, "Sect, Subsidy and Sacrifice: An Economist's View of UltraOrthodox Jews", *Quarterly Journal of Economics* 115, nº 3 (2000), 905–953.

—— Radical, Religious and Violent: The New Economics of Terrorism, MIT Press, Cambridge (Massachusetts), 2009.

Biraben, Jean N., "Essai sur l'évolution du nombre des hommes", *Population* 34, nº 1 (1979), 13–25.

Blumenkranz, Bernhard, “Germany, 843–1096”, en Roth, Cecil e I. H. Levine, eds., *The Dark Ages: Jews in Christian Europe, 711–1096*, edited by Cecil Roth and I. H. Levine, Rutgers University Press, New Brunswick (Nueva Jersey), 1966, 162–174.

Blumenkranz, Bernhard, Lucien Steinberg y Doris Bensimon-Donath, “Paris”, en Berenbaum, M. y Fred Skolnik, *Encyclopaedia Judaica*, 2º ed., vol. 15, Macmillan Reference USA, Detroit, 2007, 642–647.

Blumenkranz, Bernhard, Simon R. Schwarzfuchs, Lucien Steinberg, David Weinberg, Doris Bensimon-Donath y Nelly Hannson, “France”, en Berenbaum, M. y Fred Skolnik, *Encyclopaedia Judaica*, 2º ed., vol. 7, Macmillan Reference USA, Detroit, 2007, 146-170.

Bonfil, Robert, *Jewish Life In Renaissance Italy*, University of California Press, Berkeley, 1994.

Bonfil, Robert, Oded Irshai, Guy G. Stroumsa y Rina Talgam, eds., *Jews in Byzantium. Dialectics of Minority and Majority Cultures*, Brill, Leiden, 2011.

Bonné-Tamir, Batsheva y Avinoam Adam, eds., *Genetic Diversity among Jews: Diseases and Markers at the DNA Level*, Oxford University Press, Nueva York, 1992.

Bonné-Tamir, B., J. G. Bodmer, W. F. Bodmer, P. Pickbourne, C. Brautbar, E. Gazit, S. Nevo y R. Zamir, “HLA Polymorphism in Israel: An Overall Analysis”, *Tissue Antigens* 11 (1978), 235–250.

Bonné-Tamir, Batsheva, Avshalom Zoossman-Diskin y Aharon Ticher, “Genetic Diversity among Jews Reexamined: Preliminary Analysis at the DNA Level”, en Bonné-Tamir, Batsheva y Avinoam Adam, eds., *Genetic Diversity among Jews: Diseases and Markers at the DNA Level*, Oxford University Press, Nueva York, 1992, 80–94.

Boone, Marc, Karel Davids y Paul Janssens, eds., *Urban Public Debts. Urban Government and the Market for Annuities in Western Europe (14th–18th Centuries)*, Brepols, Turnhout, 2003.

Botticini, Maristella, “New Evidence on Jewish Money Lending in Tuscany, 1310–1430: The ‘Friends and Family Connection’ Again”, en *Zakhor: Rivista di storia degli ebrei in Italia* 1 (1997), 77–93.

—— “A Tale of ‘Benevolent’ Governments: Private Credit Markets, Public Finance, and the Role of Jewish Lenders in Medieval and Renaissance Italy”, *Journal of Economic History* 60, nº 1 (2000), 165–189.

Botticini, Maristella y Zvi Eckstein, “Jewish Occupational Selection: Education, Restrictions, or Minorities?”, *Journal of Economic History* 65, nº 4 (2005), 922–948.

—— “From Farmers to Merchants, Conversions and Diaspora: Human Capital and Jewish History”, *Journal of the European Economic Association* 5, nº 5 (2007), 885–926.

—— “Path Dependence and Occupations”, en Durlauf, Steven N. y Lawrence Blume, *The New Palgrave Dictionary of Economics*, Palgrave MacMillan, Nueva York, 2008.

—— “Religious Norms, Human Capital, and Money Lending in Jewish European History”, en McCleary, ed., *Rachel, Oxford Handbook of the Economics of Religion*, Oxford University Press, Nueva York, 2011, 57-80.

Bowen, James, *A History of Western Education*, 3 vols., Methuen, Londres, 1972–1981.

Brasalawsky, Joseph, "Jewish Trade between the Mediterranean and India in the Twelfth Century", *Zion* 7 (1942), 135–139.

Braudel, Fernand, *The Wheels of Commerce*, Harper & Row, Nueva York, 1982.

Brawer, Abraham J., "Land of Israel: Geographical Survey", en Berenbaum, Michael y Fred Skolnik, eds., *Encyclopaedia Judaica*, 2ª ed., vol. 10, Macmillan Reference USA, Detroit, 100–143.

Brenner, Reuven y Nicholas M. Kiefer, "The Economics of the Diaspora: Discrimination and Occupational Structure", *Economic Development and Cultural Change* 29, nº 3 (1981), 517–534.

Breuer, Yochanan, "Aramaic in Late Antiquity", en Katz, Steven T., ed., *The Cambridge History of Judaism*, vol. 4, *The Late Roman-Rabbinic Period*, Cambridge University Press, Nueva York, 457–491.

Brice, William C., *An Historical Atlas of Islam*, Brill, Leiden, 1981.

Brody, Robert, *The Geonim of Babylonia and the Shaping of Medieval Jewish Culture*, Yale University Press, New Haven (Connecticut), 1998.

Brook, Kevin A., *The Jews of Khazaria*, Jason Aronson, Northvale (Nueva Jersey), 2006.

Brooks, David, "The Tel Aviv Cluster", *The New York Times*, 12 de enero de 2010.

Broshi, Magen, "The Population of Western Palestine in the Roman-Byzantine Period", *Bulletin of the American Schools of Oriental Research* 236 (1979), 1–10.

——— "The Population of the Land of Israel in the Roman Byzantine Period", en Baras, Zvi, Shmuel Safrai, Yoram Tsafrir y Menahem Stern, eds., *Eretz Israel from the Destruction of the Second Temple to the Muslim Conquest*, vol. 1, Yad Yitzhak Ben-Tzvi, Jerusalén, 1982, 442–455.

——— Bread, Wine, Walls y Scrolls, Continuum International, Nueva York, 2001.

Brown, Peter, *The Rise of Western Christendom, A.D. 200–1000*, Blackwell, Nueva York, 1996.

Bulliet, Richard W., "Conversion to Islam and the Emergence of a Muslim Society in Iran", en Levtzion, Nehemia, ed., *Conversion to Islam*, 30–51, Holmes & Meier, Nueva York, 1979a.

——— *Conversion to Islam in the Medieval Period: An Essay in Quantitative History*, Harvard University Press, Cambridge (Massachusetts), 1979b.

Buringh, Eltjo y Jan Luiten van Zanden, "Charting the 'Rise of the West': Manuscripts and Printed Books in Europe, A Long-Term Perspective from the Sixth through Eighteenth Centuries", *Journal of Economic History* 69, nº 2 (2009), 409–445.

Cahill, Thomas, *The Gifts of the Jews: How a Tribe of Desert Nomads Changed the Way Everyone Thinks and Feels*, Anchor Books, Nueva York, 1998.

Cantera Burgos, Francisco, "Christian Spain", en Roth, Cecil e I. H. Levine, eds., *The Dark Ages: Jews in Christian Europe, 711–1096*, Rutgers University Press, New Brunswick (Nueva Jersey), 1966, 357–381.

Cantoni, Davide, "The Economic Effects of the Protestant Reformation: Testing the Weber Hypothesis in the German Lands", manuscrito, diciembre de 2010.

Carlton, Dennis W. y Avi Weiss, "The Economics of Religion, Jewish Survival, and Jewish Attitudes toward Competition in Torah Education", *Journal of Legal Studies* 30, nº 1 (2001), 253–275.

Cassuto, Umberto, *Gli ebrei a Firenze nell'età del Rinascimento,* Leo S. Olschki Editore, Florencia, 1918.

Cave, Roy C., y Herbert H. Coulson, *A Source Book for Medieval Economic History,* Biblo & Tannen, Nueva York, 1965.

Chancey, Mark A., *The Myth of a Gentile Galilee,* Cambridge University Press, Cambridge, 2002.

Chazan, Robert, *The Jews of Medieval Western Christendom, 1000–1500,* Cambridge University Press, Nueva York, 2006.

Chiswick, Barry R., "Differences in Education and Earnings Across Racial and Ethnic Groups: Tastes, Discrimination, and Investment in Child Quality", *Quarterly Journal of Economics* 103, nº 3 (1988), 571–597.

—— "The Occupational Attainment of American Jewry: 1990–2000", *Contemporary Jewry* 27, nº 1 (2007), 80–111.

—— "The Economic Progress of American Jewry: From 18th Century Merchants to 21st Century Professionals", en Levine, A., *The Oxford Handbook of Judaism and Economics,* Oxford University Press, Nueva York, 2010, 625–645.

Chiswick, Carmel Ullman, "The Economics of Jewish Continuity", *Contemporary Jewry* 20, nº 1 (1999), 30–56.

—— "An Economic Perspective on Religious Education: Complements and Substitutes in a Human Capital Portfolio", *Research in Labor Economics* 24 (2006), 429–467.

Cipolla, Carlo Maria, *Literacy and Development in the West,* Pelican, Baltimore, 1969.

—— *Before the Industrial Revolution: European Society and Economy, 1000–1700,* Norton, Nueva York, 1976.

—— *The Monetary Policy of Fourteenth-Century Florence,* University of California Press, Berkeley, 1982.

Clark, Colin, *Population Growth and Land Use,* Macmillan, Londres, 1968. Cochran, Gregory, Jason Hardy y Henry Harpending, "Natural History of Ashkenazi Intelligence", *Journal of Biosocial Science* 38, nº 5 (2005), 659–693.

Cohen, Gerson D., "Judaism: Rabbinic Judaism", en *The New Encyclopaedia Britannica,* 15ª ed., New Encylopaedia Britannica, Chicago, 2002.

Cohen, Mark R., *Jewish Self-Government in Medieval Egypt: The Origins of the Office of Head of the Jews, ca. 1065– 1126,* Princeton University Press, Princeton (Nueva Jersey), 1980.

—— *Under Crescent and Cross: The Jews in the Middle Ages,* Princeton University Press, Princeton (Nueva Jersey), 1994.

—— "The Foreign Jewish Poor in Medieval Egypt", en Bonner, Michael, Mone Ener y Amy Singer, *Poverty and Charity in Middle Eastern Contexts,* State University of New York Press, Albany, 2003, 53–72.

—— "Geniza for Islamicists, Islamic Geniza, and the 'New Cairo Geniza'", *Harvard Middle Eastern and Islamic Review* 7 (2006), 129–145.

Cohen, Martin A., "Marrano", en Berenbaum, Michael y Fred Skolnik, eds., *Encyclopaedia Judaica,* 2ª ed., vol. 13, Macmillan Reference USA, Detroit, 2007, 559.

Cohen, Shaye J. D., *From the Maccabees to the Mishna.* Westminster Press, Filadelfia, 1987.

—— *The Beginnings of Jewishness: Boundaries, Varieties, Uncertainties,* University of California Press, Berkeley, 1999.

Corcos, David, "Kairouan," en Berenbaum, Michael y Fred Skolnik, eds., *Encyclo-*

*paedia Judaica*, 2ª ed., vol. 11, Macmillan Reference USA, Detroit, 2007, 726-728.

Cozzi, Gaetano, ed., *Gli ebrei e Venezia, secoli XIV–XVIII*, Atti del Convegno Inter- nazionale organizzato dalla Fondazione G. Cini, Venezia, Isola di San Giorgio Maggiore, 5–10 de junio de 1983, Edizioni Comunità, Milán, 1987.

Crenshaw, James L., *Education in Ancient Israel: Across the Deadening Silence*, Bantam Doubleday Publishing, Nueva York, 1998.

Crown, Alan D., ed., *The Samaritans*, Mohr Siebeck, Tubinga, 1989.

Crown, Alan D., Reinhard Pummer y Abraham Tal, eds., *A Companion to Samaritan Studies*, Mohr Siebeck, Tubinga, 1993.

Dan, Yaron, *"The Byzantine Rule (395–640 CE)"*, en Herr, Mosheh David, ed., *The History of Eretz Yisrael: The Roman-Byzantine Period, The Mishna and Talmud Period, and the Byzantine Rule (70–640)*, Keter Publishing, 1990, 231–374.

Danièlou, Jean, *The Theology of Jewish Christianity*, The Henry Regnery Company, Chicago, 1964.

Danièlou, Jean, y Henri I. Marrou, *The Christian Centuries*, vol. 1, *The First Six Hundred Years*, McGraw-Hill, Nueva York, 1964.

Daniels, Peter T., "The First Civilizations", en Daniels, Peter T., y William Bright, eds., *The World's Writing Systems*, Oxford University Press, Oxford, 1996, 21-32.

Decker, Michael, "Plants and Progress: Rethinking the Islamic Agricultural Revolution", *Journal of World History* 20, nº 2 (2009), 187–206.

DellaPergola, Sergio, "Major Demographic Trends of World Jewry: The Last Hundred Years", en Bonné-Tamir, Batsheva y Avinoam Adam, eds., *Genetic Diversity among Jews: Diseases and Markers at the DNA Level*, Oxford University Press, Nueva York, 1992, 3-30.

—— "Some Fundamentals of Jewish Demographic History", en DellaPergola, Sergio y Judith Even Papers, eds., *Jewish Demography 1997, Jewish Population Studies* 29, Hebrew University Press, Jerusalén, 2001, 11-33.

DeLong, J. Bradford y Andrei Shleifer, "Princes and Merchants: European City Growth Before the Industrial Revolution", *Journal of Law and Economics* 36, nº 2 (1993), 671–702.

Demsky, Aaron, "Literacy", en *Oxford Encyclopedia of Archeology in the Near East*, vol. 3, Oxford University Press, Oxford, 1997, 362-369.

Demsky, Aaron, Yehuda Moriel, Elijah Bortniker, Fred Skolnik, Chaim S. Kaz-Dan y Gil Graff, "Education, Jewish", en Berenbaum, Michael y Fred Skolnik, eds., *Encyclopaedia Judaica*, 2ª ed., vol. 6, Macmillan Reference USA, 2007, 162-214.

De Roover, Raymond, *Money, Banking, and Credit in Medieval Bruges: Italian Merchant-Bankers, Lombards, and Money Changers: A Study in the Origins of Banking*, Mediaeval Academy of America, Cambridge (Massachusetts), 1948.

—— *The Rise and Decline of the Medici Bank: 1397–1494*, Norton, Nueva York, 1966.

Doepke, Matthias y Fabrizio Zilibotti, "Occupational Choice and the Spirit of Capitalism", *Quarterly Journal of Economics* 123, nº 2 (2008), 747–793.

Dols, Michael, "The General Mortality of the Black Death in the Mamluk Empire", en Udovitch, Abraham L., ed., *The Islamic Middle East, 700–1900, Studies in Economic and Social History*, Darwin Press, Princeton (Nueva Jersey), 1981, 397-428.

Drazin, Nathan, *History of Jewish Education from 515 BCE to 220 CE,* Johns Hopkins University Press, Baltimore, 1940.
Duby, George, *Rural Economy and Country Life in the Medieval West,* University of South Carolina Press, Columbia, 1968.
Durand, John D., "Historical Estimates of World Population: An Evaluation", *Population and Development Review* 3, nº 3 (1977), 253–296.
Ebner, Eliezer, *Elementary Education in Ancient Israel during the Tannaic Period (10–220 CE),* Bloch, Nueva York, 1956.
Ekelund, Robert B., Robert F. Hebert, Robert D. Tollison, Gary M. Anderson y Audrey B. Davidson, *Sacred Trust: The Medieval Church as an Economic Firm,* Oxford University Press, Nueva York, 1996.
Elman, Peter, "The Economic Causes of the Expulsion of the Jews in 1290", *Economic History Review* 7, nº 2 (1937), 145–154.
Elon, Menachem, *Jewish Law: History, Sources, Principles. Translated from the Hebrew,* Bernard Auerbach y Melvin J. Sykes, trad., 4 vols., Jewish Publication Society, Filadelfia, 1994.
Engel, David, "Crisis and Lachrymosity: On Salo Baron, Neobaronianism, and the Study of Modern European Jewish History", *Jewish History* 20, nº 3–4 (2006), 243–264.
Engleman, Uriah Zevi, "Sources of Jewish Statistics", en Finkelstein, Louis, *The Jews: Their History, Culture and Religion,* Harper and Brothers, Filadelfia, 1960, 1510-1535.
Epstein, Stephan R., "Craft Guilds, Apprenticeships, and Technological Change in Pre-Industrial Europe", *Journal of Economic History* 58, nº 3 (1998), 684–713.
Epstein, Steven A., *Wage and Labor Guilds in Medieval Europe,* University of North Carolina Press, Chapel Hill, 1991.
—— *Genoa and the Genoese, 958–1528,* University of North Carolina Press, Chapel Hill, 1996.
Ettinger, Shmuel, "The Modern Period", en Ben-Sasson, Haim Hillel, eds., *A History of the Jewish People,* Harvard University Press, Cambridge (Massachusetts), 1976, 727–1096.
Feldman, Louis H., *Jew and Gentile in the Ancient World: Attitudes and Interactions from Alexander to Justinian,* Princeton (Nueva Jersey), Princeton University Press, 1993.
—— "Diaspora Synagogues: New Light from Inscriptions and Papyri", en Fine, Steven, ed., *Sacred Realm: The Emergence of the Synagogue in the Ancient World,* Oxford University Press, Nueva York, 1996a, 48-66.
—— *Studies in Hellenistic Judaism,* Brill, Leiden, 1996b.
Feldman, Louis H. y Meyer Reinhold, *Jewish Life and Thought among Greeks and Romans: Primary Readings,* Augsburg Fortress, Minneapolis, 1996.
Ferguson, Everett, *Backgrounds of Early Christianity,* 3ª ed., William B. Eerdmans, Grand Rapids (Michigan), 2003.
Ferguson, Niall, *The Ascent of Money: A Financial History of the World,* Penguin Press, Nueva York, 2008.
Fernández, Raquel, y Alessandra Fogli, "Fertility: The Role of Culture and Family Experience", *Journal of the European Economic Association* 4, nº 2–3 (2006), 552–561.
—— "Culture: An Empirical Investigation of Beliefs, Work and Fertility", *American Economic Journal: Macroeconomics* 1, nº 1 (2009), 146–177.

Fernández, Raquel, Alessandra Fogli y Claudia Olivetti, "Mothers and Sons: Preference Transmission and Female Labor Force Dynamics", *Quarterly Journal of Economics* 119, nº 4 (2004), 1249–1299.

Fine, Steven, ed., *Sacred Realm: The Emergence of the Synagogue in the Ancient World,* Oxford University Press, Nueva York, 1996.

—— *Jews, Christians, and Polytheists in the Ancient Synagogue; Cultural Interaction During the Greco-Roman Period,* Routledge, Londres, 1999.

Finkelstein, Israel, y Neil Asher Silberman, *The Bible Unearthed: Archaeology's New Vision of Ancient Israel and the Origin of Its Sacred Texts,* Free Press, Nueva York, 2001.

—— *David and Solomon: In Search of the Bible's Sacred Kings and the Roots of the Western Tradition,* Free Press, Nueva York, 2006.

Fischel, Walter Joseph, "Nishapur," en Berenbaum, Michael, y Fred Skolnik, eds., *Encyclopaedia Judaica,* 2ª ed., vol. 15, Macmillan Reference USA, Detroit, 2007, 275.

Fischel, Walter Joseph, Hayyim J. Cohen y Amnon Netzer, "Isfahan", en Berenbaum, Michael, y Fred Skolnik, eds., *Encyclopaedia Judaica,* 2ª ed., vol. 10, Macmillan Reference USA, Detroit, 2007, 79–80.

Flavius, Josephus, *Josephus: The Complete Works,* Whiston, William, ed., T. Nelson, Nashville (Tennessee), 1998.

Flesher, Paul V. M., "Palestinian Synagogues before 70 C.E.: A Review of the Evidence", en Urman, Dan, y Paul V. M. Flesher, *Ancient Synagogues: Historical Analysis and Archaeological Discovery,* vol. 1, Brill, Leiden, 1998, 27-39.

Flusser, David, *Judaism and the Origins of Christianity,* Hebrew University Magnes Press, Jerusalén, 1988.

Fornasari, Marco, *Il "Thesoro" della città: Il Monte di Pietá e l'economia bolognese nei secoli* XV *e* XVI, Il Mulino, Bolonia, 1993.

Fossier, Robert, *Peasant Life in the Medieval West,* Blackwell, Nueva York, 1988.

Fox, Robin Lane, *Pagans and Christians,* Knopf, Nueva York, 1987.

Frank, Tenney, *Economic Survey of Ancient Rome,* Johns Hopkins University Press, Baltimore, 1938.

Frend, William H. C., *The Archaeology of Early Christianity: A History,* Fortress Press, Minneapolis, 1996.

Friedman, Richard E., *Who Wrote the Bible?,* HarperCollins, Nueva York, 1997.

Fuchs, Daniel y Harold A. Sevener, *From Bondage to Freedom: A Survey of Jewish History from the Babylonian Captivity to the Coming of the Messiah,* Loizeaux, Neptune (Nueva Jersey), 1995.

Fuss, Abraham M., "Inter-Jewish Loans in Pre- Expulsion England", *Jewish Quarterly Review* 65, nº 4 (1975), 229–245.

Gafni, Isaiah, *Jews of Babylonia in the Talmudic Era,* Zalman Shazar Center for Jewish History, 1990 (en hebreo).

—— "Synagogues in Babylonia in the Talmudic Period", en Urman, Dan y Paul V. M. Flesher, eds., *Ancient Synagogues: Historical Analysis and Archaeological Discovery,* vol. 1, Brill, Leiden, 1998.

Galor, Oded, y Omer Moav, "Natural Selection and the Origin of Economic Growth", *Quarterly Journal of Economics* 117, nº 4 (2002), 1133–1191.

Gampel, Benjamin, *The Last Jews on Iberian Soil,* University of California Press, Berkeley, 1989.

——, ed., *Crisis and Creativity in the Sephardic World*, Columbia University Press, Nueva York, 1998.
Georgi, Dieter, "The Early Church: Internal Jewish Migration or New Religion?", *Harvard Theological Review* 88, nº 1 (1995), 35–68.
Ghosh, Amitav, *In an Antique Land*, Vintage, Nueva York, 1992.
Gil, Moshe, "The Radhanite Merchants and the Land of Radhan", *Journal of the Economic and Social History of the Orient* 17, nº 3 (1976), 299–328.
—— *A History of Palestine, 634–1099*, Cambridge University Press, Cambridge, 1992.
—— *Jews in Islamic Countries in the Middle Ages*, Strassler, David, trad., Brill, Leiden, 2004.
—— *And the Roman Was Then in the Land*, Hakibutz Hameukhad, Tel Aviv, 2008.
Gilat, Yitzhak Dov, "Kallah, Months of", en Berenbaum, Michael, y Fred Skolnik, eds., *Encyclopaedia Judaica*, 2ª ed., vol. 11, Macmillan Reference USA, Detroit, 2007, 741-742.
Ginzberg, Louis, *Students, Scholars, and Saints*, 2ª ed., The Jewish Publication Society of America, Filadelfia, 1943.
Glaeser, Edward L., y José A. Scheinkman, "Neither a Borrower nor a Lender Be: An Economic Analysis of Interest Restrictions and Usury Laws", *Journal of Law and Economics* 41, nº 1 (1998), 1–36.
Glick, Leonard B., *Abraham's Heirs: Jews and Christians in Medieval Europe*, Syracuse University Press, Syracuse (Nueva York), 1999.
Glick, Thomas F., "On Converso and Marrano Ethnicity", en Gampel, Benjamin, *Crisis and Creativity in the Sephardic World, 1391–1648*, Columbia University Press, Nueva York, 1998, 59-76.
Goitein, Shelomo Dov, *Jews and Arabs: Their Contact through the Ages*, Schocken Books, Nueva York, 1955.
—— "Glimpses from the Cairo Geniza on Naval Warfare in the Mediterranean and on the Mongol Invasion", en *Studi Orientalistici in onore di Giorgio Levi Della Vida*, Istituto per l'Oriente, Roma, 1956, 393–408.
—— *Jewish Education in Muslim Countries during the Geonim and the Rambam: New Sources from the Cairo Geniza*, Yad Yitzhak Ben-Zvi Institute, Jerusalén, 1962 (en hebreo).
—— *A Mediterranean Society: The Jewish Communities of the Arab World as Portrayed in the Documents of the Cairo Geniza*. 5 vols., University of California Press, Los Ángeles, 1967–1988.
—— *Letters of Medieval Jewish Traders*, Goitein, Shelomo Dov, trad. del árabe, introducción y notas, Princeton University Press, Princeton (Nueva Jersey), 1973.
Goitein, Shelomo Dov, y Mordechai Akiva Friedman, *India Traders of the Middle Ages. Documents from the Cairo Geniza "India Book"*, Brill, Leiden, 2007.
Goldin, Simha, "Companies of Disciples and Companies of Colleagues: Communication in Jewish Intellectual Circles", en Menache, Sophia, ed., *Communication in the Jewish Diaspora: The Pre-Modern World*, Brill, Leiden, 1996, 127-139.
Goldthwaite, Richard A., *Banks, Palaces, and Entrepreneurs in Renaissance Florence*, Ashgate, Aldershot (Reino Unido), 1995.
Goodblatt, David, *Rabbinic Instruction in Sasanian Babylonia*, Brill, Leiden, 1974.
—— "The Talmudic Sources on the Origins of Organized Jewish Education", en *Studies in the History of the Jewish People and the Land of Israel* 5 (1980), 83–103.

—— "The History of the Babylonian Academies", en Katz, Steven T., ed., *The Cambridge History of Judaism*, vol. 4, *The Late Roman-Rabbinic Period*, Cambridge University Press, Nueva York, 2006a, 821-839.

—— "The Jews in Babylonia 66–235 CE", en Katz, Steven T., *The Cambridge History of Judaism*, vol. 4, *The Late Roman- Rabbinic Period*, Cambridge University Press, Nueva York, 2006b, 82-90.

—— "The Political and Social History of the Jewish Community in the Land of Israel, c. 235– 638", en Katz, Steve T., *The Cambridge History of Judaism*, vol. 4, *The Late Roman-Rabbinic Period*, Cambridge University Press, Nueva York, 2006c, 404-430.

Goodman, Martin, *The Ruling Class of Judaea: The Origins of the Jewish Revolt against Rome, AD 66– 70*, Cambridge University Press, Cambridge, 1987.

—— *Mission and Conversion: Proselytizing in the Religious History of the Roman Empire*, Clarendon Press, Oxford, 1994.

——, ed., *Jews in a Graeco-Roman World*, Clarendon Press, Oxford, 1998.

—— "Trajan and the Origins of Roman Hostility to the Jews", *Past and Present* 182 (2004), 3–31.

—— *Rome and Jerusalem: The Clash of Ancient Civilizations*, Penguin, Londres, 2008.

Grabbe, Lester L., "Synagogues in Pre-70 Palestine: A Re-assessment", en Urman, Dan, y Paul V. M. Flesher, *Ancient Synagogues: Historical Analysis and Archaeological Discovery*, vol. 1, Brill, Leiden, 1998, 17-26.

Greenberg, Moshe, y Haim Hermann Cohn, "Herem", en Berenbaum, Michael, y Fred Skolnik, eds., *Encyclopaedia Judaica*, 2ª, vol. 9, 10–16, 2007.

Greenberg, Simon, "Jewish Educational Institutions", en Finkelstein, Louis, ed., *The Jews, Their History, Culture, and Religion*, vol. 2, Harper and Brothers, Filadelfia, 1960, 1254-1287.

Greif, Avner, "Reputation and Coalitions in Medieval Trade: Evidence on the Maghribi Traders", *Journal of Economic History* 49, nº 4 (1989), 857–882.

—— "Contract Enforceability and Economic Institutions in Early Trade: The Maghribi Traders' Coalition", *American Economic Review* 83, nº 3 (1993), 525–548.

—— "Cultural Beliefs and the Organization of Society: A Historical and Theoretical Reflection on Collectivist and Individualist Societies", *Journal of Political Economy* 102, nº 5 (1994), 912–950.

—— *Institutions and the Path to the Modern Economy: Lessons from Medieval Trade* Cambridge University Press, Cambridge, 2006.

Griffin, Miriam T. Nero, *The End of a Dynasty*, Yale University Press, New Haven (Connecticut), 1984.

Griffiths, J. Gwyn, "Egypt and the Rise of the Synagogue", en Urman, Dan, y Paul V. M. Flesher, eds., *Ancient Synagogues: Historical Analysis and Archaeological Discovery*, vol. 1, Brill, Leiden, 1998, 3-16.

Grintz, Yehoshua M. y Raphael Posner, "Jew", en Berenbaum, Michael, y Fred Skolnik, eds., *Encyclopaedia Judaica*, 2ª, vol. 11, 2007, 253-255.

Grossman, Avraham, "Relations between Spanish and Ashkenazi Jewry in the Middle Ages", en Beinart, Haim, *The Sephardi Legacy*, vol. 1, Hebrew University Magnes Press, Jerusalén, 1992, 220-239.

—— "The Yeshivot in Babylonia, Germany, and France from the Ninth to the Eleventh Centuries", en Etkes, Immanuel, ed., *Education and History*, 79–99, Zalman Shazar Center, Jerusalén, 1999 (en hebreo).

Guinnane, Timothy W., "Cooperatives as Information Machines: German Rural Credit Cooperatives, 1883– 1914", *Journal of Economic History* 61, nº 2 (2001), 366–389.
Guiso, Luigi, Paola Sapienza y Luigi Zingales (2003), "People's Opium? Religion and Economic Attitudes", *Journal of Monetary Economics* 50 (2003), 225–282.
—— "Does Culture Affect Economic Outcomes?", *Journal of Economic Perspectives* 20, nº 2 (2006), 23–48.
Gustafsson, Bo, "The Rise and Economic Behavior of Medieval Craft Guilds: An Economic-Theoretical Interpretation", *Scandinavian Journal of Economics* 35, nº 1 (1987), 1–40.
Haas, Peter, "The Am Haaretz as Literary Character", en Neusner, Jacob, *From Ancient Israel to Modern Judaism: Intellect in Quest of Understanding; Essays in Honor of Marvin Fox*, vol. 2, 139–153, Scholars Press, Atlanta, 1989.
Hachlili, Rachel, *Ancient Jewish Art and Archeology in the Land of Israel*, Brill, Leiden, 1988.
——, ed., *Ancient Synagogues in Israel: Third–Seventh Century C.E.*, BAR, Oxford, 1989.
Haim, Abraham, "Kufa", en Berenbaum, Michael, y Fred Skolnik, eds., *Encyclopaedia Judaica*, 2ª, vol. 12, 2007, 379.
Halpern, Israel, "The Jews in Eastern Europe (From Ancient Times until the Partitions of Poland, 1772– 1775)", en Finkelstein, Louis, *The Jews: Their History, Culture, and Religion*, vol. 1, Harper and Brothers, Filadelfia, 1960, 287-321.
Hamel, Gildas, *Poverty and Charity in Roman Palestine, First Three Centuries C.E.*, University of California Press, Berkeley, 1990.
Hammer, M. F., A. J. Redd, E. T. Wood, M. R. Bonner, H. Jarjanazi, T. Karafet, S. Santachiara-Benerecetti, A. Oppenheim, M.A. Jobling, T. Jenkins, H. Ostrer y B. Bonnê-Tamir, "Jewish and Middle Eastern non-Jewish Populations Share a Common Pool of Y-Chromosome Biallelic Haplotypes", *Proceedings of the National Academy of Sciences* (2000), 1–6.
Harnack, Adolf von, *The Mission and Expansion of Christianity in the First Three Centuries*, 2 vols., Williams and Norgate, Londres/ G. P. Putnam, Nueva York, 1908.
Harris, William V., *Ancient Literacy*, Harvard University Press, Cambridge (Massachusetts), 1991.
Heertje, Arnold, "The Dutch and Portuguese-Jewish Background of David Ricardo", en *European Journal History of Economic Thought* 11, nº 2 (2004), 281–294.
Herr, Mosheh David, y Aharon Oppenheimer, "Social- Economic and Cultural-Religious History from the Destruction of the Second Temple to the Division of the Empire (70–395 CE)", en Herr, Mosheh David, ed., *The History of Eretz Yisrael: The Roman- Byzantine Period, the Mishna and Talmud Period, and the Byzantine Rule (70–640)*, Keter, Jerusalén, 1990, 107–229 (en hebreo).
Hertzberg, Arthur y Fred Skolnik, "Jewish Identity", en Berenbaum, Michael y Fred Skolnik, *Encyclopedia Judaica*, 2ª ed., vol. 11, Detroit, Macmillan Reference USA, 2007, 292–299.
Hezser, Catherine, *Jewish Literacy in Roman Palestine*, Mohr Siebeck, Tubinga, 2001.
Hodges, Richard, *Towns and Trade in the Age of Charlemagne*, Duckworth, Londres, 2000.
Holo, Joshua, *Byzantine Jewry in the Mediterranean Economy*, Cambridge University Press, Cambridge, 2009.

Hunt, Edwin, *The Medieval Super-Companies: A Study of the Peruzzi Company of Florence*, Cambridge University Press, Cambridge, 1994.

Iannaccone, Laurence R., "Sacrifices and Stigma: Reducing the Free-Riding in Cults, Communes and Other Collectives", *Journal of Political Economy* 100, nº 2 (1992), 271–291.

—— "Introduction to the Economics of Religion", *Journal of Economic Literature* 36, nº 3 (1998), 1465–1495.

Iannaccone, Laurence R., Rodney Stark y Roger Finke, "Rationality and the 'Religious Mind'", *Economic Inquiry* 36, nº 3 (1998), 373–389.

Ilan, Zvi, "The Synagogue and House of Study at Meroth", en Urman, Dan, y Paul V. M. Flesher, *Ancient Synagogues: Historical and Archaeological Study*, vol. 1, Brill, Leiden, 256–287, 1998.

Isaac, Benjamin, "Jews, Christians and Others in Palestine: The Evidence from Eusebius", en Goodman, Martin, *Jews in a Graeco-Roman World*, Clarendon Press, Oxford, 1998, 65–74.

Issawi, Charles, "The Area and Population of the Arab Empire: an Essay in Speculation", en Udovitch, Abraham L., *The Islamic Middle East, 700–1900: Studies in Economic and Social History*, Darwin Press, Princeton (Nueva Jersey), 1981, 375-396.

Jacobs, Joseph, "When Did the Jews First Settle in England?", *Jewish Quarterly Review* 1 (1889), 286–288.

—— "Notes on the Jews of England under the Angevin Kings", *Jewish Quarterly Review* 4 (1892), 628–655.

—— *The Jews of Angevin England. Documents and Records, from Latin and Hebrew Sources*, D. Nutt, Londres, 1893.

—— "The Typical Character of Anglo-Jewish History", *Jewish Quarterly Review* 10 (1898), 217–237.

Jacobs, Louis, "The Economic Conditions of the Jews in Babylon in Talmudic Times Compared with Palestine", en Neusner, Jacob, ed., *History of the Jews in the Second through Seventh Centuries of the Common Era. Origins of Judaism*, vol. 8, parte 1, Garland, Nueva York, 1990, 333–343.

Jacoby, David, "The Jews in Byzantium and the Eastern Mediterranean: Economic Activities from the Thirteenth to the Mid-Fifteenth Century", en Toch, Michael, *Wirtschafts geschichte der mittelalterlichen Juden. Fragen und Einschtzungen*, Oldebourg, Múnich, 2008, 25–48.

—— "The Jews in the Byzantine Economy, Seventh to Mid-Fifteenth Century", en Bonfil, Robert, Oded Irshai, Guy G. Stroumsa y Rina Talgam, eds., *Jews in Byzantium. Dialectics of Minority and Majority Cultures*, Brill, Leiden, 2011.

Jones, Arnold H. M., *The Later Roman Empire 284–602: A Social, Economic, and Administrative Survey*, 2 vols., Blackwell, Oxford, 1964.

Jones, F. Stanley, *An Ancient Jewish Christian Source on the History of Christianity: Pseudo-Clementine Recognitions 1.27– 71*, Texts and Translations 37, Christian Apocrypha Series 2, Scholars Press, Atlanta, 1995.

Jones, Lindsay, ed., *Encyclopedia of Religion*, 2ª ed., 15 vols., Macmillan Reference, Nueva York, 2004.

Juster, Jean, *La condition legale des juifs sous les rois visigoths*, Paul Geuthner, París, 1912.

—— *Les Juifs dans l'Empire Romain: leur condition juridique, économique et sociale*, 2 vols., Paul Geuthner, París, 1914.

Kalmin, Richard, *The Sage in Jewish Society of Late Antiquity*, Routledge Press, Londres, 1999.
Kanarfogel, Ephraim, *Jewish Education and Society in the High Middle Ages*, Wayne State University Press, Detroit, 1992.
Karlin, Samuel, Ron Kennet y Batsheva Bonné-Tamir, "Analysis of Biochemical Genetic Data of Jewish Populations", *American Journal of Human Genetics* 31 (1979), 341–365.
Kasher, Aryeh, *The Jews in Hellenistic and Roman Egypt: The Struggle for Equal Rights*, Mohr Siebeck, Tubinga, 1985.
—— "Synagogues as Houses of Prayer and Holy Places in the Jewish Communities of Hellenistic and Roman Egypt", en Urman, Dan, y Flesher, V. M., *Ancient Synagogues: Historical Analysis and Archaeological Discovery*, vol. 1, Brill, Leiden, 1998, 205–220.
Kasher, Aryeh, Aharon Oppenheimer y Uriel Rappaport, eds., *Synagogues in Antiquity*, Yad Yitzhak Ben-Tzvi, Jerusalén, 1987 (en hebreo).
Katz, Jacob, *Exclusiveness and Tolerance: Studies in Jewish-Gentile Relations in Medieval and Modern Times*, Oxford University Press, Oxford, 1961.
—— "Considerations on the Relationship between Religion and the Economy", en Ben-Sasson, Menahem, ed., *Religion and Economy: Connection and Interaction*, Zalman Shazar Center, Jerusalén, 1995, 33-46.
Katz, Solomon. *The Jews in the Visigothic and Frankish Kingdoms of Spain and Gaul*, Mediaeval Academy of America, Cambridge (Massachusetts), 1937.
Kessel, Reuben, "Price Discrimination in Medicine", *Journal of Law and Economics* 1 (1958), 20– 53.
Kestenberg-Gladstein, R., "The Early Jewish Settlement in Central and Eastern Europe: Bohemia", en Roth, Cecil e I. H. Levine, eds., *The Dark Ages: Jews in Christian Europe, 711–1096*, Rutgers University Press, New Brunswick (Nueva Jersey), 1966, 309–312.
Kirshner, Julius, "The Moral Problem of Discounting Genoese Paghe, 1450–1550", *Archivum Fratrum Praedicatorum* 47 (1977), 109–167.
—— "Encumbering Private Claims to Public Debt in Renaissance Florence", en Piergiovanni, Vito, *The Growth of the Bank as Institution and the Development of Money-Business Law*, Duncker & Humblot, Berlín, 19–76, 1993.
Kremer, Michael, "Population Growth and Technological Change: One Million B.C. to 1990", *Quarterly Journal of Economics* 108, nº 4 (1993), 681–716.
Kuran, Timur, "The Economic Ascent of the Middle East's Religious Minorities: The Role of Islamic Legal Pluralism", *Journal of Legal Studies* 33, nº 2 (2004), 475–515.
—— "Economic Development in the Middle East: The Historical Roles of Culture, Institutions, and Religion", en Platteau, Jean-Philippe, *Culture and Development*, Routledge, Nueva York, 2010a, 87–102.
—— *The Long Divergence: How Islamic Law Held Back the Middle East*, Princeton University Press, Princeton (Nueva Jersey), 2010b.
—— "The Scale of Entrepreneurship in Middle Eastern History: Inhibitive Roles of Islamic Institutions", en Baumol, William J., David S. Landes y Joel Mokyr, eds., *The Invention of Enterprise: Entrepreneurship from Ancient Mesopotamia to Modern Times*, Princeton University Press, Princeton (Nueva Jersey), 2010c., 62–87.

Kuznets, Simon, "Economic Structure and Life of the Jews", en Finkelstein, Louis, ed., *The Jews: Their History, Culture, and Religion*, Harper and Brothers, Filadelfia, 1960, 1597–1666.

—— *Economic Structure of U.S. Jewry: Recent Trends*, Institute of Contemporary Jewry, Hebrew University of Jerusalem, Jerusalén, 1972.

Lambton, Ann K. S., *Continuity and Change in Medieval Persia: Aspects of Administrative, Economic, and Social History, 11th– 14th Century*, Bibliotheca Persica, Albany (Nueva York), 1988.

Lane, Frederic C., y Reinhold C. Mueller, *Money and Banking in Medieval and Renaissance Venice: Coins and Moneys of Account*, Johns Hopkins University Press, Baltimore, 1985.

Lapidus, Ira M., "Arab Settlement and Economic Development of Iraq and Iran in the Age of the Umayyad and the Early Abbasid Caliphs", en Udovitch, Abraham L., ed., *The Islamic Middle East, 700–1900: Studies in Economic and Social History*, Darwin Press, Princeton (Nueva Jersey), 1981, 177–208.

Latourette, Kenneth S., *A History of Christianity*, vol. 1, *To A.D. 1500*, Harper & Row, Nueva York, 1975.

Le Goff, Jacques, *Medieval Civilization*, Blackwell, Londres, 1988.

Leibner, Uzi, "Settlement and Demography in Late Roman and Byzantine Eastern Galilee", en Lewin, Ariel S., y Pietrina Pellegrini, eds., *Settlements and Demography in the Near East in Late Antiquity*, vol. 2, Istituti Editoriali e Poligrafici Internazionali, Pisa, 2006, 105–130.

—— *Settlement and History in Hellenistic, Roman, and Byzantine Galilee: An Archaeological Survey of the Eastern Galilee*, Mohr Siebeck, Tubinga, 2009.

Levine, Lee I., ed., *Ancient Synagogues Revealed*, Wayne State University Press, Detroit, 1982.

—— "The Synagogue in the Time of the Second Temple— Its Character and Development", en Kasher, Aryeh, Aharon Oppenheimer y Uriel Rappaport, *Synagogues in Antiquity*, Yad Yitzhak Ben-Tzvi, Jerusalén, 1987, 11–30.

—— "The Hellenistic-Roman Diaspora, 70–235 C.E.: The Archaeological Evidence", en *The Cambridge History of Judaism*, vol. 3, Cambridge University Press, Cambridge, 1999, 991–1024.

—— *The Ancient Synagogue: The First Thousand Years*, 2ª ed., Yale University Press, New Haven (Connecticut), 2005.

Levy, Tony, "Hebrew Mathematics in the Middle Ages: An Assessment", en Ragep, F. Jamil y Sally P. Rajep con Steven Livesey, *Tradition, Transmission, Transformation*, Brill, Leiden, 71–88, 1996.

Lewis, Bernard, *Studies in Classical and Ottoman Islam, 7th– 16th Centuries*, Variorum, Londres, 1976.

—— *The Jews of Islam*, Princeton University Press, Princeton (Nueva Jersey), 1984.

—— *The Arabs in History*, 6ª ed., Oxford University Press, Nueva York, 2002.

Limor, Ora, "Resemblance and Difference", en Limor, Ora, ed., *Jews and Christians in Western Europe: Encounter between Cultures in the Middle Ages and the Renaissance*, vol. 2, Open University Press, Tel Aviv, 1993, 156–286.

Limor, Ora, y Amnon Raz-Krakotzkin, "Majority and Minority", en Limor, Ora, ed., *Jews and Christians in Western Europe: Encounter between Cultures in the Middle Ages and the Renaissance*, vol. 2, Open University Press, Tel Aviv, 1993, 1–145.

Linder, Amnon, *The Jews in Roman Imperial Legislation*, Israel Academy of Sciences and Humanities, Jerusalén, 1987.
—— *The Jews in the Legal Sources of the Early Middle Ages*, Israel Academy of Sciences and Humanities, Jerusalén, 1997.
López, Robert, *The Commercial Revolution of the Middle Ages, 950–1350*, Cambridge University Press, Cambridge, 1976.
Louth, Andrew, "The Byzantine Empire in the Seventh Century", en Fouracre, Paul, ed., *The New Cambridge Medieval History*, vol. 1, cap. 11, Cambridge University Press, Cambridge, 2005.
Lucas, Robert E., "Life Earnings and Rural-Urban Migration", *Journal of Political Economy* 112, nº S1 (2004), S29–S59.
Lüdemann, Gerd, *Opposition to Paul in Jewish Christianity*, Fortress Press, Minneapolis, 1989.
Luzzati, Michele, "I legami tra i banchi ebraici toscani e i banchi veneti e dell'Italia settentrionale", en Cozzi, Gaetano, *Gli ebrei e Venezia, secoli XIV–XVIII*, 571–594, Edizioni Comunità, Milán, 1987.
—— "Banchi e insediamenti ebraici nell'Italia centro- settentrionale fra tardo medioevo e inizi dell'etá modema", en Vivanti, Corrado, *Storia d'Italia: Annali II, Gli ebrei in Italia*, Einaudi Editore, Turín, 1996, 175–238.
Luzzati, Michele, y Alessandra Veronese, *Banche e banchieri a Volterra nel Medioevo e nel Rinascimento*, Pacini Editore, Pisa, 1993.
Luzzatto, Gino, *I banchieri ebrei in Urbino nell'etá ducale: Appunti di storia economica con appendice di documenti*, Fomi Editore, Bolonia, 1902.
Lynch, Joseph, *The Medieval Church: A Brief History*, Longman, Londres, 1992.
MacMullen, Ramsay, *Christianizing the Roman Empire (A.D. 100–400)*, Yale University Press, New Haven (Connecticut), 1984.
Malanima, Paolo, "Urbanisation and the Italian Economy during the Last Millennium", *European Review of Economic History* 9, nº 1 (2005), 97–122.
—— "Wages, Productivity and Working Time in Italy 1300–1913", *Journal of European Economic History* 36, nº 1 (2007), 127–174.
Maller, Julius B., "The Role of Education in Jewish History", en Finkelstein, Louis, *The Jews: Their History, Culture, and Religion*, vol. 2, 1234–1253, Harper and Brothers, Filadelfia, 1960.
Mann, Jacob, *The Responsa of the Babylonian Geonim as a Source of Jewish History*, Dropsie College for Hebrew and Cognate Learning, Filadelfia, 1917–1921.
—— *The Jews in Egypt and in Palestine under the Fatimid Caliphs*, Oxford University Press, Londres, 1920–1922.
Mansoor, Menahem, "Pharisees", en Berenbaum, Michael, y Fred Skolnik, eds., *Encyclopaedia Judaica*, 2ª ed., vol. 16, Macmillan Reference USA, Detroit, 2007a, 30–32.
—— "Sadducees", en Berenbaum, Michael y Fred Skolnik, eds., *Encyclopaedia Judaica*, 2ª ed., vol. 17, Macmillan Reference USA, Detroit, 2007 654–655.
Marcus, David, Haïm Z'ew Hirschberg y Abraham Ben-Yaacob, "Ezra", en Berenbaum, Michael, y Fred Skolnik, eds., *Encyclopaedia Judaica*, 2ª ed., vol. 6, Macmillan Reference USA, Detroit, 2007, 652–654.
Marcus, Jacob, *The Jew in the Medieval World: A Sourcebook, 315– 1791*, Cincinnati, Sinai Press, 1938.
Marrou, Henri I., *A History of Education in Antiquity*, University of Wisconsin Press, Madison, 1982.

Marx, Karl, "Zur Judenfrage [Sobre la cuestión judía]", en *Deutsch-Französische Jahrbücher* (febrero de 1844), reeditado en Karl Marx and Friedrich Engels, *Werke*, 16ª ed., vol. 1, Dietz Verlag, Berlín, 2007, 347-377.

McCleary, Rachel M., ed., *The Oxford Encyclopedia of the Economics of Religion*, Oxford University Press, Oxford, 2011.

McCleary, Rachel M. y Robert J. Barro, "Religion and Economic Growth across Countries", *American Sociological Review* 68, nº 5 (2003), 760–781.

— "Religion and Economy", *Journal of Economic Perspectives* 20, nº 2 (2006), 49–72.

McEvedy, Colin y Richard Jones, *Atlas of World Population History*, Penguin, Nueva York, 1978.

Meeks, Wayne A., *The First Urban Christians: The Social World of the Apostle Paul*, Yale University Press, New Haven (Connecticut), 1983.

Menning, Carolyn B., *Charity and State in Late Renaissance Italy: The Monte di Pietà of Florence*, Cornell University Press, Ithaca, 1993.

Milano, Attilio, "Considerazion sulla lotta dei Monti di Pietà contro il prestito ebraico", en Nahon, Umberto, *Scritti in onore di Sally Mayer*, Israel Academy of Sciences and Humanities, Jerusalén, 1956, 199–221.

—— *Storia degli ebrei in Italia*, Einaudi Editore, Turín, 1963.

Milano, Attilio, Daniel Carpi, Sergio Itzhak Minerbi, Sergio DellaPergola, Lisa Palmieri-Billig y Yohanan Meroz, "Italy", en Berenbaum, Michael, y Fred Skolnik, eds., *Encyclopaedia Judaica*, 2ª ed., vol. 10, Macmillan Reference USA, Detroit, 2007, 795–816.

Millard, Alan R., *Reading and Writing in the Time of Jesus*, Sheffield Academic Press, Sheffield, 2000.

Mokyr, Joel, *The Lever of Riches. Technological Creativity and Economic Progress*, Oxford University Press, Nueva York, 1990.

—— *The Gifts of Athena: Historical Origins of the Knowledge Economy*, Princeton University Press, Princeton (Nueva Jersey), 2002.

—— "Long-Term Economic Growth and the History of Technology", en Aghion, Philippe, y Steven N. Durlauf, *Handbook of Economic Growth*, vol. 1b, Ámsterdam, North-Holland, 2005, 1113–1180.

—— "The Institutional Origins of the Industrial Revolution", en Helpman, Elhanan, *Institutions and Economic Performance*, Harvard University Press, Cambridge (Massachusetts), 2008, 64–119.

—— "Intellectual Property Rights, the Industrial Revolution, and the Beginnings of Modern Economic Growth", *American Economic Review Papers and Proceedings* 99, nº 2 (2009), 349–355.

—— "The Economics of Being Jewish", *Critical Review* 23, nº 1–2 (2011), 195–206.

Mokyr, Joel, y Joachim Voth, "Understanding Growth in Europe, 1700–1870: Theory and Evidence", en Broadberry, Stephen, y Kevin H. O'Rourke, eds., *Cambridge Economic History of Modern Europe, volume 1: 1700– 1870*, Cambridge University Press, Cambridge, 2010, 7–42.

Molho, Anthony, *Florentine Public Finances in the Early Renaissance, 1400–1433*, Harvard University Press, Cambridge (Massachussetts), 1971.

—— "The State and Public Finance: A Hypothesis Based on the History of Late Medieval Florence", en Kirshner, Julius, ed., *The Origins of the State in Italy, 1300–1600*, University of Chicago Press, Chicago, 1995, 97-135.

Montgomery, James A., *The Samaritan:. The Earliest Jewish Sect; Their History, Theology, and Literature,* Ktav, Nueva York, 1968.
Morgan, Gwyn, *69 AD: The Year of Four Emperors,* Oxford University Press, Oxford, 2006.
Morony, Michael G., "Religious Communities in Late Sasanian and Early Muslim Iraq", *Journal of the Economic and Social History of the Orient* 17, nº 2 (1974), 113–135.
—— "Landholding in Seventh-Century Iraq: Late Sasanian and Early Islamic Patterns", en Undovitch, Abraham L., ed., *The Islamic Middle East, 700–1900: Studies in Economic and Social History,* Darwin Press, Princeton (Nueva Jersey), 1981, 135–176.
Morris, Nathan, *A History of Jewish Education from the Earliest Times to the Sixteenth Century,* 2 vols., Rubin Mas, Jerusalén, 1977 (en hebreo).
Mueller, Reinhold C., "Charitable Institutions, the Jewish Community, and Venetian Society. A Discussion of the Recent Volume of Brian Pullan", *Studi Veneziani* 14, nº 1 (1972), 37–82.
—— "Pratiques économiques et groupes sociaux", *Annales* 30, nº 5 (1975), 1277– 1302.
—— *The Venetian Money Market: Banks, Panics and the Public Debt, 1200–1500,* vol. 2 de *Money and Banking in Medieval and Renaissance Venice,* Johns Hopkins University Press, Baltimore, 1997.
—— "The Status and Economic Activity of Jews in the Venetian Dominions during the Fifteenth Century", en Toch, Michael, ed., *Wirtschaftsgeschichte der mittelalterlichen Juden: Fragen und Einschtzungen,* Oldebourg, Múnich, 2008, 63–92.
Mullen, Roderic L., *The Expansion of Christianity: A Gazetteer of Its First Three Centuries,* Brill, Leiden, 2004.
Muller, Jerry Z., *Capitalism and the Jews,* Princeton University Press, Princeton (Nueva Jersey), 2010.
Mundill, Robin R., "Lumbard and Son: The Businesses and Debtors of Two Jewish Moneylenders in Late Thirteenth-Century England", *Jewish Quarterly Review* 82, nº 1–2 (1991), 137–170.
— *The King's Jews: Money, Massacre, and Exodus in Medieval England,* Continuum, Londres, 2010.
Munro, John H., "The Medieval Origins of the Financial Revolution: Usury, Rentes, and Negotiability", *International History Review* 25, nº 3 (2003), 505–562.
Murray, Charles, "Jewish Genius", *Commentary* (2007), 29–35.
Musallam, Basim, "Birth Control and Middle Eastern History: Evidence and Hypotheses", en Udovitch, Abraham L., ed., *The Islamic Middle East, 700–1900: Studies in Economic and Social History,* Darwin Press, Princeton (New Jersey),1981, 429–469.
Muzzarelli, Maria Giuseppina, *Ebrei e città d'Italia in età di transizione: Il caso di Cesena dal XIV al XVI secolo,* Boloña, CLUEB, 1984.
——, ed. *Banchi ebraici a Bolonia nel quindicesimo secolo,* Il Mulino, Bolonia, 1994.
Nakosteen, Mehdi Khan, *History of Islamic Origins of Western Education, A.D. 800–1350,* University of Colorado Press, Boulder, 1964.
Nelson, Benjamin, *The Idea of Usury: From Tribal Brotherhood to Universal Otherhood,* University of Chicago Press, Chicago, 1969.

Neusner, Jacob, *A History of the Jews in Babylonia*, 5 vols. Brill, Leiden, 1965–1970.
—— *Talmudic Judaism in Sasanian Babylonia: Essays and Studies*, Brill, Leiden, 1976.
—— *School, Court, Public Administration: Judaism and Its Institutions in Talmudic Babylonia*, Scholars Press, Atlanta, 1987.
——, ed., *Judaism and Christianity in the First Century*, Garland, Nueva York, 1990a.
—— *Judaism, Christianity, and Zoroastrianism in Talmudic Babylonia*, Scholars Press, Atlanta, 1990b.
—— "New Perspectives on Babylonian Jewry in the Tannaitic Age", en Neusner, Jacob, ed., *History of the Jews in the Second through Seventh Centuries of the Common Era: Origins of Judaism*, vol. 8, parte 1, Garland, Nueva York, 1990c, 430–456.
—— ed., *The Pharisees and Other Sects*, Garland, Nueva York, 1990d.
—— "Some Aspects of the Economic and Political Life of Babylonian Jewry, ca. 160–220 C.E.", en Neusner, Jacob, ed., *History of the Jews in the Second Century of the Common Era: Origins of Judaism*, vol. 7, Garland, Nueva York, 1990e, 165–196.
—— *Judaism in the Matrix of Christianity*, Scholars Press, Atlanta, 1991.
—— *The Economics of the Mishna*, Scholars Press, Atlanta, 1998.
Newman, Julius, *The Agricultural Life of the Jews in Babylonia between the Years 200 C.E. and 500 C.E.*, Oxford University Press, Londres, 1932.
Nock, Arthur D., *Conversion: The Old and the New in Religion from Alexander the Great to Augustine of Hippo*, Oxford University Press, Londres, 1969.
Noonan, John T., *The Scholastic Analysis of Usury*, Harvard University Press, Cambridge (Massachusetts), 1957.
North, Douglass C., *Institutions, Institutional Change, and Economic Performance*, Cambridge University Press, Cambridge, 1990.
O'Connor, Michael P., "Epigraphic Semitic Scripts", en Daniels, Peter T., y William Bright, eds., *The World's Writing Systems*, Oxford University Press, 1996, 88–107.
Ó Gráda, Cormac, *Jewish Ireland in the Age of Joyce: A Socioeconomic History*. Princeton University Press, Princeton (Nueva Jersey), 2006.
Olson, Birger, y Magnus Zetterholm, eds., *The Ancient Synagogue from Its Origins until 200 C.E.*, Almqvist & Wiksell International, Estocolmo, 2003.
Oppenheimer, Aharon, *The am haaretz: A Study in the Social History of the Jewish People in the Hellenistic-Roman Period*. Brill, Leiden, 1977.
—— "The Uniqueness of the House of Study", *Cathedra* 18 (1981), 45–48.
—— "Babylonian Synagogues with Historical Associations", en Urman, Dan, y Paul V. M. Flesher, eds., *Ancient Synagogues: Historical Analysis and Archaeological Discovery*, vol. 1, 40–48, Brill, Leiden, 1998.
—— *Between Rome and Babylon. Texts and Studies in Ancient Judaism*, 108, Mohr Siebeck, Tubinga, 2005.
—— "Terumot and Ma'aserot", en Berenbaum, Michael, y Fred Skolnik, eds., *Encyclopaedia Judaica*, 2ª ed., vol. 19, Macmillan Reference USA, Detroit, 2007.
Ovadiah, Asher, "Ancient Synagogues in Asia-Minor", en Akurgal, Ekrem, ed., *Proceedings of the 10th International Congress of Classical Archaeology*, Turk Tarih Kurumu, Ankara, 1978, 857–866.
Ovrut, Barnett D., "Edward I and the Expulsion of the Jews", *Jewish Quarterly Review* 67, nº 4 (1977), 224–235.

Pakter, Walter, *Medieval Canon Law and the Jews*, Verlag Rolf Gremer, Ebelsbach, 1988.
Parkes, James W., *The Conflict of the Church and the Synagogue: A Study in the Origins of Antisemitism*, Jewish Publication Society, Nueva York, 1934.
—— *The Jew in the Medieval Community: A Study of His Political and Economic Situation*, Soncino Press, Londres, 1938.
Pease, Steven L., *The Golden Age of Jewish Achievement*, Deucalion, Sonoma, 2009.
Perlow, Towa, *L'Éducation et l'Enseignement chez les Juifs a l'époque talmudique*, E. Leroux, París, 1931.
Petrushevsky, Ilyia Pavlovich, "The Socio-Economic Condition of Iran under the Il-Khans", en Boyle, J. A., ed., *The Cambridge History of Iran*, vol. 5, *The Saljuq and Mongol Periods*, Cambridge University Press, Cambridge, 1968, 483–537.
Pezzolo, Luciano, "Government Debts and Credit Markets in Renaissance Italy", manuscrito, Universidad de Venecia, 2007.
Philippon, Thomas, y Ariell Reshef, "Wages and Human Capital in the U.S. Financial Industry: 1909– 2006", NBER Working Paper nº 14644, 2009.
Philo, "On the Embassy to Gaius", en *Philo: Volume X*, Colson, Francis H., trad., Loeb Classical Library 379, Harvard University Press, Cambridge (Massachusetts), 1962.
Pini, Antonio Ivan, "Famiglie, insediamenti e banchi ebraici a Bologna e nel bolognese nella seconda metá del Trecento", *Quaderni Storici* 54, nº 3 (1983), 783–814.
Pirenne, Henry, *Mohammed and Charlemagne*, George Allen & Unwin, Londres, 1954.
Pisa, Franco, "Sulle attività bancarie locali nell'Italia dei secoli XIV-XVI", *Zakhor Rivista di storia degli ebrei in Italia* 1 (1997), 113–149.
Pullan, Brian, *Rich and Poor in Renaissance Venice: The Social Institutions of a Catholic State, to 1620*, Harvard University Press, Cambridge (Massachusetts), 1971.
—— "Jewish Moneylending in Venice: From Private Enterprise to Public Service", en Cozzie, Gaetano, ed., Gli ebrei e Venezia, secoli XIV-XVIII, Edizioni Comunità, Milán, 1987, 671–686.
Raphael, Chaim, *The Road from Babylon. The Story of Sephardi and Oriental Jews*, Harper and Row, Nueva York, 1985.
Rapoport, Hillel, y Avi Weiss, "In-group Cooperation in a Hostile Environment: An Economic Perspective on Some Aspects of Jewish Life in (Premodern) Diaspora", en Chiswick, Carmel, Tikva Lecker y Nava Kahana, eds., *Jewish Society and Culture: An Economic Perspective*, Bar-Ilan University Press, Ramat Gan, 2007, 103–128.
Reed, Clyde G., y Cliff T. Bekar, "Religious Prohibitions against Usury", *Explorations in Economic History* 40, nº 4 (2003), 347–368.
Reich, Nathan, "The Economic Structure of Modern Jewry", en Finkelstein, Louis, ed., *The Jews: Their History, Culture, and Religion*, Harper and Brothers, Filadelfia, 1949, 1239–1267.
Reif, Stefan C., *A Jewish Archive from Old Cairo: The History of Cambridge University's Genizah Collection*, Curzon Press, Richmond (Reino Unido), 2000.
Reinhart, Carmen M., y Kenneth S. Rogoff, *This Time Is Different: Eight Centuries of Financial Folly*, Princeton University Press, Princeton (Nueva Jersey), 2009.
Reis, Jaime, "Economic Growth, Human Capital Formation and Consumption

in Western Europe Before 1800", en Allen, Robert C., Tommy Bengtsson y Martin Dribe, eds., *Living Standards in the Past: New Perspectives on Well-Being in Asia and Europe*, Oxford University Press, Oxford, 2004, 195–225.

Richardson, Gary, "Guilds, Laws, and Markets for Manufactured Merchandise in Late-Medieval England", *Explorations in Economic History* 41, nº 1 (2004), 1–25.

Richman, Barak D., "How Community Institutions Create Economic Advantage: Jewish Diamond Merchants in New York", *Law and Social Inquiry* 31, nº 2 (2006), 383–420.

Ritte, U., E. Neufeld, M. Broit, D. Shavit y U. Motra, "The Differences among Jewish Communities— Maternal and Paternal Contributions", *Journal of Molecular Evolution* 37, nº 4 (1993a): 435–440.

Ritte, U., E. Neufeld, M. Prager, M. Gross, I. Hakim, A. Khatib y B. Bonné-Tamir, "Mitochondrial DNA Affinity of Several Jewish Communities", *Human Biology* 65, no. 3 (1993b), 359–385.

Roth, Cecil, *The Jewish Contribution to Civilization*, Macmillan, Londres, 1938.

—— *The History of the Jews of Italy*, Jewish Publication Society of America, Filadelfia, 1946.

—— "The European Age in Jewish History", en Finkelstein, Louis, ed., *The Jews: Their History, Culture, and Religion*, Harper and Brothers, Filadelfia, 1960a, 216–249.

—— "The Jews of Western Europe (from 1648)", en Finkelstein, Louis, ed., *The Jews: Their History, Culture, and Religion*, Harper and Brothers, Filadelfia, 1960b, 250–286.

—— *A History of the Jews in England*, Clarendon Press, Oxford, 1964.

—— "Economic Life and Population Movements", en Roth, Cecil, e I. H. Levine, eds., *The Dark Ages: Jews in Christian Europe, 711–1096*, Rutgers University Press, New Brunswick (Nueva Jersey), 1966a, 13–48.

—— "Italy", en Roth, Cecil, e I. H. Levine, eds., *The Dark Ages: Jews in Christian Europe, 711–1096*, Rutgers University Press, New Brunswick (Nueva Jersey), 1966b, 100-121.

—— "Benjamin (ben Jonah) of Tudela", en Berenbaum, Michael, y Fred Skolnik, eds., *Encyclopaedia Judaica*, 2ª ed., vol. 3, Macmillan Reference USA, Detroit, 2007, 362–364.

Roth, Cecil, Ernest Krausz, David Cesarani, Arthur Lourie, Vivian David Lipman y David Ceserani. "England", en Berenbaum, Michael, y Fred Skolnik, eds., *Encyclopaedia Judaica*, 2ª ed., vol. 6, Macmillan Reference USA, Detroit, 2007, 410– 432.

Rothkoff, Aaron, Avraham Grossman, Menahem Zevi Kaddari, Jona Fraenkel, Israel Moses Ta-Shma y Judith R. Baskin, "Rashi", en Berenbaum, Michael, y Fred Skolnik, eds., *Encyclopaedia Judaica*, 2ª ed., vol. 17, Macmillan Reference USA, Detroit, 2007, 101–106.

Roy, A. D., "Some Thoughts on the Distribution of Earnings", *Oxford Economic Papers* 3 (1951), 135–146.

Ruderman, David B., *The World of a Renaissance Jew: The Life and Thought of Abraham b. Mordecai Farissol*, Hebrew Union College Press, Cincinnati, 1981.

Russell, Josiah C., "Late Ancient and Medieval Population", *Transactions of the American Philosophical Society* 48, nº 3 (1958), 1–152.

Rutgers, Leonard V., "Diaspora Synagogues: Synagogue Archaeology in the Greco-Roman World", en Fine, Steven, *Sacred Realm: The Emergence of the Synagogue in the Ancient World,* Oxford University Press, Nueva York, 1996, 67–95.

Safrai, Shmuel, "Elementary Education: Its Religious and Social Significance in the Talmudic Period", *Cahiers d'Histoire Mondiale* 11, nº 1–2 (1968), 148–169.

—— "Education and the Study of the Torah", en Safrai, Shmuel, y Menahem Stern, eds., *The Jewish People in the First Century: Historical Geography, Political History, Social, Cultural, and Religious Life and Institutions,* vol. 2, Van Gorcum, Assen 1976a, 945–970.

—— "The Era of the Mishna and Talmud", en Ben-Sasson, Haim Hillel, ed., *A History of the Jewish People,* Harvard University Press, Cambridge (Massachusetts), 1976b, 307–382.

—— "Bet Hillel and Bet Shammai", en Berenbaum, Michael, y Fred Skolnik, eds., *Encyclopaedia Judaica,* 2ª ed., vol. 3, Macmillan Reference USA, Detroit, 2007, 530–533.

Safrai, Zeev, "Financing Synagogue Construction in the Period of the Mishna and the Talmud", en Kasher, Aryeh, Aharon Oppenheimer y Uriel Rappaport, *Synagogues in Antiquity,* Yad Yitzhak Ben-Tzvi, Jerusalén, 1987, 77–96.

—— "Ancient Field Structures in Israel in the Roman Period", *Cathedra* 89 (1989), 7–40.

—— *The Economy of Roman Palestine,* Routledge, Londres, 1994.

—— "The Communal Functions of the Synagogue in the Land of Israel in the Rabbinic Period", en Urman, Dan, y Paul V. M. Flesher, eds., *Ancient Synagogues: Historical Analysis and Archaeological Discovery,* vol. 1, Brill, Leiden, 1998, 181–204.

Sand, Shlomo, *When and How Were the Jewish People Invented?,* Resling, Tel Aviv, 2008.

Sanders, Ed P., *Paul and Palestinian Judaism: A Comparison of Patterns of Religion,* Fortress Press, Filadelfia, 1977.

——, ed., *Jewish and Christian Self-Definition,* vol. 1, *The Shaping of Christianity in the Second and Third Centuries,* Fortress Press, Filadelfia, 1980.

—— *Judaism: Practice and Belief, 63 B.C.E.–66 C.E.,* Trinity Press International, Filadelfia, 1992.

Sanders, Jack T., "Did Early Christianity Succeed because of Jewish Conversions?", *Social Compass* 46, nº 4 (1999), 493–505.

—— *Charisma, Converts, Competitors: Societal and Sociological Factors in the Success of Early Christianity,* SCM Press, Londres, 2000.

Sapir Abulafia, Anna, *Christian-Jewish Relations, 1000–1300: Jews in the Service of Medieval Christendom,* Pearson, Harlow (Reino Unido), 2011.

Sargent, Thomas J. y François R. Velde, *The Big Problem of Small Change,* Princeton University Press, Princeton (Nueva Jersey), 2002.

Scheiber, Alexander, "The Early Jewish Settlement in Central and Eastern Europe: Hungary", en Roth, Cecil, e I. H. Levine, eds., *The Dark Ages: Jews in Christian Europe, 711–1096,* Rutgers University Press, New Brunswick, 1966, 313–318.

Schiffman, Lawrence H., *Who Was a Jew? Rabbinic and Halakhic Perspectives on the Jewish Christian Schism,* Ktav, Hoboken (Nueva Jersey), 1985.

—— "The Early History of Public Reading of the Torah", en Fine, Steven, ed., *Jews, Christians, and Polytheists in the Ancient Synagogue; Cultural Interaction During the Greco-Roman Period,* Routledge, Londres, 1999, 44–56.

—— *Understanding Second Temple and Rabbinic Judaism*, Ktav, Jersey City (Nueva Jersey), 2003.

Schoeps, Hans-Joachim, *Jewish Christianity: Factional Disputes in the Early Church*, Fortress Press, Filadelfia, 1969.

Schulman, Alan Richard, Sharon Keller, Evasio de Marcellis, Eliyahu Ashtor, Hayyim J. Cohen y Jacob M. Landau, "Egypt", Berenbaum, Michael, y Fred Skolnik, eds., *Encyclopaedia Judaica*, 2ª ed., vol. 6, Macmillan Reference USA, Detroit, 2007, 222–236.

Schwartz, Daniel R., *Studies in the Jewish Background of Christianity*, Mohr Siebeck, Tubinga, 1992.

Schwartz, Joshua, "The Material Realities of Jewish Life in the Land of Israel, *cd.* 235– 638", en Katz, Steven T., ed., *The Cambridge History of Judaism*, vol. 4, *The Late Roman-Rabbinic Period*, Cambridge University Press, Nueva York, 2006, 431–456.

Schwartz, Seth, *Josephus and Judean Politics*, Brill, Leiden, 1990.

—— *Imperialism and Jewish Society, 200 B.C.E. to 640 C.E.*, Princeton University Press, Princeton (Nueva Jersey), 2001.

—— "Political, Social, and Economic Life in the Land of Israel, 66–*cd.* 235", en Katz, Steven T., ed., *The Cambridge History of Judaism*, vol. 4, *The Late Roman-Rabbinic Period*, Cambridge University Press, Nueva York, 2006, 23–52.

Schwarzfuchs, Simon, "France and Germany under the Carolingians", en Roth, Cecil e I. H. Levine, eds., *The Dark Ages: Jews in Christian Europe, 711–1096*, Rutgers University Press, New Brunswick (Nueva Jersey), 1966a, 122–142.

—— "France under the Early Capets", en Roth, Cecil, e I. H. Levine, eds., *The Dark Ages: Jews in Christian Europe, 711–1096*, Rutgers University Press, New Brunswick (Nueva Jersey), 1966b, 143-161.

Segal, Eli, "Talmud", en Douglas, James, D., *New Twentieth Century Encyclopedia of Religious Knowledge*, 807–808, 2ª ed., Baker Book House, Grand Rapids, 1991.

Segre, Renata, ed., *The Jews in Piedmont, 1297–1798*, Israel Academy of Sciences and Humanities, Jerusalén, 1986–1990.

Sharf, Andrew, "The Jews in Byzantium", en Roth, Cecil, e I. H. Levine, eds., *The Dark Ages: Jews in Christian Europe, 711–1096*, Rutgers University Press, New Brunswick (Nueva Jersey), 1966, 49-68.

—— *Byzantine Jewry: From Justinian to the Fourth Crusade*, Routledge & K. Paul, Londres, 1971.

Shatzmiller, Joseph, *Shylock Reconsidered: Jews, Moneylending, and Medieval Society*, University of California Press, Berkeley, 1990.

Shmueli, Efraim, "The 'Pariah-People' and Its 'Charismatic Leadership': A Revaluation of Max Weber's 'Ancient Judaism'", *Proceedings of the American Academy for Jewish Research* 36 (1968), 167–247.

Simonsohn, Shlomo, *History of the Jews in the Duchy of Mantua*, 2 vols., National Academy of Sciences, Jerusalén, 1977.

—— *The Jews in the Duchy of Milan*, 4 vols., National Academy of Sciences, Jerusalén, 1982–1986.

—— *The Apostolic See and the Jews*, 8 vols., Pontifical Institute of Mediaeval Studies, Toronto, 1988–1991.

—— *The Jews in Sicily*, 18 vols., Brill, Leiden, 1997–2010.

—— *Between Scylla and Charybdis: The Jews in Sicily*, Brill, Leiden, 2011.
Singer, Sholom A., "The Expulsion of the Jews from England in 1290", *Jewish Quarterly Review* 55, nº 2 (1964), 117–136.
Slezkine, Yuri, *The Jewish Century*, Princeton University Press, Princeton (Nueva Jersey), 2004.
Smallwood, E. Mary, *The Jews under Roman Rule: From Pompey to Diocletian; A Study in Political Relations*, Brill, Leiden, 1981.
Soloveitchik, Haym, *Pawnbroking: A Study in the Inter-Relationship between Halakhah, Economic Activity, and Communal Self Image*, Hebrew University, Jerusalén, 1985 (en hebreo).
—— *Principles and Pressures: Jewish Trade in Gentile Wine in the Middle Ages*, Am Oved, Tel Aviv, 2003 (en hebreo).
—— "The Jewish Attitude in the High and Late Middle Ages", en Quaglioni, Diego, Giacomo Todeschini y Gian Maria Varanini, eds., *Credito e usura fra teologia, diritto e amministrazione: Linguaggi a confronto, sec. XII-XVI*, École française de Rome, Roma, 2005, 115–127.
Sombart, Werner, *The Jews and Modern Capitalism*, T. F. Unwin, Londres, 1913 (primera edición en 1911 en alemán).
Sperber, Daniel, "Costs of Living in Roman Palestine", *Journal of the Economic and Social History of the Orient* 8, nº 3 (1965), 248–271.
—— "Costs of Living in Roman Palestine", *Journal of the Economic and Social History of the Orient* 9, nº 3 (1966), 182–211.
—— "Costs of Living in Roman Palestine", *Journal of the Economic and Social History of the Orient* 11, nº 1–3 (1968), 233–274.
—— "Costs of Living in Roman Palestine", *Journal of the Economic and Social History of the Orient* 13, nº 1–3 (1970), 1–15.
—— *Roman Palestine, 200–400: The Land; Crisis and Change in Agrarian Society as Reflected in Rabbinic Sources*, Bar-Ilan University, Ramat-Gan, 1978.
Spufford, Peter, *Money and Its Use in Medieval Europe*, Cambridge University Press, Nueva York, 1988.
Stark, Rodney, "Jewish Conversion and the Rise of Christianity: Rethinking the Received Wisdom", en Richards, Kent Harold, *Society of Biblical Literature Seminar Papers*, Scholars Press, Atlanta, 1986, 314–329.
—— *The Rise of Christianity: A Sociologist Reconsiders History*, Princeton University Press, Princeton (Nueva Jersey), 1996.
Stein, Siegfried, "The Development of the Jewish Law of Interest from the Biblical Period to the Expulsion from England", *Historia Judaica* 17 (1955), 3–40.
—— "Moneylending", en Berenbaum, Michael, y Fred Skolnik, eds., *Encyclopaedia Judaica*, 2ª ed., vol. 14, Macmillan Reference USA, Detroit, 2007, 436–443.
Stemberger, Günter, *Jews and Christians in the Holy Land: Palestine in the Fourth Century*, Tuschling, Ruth, trad., T. & T. Clark, Edimburgo, 2000.
Stern, Ephraim, ed., *The New Encyclopedia of Archaeological Excavations in the Holy Land*, 4 vols., Simon & Schuster, Nueva York, 1993.
Stern, Menahem, "The Jewish Diaspora", en Safrai, Shmuel, y Menahem Stern, eds., *The Jewish People in the First Century: Historical Geography, Political History, Social, Cultural, and Religious Life and Institutions*, vol. 1, 117–183, Van Gorcum, Assen, 1974.

—— "The Period of the Second Temple", en Ben-Sasson, Haim Hillel, ed., *A History of the Jewish People*, Harvard University Press, Cambridge (Massachusetts), 1976, 185–303.

Stevenson, James, *A New Eusebius: Documents Illustrative of the History of the Church to A.D. 337*, edición revisada con documentos añadidos por William H. C. Frend, Society for Promoting Christian Knowledge, Londres, 1987.

Stigler, George J., y Gary S. Becker, "De Gustibus Non Est Disputandum", *American Economic Review* 67, nº 2 (1977), 76–90.

Stiglitz, Joseph E., "Information and the Change in the Paradigm in Economics", *American Economic Review* 92, nº 3 (2002), 460–501.

Stillman, Norman A., "The Jews in the Medieval Islamic City", en Frank, Daniel, ed., *The Jews of Medieval Islam. Community, Society, and Identity*, Brill, Leiden, 1995, 3–13.

Stow, Kenneth R., "Papal and Royal Attitudes toward Jewish Lending in the Thirteenth Century", *Association for Jewish Studies Review* 6 (1981), 161–184.

—— *Alienated Minority: The Jews of Medieval Latin Europe*, Harvard University Press, Cambridge (Massachusetts), 1992.

—— *The Jews in Rome*, 2 vols., Brill, Leiden, 1995–1997.

—— "The Church and the Jews: St. Paul to Pius IX", en Stow, Kenneth R., *Popes, Church, and Jews in the Middle Ages*, Ashgate, Burlington (Vermont), 2007, 1–69.

Stroumsa, Sarah, *Maimonides in His World: Portrait of a Mediterranean Thinker*, Princeton University Press, Princeton (Nueva Jersey), 2009.

Swift, Fletcher H., *Education in Ancient Israel from Earliest Times to 70 CE*, Open Court, Londres, 1919.

Tabellini, Guido, "Institutions and Culture", *Journal of the European Economic Association* 6, nº 2-3 (2008), 255–294.

—— "Culture and Institutions: Economic Development in the Regions of Europe", *Journal of the European Economic Association* 8, nº 4 (2010), 677–716.

Tadmor, Hayim, "The Period of the First Temple, the Babylonian Exile and the Restoration", en Ben-Sasson, Haim Hillel, *A History of the Jewish People*, Harvard University Press, Cambridge (Massachusetts), 1976, 91–182.

Taitz, Emily, *The Jews of Medieval France: The Community of Champagne*, Greenwood Press, Westport (Connecticut), 1994.

Tcherikover, Victor, *The Jews in Egypt in the Hellenistic-Roman Age in the Light of the Papyri*, Hebrew University Press, 1945.

—— *Hellenistic Civilization and the Jews*, Jewish Publication Society of America, Filadelfia, 1961.

Temin, Peter, "Is It Kosher to Talk about Culture?", *Journal of Economic History* 57, nº 2 (1997), 267–287.

Theissen, Gerd, *Social Reality and the Early Christians: Theology, Ethics, and the World of the New Testament*, Fortress Press, Minneapolis, 1992.

Tirole, Jean, "Illiquidity and All Its Friends", *Journal of Economic Literature* 49, nº 2 (2011), 287–325.

Toaff, Ariel, *Gli ebrei a Perugia. Perugia: Deputazione di Storia Patria*, 1975.

—— *The Jews in Umbria*, 3 vols., Brill, Leiden, 1992–1994.

Toch, Michael, "The Economic Activity of German Jews in the 10th–12th Centuries: Between Historiography and History", en Tov Assis, Yom, Jeremy Cohen,

Aaron Kedar, Ora Limor y Michael Toch, eds., *Facing the Cross: The Persecutions of 1096 in History and Historiography*, Hebrew University Magnes Press, Jerusalén, 2000a, 32–54 (en hebreo).
—— "Jews and Commerce: Modern Fancies and Medieval Realities", en Cavaciocchi, Simonetta, ed., *Il ruolo economico delle minoranze in Europa, Secc. XIII–XVIII (Atti della XXXI Settimana di Studi, Istituto Francesco Datini, Prato)*, Le Monnier, Florencia, 2000b, 43–58.
—— *Peasants and Jews in Medieval Germany: Studies in Cultural, Social and Economic History*, Ashgate, Burlington, Vermont, 2003.
—— "The Jews in Europe, 500–1050", en Fouracre, Paul, ed., *The New Cambridge Medieval History*, vol. 1, Cambridge University Press, Cambridge, 2005, 547–570, 872–878.
—— "Economic Activities of German Jews in the Middle Ages" en Toch, Michael, ed., *Wirtschaftsgeschichte der mittelalterlichen Juden: Fragen und Einschtzungen*, Oldebourg, Múnich, 2008, 181–210.
—— "Jewish Peasants in the Middle Ages? Agriculture and Jewish Landownership in 8th to 12th Century Europe", *Zion* 75 (2010), 291–312.
—— "Commerce: Medieval and Early Modern Europe", en Baskin, Judith R., *The Cambridge Dictionary of Judaism and Jewish Culture*, Cambridge University Press, Cambridge, 2011, 110–111.
—— *The Economic History of Medieval European Jews*, vol. 1, *Late Antiquity and Early Middle Ages*, Brill, Leiden, 2012.
Todeschini, Giacomo, *La ricchezza degli ebrei: Merci e denaro nella riflessione ebraica e nella definizione cristiana dell'usura alla fine del Medioevo*, Centro italiano di studi sull'Alto Medievo, Spoleto, 1989.
—— "Christian Perceptions of Jewish Economic Activity in the Middle Ages", en Toch, Michael, ed., *Wirtschaftsgeschichte der mittelalterlichen Juden: Fragen und Einschtzungen*, Oldenbourg, Múnich, 2008, 1–16.
Trivellato, Francesca, *The Familiarity of Strangers: The Sephardic Diaspora, Livorno, and Cross-Cultural Trade in the Early Modern Period*, Yale University Press, New Haven (Connecticut), 2009.
Udovitch, Abraham L., ed., *The Islamic Middle East, 700–1900: Studies in Economic and Social History*, Darwin Press, Princeton (Nueva Jersey), 1981.
Urman, Dan, "The Synagogue and the House of Study (Beth ha-Midrash)— Are They One and the Same?", en Urman, Dan, y Paul V. M. Flesher, eds., *Ancient Synagogues: Historical Analysis and Archaeological Discovery*, vol. 1, Brill, Leiden, 1998, 232–255.
Urman, Dan, y Paul V. M. Flesher, eds., *Ancient Synagogues: Historical Analysis and Archaeological Discovery*, 2 vols., Brill, Leiden, 1998.
Van Zanden, Jan Luiten, "The Skill Premium and the 'Great Divergence'", *European Review of Economic History* 13, nº 1 (2009), 121–153.
Veblen, Thorstein, "The Intellectual Pre-Eminence of Jews in Modern Europe", *Political Science Quarterly* 34, nº 1 (1919), 33–42.
Wald, Stephen G., "Judah HaNasi", en Berenbaum, Michael, y Fred Skolnik, eds., *Encyclopaedia Judaica*, 2ª ed., vol. 11, Macmillan Reference USA, Detroit, 2007a, 501–505.
—— "Tosefta", en Berenbaum, Michael, y Fred Skolnik, eds., *Encyclopaedia Judaica*, 2ª ed., vol. 20, Macmillan Reference USA, Detroit, 2007b, 70-72.

Watson, Andrew M., "The Arab Agricultural Revolution and Its Diffusion, 700–1100", *Journal of Economic History* 34, nº 1 (1974), 8–35.

—— "A Medieval Green Revolution: New Crops and Farming Techniques in the Early Islamic World", en Udovitch, Abraham L., *The Islamic Middle East, 700–1900: Studies in Economic and Social History*, Darwin Press, Princeton (Nueva Jersey), 1981, 29–58.

Weber, Max, *The Protestant Ethic and the Spirit of Capitalism*, Parsons, Talcott, trad., Scribner, Nueva York, 1930 (editado por primera vez en 1904-1905 en alemán). [Trad. esp.: *La ética protestante y el "espíritu" del capitalismo*, Alianza, Madrid, 2004.]

—— *Ancient Judaism*, Gerth, Hans H., y Don Martindale, trads. y eds., Free Press, Glencoe (Illinois), 1952 (editado por primera vez en 1917 en alemán). [Trad. esp.: *Ensayos sobre sociología de la religión*, 3 vols., Taurus, Madrid, 1998.]

—— *Essays in Sociology*, Gerth, Hans H. y Charles Wright Mills, trads., eds. e introducción, Oxford University Press, Nueva York, 1980 (editado por primera vez en 1915 en alemán). [Trad. esp.: *Ensayos de sociología contemporánea*, Martínez Roca, Barcelona, 1972.]

White, K. D., *Roman Farming*, Cornell University Press, Ithaca (Nueva York), 1970.

Wolfson, Harry A., *Philo: Foundations of Religious Philosophy in Judaism, Christianity, and Islam*, 2 vols., Harvard University Press, Cambridge (Massachusetts), 1947.

Zeitlin, Solomon, *The Rise and Fall of the Judaean State: A Political, Social, and Religious History of the Second Commonwealth (66 CE–120 CE)*, vol. 3, Jewish Publication Society of America, Filadelfia, 1978.

Zetterholm, Magnus, *The Formation of Christianity in Antioch: A Social-Scientific Approach to the Separation between Judaism and Christianity*, Routledge, Londres, 2003.

# Índice analítico